中華大藏經

續編

182

漢傳撰著部（一）　第八册

中華書局

第一八二册目録

一乘佛性究竟論第三[一]

沙門法寶述

一乘顯密章第六

梁《攝論》云，《摩訶般若[二]》説乘有三義，一□[三]義，二行義，三果義。二空所顯三無性真如，名性。由此性故，脩十度十地，名行。由脩此行，究竟證得常樂我淨四德，名果。又引《中邊論》，乘有五義：一、出離爲體，謂真如。二、福慧爲因，能引出故。三、衆生爲攝，如根性攝令至果故。四、無上菩提爲果，究竟至此果故。五、三惑爲障，除此三惑，四義成故。又云，乘有人法。有[四]大乘人，有小乘人。法有方便乘法，有正乘法。轉方便乘，脩治正乘，故名救濟乘。又有二種，一了義一乘，二密意一乘。又有二種，一爲定性菩薩説一乘，二爲不定性聲聞菩薩説一乘。准此論文，乘體以真如爲性，爲三煩惱覆故，凡夫二乘不能得見，以福慧因，除其三惑，引真如出，究竟證得大菩提果，此是正乘等。如其所求，爲説餘乘，名方便乘。此即佛乘是究竟，二乘爲方便。又《法花》《涅槃》等經云，方便説三乘，究竟説一乘。《佛性論》云，入聖道已，生究竟涅槃心，爲破如是增上慢心，故説大乘《法花經》等真實法教。准此等經論，一乘爲究竟，三乘爲方便。

問：若爾，何故《解深密經》第二、第四皆云密意説一乘？又《攝論》等釋諸經一乘有八，云爲不定性，諸佛説一乘邪？

答：一乘有二，一密意一乘，二究竟一乘，有差別故。《深密》《攝論》等是密意一乘，《法花》等是究竟一乘。

今釋二種一乘，更作二門分別，一述異，二引兩文對顯。

一述異者，於中有九：一、存三破二異。二、說時前後異。三、說位不同異。四、滅別道同異。五、分同全同異。六、有會無會異。七、合三開一異。八、爲王勝劣異。九、說義不同異。

存三破二異者，密意一乘三乘，皆有究竟涅槃，因果俱別，同法界等，密說爲一。如說羊鹿牛車，小大不同，皆是實有，轅相等同，密說爲一。亦如江河海等，大小不同，流處各別，同水等故，密說爲一。究竟一乘者，如前說門外有羊鹿車，破前所說，云無二滅，究竟同一牛車。亦如江河海水，流處各別，江河究竟皆歸於海。此破前說有二滅也。

二、說時前後異者，密意一乘，起四十年前說。《勝天王般若》云，菩薩聞說一乘，即便信受。又云，世尊說法，隨衆生根性，是故分別說有三乘，其實一道。《大集十輪經》第七頌云，我昔諸餘契經說，乃至我爲勸進彼衆生，故說一乘無第二。《大集經》十六年說，會昔說一乘，故知不是《法花》一乘。又《仁王經》云，一乘方便者，不於[五]二相，通達衆生一切行故。《仁王》即是三十年初月八說。《華嚴》二十三云，以法無㝵智，知一乘究竟攝一乘[六]無差別。以義無㝵智，知諸乘無[七]差別。以辭無㝵智，能說諸乘無差別。又五十云，或有一世界，聞說一乘音，或二三四五，乃至無量乘，智慧行有異，解脱無差別，猶如虚空性，無有若干相。更有多經，略而不録。究竟一乘，四十年後說。《法花》云，此《法花經》，多怨難信，先所未說，而今說之。准此經文，故知不是前說一乘。

三、說位不同異者，密意一乘，說如乳酪，如衆流位爲一，究竟一乘，說至醍醐，皆歸海位爲一。《涅槃》第十云，如佛說者，我今始知差別之義、無差別義。何以故？一切菩薩、聲聞、緣覺，未來之世，皆當歸於大般涅槃，譬如衆流皆歸於海。云何性差別？佛言，聲聞如乳，緣覺如酪，菩薩之人如生熟蘇，諸佛世尊猶如醍醐，乃至凡夫佛性如雜血乳。

四、滅別道同異者，密意一乘，説二乘位道等同，故名之爲一。究竟一乘，説二乘位實無有滅，與佛不同，至佛果時方齊有滅，名之爲一。

五、分同全同異者，密意一乘，人無我同，非法無我，解脱身同，非法身同，滅分段生死同，非變易生死。究竟一乘，二無我同，解脱法身同，滅二種生死同，故名爲一。

六、有會無會異者，密意一乘，不會説二乘，爲方便。究竟一乘，會説二滅，爲方便。《法花》云，我爲設方便，説諸盡苦道，示之以涅槃，我雖説涅槃，是亦非真滅。

七、合三開一異者，《深密》會昔合三乘爲一乘，一非三中之大乘；《法花》會昔開一爲三乘，一是三中之佛乘。

八、爲人勝劣異者，密意一乘，爲鈍根説；究竟一乘，爲利根説。梁《攝論》云，有諸菩薩，於大乘根性已定，無退異意，爲此菩薩故説一乘。此同《涅槃經》云，不爲鈍根聲聞説一乘，爲利根迦葉菩薩説一乘也。八種一乘爲任持不定性菩薩，及引接不定性聲聞，即是爲鈍根菩薩及聲聞説。又《法花》云，爲信解堅固、了達空法説[六]菩薩聲聞，説二乘實無涅槃。堅固即是不退之異名也。所爲説人利鈍不同，故知乘異。

九、説義不同異者，《攝論》一乘依十義説，《法花》一乘依四義説，廣如下釋。説義不同，明知乘異。

二引文對顯者，先引密意一乘經論文，後引究竟一乘經論文。

密意一乘經論文者，一《解深密經》第二云，乃至更説法要，謂相無自性性，勝義無自性性，乃至諸聲聞乘種性有情，亦由此道此行迹故，證得無上安隱涅槃。諸獨覺乘種性有情，諸如來乘種性有情，亦由此道此行迹故，證得無上安隱涅槃。一切聲聞獨覺菩薩，皆共此一妙清淨道，皆同此一究竟清淨，更無第二。我依此故，密意説言，唯有一乘。非於一切有情界中，無有種種有情種性，或鈍根性，或中根性，或利根性，有情差別。准此經文，三乘同無性道故，名之爲一，或三乘唯用無性道故，名之爲一。此是等[九]二時教一乘乘説，第二時教後説故，又是會昔説故。此之一乘，《攝論》不攝，存三根時説於一故，是密意也。第四卷，觀自在菩薩復白佛言，世尊，如世尊説，若聲聞乘，若復大乘，唯是一乘，此何密意。乃至如我於聲聞乘中宣説種種諸法自性，所謂五蘊，或內六處，或外六處，於大乘中，即説彼法同一法界[一〇]，同一理趣，故我不説乘差別性。准此經文，同一法界，名爲一乘，此亦是第二時教一乘。觀自在菩薩擧昔爲問。故《大般若》云，若聲聞乘，若獨覺乘，若大乘，無有別故。此之一乘，事即存三，就理説一，故是密意。

二依《顯揚論》，六義説一乘。第二十云，問：何故如來宣説一乘？答：有六因緣故。一即彼諸法就無差別相故。此同法界。二就無差別行相故。此就平等智説。前是[一一]無我及法無我平等故。四解脱平等故。五[一二]能變化住故。六行究竟故。此六之[一三]是存其二滅，説差別位爲一乘也。

三唐《攝論》云，論曰：若此功德圓滿相應諸佛法身，不與聲聞獨覺乘共，以何意趣，佛説一乘？准此問意，明佛不共功德。有此問故，問異時説同一乘□。頌答：爲引攝一類，及任持所餘。由不定種性，諸佛説一乘。法無我解脱，等故[一四]不同。得二意樂化，究竟説一乘。

無性《釋論》云，依此密意，佛説一乘，二頌顯示。爲引攝一類者，了知不定種性聲聞，趣彼解脱，方便引攝，令依大乘而般涅槃，故説一乘。及任持所餘者，爲欲任持其餘不定種性菩薩，恐於大乘精進退壞，故説[一五]任持令住，勿彼菩薩依聲聞乘而般涅槃。法等故者，法謂真如，諸聲聞等乘雖差別，同趣真如，所趣真如無有差別，故説一乘。無我等者，補特伽羅無我同故，若實有異補特伽羅，可有乘別，此是聲聞，此是菩薩，既無實異補特伽羅，故説一乘。解脱等故者，謂彼三乘於煩惱障解脱無異，如世尊言解脱解脱無有差別，由此意趣故説一乘。性不同故，謂諸聲聞不定種性有差別故，謂迴向菩提聲聞身中具有聲聞種性及佛種性，由此道理，故一乘□[一六]。得二意樂故者，謂得二種意樂。一者，謂佛於一切有情，得同自體意樂，言彼即是我，我即是彼，由是因緣，此既成佛，彼亦成佛，是故名得第一意樂。二者，世尊法華會上，與諸聲聞，舍利子等授佛記[一七]，爲令攝得如是意樂，我等與佛平等無二。此亦異時説同，非遮二滅，答不共功德問故，不説當也。若謂但意樂同，不當成者，舍利弗是退菩提聲聞，豈不成佛。又此會上有諸菩薩，與彼名同，得授記別，故佛一言含二種益，謂諸聲聞攝得同佛自體意樂，及諸菩薩得授記別，由此道理，故説一乘。雖引後經，義同前説，不違教時。言化故者，如世尊言，汝等苾芻，我憶往昔無量百返，依聲聞乘而般涅槃，云何已成佛，復依聲聞而般涅槃，是故此中有別意趣，謂爲調伏聲聞種性，所化有情，自化其身，同彼乘類，現般涅槃。由此義故，若聲聞乘，若獨覺乘，即是大乘，故成一乘。究竟故者，依究竟理，故説一乘，非無歸別，由過此外無別勝乘，唯此一乘，寂爲勝故，佛説一乘。唯此論文，大乘得至究竟寂勝名一，二乘不至究竟而滅劣，故非一。不同《法華》二乘皆同佛乘究竟名一。八種一乘並不同《法華》遮二乘滅，故知不是《法華》一乘。此八一乘，不攝《深密經》同一道，及《顯揚》第二無差別行相。及同時説二乘《出生菩提心經》及《大威德陀羅尼經》等，皆是存二滅教，義同此釋。

究竟一乘經論文者，《勝鬘經》云，二乘入一乘，一乘即大乘。《法華經》云，十方世界中，唯有一乘法，無二亦無三，除佛方便説。又云，唯此一事實，餘二即非真。又云，諸佛語無異，唯一無二乘。又云，初以三乘引道衆生，然後但以大乘而度脱之。《涅槃經》云，一切衆生皆歸一道，一道者大乘也。諸佛菩薩，爲衆生故，分之爲三。《法華論》云，與授記者，有六種應知，一者未聞令聞，二者説，三者依何等義，四者令住，五者依法，六者遮。釋第六云遮者，如經：舍利弗，十方世界中，尚無二乘，何況有三。無二者，無二乘所得涅槃。唯佛如來，證大菩提，究竟滿足一切智慧，名大般涅槃，非諸聲聞、辟支佛等有涅槃法，唯一佛乘故。一佛乘者，依四義説應知。准此論文，所説四義，即是開示悟入四種義也。釋第三依義中云，一大事者，依四義應知。何者爲四？一者無上義，唯除如來一切智智，更無餘事。如經：欲開佛知見，令知得清淨，故出現於世。准此論文，即是欲令一切聲聞自知當證大菩提也，非唯不定。此《法華經》是未聞令聞故，即是第一記也。廣如論釋。二者同義，以聲聞、辟支佛、佛法身平等故。如經：欲示佛之知見故，出現於世。准此論文，説聲聞至當證法身也，二乘時不名法身。三者不知義，以此一切聲聞、辟支佛等不知彼真實處故。不知真實處者，不知究竟唯一佛乘故。如經：欲令衆生悟佛知見，出現於世。此如《信解品》，長者自知將死，不久窮子掌財，窮子不知財是已有，喻將涅槃，説餘大乘，云二乘實滅，聲聞至等不知大乘諸佛功德自當證得，亦如信化城實有，不知寶所。知真實處者，如《信解品》，長者臨死，付窮子財，窮子自知財是已有，喻佛臨般涅槃，説《法華經》，云二乘無滅，聲聞自知當得成佛，亦如滅化，知其寶所，爲真實處。四者爲證不退轉地，示現欲與無量智業故。如經：欲令衆生入佛知見故，出現於世。又復入者，令得聲聞果者入大乘故。此同《勝鬘經》云，二乘入一乘，一乘即大乘也。《法華經》以四義説一乘，《攝論》等八義説一乘，義既不同，如何是一？故知《攝論》不會《法華》。若謂《攝論》釋諸經一乘盡者，何故不攝《深密》

一道一乘，《顯揚》第二無差別行相一乘？若謂攝者，八中何攝？《攝論》等中尚不釋異時説同一乘義盡，如何即令釋同時説一一乘？雖《法華經》不分明説不度變易生死，度分段死，與《楞伽》不同，然同時説一，是究竟故，是真了義。

問：若爾，與聲聞授記，即是了義，何故《十法經》等説與聲聞授記爲密意邪？

答：《法華論》云，彼聲聞等，爲實成佛故與授記，爲不成佛與授記邪？若實成佛者，菩薩何故於無量劫脩集無量種種功德？若不成者，云何虚妄與之授記？彼聲聞等得授記者，得決定心，非成就法性故，如來依彼三種平等，説一乘法故，以如來法身與彼聲聞法身平等無異，故與授記，非即具足脩行功德故，是故菩薩功德具足，聲聞乍功德未具足。准此論文，得決定心，信定成佛也。功德未具，同菩薩記，名爲密意，非不當得功德具足。《大般若》三百三云，佛言，善現菩薩，未入正性離生，不應授彼大菩提記。乃至佛言，善現菩薩，未授大菩提記，法爾不應記説名字。准此經文，與聲聞記，名密意也。又《法華經》第四云，新發意菩薩咸作是言，我等尚不見諸大菩薩得如是記，有何因緣，而諸聲聞得如是決？又《十法經》下文云，以佛性故與聲聞授記。《法華論》云，決定聲聞菩薩記者，即是以有佛性因也。以未有必定持、圓滿持故，雖得近於發心，無二種持，及未見理，與一切衆生無别而别記故，名爲密意。又指化土故記應化聲聞，故皆是密意。如羅侯羅已得羅漢，記當來世爲佛長子等。然《十法經》佛性因記，如不輕品必成佛也。《楞伽》亦准此釋。又《十法經》下文云，若不信入無餘界，聲聞成佛，過桃[二]一切衆生眼罪。准此豈欲説聲聞不成佛邪？

校勘記

〔一〕底本據《卍續藏》。

〔二〕「若」，世親《攝大乘論釋》（《大正藏》本，真諦譯，下同）後有「經」字。

〔三〕「囗」，世親《攝大乘論釋》作「性」。

〔四〕「有」，世親《攝大乘論釋》前有「人」字。

〔五〕「不於」，《佛説仁王般若波羅蜜經》（《大正藏》本）作「於不」。

〔六〕「乘」，《大方廣佛華嚴經》（《大正藏》六十卷本，下同）作「切」。

〔七〕「無」，《大方廣佛華嚴經》無。

〔八〕「説」，底本原校疑衍。

〔九〕「等」，底本原校疑爲「第」。

〔一〇〕「同一法界」，《解深密經》（《大正藏》本）無。

〔一一〕「前是」，據《顯揚聖教論》（《大正藏》本，下同），疑爲「三衆生」。

〔一二〕「五」，《顯揚聖教論》後有「善」字。

〔一三〕「之」，底本原校云原本未詳。

〔一四〕「故」，《攝大乘論本》（《大正藏》本）後有「性」字。

〔一五〕「説」，無性《攝大乘論釋》（《大正藏》本，下同）後有「一乘」二字。

〔一六〕「一乘囗」，無性《攝大乘論釋》作「説一乘」。

〔一七〕「記」，無性《攝大乘論釋》後有「別」字。

〔一八〕「桃」，疑爲「挑」。

佛性同異章第七

梁《攝論》略説法界有五義。一、性義，以二無我爲性，一切衆生不過此性。釋曰：法界在衆生爲衆生性，在佛爲佛性，在衆生時雖名衆生性，望此衆生究竟當成佛，故究竟是佛性，故衆生時，亦名有佛性。二、因義，一切聖人，四念處等法，緣此生長故。釋曰：從厭生死苦，樂求涅槃，乃至佛果，皆因法界而得有也。三、藏義者，一切虚妄法所隱覆，非凡夫二乘所能緣故。釋曰：凡夫二乘，爲無明住地等隱覆法界，障其真見，不能緣也。四、真實義，過世間法，世間法或自然壞，或由對治壞，離此二壞故。釋曰：

無漏有刹那壞，無對治壞，有漏法有刹那壞及對治壞，法界無也。五、甚深義，若與此相應，自性成淨善，若不相應，自性成穀。故曰法界有甚深恒沙萬德，與佛菩薩爲其本性。義甚深故，若與相應，自性離妄，成無漏善，顯出法界。若不相應，自性是妄成染故，隱覆法界。若依《寶性》，有十義，廣如彼釋。詳諸經論明其佛性，小乘經中佛未説也。大乘經中説有佛性，然説理性，密説當成，多取法界五義以爲本性，如種子中述。如《佛性論》應得因亦名三種佛性，即是法界因義、性義。《善戒經》陰界六入中有法性是藏義，法性爲菩薩性是性義，亦名種子是因義。《瑜伽》《地持》亦准此釋，雖少有異，同一文故。《大般若》福德智慧因法性起，是因義。《瑜伽論》真如所緣緣種子生出世法，亦是因義。《楞伽》《勝鬘經》如來藏是藏義，如來藏善不善因是因義。《如來藏經》萎花覆化佛等喻是藏義，如來德相是甚深義。《華嚴經》無相無㝵智等是甚深義，説能生客性是因義，名爲佛性是性義。《起信論》義有三種，一體大，二相大，三用大，體大是性義，相大甚深義，用大是因義。《涅槃經》第一義空名佛性是性義，一切諸佛阿耨菩提中道種子是因義，聲聞緣覺唯見於空、不見不空是藏義，説佛性常是真實義，名爲智惠是甚深義。五義雖殊，皆是本性，總即皆名本性，别即五義不同。性略有三種，一體義，二決定必得菩提之義，三因中説果義。體有二種，一理，二事。理體即是法界，有三種性：自性住性，即三乘無别。二引出性，三乘明昧不同。三至究竟果，一切衆生悉皆同也。事體即是三十二相，十力等也。決定必得有二種，一理，二事。由有理故，決定必得常[一]來佛也。由有心故，脩習事性，成堪任持，決定必得當來佛也。因中説果有二，一理，二事。理因性者，一切衆生皆有應得因也。事因性者，謂未得阿耨菩提善不善等，遇種種緣，脩習三乘相應善等。佛及二乘，皆有理事二性。理三乘性，一切衆生皆自性住佛性，皆自性住聲聞獨覺性。若事性，即衆生有無不同。

問：若爾三十餘年，猶說二乘實滅，成道十載，即說如來藏性，寧以三乘五性，先說爲權，佛性一乘，後說爲實。

答：諸經論中，所明佛性，說理無別，當成有異。就緣因說，即有不同，就正因說，即無差別。皆由佛性，當得成佛。分別部說，離陰而有，即是虚空。薩婆多等，本無今有，有已還無。二說雖殊，並非佛教。《莊嚴論》說，有大乘因，當得成佛。《喻伽論》說，無畢竟障，得大菩提。《淨名經》云，有身煩惱，爲如來種，二乘聖道，即非佛因，此說因緣也。《如來藏經》說，性功德爲如來藏。《佛性論》說，二空真如，爲應得因，此說正因本性。《法華經》說，一切萬行以爲一乘，未說闡提悉當成佛，此是緣因遠果也。《楞伽經》說，五性皆成，菩薩闡提，名爲畢竟，此於前五性說菩薩種性，不說無性。《須真天子所問經》中，雖說一切皆當得佛，無簡持故，非爲決定。《涅槃》說，唯除非情，皆名佛性，凡是有心，當得菩提。分明簡持唯在《涅槃》故說佛性，後爲了義。故《涅槃經》云，若得聞《涅槃經》則見佛性，喻如天雷見象牙花。又云，譬如衆流皆歸于海，一切契經，諸定三昧，皆歸大乘《大涅槃經》。何以故？究竟善說有佛性故。

依《涅槃經》，佛性略作四門分別，一出體，二得名，三辨相，四明見。

一出體者，有二種，一理，二事。又各分二，謂因性、果性。理因性者，二十七答師子吼菩薩問云，佛性者第一義空，第一義空名爲智慧。所言空者，不見空與不空，此出佛性體也。從初發心，乃至阿耨菩提，皆因第一義空方得有故。佛根本因，即是第一義空。因取果名，名爲佛性。故師子吼菩薩問云，以何義故，名爲佛性？佛答云，一切諸佛阿耨菩提中道種子，名爲佛性。又云，譬如胡苽，雖非熱病，能與熱病作因緣故。

又云，一切衆生不退佛性，故名之爲有。以當有故，決定得故，定當見故，名一切衆生悉有佛性。准此故知，第一義空名爲佛性，從當果立。雖唯除非情，皆名佛性，根本理爲因故，若無理性，即無行果，故先答理性，後説餘性。第一義空，即是《解深密經》勝義諦，《勝鬘》《楞伽經》等如來藏，《無上依經》如來界，《菩薩善戒經》本性，《瑜伽論》真如所緣緣種子，《佛性論》應得因，《寶性論》自性清淨，《起信論》内淨熏習，唐《攝論》佛法界也。此等經論，名雖有異，義無別也。第一義空名爲智慧者，同《密嚴經》如來清淨藏亦名無垢智，《華嚴經》無相智、無礙智具足在於衆生身中，《如來藏經》如來德相。《起信論》云，真如自體相者，乃至從本已來性自滿足一切功德，所謂自體有大智慧光明義故，遍照法界義故，乃至具恒沙佛法等。此第一義空，與法身爲正因，亦與報身爲緣因。若體生相，亦與報身爲正因，報身本體是第一義空故。二事因性有二，一正因，二緣因。二十八師子吼云，如佛所説，有二種因，正因、緣因，衆生佛性，爲是何因。善男子，衆生佛性，亦二種因，一者正因，二者緣因。正者謂衆生，緣因者謂六波羅密。此説報佛正因也。又云，如世人言，有乳有酪者，以定得故，是故名有乳有酪。佛性亦爾，有衆生[三]佛性，以當見故。准此等文，衆生如乳，爲酪正因，六度如煖，爲酪緣因。或説中道觀智以爲佛性，或説善五陰以爲佛性，或説無明結等以爲佛性。若具説一切因性，如三十六云，夫佛性者，不名一法，不名十法，不名百法，不名千法，不名萬法，未得阿耨菩提，一切善不善無記法悉名佛性，如來或時因中説果。此與報佛爲緣正二因，亦與法爲[三]佛爲了因，亦證得緣因也。理果性者，謂法身涅槃。事果性者，謂阿耨菩提。若合説一切佛性者，三十七云，爲非佛性，説於佛性。非佛性者，謂一切墻壁瓦石無情之物。離如是等無情之物，是名佛性。准此經文，翻覆簡持，非少分也。亦非唯理，有情五陰不被簡故。

二得名者，理因性，准二十七釋名，唯有財釋。一切諸佛阿耨菩提中道種子名佛性故，辟如胡荒名爲熱病，能與熱病作因緣故。十二因緣，亦復如是，舉事取理也。如《大般若》云，如來法性，在有情類蘊界入中。《華嚴經》云，無衆生身，如來智惠不具足者。准此等文，亦得説衆生身中第一義空，從其諸佛，名佛智佛性也。理果性，有二釋。若望報佛，屬主釋也，報佛之性故。若望法身，持業釋也，佛即性故。事因性，唯有一釋，謂有財釋。因中説果，全取果名，故不可説佛在其果，性在其因。佛性喻乳名酪性，泥名瓶性，既乳中無酪性，泥中無瓶性，故知佛之與性，在因未有。又佛之與性，俱未來有，故知佛之與性，衆生未有，因中説果，名爲佛性，因有果故，名有佛性。又佛之與性，俱非有如虛空，非無如兔角。故知一切衆生，有果性故，名有佛性。

三辨相者，二十八云，如種滅已，牙即得生，而是牙性，非内非外，乃至花菓，亦復如是，從緣故有。善男子，是《大涅槃》微妙經典，成就具足無量功德，佛性亦爾，悉是無量功德之所成就。又三十五云，衆生佛性，非有非無。所以者何。佛性雖有，非如虛空。何以故？世間虛空，雖以無量善巧方便，不可得見，佛性可見，是故雖有，非如虛空。佛性雖無，不同兔角。何以故？龜毛兔角，雖以無量善巧方便，不可得生，佛性可生，是故雖無，不同兔角。是佛性非有非無，亦有亦無。云何名有？一切悉有，是諸衆生，不斷不滅，猶如燈焰，乃至得阿耨菩提，是故[四]有。云何名無？一切衆生，現在未有一切佛性常、樂、我、淨，是故名無。有無合故，即是中道。乃至如有問言，是種子中有果無邪，應定答言，亦有亦無。何以故？離子之外不能生果，是故名有。子未生牙，是故名無。以是義故，亦有亦無。何以故？時節有異，其體是一。衆生佛性，亦復如是。若言衆生中別有佛性者，是義不然。何以故？衆生即佛性，佛性即衆生，直以時異，有淨不淨。此與《瑜伽》五十二同，論云無有別法名爲種子。又三十六云，佛性非有如虛空，非無如兔角。何以故？虛空常故，兔角無故。是故得説亦有亦無，有故破兔角，無故破虛空。如是説者，不謗三寶。准此，佛性有相無相，故知一切衆生有當果性，名有佛性。理事二因，皆以有果性故，名爲佛性。

四述見者，有三，一述所見性，二述能見人，三述用何眼見。述所見性者，三十五云，十住菩薩得首楞嚴三昧三千法門，是故了了自知當得阿耨菩提，不見一切衆生定得阿耨菩提，是故我説十住菩薩少見佛性。准此經文，理事二因定得果義，名爲佛性。如《善戒經》説，初發心決定，必得阿耨菩提，名菩薩性。若唯是理，十住菩薩豈不知一切衆生有理性邪？又云後身菩薩佛性六事，一常，二淨，三真，四實，五善，六少見。

九住菩薩有六事，除少見，加可見。八住已下至六住，五事，除常，少見，加可見。五住已下，五事，除常、少見、善，加可見、善不善。若見真如，名見佛性。九住已下，何不名少見，但名可見？又二十七云，佛性者，所謂十力、四無所畏、大悲三念處，一切衆生悉有三種，破煩惱故然後得見。一闡提等破一闡提，然後得十力、四無所畏、大悲三念處。以是義故，我常宣説一切衆生悉有佛性。准此，一切衆生有果性也，亦是見果性也。更有多文，略而不述。二見𡈽者，二十八云，復有眼見，謂諸佛如來、十住菩薩，眼見佛性。復有聞見，一切衆生，乃至九住菩薩，聞見佛性。菩薩若聞一切衆生悉有佛性，心不生信，不名聞見。准此，是聞見定得之義，名見佛性。故知唯上二𡈽能見定得阿耨菩提，用故名眼見佛性。九住已下，信一切衆生定當得果，故名聞見佛性。三用何眼見者，二十七云，善男子，如汝所言，十住菩薩以何眼見故，雖見佛性而不了了？諸佛世尊以何眼故，見於佛性而得明了？善男子，十住菩薩慧眼見故，不得明了，諸佛世尊佛眼見故，故得明了。准上見性，五眼之中，唯用二眼，餘三不能見佛性也。既所見性唯是定得果之義，能見人唯佛、十住菩薩，眼唯慧、佛二眼，凡夫不知定得果義，非是佛及十住菩薩，又無慧、佛二眼，故知不能眼見佛性，聞見佛性義即無違。故經云，九住已下一切衆生，聞見佛性。若聞説衆生悉有佛性，不生信心，不名聞見，不信定當得故。若見性體故，名見佛性，説見理等名見佛性，義即無違。如説眼見瓶衣，此見所依，非實見也。

問：真如若是佛體故名佛性，無情真如亦是佛體。若佛因故名佛性者，無情真如亦是佛因。若以是性功德故名佛性，無情真如亦有性功德因。何有情名有佛性，無情不名有佛性邪？

答：若真俗翻覆相攝，即一法中有一切法，如一切法中有一法，如如無二故。若攝真從俗，即色如、非色如，衆生如、彌勒如，有情如、無情如不同。若攝俗從真，即色、非色無異，情、非情無異。若就如辨法，一切法中有一切法如，故一切法中有一切法，似因陀羅網。若以此言之，即情、無情皆名有佛性。若以有佛真體，有佛理因，故名有佛性，情與非情亦無有别。《涅槃經》就别别有情，各各當果，説其因體有當果性，名有佛性，故是有情，非無情也。真如是一，所望不同，得名有異。若望十方諸佛報身名佛性，屬主釋也。法身名佛性，持業釋也。若望一切衆生名佛性，有財釋也，因取果名故。若望無情，非佛性也，無當果故。若望有情無情一切法，皆得名真如法界，法性實際。若事佛性，無情非佛性，有情因中説果，一切衆生舉體是佛性。故經云，未得阿耨菩提，一切善、不善、無記法，盡名佛性，如來或時因中説果，果中説因，是名如來隨自意語。或者妄解隨自意語，謂一分衆生實無佛性，説有佛性，名隨自意語，今詳上下經意，隨自意語説佛性者，一切衆生未〔五〕有當果性，唯佛意知有當果性，名隨自意語，如説泥爲瓶，説乳爲酪等，非如説水爲酪，説縷爲瓶，名隨自意語。經云，説十住菩薩少見佛性，是隨他意語，説一切衆生悉有佛性，是隨自意語故。又云，如來或時因中説果，果中説因，是名如來隨自意語故。

問：理有何力能，有者定當成佛。

答：《佛性論》第二云，此清淨事能有二，一於生死苦中能生厭離，二於涅槃欲求願樂。若無清淨之性，如是二事，即不得成。又唐《攝論》云，又佛法界普爲一切作證得因，令諸菩薩悲願纏心，勤求佛果。又《寶性論》第二云，以彼實有清淨性故，不得説言彼常畢竟無清淨心。又《起信論》云，真如熏習義有二種，乃至以有力故，能令衆生厭生死苦，樂求涅槃。《涅槃經》三十二云，汝言衆生悉有佛性，得無上菩提，如慈石者，善哉善哉，以有佛性因緣力故，得無上菩提，若言不須脩聖道者，是義不然。又三十六云，一闡提人，煩惱因緣，現在之世能斷善根，佛性力因緣故，未來還生善根。准此等文，其理佛性，如水清珠能清濁水，水若常動，雖珠有力，水不得清，衆生亦爾，雖有理性，能生善法，妄心常動，無漏不生，若制之一處，無事不辨。又水性清，動即常濁，止即自清，衆生亦爾，本性清淨，若妄心恒動，即生死輪迴，若妄心不動，即寂滅涅槃。准此教理，若有理性，定當成佛。既信一切衆生平等，悉有理性，豈得執一分衆生不成佛邪？

一乘佛性究竟論卷第三

校勘記

〔一〕「常」，疑爲「當」。

〔二〕「生」，《大般涅槃經》（《大正藏》本，曇無讖譯，下同）後有「有」字。

〔三〕「爲」，疑衍。

〔四〕「故」，《大般涅槃經》後有「名」字。

〔五〕「未」，疑後脱「知」字。

（常崢嶸整理）

○九四九

大乘入道次第一卷[一]

沙門智周撰

稽首無等善調御　能拔生死苦沉溺
如空性相無去來　若影從形應所化
實相一味妙甘露　等流八萬甚深法
三賢永截愛流人　十地長駈正路者
故我歸誠此三寶　將顯入大乘位行
願法恒朗長夜中　有情永撥重昏暗

夫欲趣求大菩提者，當知二事，一行位修斷，二所求菩提。初復分二，一列位，次明修斷位。次復三，第一列名，第二釋名，第三出體。初中復二，初總後別。總者今依《唯識》《雜集》等論略開五位，一資糧位，二加行位，三通達，四修習位，五究竟位。初四是因，後一是果。次列别名，初資糧位有三十心，所謂十住，十行，十迴向。言十住者，一發心住，二治地住，三修行住，四生貴住，五方便住，六正心住，七不退住，八童真住，九法王子住，十灌頂住。言十行者，一歡喜行，二饒益行，三無恚行，四無盡行，五離癡亂行，六善現行，七無著行，八尊重行，九善法行，十真實行。言十迴向者，一救護衆生離衆生相迴向，二不壞迴向，三等諸佛迴向，四至一切處迴向，五無盡功德藏迴向，六隨順一切堅固善根迴向，七等心隨順一切衆生迴向，八如相迴向，九無縛無著解脱心迴向，十法界無量迴向。二加行位中復有四位，一暖位，二頂位，三忍位，四世第一法位。三通達位中復有二種，一真見道，二相見道。四修習位中復有十位，一極喜地，二離垢地，三發光地，四焰慧地，五難勝地，六現前地，七遠行地，八不動地，九善慧地，十法雲地。其究竟位辨如果中，始從資糧，終盡法雲，經三大劫。其初資糧加行二位是初大劫，從通達位至七地終是第二劫，從第八地盡第十地是第三劫。時畢三祇，行備四位，方登究竟菩提果矣。

二釋名，初辨資糧，先總後別。總言資糧者，資益己身之糧名爲資糧，欲趣菩提，要資於行，此位創修入佛之因名資糧位。故《唯識論》云，爲趣無上正等菩提，修集種種勝資糧故。又此亦名順解脱分，言解脱者，所謂涅槃離煩惱縛名爲解脱，即所求果。順者不違，分者因義，即所修行不違於果，是果之因，名解脱分。故《唯識》云，爲有情故，勤求解脱，由此亦名順解脱分。別名者，一者十住，菩薩在此創安其心，於六度等行未殊勝，但得住名。此十別者，一此位菩薩創首發於大菩提心，名發心住。二者菩薩淨治三業，悲及有識，名治地住。三者菩薩修勝理觀，起上妙行，名修行住。四者菩薩從諸聖法正教中生，名生貴住。五者菩薩所修善根皆爲救物，名方便具足住。六者菩薩所聞讚毁心定不動，名正心住。七者菩薩聞[三]説三寶三際有無，心堅不轉，名不退住。八者菩薩三業清潔，悟二世間真簡僞虚，童表無咎，亦猶涅槃嬰兒之行，名童真住。九者菩薩解真俗諦，悟法王法，將有所襲，名法王子住。十者此位菩薩如王太子，堪受王位，行漸勝故，名灌頂住。二者十行。此位菩薩行六度等諸行勝故，名之爲行。言其十者，一此位菩薩爲大施主，一切能捨，三時無悔，利譽不悕，愍生慕法，睹者歡敬，名歡喜行。二者菩薩常持淨戒，不染五欲，能令伏衆魔，一切衆生立無上戒，得不退地，名饒益行。三者菩薩常修忍辱，謙卑恭敬，和顔愛語，不害自他，悟身空寂，怨對能忍，名無恚行。四者菩薩假設多劫，受諸劇苦，求法濟生，念念不息，名無盡行。五者菩薩常住正念，恒無散亂，於一切法乃至生死入住出胎無有癡亂，名無癡亂行。六者菩薩善入人法皆無性相，三業寂滅，無縛無著，而復不捨化衆生心，巧能隨類現生救物，名善現行。七者菩薩歷諸塵刹供佛求法，傳燈度生，心無厭足，然以寂滅觀諸法故，而於一切心無所著，名無著行。八者菩薩尊重善根，智慧等法皆悉成就，而由得斯諸尊重法，二利之行更增修習，名尊重行。九者菩薩得四無礙陀羅尼門諸善慧法，能爲衆生作清涼池，守護正法，佛種不絶，名善法行。十者此位菩薩成就第一誠諦之語，學三世佛真實之語，無二之語，如説能行，如行能説，語行相應，色心皆順，名真實行。三者十迴向。在斯位已，凡所修行皆爲迴向，立迴向名。其十者何。一此位菩薩而行六度四攝法等，悉爲救攝一切有情，令離生死，得涅槃樂，名救護衆生，入平等觀，不見怨親衆生等相，稱離生相，初迴向名因斯而立。二者菩薩於三寶所得不壞信，因持諸善迴向衆生，令獲善利，名不壞迴向。三者菩薩學三世佛，不著生死，不離菩提，修迴向事，名等諸佛迴向。四者菩薩修習一切諸善根時，以彼善根如是迴向，令此善根功德之力，至於一切三寶之所，一切世界衆生之所，作諸供養利益之事，譬如實際無處不有，名至一切處迴向。五者菩薩修悔過善根，離一切業障，於諸如來一切衆生，所有善根皆悉隨喜，以此善根皆悉迴向，莊嚴一切諸佛淨刹，常作佛事，善巧方便，具諸功德，離諸虚妄，而無所著，由迴向已得無盡善根，名無盡藏功德迴向。六者菩薩以内外財，隨衆生意而惠施之，見諸苦者，悲以身代，堅固安住自在功德，以如是等諸善功德而迴向已，令一切生得大智慧，除滅大苦，名隨順一切堅固善根迴向。七者菩薩而能增長一切善根，修習究竟安住忍力，閉惡趣門，永離顛倒，不著諸行，一切善根由皆悉迴向，爲一切衆生作功德藏，音覆一切，拔出生死，令得衆善，等無差異，名等心隨順一切衆生迴向。八者菩薩成就念智，安住不動，心無所依，寂然不亂，不違一切平等正法，嚴刹度生，所修諸善皆順如相而爲迴向，名如相迴向。九者菩薩所攝善根，離惰慢等所有縛著，得解脱心，行普賢行，所習諸善不執爲己，及以他人，以無縛著解脱之心迴向，饒益品物一切故，名無著無縛解脱心迴向。十者此菩薩離垢繒繫頂[三]，受大法師記，法施化生，嚴淨世界，出生智等，悉同虚界而無限量，凡有善根修於迴向，悉等法界，故名法界無盡迴向。如此等義，廣如《華嚴》，恐繁不具。前二十九心全第三十少分而屬資糧，三十少分屬後加行。問，此位初首而有十信，謂信、進、念、定、慧、施、戒、護、願、迴向，計心四十，何故但言三十心耶。答，即十住中，初住離出，以初發心而甚難故，故離出也。設有聖教言四十心，當知即據總別說也，理實三十。

第二加行位者，亦分總別。總言加行者，加功用行而趣見道，故名加行。故《唯識》云，近見道故，立加行名，即此亦名順決擇分。言決擇者，體即是智，決簡於疑，疑不決故，擇者簡見，見不擇故，智異於彼，故名決擇。分者支分，此決擇體即是見道，七覺支中是其一支，故名爲分。順者趣向欣求之義。加行位中，暖等善根欣求趣向彼決擇分，故暖等善名順決擇。故《唯識》云，此四總名順決擇分，順趣真實決擇分故。其別名者，一暖，此位菩薩初得見道火相前故，名爲暖。然見道體能斷煩惱，如火燒薪，故喻於火。暖位菩薩未得火體而得火相，故名暖也。二頂，此位菩薩依尋思智，觀所取空，此位功極，故名爲頂。頂者，極義，如山之頂，上之極也。三忍，忍者印可達悟之義也。此位菩薩知忘執識及心外境，而體皆空，故名爲忍。四世第一法，此位菩薩所得智等，一切世間所有法中無先此者，名世第一。

第三通達位者，亦分二種。一釋總名。言通達者，證會之義也。此位菩薩無漏之智，了證真如，故名通達。即《唯識》云，加行無間此智生時，體會真如，名通達位。此通達位即是見道。《唯識》等云，通達位者，謂諸菩薩所住見道。見道名者即無漏智，照理名見。故《唯識》云，初照理故，亦名見道。道，遊履義，行人遊履趣於極果，或通運義，通運行人至於極果，故名爲道。次釋別名。一真見道，體離虛妄，親能證理，實能斷障，故名爲真。又釋，真者是理，見者是智，證真之智名真見道。二相見道，相者類似之義，真見道後而起，於此行解安摸倣，像真見所有功能，不能證理及斷於障，類似於真，故名相見。

第四修習位者，亦開二種。一釋總名。此位菩薩而更進修無分別智，斷所餘障，故名修習。《唯識》等云，爲斷餘障，證得轉依，復數修習無分別智。是以此位名修習也。二顯別名。又分爲二，初釋總地名，後解十別號。此修習位能爲依持生長之義，故名爲地。《唯識》等云，與所修行爲勝依持，令得生長，故名爲地。十別號者，一此地菩薩始入於聖，證二空理，能利自他，所以大喜，是故此地名極喜地。故《瑜伽》等云，得未曾得出世間心，具證二空，能益自他，生大歡喜。二此地菩薩具清淨戒，棄破戒惑。破戒惑法，染汙行人，名之爲垢。此地能捨，名離垢地。故《瑜伽》等云，遠離一切微細犯戒。三此地菩薩由得勝定及殊妙教四種總持，以此爲因，能起三慧，三慧而能照法顯現，名之爲光。此地定等能起慧光，所以此地名發光地。故《瑜伽》等云，能爲無量智光依止。四此地菩薩妙慧殊勝，能斷煩惱，如火焚薪，是故此地名焰慧地。故《瑜伽》等云，燒諸煩惱，智如火焰。五此地菩薩能令俗諦有分別智而與真諦無分別智同時俱起，以互違法令不相違，一時並生，故名難也。前之四地而未能得，今乃得之，故稱爲勝，勝前地也。是以此地名難勝地。故《瑜伽》等云，方便修習最極艱難方得自在。六此地菩薩能起勝智，觀十二緣，不作染淨二差別行，有此勝智現生起故，所以此地名現前地。故《瑜伽》等云，觀察諸行，又於無相多修作意，方現在前。七此地菩薩唯修無相，不起功用，功用之行創絶斯地，是以此地無相之行，逾於二乘世間等行，故此[四]名遠行地也。故《瑜伽》等云，能遠證入無缺無間無相作意。八此地菩薩妙無相智，不被一切有相功用及諸煩惱而能皷擊，所以此地名爲不動。故《瑜伽》等云，不爲現行煩惱所動。九此地菩薩得勝妙智，能善説法以利含識，故此地名爲善慧地也。故《瑜伽》等云，説法自在，獲得無量廣大智慧。十此地菩薩而有勝智，能藏衆德，能斷諸障，能遍法身，義同於雲，能蔽於空而含於水，是以此地名法雲地。故《瑜伽》等云，麤重之體廣如虚空，法身圓滿，譬如大雲皆能遍覆。

第五究竟位者，功成事畢故稱究竟。簡資糧等，彼之四位功未畢故，亦簡二乘，二乘所得菩提涅槃非高勝故，唯佛獨能所作，皆辦功德最勝，得名究竟。

三出體者，資糧、加行此之二位尅性皆以有漏加行智爲其體故，見道尅性而以根本、後得無漏二智爲體，真相别故，其修習位十地皆以有爲無爲諸功德法以爲自體，究竟位者即以如來菩提涅槃以爲其體。上雖列位釋名出體，三節不同，總當第一辨位次也。

第二明修斷者，復開爲二。一明所修之行，二説所斷之障。初修行中復分爲二，初境後行。所言境者，謂即三性三無性等多種差别。今且略明三性之境，謂遍計所執，依他起性，圓成實性。是智所觀，名之爲境。故《攝大乘》名，所應知所應智者即是境也。問，此三名體，其義云何。答，遍者周普，計者量度也，普計一切故名遍計。此能周遍量度之心，妄執一切五藴等法爲我爲法，此所妄計我法等類，名爲所執。所執之法但有假名，無其實體。故《瑜伽》云，謂隨言説依假名言建立自性，自性即是我法等性也。問，所緣藴等，體性不無，能計妄情亦復是有，何故論云名計所執無自體耶。答，藴等緣生不離於識，非有似有，而非我法，妄情不了執爲實有，計爲我法，而離於識，非一異等。此等所執離識我法及實有等，今説爲無名計所執，不言識内非横計者，所有藴等亦名無體。故《唯識》云，一切心及心所由熏習力所變二分，從緣生故，亦依他起遍計，依斯妄執定實有無一異俱不俱等，此二方名遍計所執。問，遍計所執其體已明，能遍計心未知何是。答，有漏第七及染第六，此之二識妄執我等，名能遍計。故《攝論》等言，意識名爲能遍計故。故八識中唯此二也。問，第六妄執緣一切起可名遍計，第七但緣第八起執，何得名遍。答，第七執心是第六識執之類故，亦名遍計。依他起者，依者依託，他者非己，由仗於他自方得生，名依他起。起者生也。體即一切有漏無漏心及心所，色等五塵，從因緣生，皆名依他。故《瑜伽》云，謂從衆緣所起自性。圓成實者，圓者圓滿，體周遍義也。成即成就，非生滅義。實乃真實，非虚謬義。唯一真如具斯三義，名圓成實。故《瑜伽論》云，謂諸真如，聖智所行聖智境界。又釋，無漏有爲亦名成實。故《唯識》云，無漏有爲離倒究竟，勝用周遍，亦得此名。此意説云，無漏有爲亦具三義，同於真如，亦名成實。言離倒者，而是實義。煩惱染法，虚妄顛倒，不得實名，無漏不然，故名爲實。言究竟者，即是成義。究竟能斷煩惱染法，成就此能，故名成也。勝用周遍者，是其圓義，能普斷惑，遍緣諸境，故名圓也。由此真如，有爲無漏，並圓成也。《辨中邊論》第二亦云，真如涅槃無變異故，名圓成實。有爲總攝一切聖道，於境無倒，亦名成實。《攝大乘論》亦取無爲有爲無漏名圓成實。故知成實通二種也。問，何故《瑜伽論》但以五法中如爲成實耶。答，辨圓成實而有二門。一常無常門。但是常者，名圓成實，離生滅故，無常即非。《瑜伽》據此故以如如而爲成實，正智體是生滅法故，故不取也。二漏無漏門。但是無漏即名成實，離顛倒故，有漏即非。所以《中邊》《攝論》《唯識》通據二門，亦取正智，諸無漏法，亦圓成實，故不相違。即此遍計其體全無，依他圓成體性是有。故契經云，有爲無爲名之爲有，我及我所説之爲空。有爲無爲，依他成實。我及我所，是遍計也。三性有無，諒可知矣。觀遍計境，我法體無，但可令知，不生妄執。觀依他性，染者惑業及以苦果可須斷除，淨者即是資糧加行見道修道，所行之行，可令修習。觀圓成實，而令求證。三無性等，所餘之境，恐繁不説。

次修行中又分爲二，初明發心，後明修行。發心又二，初明發心，後明發願。初發心者，將求大果必要先發菩提之心，由發此心，欣彼果故，因能修行，斷諸惑障，證大涅槃。心若不發，便無欣趣，欣趣既無，誰有修行。行若不修，何能斷障，障不能斷，詎得菩提。故《華嚴經》十住初首名發心住。《般若經論》十八住中第一亦名發心行住。《唯識》亦云，從發深固大菩提心。是以第一先須發心，由發心故入僧祇數，發心之義准諸經論。今者略以十門分別，一明菩提心之體性，二彰所因，三顯行相，四辨所緣，五明勝利，六談德量，七挍勝劣，八辨其喻，九明退緣，十彰守護。一體性者，以信精進正念正定正慧爲體。故《攝論》云，清淨增上力，堅固心昇進，名菩薩初修，無數三大劫。增上力者，即信等五，故以信等而爲自體。二彰所因者，按諸經論，因不一徒，略陳梗概。故《大集經》云，衆生成就十六種法，能發菩提心。一常修上心，瑩磨諸根。二勤修諸善，莊嚴功德。三至心持戒，不生悔厭。四修集大悲，憐愍衆生。五信佛世尊有大慈悲。六爲諸衆生受行諸苦。七能壞衆生所有苦惱。八調伏諸根，具足正見。九心無所畏，不求諸有。十樂求佛智，不樂二乘。十一受樂不慢，受苦無悔。十二恭敬智慧，破壞憍慢。十三知恩報恩。十四具足身力。十五護持正法。十六不斷三寶。又《瑜伽論·菩薩地》説，菩薩發心由四種緣，四因，四力而能發心。言四緣者，一見諸佛菩薩有不思議神變威力，或從可信聞如是事，既聞是已，於大菩提深生信解，因斯發大菩提心。二雖不見聞佛及菩薩神通功德，於菩薩藏聞已深信，爲得如來微妙智故發菩提心。三或有一類雖不見佛及以聽説如是正法，而見一切菩薩藏法將欲滅没，便作是念，菩薩藏法久住世間，能拔無量衆生大苦，我應住持菩薩藏法，發菩提心，爲滅無量衆生大苦，爲護菩薩藏增上力故，於如來智深生信解而得發心。四者或有一類雖不覩見正法欲滅，而於末劫見諸濁惡衆生身心十隨煩惱之所惱亂，謂多愚癡，多無慚愧，多諸慳嫉，多諸憂苦，多諸麤重，多諸煩惱，多諸惡行，多諸放逸，多諸懈怠，多諸不信。見是事已，便作是念，大濁惡世於今正起，諸隨煩惱之所惱亂，能發下劣聲聞心者尚難可得，況於無上正等菩提能發心者。我當應發大菩提心，令此惡世無量有情隨學於我，起菩提願，由見惡世發心難得增上力故，發菩提心。云何四因，一謂諸菩薩菩薩種姓而得具足。二賴佛菩薩善友攝受。三於諸衆生多起悲心。四於極多時，生死大苦難行苦行無有怯畏。云何四力，一謂諸菩薩由自功力，能於無上正等菩提深生愛樂。二由他功力深生愛樂。三宿習大乘相應善法，今得蹔見諸佛菩薩，或蹔得聞稱揚讚歎，即能速發大菩提心，況覩神力聞其正法。四於現法中親近善士，聽聞正法，諦思惟等，長時修習種種善法，由此加行發菩提心。三顯行相者，希求爲相。希求有二，一求菩提。二求利生。故《瑜伽論》云，菩薩起心求菩提時，發如是心，說如是言，願我決定當證無上正等菩提，能作有情一切義利。又云，最初發心，於諸衆生發起二種善勝意樂，一者利益意樂，謂欲從諸不善處拔濟衆生，安置善處。二者安樂意樂，謂於貧匱無依無怙諸衆生所，離染汙心，欲與種種饒益樂具。又《般若經論》發心行住而有四義，一者廣大心，四生三界咸是慈悲所度之者。二第一心，咸令有情得無餘依涅槃勝果。三常心，雖度衆生，不見身外有衆生相，皆即我身，故能常度一切衆生。四不顛倒心，不起我執，執有自他有情我等，此等諸教皆以決定希求二利，爲發菩提心之行相。四辨所緣者，恒以所求所度而爲所緣。故《大般若經》云，善現白佛，初發菩提心菩薩何所思惟。佛言，恒正思惟一切相智。又《瑜伽論》云，以大菩提及諸有情一切義利爲所緣境。緣菩提故，自求當證。緣衆生故，悲心希濟。五明勝利者，《大集經》頌云，若樂喜發菩提心，如是乃能斷惡有，能爲人天開正路，能閉八難邪險徑，諸根具足不盲聾，皆由至心發菩提。又頌云，能見十方諸世尊，能聞無上甘露味，若能至心發菩提，是故能破疑憍慢，無量智慧得自在，能爲衆生説法界。《華嚴經》云，若有發菩提心，則爲不斷一切佛種，則爲嚴淨一切佛刹，則爲成就一切衆生，則爲了達一切法性，則令一切諸衆生界悉得安穩。《瑜伽・菩薩地》云，發心菩薩所攝善法有二種勝，一因二果，謂所攝善法皆是無上正等菩提，能證因故，所攝無上是此果故。尚勝二乘，況餘一切世間因果。又云，發心菩薩有二勝利，一者初發心已即是衆生尊重福田，一切衆生皆應供養，亦作一切衆生父母。二者發心即能攝受無惱害福，由此菩薩成就如是無惱害福，得倍輪王護所守護，由得如是護所護故，若寢若悟若迷悶等，一切魍魎人非人等不能嬈害。又此菩薩轉受餘生，由如是福所攝持故，少病無病，不爲長時重病所觸，常益衆生，無勞無損。六談德量者，《華嚴經》頌云，發心功德不可量，充滿一切衆生界，衆智共説無能盡，何況所餘諸妙行。又云，若有菩薩初發心，誓求當證佛菩提，彼之功德無邊際，不可稱量無與等。又云，菩薩於生死最初發心時，一向求菩提，堅固不可動，彼一念功德，深廣無邊際，如來分別説，窮劫猶不盡。《發菩提心論》云，如來言如諸菩薩最初發心下劣一念，福德果報百千萬劫説不能盡，況復一日一月一歲，乃至百千所習，諸心福德果報豈可説盡。何以故，菩薩所行無盡，欲令一切衆生皆住無生忍，得無上菩提故。《辨中邊論》亦云，勝故無盡故，由利他不息。七挍勝劣者，《大集經》頌云，若有能發菩提心，是則能勝一切乘，能淨一切衆生心，亦能演説無上道。又云，如恒河沙等衆生悉住聲聞辟支佛乘，欲比菩薩初發心業，百分千分不可爲喻。何以故，二乘之人自爲解脱觀於煩惱，菩薩不爾，常爲衆生得解脱故觀諸煩惱。又頌云，如恒河沙等世界，滿中妙寶持用施，雖有如是無量福，不如憐愍發菩提，無量億等恒沙佛，淨妙華香以供養，如是福德猶不如，發菩提心七卓步。八辨其喻者，《大集經》云，譬如小寶亦不可輕，何以故，如是小寶能作大事，多所利益，菩薩亦爾，初發心時亦不可輕。又云，如餘小王，一切悉屬轉輪聖王，一切人天亦復如是悉來歸屬初發心菩薩。又云，無苷蔗子則無種種石蜜諸味，若無菩提心者亦無種種三寶諸味。又頌云，若有菩薩勤精進，即能破壞諸煩惱，如火能焚乾草木，菩提心能燒煩惱。又《發菩提心經論》云，菩薩初始發心，譬如大海初漸起時，當知爲彼下中上價，乃至無價如意寶珠而作住處，此寶皆依大海生故。菩薩發心亦復如是，爲三乘人禪定智慧一切功德之所生處。又如三千大千世界初漸起時，當知便爲二十五有，其中所有一切衆生悉皆荷負，作依止處。菩薩亦爾，一切初漸起時，普爲一切無量衆生，六道四生乃至四姓一切荷負，作依止處。又《大莊嚴論》廣有喻事，恐繁不引。九明退緣者，《瑜伽論》云，有四因緣能令菩薩退菩提心，一種姓不具，二惡友所攝，三於諸衆生悲心微薄，四於長時生死大苦難行苦行，怯畏驚怖。十顯守護者，《大般若經》云，菩薩摩訶薩常勤守護是菩提心，猶如世人守護一子，亦如瞎者護餘一目，如行曠野守護導者。菩薩守護菩提之心亦復如是，因護如是菩提心故，得阿耨多羅三藐三菩提。

次發願中，又分爲二，初願後誓也。願者，所習本矣。誓者，能讚緣矣。將備成功，闕一無可，亦猶輪翼待而飛御。故《發菩提心論》云，菩薩云何發趣菩提，以何業行成就菩提。發心菩薩住乾慧地，先當堅固發於正願，攝受一切無量衆生，我求無上菩提，救護度脱令無有餘，皆令究竟無餘涅槃。是故初始發心，大悲爲首，以悲心故，能發轉勝十大正願。何等爲十，一者願我先世及以今身所種善根施與一切，悉共迴向無上菩提，令我此願念念增長，生生不忘，爲陀羅尼之所守護。二者願我迴向大菩提已，以此善根於一切生處常得供養一切諸佛，恒常不生無佛國土。三者願我得生諸佛國已，常得親近，隨侍左右，如影隨形，無刹那頃遠離諸佛。四者願我得近佛已，隨我所應説法，即得成就菩薩五通。五者願我得五通已，即達世諦假名流布，了第一義，得正法智。六者願我得正法智已，以無厭心爲生説法，示教利喜，皆令開解。七者願我開解諸衆生已，以佛神力遍至十方無餘世界，供養諸佛，聽受正法，廣攝衆生。八者願我於諸佛所聞正法已，即能隨轉清淨法輪，十方世界一切衆生聽我法者，聞我名者，即得捨離一切煩惱，發菩提心。九者願我能令一切衆生發菩提心已，常隨將護，除無利益，與無量樂，捨身命財，攝受衆生，荷負正法。十者願我能荷負正法已，雖行正法心無所行，如諸菩薩行於正法而無所行，亦無不行，爲化衆生。又《瑜伽論》有十大願，若諸菩薩願於當來以一切種上妙供具供養無量無邊如來，名第一願。願於當來攝受防護諸佛正法，傳持法眼，令無斷壞，名第二願。願於當來從覩史多天宫降下，八相成道，名第三願。願於當來行一切種菩薩正行，名第四願。願於當來普能成就一切有情，名第五願。願於當來一切世界皆能示現，名第六願。願於當來普能淨修一切佛土，名第七願。願於當來一切菩薩皆同一種意樂加行趣入大乘，名第八願。願於當來所有一切無倒加行皆不唐捐，名第九願。願於當來速證無上正等菩提，名第十願。諸聖教中願行非一，恐繁不具。

既發願已，次立於誓。准《莊嚴論》由五義故，立六種誓。五義者，一能堅固其心，二能制伏煩惱，三能遮放逸，四能破五蓋，五能勤修六度。云何立誓，若有人來種種求索，我於爾時隨有施與，乃至不生一念慳悋。若我持戒，乃至失命，建立淨心，誓無改悔。若我修忍，爲他侵害，乃至割截，常生慈心，誓不恚礙。若修精進，遭逢寒暑，王賊水火，師子虎狼，無水穀處，要必堅固，誓不退没。若我修禪，爲外事惱，不得攝心，要繫念境，誓不暫起非法亂想。若修智慧，觀一切法如真實性，隨順受持，於善不善，有爲無爲，生死涅槃，不起二見。若我心懈悔恚礙，退没亂想，起於二見，如彈指頃，以施、戒、忍、精進、禪、智求得報者，我即欺誑十方世界無量無邊阿僧祇現在諸佛，於未來世亦當必定不證菩提。菩薩以十大願，持正法行，以六大願制伏放逸，必能精進修習六度，成無上菩提。

次求善友者。善友之義大矣哉，將越艱險，會常樂者，無莫由之。故《攝大乘》《唯識》等云，要善友力方成菩提。佛菩薩等是爲善友，勝利無極，難以具言，且略舉三，用表求意。一者能爲菩提近因，故《涅槃經》云，佛告諸大衆言，一切衆生爲阿耨多羅三藐三菩提近因緣者，莫先善友。何以故，闍王若不隨耆婆語者，來月七日必定命終，墮阿鼻獄，是故近因莫若善友。二者趣向如來智時有十功能，故《華嚴經》云，善知識者，則是趣向一切智門，令我得入真實道故。善知識者，則[五]趣向一切智乘，令我得至如來地故。善知識者，則是趣向一切智船，令我得至智寶洲故。善知識者，則是趣向一切智炬，令我得生十力光故。善知識者，則是趣向一切智道，令我得入涅槃城故。善知識者，則是趣向一切智燈，令我得見夷險道故。善知識者，則是趣向一切智橋，令我得度險惡處故。善知識者，則是趣向一切智蓋，令我得生大慈涼故。善知識者，則是趣向一切智眼，令我得見法性門故。善知識者，則是趣向一切智潮，令我滿足大慈水故。三者能令越生死海，故《大集經》偈云，若得親近善知識，至心聽受無上法，觀察内外空三昧，即能越度生死海。問，於善知識起於何心而求於彼。答，《華嚴經》云，於善知識生十種心，謂於善知識生同己心，令我精勤，辦一切智，照道法故，於善知識生清淨自業果心。親近供養生善根故，於善知識生莊嚴菩薩行心。令我速能莊嚴一切菩薩行故，於善知識生成就一切佛法心。誘誨於我令修道故，於善知識生能生心。能生於我無上法故，於善知識生出離心。令我修行普賢菩薩所有行願而出離故，於善知識生具一切福智海心。令我積集諸白法故，於善知識生增長心。令我增長一切智故，於善知識生具一切善根心。令我志願得圓滿故，於善知識生能成辦大利益心。令我自在安住一切菩薩法故，成一切智道故，得一切佛法故。

後明修行者。夫天池別乎行潦者，百川納而莫遺。地岳殊於推阜者，衆塵積而無棄。故求無上正等菩提，一切諸行莫不備習。於中分二，一總二別。總者，其資糧等五位中，皆具自利利他二行及福智二，十波羅蜜。故《唯識論》云，十波羅蜜五位皆具。然修習位其相最顯，即此六度慧爲性者，皆名爲智，非慧爲體，並名爲福。六波羅蜜通相皆二，別相前五説爲福德，第六智慧。又此六度爲濟於他而修六者，六皆利他。若爲自修，六皆自利。既云十度通五位修，又即六度通於福智二利所攝，故知十度二利福智通五位也。

問，菩提分法及四攝等皆是功德所修之法，二利等中是何所攝。答，據增相説，菩提分法自利行收，四攝事等利他行攝。若依實言，皆通二利。

問，菩提分等體義云何。答，分之爲三，初菩提分，次明四攝，後顯六度。菩提分法略爲二門，一者釋名，二略問答。初中又二，先總後別。三十七菩提分法者，菩提梵音，此譯名覺，即如來等盡無生智，照境窮源，故稱爲覺。分者因也，此三十七能爲覺因，故名爲分。次別名者，種類不同，分爲七例。一四念住，二四正斷，三四神足，四五根，五五力，六七覺支，七八正聖道。一四念住者，謂身受心法，身等四法是所觀境，慧是能觀，慧與念俱，故慧從念，稱爲念也。住者即境，是能觀慧所住之境，總稱念住。别言身者，五根四大積集名身，領納於境目之爲受，集起名心，軌持稱法。二四正斷者，體一精進，義用不同，分之爲四，已生惡法斷之令滅，未生惡法令永不生，已生善法修令增長，未生善法修令得生，此四功能斷自所除懈怠障故，故名四斷。三四神足者，神謂神通，妙用難測，故名神也，即慧之用。足者彼因，體即勝定，由依勝定，能發通故，故名神足。足雖一定，定因有四，故名四也。其四者何，謂欲，勤，心，觀。於境樂觀名欲，止惡進善曰勤，定能攝心稱心，於境簡擇名觀。此四非足，足之因也。四五根者，增上之義是根義也。由五能生諸善法故，故總名根。其五者何，謂信，精進，念，定，慧也。謂於三寶四諦等中，能深忍樂清淨之性，名之爲信。勇猛進修，目爲精進。於境憶持，故稱爲念。專注所緣，號之爲定。簡擇德失，故得慧名。五五力者，不可屈伏故名爲力，即前五根據不可屈，轉立力名。故《瑜伽》云，誰不能屈。答，此清淨信，若天若魔乃至諸煩惱纏，亦不能屈，故名難伏。體即五根，更無别也。六七覺支者，覺者是智，支者分類，分類不同而有七種，名七覺支。其七數者，一念，二擇法，三精進，四喜，五輕安，六定，七捨。於境明記，名之爲念。觀察德失，故名擇法。熾然修善，號爲精進。於意適悦，故得喜名。調暢身心，名爲輕安。專注所緣，故名爲定。遠離沉掉平等寂靜，目之爲捨。問，擇法是慧可名覺支，餘非慧收何得名覺。答，念支覺法所依止故，擇法自體而是覺故，精進是覺出離支故，喜是覺法利益支故，輕安，定，捨，此三是覺無染支故，是以自體及餘非慧總名覺支。何故此三名無染支。答，麤重爲因能生諸染，輕安近能治此麤重，名無染因。由依定故，方能離染，定即名爲離染所依。捨正除染，即是無染之自性也。故此三種得無染名。七八聖道者，契理通神目之爲聖，運載遊履稱之爲道。其八者何，謂正思惟，正語，正業，正命，正精進，正念，正定，正見。籌量義理，名正思惟。語離四非，稱爲正語。身遠三過，名爲正業。無漏身語，離五邪命，名爲正命。修善斷惡，有勝堪能，目爲精進。明記所緣，稱爲正念。攝心不亂，號爲正定。推察諦理，故名正見。二略問答者。問，小乘之人修菩提分，教有誠文，何以得知大乘亦學。答，《智度論》云，問，三十七品是聲聞辟支佛道，六波羅蜜是菩薩道，何故於菩提道説聲聞法。答，菩薩摩訶薩學一切道品，既云一切，故知亦通菩薩所學。問，菩提分法通諸位者，何故《瑜伽》《攝論》皆云四地方得菩提分耶。答，彼據三地得定戒等相，同世間四地相，同二乘出世道品，無漏而是出世，故言四地方得起也。問，三乘同修，行相何別。答，《中邊論》云，二乘之人以自相續身等爲境以修對治，菩薩通以自他相續身等爲境而修對治。聲聞獨覺於身等境，以無常等行相思惟而修對治，若諸菩薩於身等境，而以無所得行相思惟修於對治。聲聞獨覺修念住等，但爲身等速得離繫，若諸菩薩修念住等不爲身等離繫，但爲證得無住涅槃。由此三緣，與二乘別。

次明四攝，略分二門，初釋名字，後辨行相。初中又二，先總後別。總者，以此四事攝諸有情故名四攝，或攝者益他，以施等法益有情故。故《瑜伽》云，所有攝事能成就他一切有情。能成就者即是益也。釋别名者，一者布施，運心普及稱之爲布，輟己惠人故名爲施。二者愛語，音聲屈曲表彰名語，聞者悦樂故目爲愛。三者利行，行是所修之行，即是因名，利是所得利益，即是果稱。故《瑜伽》云，由此能令於現法中得身輕安，於後法中般涅槃等。此現輕安，後般涅槃，皆並名利，有所益故。四者同事，同者等也，事者事業，謂與有情等修行業故名同事。二行相者，菩薩若欲攝化有情，不過此四。若欲化彼，先行於施，謂隨於彼所須外財金銀等物，及以内財手足等類，隨求皆與。由隨意與故，諸有情親附菩薩，是名施攝。既親附已，次以愛語悦豫彼心，令其受道。故《瑜伽》云，云何菩薩自性愛語，常樂宣説。可意語等，略有三種，一慰喻語，對諸有情含笑先言，命進問安隨宜慰喻。二慶慰語，見諸有情有昌盛事而慶悦之。三勝益語，爲諸有情宣説一切圓滿殊勝微妙法教。既行如上所有愛語，令所化生心起愛慕，歸依菩薩。既歸依已，次教修行。《瑜伽》云，謂諸菩薩由彼愛語爲諸有情示現正理，隨其所應，於諸所學隨義利行。此意即説，隨彼諸乘根性差別而教行彼三乘等行，得自乘果。又若菩薩如是行中必住悲心，無愛染心，勸導調伏。起利行已，次與所化同其事業。問，但化彼行，何假身同。答，自若不行人焉肯學，爲令彼修故要自作。故《瑜伽》云，謂諸菩薩若於是義，於是善根勸他受學，即於此義，於此善根自現受學，如是菩薩與他同事，故名同事。由此四事攝諸有情，不增不減。

後明六度，六度之義乃有多種，今者略示八門差別，一辨列，二釋名，三顯相，四加行，五淨相，六不增不減，七相攝，八勝德果利。一辨列者，施有三種，一捨財等，名爲財施。二以三藏等教施於有情，名爲法施。三令他離怖，名無畏施。戒亦三種，一者能離不善，防護受持，名律儀戒，即沙門等七衆所學戒等是也。二以一切佛法爲體，名攝善法戒。三者以此戒善資物，名饒益有情戒。忍亦三種，一者怨對能受，名耐怨害忍。二者貧病寒熱種種苦至，忍而修道而不退屈，名安受苦忍。三者於甚深法能諦思惟，審觀義理，名諦察法忍。精進亦三，一者若修諸行發起勇悍，於行不退如入陣者，被鎧甲故，即無怯退故，名被甲精進。二者修諸善品而勤進趣，名爲攝善精進。三者能以精勤利樂含識故，名利樂精進。定亦有三，一者而能安住現法樂故，名爲安住靜慮。二者以此能發六神通故，名爲引發靜慮。三者用此能成利有情事故，名辨事靜慮。慧亦有三，謂生空無分別慧，法空無分別慧，俱空無分別慧。如次即是别緣我法及俱緣彼根本之智，簡異後得言無分別。

二釋名者，先總後别。言總名者，《解深密經》及《瑜伽》云，何緣此名波羅蜜多，由五緣故。一無染著，不染著波羅蜜多相違事故。二無顧戀，謂於一切波羅蜜多諸果異熟及報恩中，心無繫故。三無罪過，謂於如是波羅蜜多無間雜染法，離非方便行故。四無分别，謂於如是波羅蜜多不如言詞執著自相故。五正迴向，謂如是所作所集波羅蜜多迴求無上大菩提果故。又《對法論》云，到所知彼岸名波羅蜜多。又波羅是所知彼岸義，蜜多是到義。釋别名者，《攝論》云，能裂慳悋貧窮，及能引得廣大財位福德，故名爲施。能息滅惡戒惡趣，及能引得善趣等持，故名爲戒。能滅盡忿怒怨讎，及能善住自安隱故，故名爲忍。妙能遠離所有懈怠惡不善法，及能出生無量善法，故名精進。能銷除彼所有散動，及能引得内心安住，故名静慮。能除遣一切見趣諸邪惡慧，及能貞實品别知法，故名爲慧。

三辨相者。問，但施等即得名爲波羅蜜多，爲不爾耶。答，有得不得。故《唯識》云，要七最勝之所攝受方可建立波羅蜜多。一安住最勝，謂要安住菩薩種姓。二依止最勝，謂要依止大菩提心。三意樂最勝，謂要悲愍一切有情。四事業最勝，謂要具行一切事業。五巧便最勝，謂要無相智所攝受。六迴向最勝，謂要迴向無上菩提。七清淨最勝，謂要不爲二障間雜。若非此七所攝受者，雖行施等，但名施等，不得名爲到彼岸也。

四加行者。問，將修此六以何加行方能進習。答，二利爲心能修此六。故《大般若經》一百二云，菩薩摩訶薩行六波羅蜜時當作是念，我若不行布施波羅蜜多，當生貧賤家，尚無勢力，何由成就有情嚴淨佛土，況當能得一切智智。我若不護淨戒波羅蜜多，當生諸惡趣，尚不能得下賤人身，乃至況當能得一切智智。我若不修安忍波羅蜜多，當生諸根殘缺容貌醜陋，不具菩薩圓滿色身。若得菩薩圓滿色身，行菩薩行，有情見者必獲無上正等菩提。若不得此圓滿色身，乃至況當能得一切智智。我若懈怠不起精進波羅蜜多，尚不能獲菩薩勝道，乃至況當能得一切智智。我若心亂不入靜慮波羅蜜多，尚不能起菩薩勝定，乃至況當能得一切智智。我若無智不學般若波羅蜜多，尚不能得諸巧便，慧超二乘地，乃至況當能得一切智智。又三百五十一云，於此六種波羅蜜多勤修學時恒作是念，世間有情心皆顛倒，没生死苦，不能自脱。我若不修善巧方便，不能解脱彼生死苦。我當爲彼諸有情類精勤修學布施，淨戒，精進，安忍，靜慮般若波羅蜜多善巧方便。以此念觀故，能熾然修六度也。

五淨相者，二種不同，初總後别。總者，《解深密經》及《瑜伽》云，總説一切波羅蜜多清淨相者當知七種。何等爲七，一菩薩於此諸法不求他知。二於此諸法見已不生執著。三即於如是諸法不生疑惑，謂爲能得大菩提不。四終不自讚毁他，有所輕蔑。五終不憍傲放逸。六終不小有所得便生喜足。七終不由此諸法於他發起嫉妬慳悋。行六度時離此七種，方得名爲六度清淨。次别相者，《大集經》云，一成就八法能淨檀波羅蜜，謂離我能施，離爲我施，離愛結施，離無明見施，離彼我菩提相施，離種種相見施，離悕望報施，離慳嫉其心平等如虚空等施。離此八法是謂清淨。二成就八法能護淨戒，謂不忘菩提心能護於戒，不求聲聞辟支佛地能護於戒，境界無礙能護於戒，不特[六]諸戒能護於戒，不捨本願能護於戒，不依一切生處故能護於戒，成就大願故能護於戒，善攝諸根爲滅煩惱故能護於戒，是謂八法。言護戒者，即滅淨相。三成就八法能淨羼提波羅蜜，謂善淨内淳至修羼提波羅蜜，謂善淨外不悕望修忍，於上中下究竟無障礙修忍，隨順法性無所染著修忍，去離諸見修忍，斷一切諸覺修忍，捨一切諸願修忍，除一切諸行修忍，是謂八法。四成就八法能淨毗梨耶波羅蜜，謂淨身故發勤精進，知身如影，不著於身。爲淨口故發勤精進，知口聲如響，不著於口。爲淨意故發勤精進，知意如幻，無所分別，不著於意。爲具足諸波羅蜜故發勤精進，知諸法無自性，因緣所攝，不可戲論。爲得照菩提分法故發勤精進，覺了一切法真實性故，無所礙著。爲淨一切佛土故發勤精進，知諸佛國土如虛空故，不恃所淨。爲得一切陀羅尼故發勤精進，知一切法無念無非念故，不作二相。爲成就一切佛法故發勤精進，知諸法入一相平等故，而不壞法性，是爲八法。五成就八法能淨禪波羅蜜，謂不依諸陰修禪，不依諸界修禪，不依諸入修禪，不依三界修禪，不依現世修禪，不依後世修禪，不依道修禪，不依果修禪，是爲八法。六成就八法能淨般若波羅蜜多，若菩薩精勤欲斷一切不善法而不著斷見，精勤欲生一切善法而不著常見，知一切有爲法皆從緣生而不動於無生忍法，善分別説一切字句而常平等無有言説，善能辨了一切有爲無常苦法於無我法界寂靜不動，善能分別諸所作業而知一切法無業無報，善能分別垢法淨法而知一切法性常淨，善能籌量三世諸法而知諸法無去來今，是爲八法，能淨般若波羅蜜多。若有人能依總別淨相所修六度，真實而能到於彼岸。

六不增不減。如《深密經》《瑜伽》等云，世尊，何因緣故施設如是所應學事但有六數。善男子，二因緣故。一者饒益諸有情故當知前三，謂諸菩薩由布施故，攝受資具饒益有情。由持戒故，不行損害等饒益有情。由忍辱故，彼損害等堪能忍受饒益有情。二者對治諸煩惱故當知後三，謂諸菩薩由精進故，雖未永伏一切煩惱等，而能勇猛修諸善品，彼諸煩惱不能傾動善品加行。由靜慮故，永伏煩惱。由般若故，永害隨眠。由斯六種不增不減也。

七相攝者。《大般若經》第三云，以無所得修行布施，了達一切施者受者及所施物皆不可得，如是布施能滿布施及餘五度。以無所得修行淨戒，了達一切犯無犯相皆不可得，如是淨戒能滿淨戒及餘五度。以無所得修行安忍，了達一切動不動相皆不可得，如是安忍能滿安忍及餘五度。以無所得修行精進，了達一切身心勤怠皆不可得，如是精進能滿精進及餘五度。以無所得而修靜慮，了達一切有味無味皆不可得，如是靜慮能滿靜慮及餘五度。以無所得修行般若，了達一切諸法若性若相皆不可得，如是般若能滿般若及餘五度。又《攝大乘》云，謂於一切波羅蜜多修加行中，皆有一切波羅蜜多互相助成。謂修施時，禁防忍受，策勵專心，能善了知業果相屬，如是施中即有餘轉。若修戒時，遠離慳悋、忿恚、懈怠、散動、邪見，如是戒中即有餘轉，修習所餘亦如是說。如有頌言，施時無貪無犯戒，無嫉無恚起慈心，諸來求者便施與，無惓無亂無異見。

八勝德果利。言勝德者，如《深密經》《瑜伽論》云，一切波羅蜜多各有四種最勝威德。一正行時能捨慳悋、犯戒、憤恚、懈怠、散亂、見趣所治之法。二正行時爲無上菩提資糧。三正行時於現法中能自攝受，饒益有情。四正行時於未來世能得廣大無盡可愛諸果異熟。言果利者，由行六度而爲勝因，能感當來種種妙果，遠則菩提近人天等。故《華嚴經》第五頌云，昔於衆生起大悲，修行布施波羅蜜，以是其身最勝妙，能令見者生歡喜。昔在無邊大劫海，修治淨戒波羅蜜，故獲淨身遍十方，普滅世間諸重苦。往昔修行忍清淨，信解真實無分別，是故色相皆圓滿，普放光明照十方。往昔勤修多劫海，能轉衆生深重障，故能分身遍十方，悉現菩提樹王下。佛久修行無量劫，禪定大海普清淨，故令見者深歡喜，煩惱障垢悉除滅。如來往昔修諸行，具足般若波羅蜜，是故舒光普照明，尅殄一切愚癡暗。此即由行六度之因具佛果德。又《深密經》《瑜伽論》云，世尊，如是一切波羅蜜多何果異熟。善男子，當知此亦略有六種，一者得大財富，二者往生善趣，三者無怨無壞多諸喜樂，四者爲衆生主，五者身無惱害，六者有大宗業。如其次第配其六度，此通因中所得之果。然六度義乃有無量，粗示八門，餘略不説。

上來所明菩提分法四攝六度並通相修。通相修中，按諸經論而更廣明四無量等，恐繁且止。

二别修者。且資糧位三十七種菩提分中，修四念住，四正斷及四神足，何以爲證。《中邊論》云，由四神足心有堪能，順解脱分善根滿已，復應修習五種增上。既云由四解脱分滿，明知神足在資糧位，四念四斷在神足前，是故亦在資糧位也。問，此之三四何在先修。答，先修念住，次四正斷，後四神足。問，何爾耶。答，無始來於身等境作諸染淨差别之相，起於愛憎，沉没苦海，是以創觀身受心法，此之四種以爲無相。故《中邊》云，若諸菩薩於身等境，以無所得行相思惟而修對治。雖觀身等四境無相，未能除障，次修四斷，斷所斷障。故《中邊》云，今爲遠離所治障法，及爲修集能對治道，於四正斷精勤修習。雖能伏障，未能隨意所欲皆成利樂事等，是故次修四種神足。故《中邊》云，修四神足，是諸所欲勝事因故。問，神通要定方能發起，此位得通，明已有定，何故餘論言資糧位而住外門，外門即是非定攝故。答，餘論但言多住外門，不言唯外，故亦有定，散多定少，故言多住外門轉也。

又此地中而亦别修十種法行。故《瑜伽》云，謂諸菩薩先於勝解行地，依十法行極善修習。即此資糧、加行二位名勝解行地，未能證解，但信解故名爲勝解。十法行者，准《顯揚論》云，一者書寫，於菩薩藏若多若小尊重恭敬，謂自書寫若使他書。二者供養，若劣若勝，諸供養具謂自供養，若將已物令他供養。三者施他，若自書已，由矜愍他而施於彼。四者諦聽，若他闡讀，由宗仰故。五者自讀，發淨信解恭敬重心。六者諷誦，從師受已而諷誦之。七者受持，既諷誦已，爲堅持故，以廣妙智而温習之。八者開演，悲愍他故，傳授與彼，隨其廣略而爲開演。九者思惟，獨處閑靜，極善研尋。十者修習，如所思惟，修奢摩他毗鉢舍那等。

問，此十法行何德須修。答，能爲聞思修等三慧作助伴故。故《中邊頌》云，此助伴應知，即十種法行。又云，由修此十而得無邊諸功德故。

問，於何乘教，行斯十行得無量福。答，於大乘教，非餘二乘。故《顯揚》云於菩薩藏。《中邊》亦云，此於大乘有十法行。何故爾耶。答，《中邊》釋云，一由最勝，二由無盡故，於大乘修福無邊，非二乘也。

問，法門一軌適絶躊躇，教轍分岐，履焉不惑。且夫《阿含》至教，擯我法留，《般若》幽筌，無非若幻，《華嚴》一切心起，法性不亡，《涅槃》四德無爲，我體照立。有無紛亂，人法交馳，使乎弱喪，歸方何路。若存乎法我，外道之藉足依。觸類皆空，日親之典徒習。豈可擿空華爲瓔珞，堰焰水爲華池者哉。法類於斯，諸何可効，一切靡作，十行徒施，鉾楯斯存，物疑那遣。答，法體無異應感有差，文雖不同理實何別。良以有情無始執我不無，初折彼迷説我非有，二乘由是計我爲無，妄執離心而有實法。復除其病總説爲空，如來説空，空心外法，有情不悟執一切空，空病既增，理當除遣。故《華嚴》説三界唯心，《涅槃》乃陳無爲我淨。言心內有，空病因除。説境外無，有疾便遣。既殊外道，誠堪所依，又不全空，十行須習。

問，既説皆空，明總非有，若內心有何曰皆空。故《般若》説，照見五蘊等皆空故。答，密意總説一切爲空，至理但言遍計非有，依他成實識內非無，不説此二亦爲非有。問，何以爲明。答，《解深密經》《瑜伽》等言，勝義生菩薩白佛言，世尊，我常獨在靜處，心生如是尋思，世尊以無量門曾説諸蘊所有自相生相滅相，永斷遍知，未生令生，生已堅住，不忘修習增長廣大。世尊復説一切諸法皆無自性，無生無滅，本來寂靜，自性涅槃，未審世尊依何密意作如是説。世尊答言，勝義生，當知我依三種無自性性，密意説言一切諸法皆無自性，謂相無自性性、生無自性性、勝義無自性性。一謂諸法遍計執相，此由假名安立爲相，非由自相安立爲相，是故説名相無自性性，意云遍計無其體相名相無性。而言相者，依名假立，非是遍計有體相故方立爲相。即以相無自性爲初無性，故重言性，餘二准知。二謂諸法依他起相，此由依他緣力故有，非自然有，是故説名生無自性性，意云依他不以自然之法而生，名生無性。三謂諸法圓成實相，亦名勝義無自性性。法無我性名爲勝義，無自性性之所顯故，由此因緣名爲勝義無自性性，意云真如是無我性，體即勝義而非無性，然因我法二空所顯，從彼能顯二空爲名，亦名無性。又云，我依如是三種無自性性，密意説言一切諸法皆無自性。又云，我依相無自性性，密意説言一切諸法無生滅等。何以故，若法自相都無所有，則無所有生。若無有生，則無滅。若無生滅，乃至於中都無少分所有，更可令其般涅槃故。

此中既言依三無性説諸法無，明知不説成實依他亦爲非有，成實依他而體非是三無性故。又一切法若皆是無，如來往昔説彼爲無，正當其理，佛今何故稱爲密意耶。凡言密意，不盡理故。此即説彼依他等上無遍計，故言無一切，非依他等實總無矣。明知《阿含》《般若經》等隨所化宜，覆相談也，生由漸深，堪聞至言。故《深密》等而談諸法非空非有，方名了教。

問，何以知然。答，《深密經》云，勝義生菩薩白佛言，世尊初於一時在婆羅痆斯仙人墮處施鹿林中，唯爲發趣聲聞乘者，以四諦相轉正法輪，雖是甚奇甚爲希有，一切世間諸天人等先無有能如法轉者，而於彼時所轉法輪有上有容，是未了義，是諸諍論安足處所。世尊在昔第二時中，唯爲發趣修大乘者，依一切法皆無自性無生無滅，以隱密相轉正法輪，雖更甚奇甚爲希有，而於彼時所轉法輪乃至諍論安足處所。世尊于今第三時中，普爲發趣一切乘者，依一切法皆無自性無生無滅，本來寂靜自性涅槃無自性性，以顯了相轉正法輪。第一甚奇最爲希有，于今世尊所轉法輪無上無容，是真了義，非諸諍論安足處所。今略釋云，婆羅痆斯此乃梵音，是河之稱。仙人墮者，昔有一王，將諸婇女在園遊戲，有五百仙騰空欲度，見已墮落而失神通，從事爲名言仙墮處。施鹿之事如常應悉。初爲一乘偏談四諦，法非至極，名有上容。當恐二乘著於空見，但説依他圓成爲有，不説遍計而體是無，名爲未了即四諦教，諸部小乘因此互乖，名諍安處。第二時中，爲初發趣大乘菩薩，破其有病説大般若，約遍計執明諸法空，恐有病增，不説依他圓成爲有，名猶未了。第三時中，具辨三性，遍計名無，依他圓成稱之爲有，名真了義，更無法過，名無上容。言二性有，當爲發趣二乘之人。談遍計空義，當爲初發大乘者。具辨三性，即當爲彼久學菩薩。由此故云普爲發趣一切乘者。大師既自斷唯空有，名不了義，故不可執唯有唯空以爲至極，以斯三性通釋諸經，説有談無何爽通理。若唯言有，明從成實依他。若總説空，顯依遍計所執。有空雙舉，對三性言，空有俱亡，據絶言義。是以迷心不悟，一行尚不能依。達士通性，十法齊修何咎。

問，有情沉浪本因煩惱，此位未伏尚住外門，云何而能進修勝行，於無上果勤求不退。答，《攝論》第六、《唯識》第九皆云，此位二障雖未伏除，修勝行時有三退屈，而能三事練磨其心，於所證修勇猛不退。一聞無上正等菩提廣大深遠心便退屈，引他已證大菩提者，練磨自心勇猛不退。二聞施等波羅蜜多甚難可修心便退屈，省己意樂能修施等，練磨自心勇猛不退。三聞謂佛圓滿轉依極難可證心便退屈，引他麤善況己妙因，練磨自心勇猛不退。由此三事練磨其心，堅固熾然修諸勝行。初二意云，彼是丈夫而能成佛，能行難行所有施等，我亦丈夫，何乃不能修行成佛。第三意者，如世間者修微小善，小善猶感人天大果，我所修行殊勝無邊，何故不能感菩提果。又《攝論》頌云，無量十方諸有情，念念已證善逝果，彼既丈夫我亦爾，不應自輕而退屈。由此練磨，故不退也。

其加行位修五根力，故《中邊》云，決擇分中，煖頂二種在五根位，忍世第一在五力位。決擇即是加行位也。問，先修何者。答，先根後力。故《中邊》云，順解脱分善根滿已，復應修習五種增上。五種增上即五根也。次修五力，即前五根能伏於障，不爲障伏，功能轉勝，改立力名。故《中邊》云，即前所説信等五根有勝勢用，復説爲力，謂能伏滅不信障等，亦不爲彼所陵雜故。又《大集經》云，五根五力非體有别，故知約用分爲二也。問，此五何乃有是次第。答，此依因果相引而立，謂若決定信有因果，爲得果故發此精進，精進發已便住正念，住正念已心則得定，得定心已能如實知，既如實知無事不辦。故由此義有是次第。煖頂二位而修五根，忍第一法修其五力，引證如前。

又此煖等四位之中修唯識觀，煖頂二位觀所緣境，離識皆無。忍世第一印所取境，觀能取心，亦非實有。謂自無始冥伏昏夜，見林欑聳，疑網交密，匪悟一切皆唯己心，妄執六塵識外他造，因乎溺浪浮沉莫停，往返遊行，下上焉息。由是菩薩依因善友作意資糧，自益益人，修唯識觀。先依煖頂，觀無所取。所取者何，謂即名義自性差别。此之四種，識外無也。四體者何。答，《攝大乘論》云，此中名者，謂色受等。義者，如名身等所詮表得藴界處等。自性者，即是名義二種自體。差别者，即是名義等上謂無常等差别之義。尋思此四，唯假非實，似外相轉，實唯在内。證知四種虚妄顯現依他起攝，了達四種遍計執義皆不可得。此中意云，名義等四攝一切境，境依於識衆緣而生，非有似有，依他起攝。不了此四依識緣生，妄執識外有實自體，其心外法而實無也，名計所執。菩薩觀此識外名義自性差别悉皆是無，是名觀無所取境也，非是觀於不離識境亦爲無也。設爾何失。答，成顛倒過。不離識法緣生似有，撥有爲無故成顛倒。故《楞伽經》云，由自心執著，心似外境轉，故我説一切，唯有識無餘。又《厚嚴經》，如愚所分別，外境實皆無，習氣擾濁心，故似彼而轉。又《大集經》言，有爲法一切皆以識爲種子。又《華嚴經》云，世間所見法，但以心爲主，隨解取衆相，顛倒不如實。准此等經，故知識外諸法皆無，若不離識可許似有。問，不離識法體既非無，何故稱似。答，諸法離言言詮，不逮愚夫妄執假相，當情不了內心，執爲外有，今顯內法似彼妄情，是故稱似。非言似者即稱於法，以法本體而離言故，對彼妄情故稱似也。問，雖授聖旨斥境留心，以事詳參，物有乖返，至如天蓋所覆，坤輿所載，川岳萬類，卉木千殊，事驗目存，何斷非有。答，海樓崇聳，蜃氣虛搆，色境紛雜，心相幻起。樓非越蜃，迷者執蜃異樓。境不離心，惑者計境非識。若信境非實，隨心可見不同。執境是真，何乃同觀覿異。是以人瞻淨水，魚矚華堂，天視瑠璃，鬼瞰炎火，其處一也，見四有差，諒可由心否臧渝別。又若層峯巖石中，非遊步之轍，大工威神出入排於坦路，斯謂凡情自礙，山擁莫通。聖智融貫，石空何隔。山雖是一，通塞兩殊，改轉既自于心，離識明非實有，以斯言矣。存没照然，何乃臨岐永懷猶豫，至理言矣。萬法由心，無有一物而非心也。故《華嚴經》云，心如工畫師，能畫諸世間，五蘊悉緣生，無法而不造。又云，若人知心行，普造諸世間，是人則見佛，了佛真實性。此即菩薩居煗頂位觀所取也。煗頂名義如前已辨。問，以何等智作斯觀耶。答，以四尋思加行之智而作此觀。智體是一，對境分四，四境即前名義自性差別是也。以智推尋，此之四種假有實無，故能推智名四尋思。故《攝論》云，於加行時，推求行見假有實無説名尋思。故知尋思即觀四種加行之智。

次依於忍印所取無，觀能取識亦復不有，世

第一法雙印能取所取皆無。問，何故爾耶。答，前四尋思觀所取無未重印可，今重印彼決定是無，故名爲忍。又能取心對境而立，境既非實，心焉實歟，亦猶因風浪起風息浪沉，籍境心生，境無心滅。此忍雖亦印能取空，而未雙能印於識境，故世第一而能雙印識境皆空。問，外境本空，談無未乖正理，內識因起，不有乃爽中宗，《華嚴》三界唯心，《大集》識爲法種，准斯聖旨，有義皎然，何得今言同境非有。答，依他幻識似有非無，執有實心遍計非有。今觀無彼遍計執心，不説依他識體非有。故《唯識》云，若執唯識是實有者亦遍計攝。由斯聖教並不相違。問，依他識有即名唯識，內境非無應名唯境。答，依他識有，復能變境，境雖內有，不能變識。故言唯識，不名唯境。又境之體通於內外，外無內有，識唯是內，若境言唯，恐濫外境亦是實有，由境有濫，境不言唯，識無斯過，故言唯識。問，何智能觀遍計識等爲無等耶。答，四如實智，此智是前尋思智果。故《攝論》云，了知假有實無所得決定行智方便果相，名如實智。所言了知假有實無即尋思也，故知實智是尋思果。問，雖觀遍計心境皆空，空此境心，修乎無相，復何攝益。答，不了內心，妄執外境，外境既執，因增貪等，貪等既熾，盲無聖眼，聖眼莫起，不達真理，真理未證，詎亡惑業。惑業猶存，沉溺五趣，五趣不息，豈登極果。了達內心，不執外境，外境不執，便息貪等，貪等息矣，故生聖眼，聖眼既生，能達真理，真理既證，便除惑業，惑業因亡，五趣果息，五趣息已，便登佛果。有斯勝利，故修此觀。《深密》《瑜伽》而有頌云，若不了知無相法，雜染相法不能斷，不斷雜染相法故，壞證微妙淨相法，不觀諸行衆過失，放逸過失害衆生，懈怠住法動法中，無有失壞可憐愍。

問，此加行位能觀遍計心境皆空，何不此時即證真如。答，此位雖觀遍計心境，而猶未能除空有相，由有此相不能證理，要二相亡方達真理。

故《唯識》云，以彼空有二相未除，帶相觀心有所得故，非實安住真唯識理，彼相滅已方實安住。

又此位中雙修安立非安立觀，即四諦等名爲安立，二空觀等名非安立，此乃略明加行位中別修行相。

其通達位別修相者，修七覺支。故《中邊論》云，由此覺支位在見道，故見道中修其七覺。七覺名義已如前説，又見道中真相不同。真見道中，或説三心二心刹那，一即無間及以解脱，三謂無間解脱勝進。故《唯識》云，斷惑證滅期心別故。無間斷惑，解脱證滅，相見有三，三心相見。《雜集》《唯識》《瑜伽》等云，初内遣有情假，法緣心生，能除耎品見道所斷煩惱麤重。二内遣諸法假，法緣心生，能除中品見道所斷煩惱麤重。三遍遣一切有情諸法假，法緣心生，能除一切見道所斷煩惱麤重。釋云，先計有情，以之爲有。今緣有情，但有内心，似有情現，實無其體，名之爲假。能除妄執假有情故，是故名爲遣有情假。生空所顯真如之理名之爲法，緣此智生名緣心起。第二觀法，餘同於前。第三雙觀人法二空，餘亦同上。

次十六心相見道者。《對法》等云，謂於苦諦有四種心，一苦法智忍，謂觀三界苦諦真如。二苦法智，謂忍無間觀前真如，證前所斷煩惱解脱。三苦類智忍，謂智無間無漏慧生，於法忍智各別内證，言後聖法皆是此類。四苦類智，謂此無間無漏智生，審定印可苦類智忍。釋，苦者，苦諦。法者，謂是苦諦所起增上教法。智者，謂於方便道中緣苦法智。忍者，謂於苦諦之中所起現證無漏之慧。二苦法智謂忍無間者，次前忍後而起緣如名無間也。餘可悉矣，苦諦既爾，餘之三諦諦各有四，准苦諦説。又此十六，八觀真如八觀正智，法忍法智而緣於如，類忍類智而緣於智。

次修習位別修相者。菩提分中修八聖道，《中邊論》云，於修道中而建立故。又云，一分別支，謂即正見。此雖是世間，而出世間後，得由能分別見道位中自所證故。此意説云，此正見體是後得智故名世間，非是有漏名爲世間。既言世間，復説分別見道所證，故知修道修八聖道。又修習位十地不同，通而言之，地地皆修十波羅蜜。若依別説十地，如次各修一度，其究竟位衆德明備更無修習，説修何過。答，若許更修，不名無學，亦不得言諸佛平等，進趣不息，先後異故。既云無學，復稱平等，明果無習，義無惑矣。故《唯識》云，此遮佛果，圓滿善法，無增無減，故非能熏。彼若能熏，便非圓滿，前後佛果應有勝劣。言能熏者，即修習義，佛果既不許有能熏，故知佛位即無修習。上來雖有總別不同，合當第二大段之中，明修行訖。

次明斷障，分之爲二，初明二障，後辨斷位。初中復四，一釋二部總名，二隨列別釋，三約識分別，四顯俱生分別。言煩惱障者，煩者擾也，惱者亂也，擾亂有情，不令出離生死苦海，故名煩惱。障者覆也蔽也，即此煩惱覆蔽涅槃，不得解脱，名煩惱障。二所知障者，有漏無漏有爲無爲一切諸法是應知境，由障障彼所知之境，礙能緣心，令心於境而不解了，名所知障。據實二障俱障二果，約別而言，初障涅槃，後障菩提。

二隨列別釋者，先明煩惱，後列所知。煩惱之中初明根本，後彰隨惑。言根本者，總有六種，謂貪嗔癡慢疑惡見，謂此六種是隨煩惱之根本，故得根本名。所言貪者，謂耽着爲性。嗔者，損害爲性。癡者，於諸理事迷闇爲性。慢者，恃己於他高舉爲性。疑者，於諸諦理猶豫爲性。惡見者，於諸諦理顛倒推度染慧爲性。性是不善，或復有覆無記所攝，故總名惡。此惡見中差別有五，一薩迦耶見，於五取藴執我我所。薩迦耶見者梵言，唐云移轉身見，此見執彼五取藴法爲我我所，故亦名爲我我所見。二邊執見，謂即於彼隨執斷常。此意説云，我見後起，執彼我見所執之我爲斷爲常，故稱邊也。三者邪見，一切倒見於所知事顛倒而轉，皆名邪見。四見取者，謂於諸見及所依藴執爲最勝，能得清淨。意云，言諸見者，六十二等差别不同故名爲諸，隨自所學二別見，計而此見及見所依五蘊之體而爲最勝，能得清淨，解脱出離，名爲見取。五戒取者，謂於隨順諸見戒禁及所依蘊執爲最勝，能得清淨。意云，謂諸外道各依自見而受諸戒，戒因見起名順見戒。妄執此戒及戒所依五蘊之體而爲最勝，能得涅槃清淨之果，故名戒取。後隨煩惱者而是根本等流品類，復依彼立，故得隨名。故《瑜伽》云，如是所説諸隨煩惱，當知皆是煩惱品類。隨惑不同有二十種，一忿，依對現前不饒益境，憤發爲性。二恨，由忿爲先，懷惡不捨，結怨爲性。三覆，於自作罪，恐失利譽，隱藏爲性。四惱，忿恨爲先，追觸暴熱，佷戾爲性。五嫉，殉自名利，不耐他榮，妒忌爲性。六慳，耽着財法，不能惠捨，秘悋爲性。七誑，爲獲利譽，矯現有德，詭詐爲性。八諂[七]，爲網他故，矯設異儀，險曲爲性。九害，於諸有情心無悲愍，損惱爲性。十憍，於自盛事深生染著，醉傲爲性。十一無慚，不顧自法，輕拒賢善爲性。十二無愧，不顧世間，崇重暴惡爲性。十三掉舉，令心於境不寂靜爲性。十四惛沉，令心於境無堪任爲性。十五不信，於實、德、能不忍樂欲，心穢爲性。十六懈怠，於善惡品修斷事中懶惰爲性。十七放逸，於染淨品不能防修，縱蕩爲性。十八失念，於諸所緣不能明記爲性。十九散亂，於諸所緣令心流蕩爲性。二十不正知，於所觀境謬解爲性。次所知障根本亦六，隨有二十，與煩惱同，何故如是。答，煩惱依於所知障立，能依所依故數等也。故《唯識》云，所知障者，隨其所應或多或小，如煩惱説。如此准知數同煩惱，更不別列。

三約識分別者。問，此等煩惱八識之内何識相應。答，且根本十，准《唯識》云，第八藏識全不相應。第七末那有四俱起，謂貪癡慢及我見。第六意識十皆相應。眼[八]等五識但有三種，謂貪瞋癡。問，何所以耶。答，第八唯是無記性攝，煩惱染汙性既不同，故不俱也。第七相續恒内執我，愛所執我，故得有貪。實非其我，迷無我理，故有無明。特所執我令心高舉，故得有慢。於非我法妄計爲我，故有我見。何故無餘。答，由愛我故不得起瞋，我見決定不得起疑，有我見故故無餘邊見。以此五見體皆是慧，不可一心多慧並起。所以第七但四惑俱，第六意識遍通三性，緣内外境有勝功力故得具十，眼等五識不能稱量故無有慢，無分別故不得有疑，不起執故故無五見。隨煩惱者，此唯染故非第八俱。第七識中唯有大八，謂掉舉、惛沉、不信、懈怠、放逸、失念、散亂、不正知。第六意識容一切俱，五識得與無慚、無愧、掉舉等八十種相應。問，何所以耶。答，第八第六義同前釋，以掉舉等八遍諸染心，第七是染故得八俱，五識有染亦得有八，無慚無愧遍不善心，眼等五識得有不善，故得相應。次所知障者，數之多少諸識相應亦同煩惱。故《唯識》云，七轉識内隨其所應，或多或少如煩惱說。論既例同，故今不說。

四顯俱生分別者。若是煩惱不因邪教及邪分別邪師等力，自任運起，此等之類名曰俱生。若要惡友及邪分別邪教等力方得生者，名爲分別。其根本惑十種之中，貪瞋慢癡身見邊見，此之六種而通俱生及以分別。若疑、邪見、見取、戒取，此之四種唯分別起，而由惡友或邪教力自審思察方得生故。其隨煩惱既依根本煩惱而生，若依根本俱生起者，即二十種能依隨惑皆名俱生。若依根本分別惑起，能依隨惑皆名分別。故《唯識》云，二十皆通俱生分別，隨二煩惱勢力起故。其所知障亦有根本及是隨者，俱生分別亦同煩惱，故不別言。四段不同，總是第一辨其障也。

後明斷位者。然斷煩惱總有二種，一斷種子，令永無餘，二但折伏，令種力衰，不生現惑。若斷其種，唯無漏智。若令力衰，有漏無漏二智皆得。且資糧位頓悟菩薩無漏之智未起現行，一向不能斷其二障，雖有四力信唯識理，然亦未能伏於二障。故《唯識》云，此位未證唯識真如，明知未得無漏之智。又云，此位菩薩依因善友作意資糧四勝力故，於唯識義雖深信解，而未能了能所取空，故於二取所引隨眠，猶未有能伏滅功力，令彼不起二取現行。言二取者，即是煩惱所知二障，即二障種名爲隨眠。以此種子隨遂有情三界流轉名之爲隨，恒常處在第八識内故名爲眠。問，若言此位不伏二障，略而言之，且違三教。一者唯識自成，何須彼論復云菩薩住此資糧位中。二麤現行雖有伏者，二違《華嚴》解十住位菩薩頌云，能滅諸煩惱，永盡無有餘。十住即是資糧位攝。三違《中邊》，彼論亦云，今爲遠離所治障法，及爲修集能對治道，於四正斷精勤修習，別修四斷在資糧位。准此三文，皆伏斷惑，何故第九乃云未伏。答，障有俱生分別不同。其俱生者，此位之中全未能伏。分別起者，有伏不伏。若自思惟而所起者，此位能伏。若因邪師邪教起者，即未能伏。或復翻此初言未伏，約彼俱生及邪教等所起者説。後説伏者，約自力等分別起者。《中邊論》義准亦同之。會《華嚴經》而有二義，一依自等分別起者，此位全伏名爲永盡。二據佛法功力可能永滅煩惱，非言此位即已盡訖。若一切惑此位實除，何不此時即成正覺，後過十地方得佛耶。故對望別，諸教無違。其加行位已經資糧備修福智，練磨心已，有勝功力，欲入見道而能伏除分別二障。二障俱生猶未全伏，俱生、分別二種種子並全未斷，以未證得真無漏故，有漏觀心有所得故，有分別故，未全伏除，未全能滅。此前二位並以加行有漏之智而能伏惑。問，此有漏智以何等力而能伏耶。答，如《瑜伽》云，以修三種對治力故能伏煩惱。一了知煩惱自性過患，知能發業，能招現後二世苦惱。二思惟對治所緣境相，學觀二空所顯真如。三以勝善品慈心相續，修六度等以資於心。當知此是永斷正見前行之道。

次通達位者。真相不同，其真見道而能斷彼三界分別煩惱所知二障種盡，得入初地，斷行相者。《對法論》云，問從何而得斷耶。答不從過去已滅故，不從未來未生故，不從現在道不俱故，然從諸煩惱麤重而得名斷。爲斷如是如是品麤重，起如是如是品對治。若此品對治生，即此品麤重滅，平等平等，猶如世間明生闇滅，由此品離繫故，令未來煩惱住不生法中，是名爲斷。今逐難釋，所斷麤重及能治道而皆非一，重云如是。能治正生，所治正滅，生同滅時，是一平等。滅同生時，復一平等。是以重言平等平等，總意不説斷三世也。又《瑜伽論》，初約遮門，不斷三世，同於《對法》。後約詮言，容斷三世，即彼論云。正見相應能對治心，於現在世無有隨眠，於過去世亦無隨眠，此刹那後離隨眠心，在未來世亦無隨眠，後此已後於已轉依已斷隨眠身相續中，所有後得世間所攝，善無記心去來，今位皆離隨眠，是故三世皆得説斷。此意説云，就於一身前後相續修聖道力，令本識等三時皆得離隨眠，故名斷三世。問，其真見道但唯一心，何故《對法》於能治道重言如是。答，據彼三心見道者説，或可見修治道合言。故《瑜伽》云，諸修行者斷煩惱等，明通一切斷煩惱説，不唯見道。二相見道亦分爲二，初三心相見所斷之惑，謂耎品等所有麤重名如上列。問，何品煩惱名耎品等。釋，上品煩惱名爲耎品，上品法障名爲中品，二障下品總名第三。問，初之二障是上品者，何言耎中。答，以能斷道是下中故，障從其智名耎中等。問，准此二障但分上下，何乃不立第二中品。答，中品不定，或屬上下，故不别開。上下不爾，故不相攝。即如經中而但説有根上下力，不説中力，斯意亦爾。

後十六心所斷惑者，此亦二種，謂能所取及上下諦二種不同。然所斷惑數同無異，今者但依能所取觀。《對法》等云，謂苦諦下有四種心，一苦法智忍，謂觀三界苦諦真如，正斷三界見苦所斷二十八種分别隨眠。釋，欲界苦諦具十煩惱，謂根本十，上之二界苦諦各九，上無瞋故，所以三界但二十八。三界苦諦既爾，集滅道三，三界合言，一一皆有二十八也，都計四諦，百一十二分別煩惱，是相見除。問，真見道中斷分別盡，更何得有分別煩惱言相斷耶。答，理實相見不斷煩惱，擬宜於真假説斷也。問，何故上界而無瞋耶。答，瞋唯不善，上二界中由定力故，無有不善。

次修習位，初總後別。且總斷者，俱生煩惱七地以前諸識中者猶得現起，八地以上而能折伏畢竟不行，十地滿已金剛喻定現在前時，一剎那中三界所有俱生煩惱一時斷盡，得成正覺。其所知障十地之中地地漸斷，至金剛定而方斷盡。前六識中所知之障八地已去，永不現行，由第六識純無漏故。前之五識雖非無漏，由能引識是無漏故，無漏勢伏，故眼等識亦無其障。其第七識八地已去亦得容起，以第六識入生空時，其第七識即是有漏，故障得起。若入法觀，其第七識即平等智，故不俱起。問，十地菩薩何不斷彼煩惱障種而但伏耶，又七地前總伏不起，有是能不。答，以煩惱障不障十地，所以不除。由礙涅槃，金剛永捨。又菩薩力初地即能，然欲濟生，故留不去，七地猶起。故《唯識》云，其煩惱障初地以上能頓伏盡，令永不行，如阿羅漢，由故意力，前七地中，雖暫現起，而不爲失。又《攝論》云，留惑至惑盡，證佛一切智。准此等文，但故意留，非不能伏。問，七地菩薩既許起惑，應爲染失。答，雖起煩惱，無染無失。何以爲明。答，《瑜伽》七十八、《深密》等云，是諸菩薩於初地中，定於一切諸法法界已善通達。由此因緣，菩薩要知方起煩惱，非爲不知，是故説名無染汙相。又云，於自身中不能生苦，故無過失。菩薩生起如是煩惱，於有情界能斷苦因，是故彼有無量功德。又云，今諸菩薩生起煩惱尚勝一切有情聲聞獨覺善根等。准此等教，雖起煩惱，無染失也。

次別斷者。煩惱障體，十地不斷，更無差異。其所知障准《瑜伽論》《深密經》等，有十重障。十地之中地地別斷，能證十如，今略言之。一異生性障，由此能礙三乘聖性故立障名，得入初地，方斷斯障。問，異生性障依於分別煩惱、所知二障種立，二障既是見道即除，明異生性亦隨彼斷，何故今言初地方除。答，異生性障雖見道除，然此見道而是初地初心所攝。今明十地斷於十障，隱見不論，言初地斷故亦無失。問，此障亦依煩惱障立，斷異生性煩惱亦除，如何但説十障皆依所知障立，十地不斷煩惱障耶。答，此異生性雖依二障，初地並除，然大乘意取所知障名異生性。又二乘人亦斷煩惱，令顯異彼，但説所知，餘之九障實唯依彼所知障立。問，俱生所知初地斷不。答，實亦能斷，論等且説，最初斷者言斷異生，理實初地住出心等亦能斷彼俱生障也。二邪行障，而行有虧三業違犯，故名邪行，此能礙彼清淨禁戒名之爲障。是所知障俱生一分，入二地時而能永斷，下諸地中所斷之障一一皆是所知障中俱生一分。三闇鈍障，能令三慧所習之法而有妄失，故名闇鈍。復能礙彼勝定總持及勝定等所發三慧名之爲障，入三地時而便能捨。四微細煩惱現行障，㝡下品故不作意緣，遠隨現行故名微細，此能礙彼菩提分法故立障名。是第六識所知障中身見等也。由此身見昔時多共煩惱，身見任運而生故。今此見立煩惱名，實非煩惱，入四地時即能除此。五於下乘般涅槃障，二乘名下，菩薩同彼樂涅槃樂，厭生死苦，故名下乘般涅槃也，由此能礙生死涅槃無差别道，故名爲障。入五地時方能除也。六麤相現行障，執滅道二，以之爲淨，苦集爲染，執此二心麤於後地而起未息名麤現行，由此能礙無染淨道乃名爲障。入六地時即能除滅。七細相現行障，觀十二緣，而尚見有微細生滅，細生滅相而未能息名細現行，由此能礙第七地中妙無相道故名爲障。入七地時乃得除矣。八無相中作加行障，生滅等相皆不當情名爲無相，無相之智未能自在任運而行，然以加行方乃得起名作加行，由此加行礙於八地無功用道，故得障名。入八地已即能永滅。九利他中不欲行障，能濟有情離苦得樂，名爲利他，今求已利不樂導人，名利他中不欲行也。由是能礙九地之中四無礙解，故名爲障。入九地已方得除滅。十於諸法中未得自在障，諸定總持神通事業諸功德等並名爲法，此法非一故名爲諸，於此法中未能專擅名未自在，由斯能礙十地之中大法智等故稱爲障。入十地已方能除盡。以上雖有多門不同，總當第一辨因位訖。

第二大門明所得果。初明其障，後顯得果。

第十地中諸功德法，雖得自在而有餘障，未名取極，謂有俱生微所知障及有任運煩惱種子，障於佛地，故此十地不名爲佛。金剛喻定現在前時，彼皆頓斷，入如來地，後顯得果。問，三祇時滿，萬行德備，嘉因畢矣，勝果如何。答，彼大菩提圓寂二法是所得果。故《集論》云，頓斷煩惱及所知障成阿羅漢及成如來，證大涅槃及大菩提是其果也。如來羅漢依菩提等義別説也，非別有體。今涅槃等分之爲二，先明涅槃，後辨菩提。涅槃之義，義類甚多。今者但依佛所得者分之爲二，一依唯識辨其四種，二據涅槃明其三事。言四種者，一本來自性清淨涅槃，謂一切法相真如理，雖有客染，而本性淨，具無數量微妙功德，無生無滅，湛若虚空，一切有情平等共有，與一切法不一不異，離一切相一切分別，尋思路絶，名言道斷。唯真聖者自内所證，其性本寂，故名涅槃。釋，自體本來而非雜染，雖與容塵煩惱爲依，而不被染，故名本淨。此體即是七真如中實相真如，故名相如。諸法無常，涅槃是常，故與諸法不得名一。復是諸法真實性，故不得名異。異應非是諸法之性，如色異聲，色非聲性。其性本寂，顯涅槃名，圓滿寂靜是涅槃義。二有餘依涅槃，謂即真如出煩惱障，雖有微苦，所依未滅，而障永寂，故名涅槃。釋，所依身在名有餘依，餘依之中煩惱皆盡，所顯真理名有餘依。而言雖有微苦依者，異熟有漏苦果之身名微苦也。此據二乘有餘涅槃，不約佛説，如來有漏悉皆總盡，何得有苦。三無餘依涅槃，謂即真如出生死苦，煩惱既盡，餘依亦滅，衆苦永寂，故名涅槃。四無住處涅槃，謂即真如出所知障，大悲般若常所輔翼，由斯不住生死涅槃，利樂有情窮未來際，用而常寂，故名涅槃。釋，出所知障得大悲般若，不同二乘樂住涅槃，不同凡夫樂於生死，二皆不住故名無住。然其四種體一真如，約義分也，今者佛果四義皆具。問，如來有漏苦依身盡，如何得説具有四耶。答，苦惑依盡説無餘依，非苦依在説有餘依，是故世尊可言具四，無漏五蘊名非苦依。

次明三事入涅槃者，准《涅槃經》，秘密之藏猶如伊字三點，若並即不成伊，縱亦不成，如摩醯首羅面上三目，乃得成伊。三點若別亦不得成，我亦如是。解脱之法亦非涅槃，如來之身亦非涅槃，摩訶般若亦非涅槃，三法各異亦非涅槃。我今安住如是三法，爲衆生故名入涅槃，如世伊字。釋，能證生法二空之智名爲般若，所證生法二空真如名如來身。由智證理，離諸障染，不爲染縛，名爲解脱。言伊字者，據西方説，彼國伊字兩點在上，一點居下，下點喻理是所依故，上二喻於般若解脱依理起故。何故別三不成涅槃。答，言涅槃者，是圓寂義。若唯般若，真如未證，障未解脱，何名圓寂。若唯真理，能證智無，煩惱不斷，亦何名寂。若唯解脱，解脱體假，理智俱無，誰名圓寂。是故三別不名涅槃。此言總意，要非即異，三法俱時方名爲入大涅槃也。智是有爲，理即無爲，理智是實，解脱是假，故非即一，有爲無爲假實異故。智爲能證，理是所證，解脱離縛，故不得異。若別異者，智證於誰名爲能證。理等准此，故知三事不得條然而別異也，如是方名入大涅槃。涅槃之義，其事寔多，恐文繁廣，故不具盡。

次辨菩提，分之爲二，初明菩提，後身相攝。

菩提種子有自無始但爲二障之所覆蔽，令不得起，三祇伏斷，十地修習至金剛位二障都盡，智從種生名得菩提。即此菩提相應心品總有四種，故

《佛地論》等云，一大圓鏡智相應心品，謂此心品離諸分別，所緣行相微細難知，不忘不愚，一切境相離諸雜染，純淨圓德，無間無斷，窮未來際，如大圓鏡現衆色像。釋，與智俱時，心所非一，總名心品。我法等執及能所取，此等皆無，名離分別。能緣所緣俱不可側，故名微細。而於其境不迷不暗，故名不愚。一切現前而不忘失，名爲不忘。有漏永盡，名爲離染。無雜稱純，離過名淨，淨德備矣，故得圓名。於一切處能現身土，名爲無間。長時相續，現而不息，故稱無斷，如大明鏡衆像託起。今依此智身土影生，法待喻明，故稱圓鏡。二平等性智相應心品，謂此心品觀一切法自他有情悉皆平等，大慈悲等恒共相應，一味相續，窮未來際。釋，真如理性名爲平等，智緣此理名平等智，又昔凡位由執有我，自他不平，今我執亡，觀自他等故名平等，以無轉易稱爲一味，起無間斷故云相續。三妙觀察智相應心品，謂此心品善觀諸法自相共相，無礙而轉，攝觀無量總持定門及所發生功德珍寶，於大乘會能現無邊作用差別，皆得自在，雨大寶雨，斷一切疑，令諸有情皆獲利樂。釋，神用莫方稱之爲妙，遍緣諸境名爲觀察，六度等法名爲珍寶，因定而起故稱發生。四成所作智相應心品，謂此心品爲欲利樂諸有情故，普於十方示現種種變化三業，成本願力所應作事。釋，三業化等是所作事，智能成彼名成所作。

問，此之四智爲體即識，爲不爾耶。答，如次與彼第八、七、六、前五識而相應故，非體即識，王臣異故，識爲其王，智是所故。問，何故《佛地》《莊嚴》《攝論》等中並云，轉彼八識得四智耶。答，《唯識論》中而有兩釋，一智雖非識，而依識轉，識爲主故，說轉識得。二若有漏位智劣識强，無漏位中智强識劣，爲勸有情依智捨識故，說轉八識而得四智，理實非以識爲智也。問，無漏智强，復何須識，又以何明佛果有識。答，凡言心所必依心王，若無其識，智依何立。又准

《如來功德莊嚴經》云，如來無垢識，是淨無漏界，解脱一切障，圓鏡智相應。准此經文，豈佛無識。問，此之四智幾通因果，及唯果耶。答，圓鏡成事，成佛方得，妙觀平等初地等中而即分得，佛果圓滿。問，品猶品類，四智言品，品類幾何。答，一一各定有二十二。二十二者，謂遍行五，别境亦五，善有十一，并一心王成二十二。二十二法，名義云何。答，遍行五者，體遍三界三性諸識，故名遍行。其五者何，一令心心所而觸於境，故名爲觸。二能警覺應起心種，引令趣境，故名作意。三能領納順違中容境，故名爲受。四能於境安立分齊，取其境像，故名爲想。五能令心造善惡等，故名爲思。言别境者，此所伏境而非是一，緣别别境，故名别境。其五者何，一於所樂境希望名欲。二於決定境印名勝解。三於曾習境明記名念。四於所觀境專注名定。五於所觀境簡擇名慧。言善等者，能於此世他世順益故名爲善。十一者何，一者能於三寶四諦真淨德中，深忍樂欲心淨名信。二崇重賢善，故名爲慚。三輕拒暴惡，名之爲愧。四於三界等不耽著故，名爲無貪。五於苦事等不起於恚，名爲無瞋。六理事明解，名爲無癡。七勤修善事，勤斷惡法，而能勇決，故名精進。八遠離麤重身心調適，故名輕安。九防惡修善，名不放逸。十令心平直無功用住，名爲行捨。十一不損有情，故名不害。問，遍行等法凡夫等有，理即無疑，佛果云何亦具斯也。答，遍與一切心恒相應名爲遍行，故佛必有，若佛無者，何名遍行。信等十一善心必有，佛唯是善故，有信等。如來常樂證所觀境故，得有欲。於所觀境恒印持故，得有勝解。於曾受境恒明記故，亦得有念。世尊無有不定心故，亦得有定。於一切法常決擇故，得有其慧。

問，如來之身具無邊德，何故但説二十二耶。答，此二十二攝佛一切有爲功德，莫不備矣，依此二十二法之上所建立，立種種名，非離此外别有體也。

二身相攝者。初辨於身，後明相攝。佛身不同而有三種，一者法身，謂諸如來真淨法界，具無邊際真淨功德，是一切法平等實性，即此實性是大功德法所依止，名爲法身。依止之義是身義故，又此法身唯有真實常樂我淨，離諸雜染，衆善所依，無爲功德，無心色等差別相用。又正自利，寂靜安樂無動作故，亦兼利他，爲增上緣，令諸有情得利樂故，居法性土。雖此身土體無差別，而屬佛法相性異故。據性名土是所依止故，約相名佛是能依止故。又此身土俱非是色，雖不可言形量大小，然隨相事其量無邊，譬如虚空遍一切故。以所遍法而無量故，其能遍法亦名無量。二受用身，此有二種。一自受用身，謂諸如來三無數劫所集無邊真實功德及淨色身，相續湛然盡未來際，恒自受用廣大法樂，以自受樂，名自受用。又唯自利，不爲於他説法等故，居自用土，由昔所修自利功德，因緣成故，從初成佛盡未來際，相續變爲純淨佛土，周圓無際，衆寶莊嚴，自受用身常依而住，如淨土量。身量亦爾，眼等諸根及諸相好一一無邊，由無限善根所引生故。又功德智慧既非色法，雖不可説形量大小，依所證理及所依身，亦可説言遍一切處。二他受用，謂諸如來示現妙身，而爲十地諸菩薩衆現通説法，決衆疑網，令彼受用大乘法樂，名他受用。又具無邊似色心等利益他用化相功〔九〕德，又唯利他，爲他現故居於自土，由昔所修利他無漏純淨佛土因緣成就，隨住十地菩薩所宜變爲淨土，或小或大，或勝或劣，前後改轉，他受用身依之而住，能依身量亦無定限。合此自他二受用身總名受用。三變化身，謂諸如來變現無量隨類化身，爲未登地諸菩薩衆、二乘、異生，稱彼機宜，現通説法，令各獲得諸利樂事，方便示現，名變化身。唯具無邊似色心等利樂他用化相功德，唯利他攝，爲利他現故居變化土，由昔所修利他無漏淨穢佛土因緣成就，隨未登地有情所宜化爲佛土，或淨或穢，或小或大，前後改轉，佛變化身依之而住，能依身量亦無定限。

二明相攝者。此之三身而與五法相攝云何。答，真如一種攝於法身，所以者何，准《讃佛論》、《解深密經》、《瑜伽論》、天親《般若論》等皆云，法身無生無滅，唯真如體無生滅故。又《佛地對法》《攝大乘》等言，佛法身諸佛共有，唯真如理諸佛共有，餘即不爾。若爾，何故《攝論》中云，轉去藏識得法身耶。答，第八識中含二障種，謂由能滅此二障種，方顯法身，據此故説轉藏識得，實非以識爲法身也。二以圓鏡等四智之中，真實功德鏡智所起，常遍色身，攝自受用，何以知者。《莊嚴論》説，大圓鏡智是受用身。《攝論》亦云，轉諸轉識得受用身。故知總以四智心品，實有色心爲受用體。三以平等智所現佛身攝他受用，成所作智所現隨類種種身相攝變化身，此之二身所有色心皆似非實。何所以然，皆爲化他方便示現故，不可説實智爲體。

夫一乘位行，理幽事廣，若匪圓德，餘何言哉。是以大階等覺縠月猶迷，小位聲聞衣珠尚翳。彼智猶若，況乎聾皷。但以波因海起，光乘日耀，物既若斯，法何不有。故託聖言編爲階次，貽諸同好。冀修有緒，斯志未極。故重頌云，以依衆聖言，辨大乘位行。福冀諸有情，常住成等覺。

大乘入道次第一卷終

夫此章者，殊開出苦之户牖，正示入道之階級，行人之目足，能詮之肝心也。所以年來雖發刊印板弘遐邇之願，齋飡常空一鉢之中，資貯全絶三衣之外，因兹徒抱流通志，未及彫刻營之處。幸蒙一乘院家之厚助，忽遂多年惻隱之本望，偏是冥感之所致也。請願採手觸眼同益本性之種，讀文解義速成菩提之果而已。文永八年辛未三月日，願主西大寺沙門叡尊偏爲正法久住，利益有情而已。

校勘記

〔一〕底本據《卍續藏》。

〔二〕「間」，底本原校疑爲「聞」。

〔三〕「頂」，底本原校疑爲「項」。

〔四〕「此」，底本原校疑後脱「地」字。

〔五〕「則」，底本原校疑後脱「是」字。

〔六〕「特」，底本原校疑爲「恃」。

〔七〕「諂」，底本作「謟」，據文意改。

〔八〕「眼」，底本作「服」，據文意改。

〔九〕「功」，底本作「切」，據文意改。

（王静磊整理）

〇九五〇

大乘入道次弟開決[一]

京西明道場沙門曇曠撰

夫登峻宇者必先拾級，陟層樓者咸歷階墀。況乎覺道崇高，不憑行位，真源綿夐，豈越資糧。是以時積三祇，行周四等，堅精六度，炳煥二心，乃獲圓常，方登極果。未可朝聞其道，夕希德滿，譬乎纔艤方舟，即期越海。懈怠菩薩，非此其誰？故欲遠剋菩提，必行大道。入道次弟，緊賴其甄明。雖事具羣經，然詎能圓攬。不有編録，其可覩乎？

大唐開元初，有濮陽大德身[二]号智周，我[三]法師之親弟子，即是青龍大師異方同學。内窮三藏，外達九流。爲學者師宗，作詞場雄伯。工乎著述，妙乎讚揚。所撰章鈔凡十數部，即《法花攝釋》《唯識演秘》《因明決擇》，皆所造也。雖不至長安，而[四]聲聞遐被，闕輔諸德，咸仰高風。然覩[五]其述作，文約義著。究其所志，既慈具悲。實謂間生英賢，傳法菩薩者也。恐初學者望法海而忙[六]然，瞻義山而永退，遂乃纂大教之樞要，舉法網之大綱，爰示方隅，撰茲義記。然入道次弟，通乎三乘。唯我大乘，方稱至極。今明最勝究竟大乘，故言「大乘入道次弟」。言「大乘」者，總而言之，不過四種，謂如常説教、理、行、果。皆廣包故，名之爲「大」。並能運故，稱之爲「乘」。此義具如《起信》廣釋。所言「道」者，趣向爲義，遊履爲義，通運爲義，亦即不離教、理、行、果，隨應而有趣向、遊履、通運義，故皆名爲道。下文皆有[七]，應尋引之。「入道[八]次弟」者，總即五位，别即卌二賢聖也。於此四種大乘之道，從淺向深，從分向滿。依大乘教，悟大乘理，起大乘行，得大乘果。故依大乘五位之中，漸次悟入道次弟也。故《唯識論》弟九卷云：

「謂具大乘二種姓者，略於五位漸次悟入。」若尔，應无超越之義，寧説釋迦超弥勒等？答：超時可尔，超位不然。以於位位皆有所脩、所斷、所證，不可越故，如行遲疾時夕雖殊，而於里步不可越故。若尔，何故《楞伽經》説，一地即十地，等无所有，何次耶？答：彼約所證圓融道理，此依證位行布道理。彼以初證与後體同，就所證理〔九〕言无有等。若依證智行位不同，是故得有五位次弟。故与彼説亦〔一〇〕不相違。

「稽首」等者，以下釋文大分三段。初三行頌，致敬述意分。「夫欲」已下，正陳所説分。最後一頌，結説迴向分。初分之中，又分爲二。前之二頌，歸敬三寶。後一行頌，述製作意。前中又〔一一〕二。初之二字是能乘相，其无上等是所敬德。言「稽首」者，「稽」者屈也，「首」者頭也。屈所尊之頭，礼所卑之足，顯敬之極，故言「稽首」。「无上〔一二〕等」者，顯所敬相，於中有三，謂仏、法、僧。前之四句，顯其仏寶。上之兩句，顯仏二利之因行也。後之兩句，明仏二利之果德〔一三〕也。前復有二，此句則顯自利因行。「調」謂調和，「御」謂制御。調和制御身語意業，離惡進善，成自利行。

「能拔生死苦沉溺」者，此句則顯利他因行。自既調御，復以調善大乘御車，於生死泥拔出沉溺苦衆生也。以調御〔一四〕聲，具此二義，故〔一五〕以二義而釋調御。於調御中更无過比，故名无上善調御也。

「如空性相无去來」者，此下二句顯仏二利之果德也。此句顯佛自利之果，由行自利，感得法、報二身極果，皆悉常住，无有去來。故言如空无去來等。

「若影隨形應所化」者，此句顯仏利他德果。由利他德，從法、報身而起應〔一六〕化，化諸凡聖，如影隨形而得起也，又應所化如影隨形不捨離也。以此句中含〔一七〕二義故，是故〔一八〕亦以二義釋也。

「實相一味妙甘露」等者，此之二句顯法寶

也，上句顯其真如理法，下句顯其所流教法。而言一味甘露等者，依《涅槃經》而作此説。故彼經云，雪山之中有上妙藥，其名甘露。人若服者，得壽无量。本唯一味，隨其流處生種種味，而其真味停留在山。一味甘露喻實相，如隨流諸味喻諸教法。隨諸衆生種種根性，以彼真如種種門説，而本真如竟無改易。

「三賢永截愛流」等者，此後二句顯僧寶也。初句顯其地前凡僧，不同外凡順生死流，今截愛河，欲超渡也。後句顯其地上聖僧，一證不退，名曰「長駈」。无漏聖道，故名「正路者」，謂假者即僧人也。

「故我」等者，此則後頌述申敬意。前之二句述歸敬意，後之二句述製作意。弟三句意顯以法燈常照生死久處愚闇諸衆生也。弟四句意永去衆生二障所覆重昏之闇。

「列别名」等者[一九]，此中列名依舊《花嚴》，故与新經時有不同。待至[二〇]釋文，一一對會。

「菩薩在此[二一]創安其心」等者，謂創安住空无我理，得住[二二]仏家，故名安住。故餘經中名爲十解，解空理故。故《本業》云，心住空理，名之爲住。《花嚴經》云，諸菩薩住不可思議，与法界虚空等，是故得住三世仏家。雖解空理，名之爲解。而未即能依解起於无住妙行，名「行[二三]未勝[二四]」。

「淨治三業」等者，譬如大地生長一切善惡草木，若治其地即生善草。衆生三業能生善惡，故喻於地。治三業地，離諸過惡，生長善行，故能起悲，利有識也。

「脩勝理觀」等[二五]者，觀一切法无常、苦、空、无我等，故名「勝理觀」。起此觀行，名「上妙行」，非謂依觀别起妙行。

「所脩善根」等者，由救物故自得增長，名爲「方便具足」義也。如外典云，夫欲達已先達人等。

「所聞讃毁心定不動」，謂聞讃毁仏法菩薩，菩薩所行，其心安住，名「正心住」。

「聞說三寶三際」等者，謂聞三寶有之与无，又聞三世有仏无仏，其心不轉，名「不退住」。

「三業清潔悟二」等者，三業清潔故名爲「童」，謂如童子，身語意行，皆无咎故。悟二世間，故亦爲真。了衆生器悉皆虚假，心无㝵故。

「解真俗諦悟法王」等者，謂善了知説真俗諦，名「解真俗」。悟法王處，軌度法王處宫殿等，名「悟法王法」。

「如王太子堪受王位，行漸勝」者，所謂振動照曜，住持往詣，嚴淨无數世界，開示觀察知根，調伏无數衆生。此等諸行勝過於前，漸能增上[二六]一切種智，名「行漸勝[二七]」。

「此位菩薩行六度」等者，同三世仏悟空寂理，而能起彼无住妙行[二八]，名「諸行勝」。故《花嚴》云，此菩薩行不可思議，与法界虚空等。學三世仏而脩行，故「名之爲行」。

「愍生慕法」者，但爲救護攝受饒益一切衆生，名爲「愍生」。爲學憶念愛樂清淨增長，住持演説諸仏本所脩行，名爲「慕法」。

「覩者歡喜[二九]」等者，《花嚴經》云，脩此行時，令一切衆生歡喜愛樂。若見一切來求索者，菩薩見之倍生歡喜。由此二行，名「歡喜行」。

「无恚行」者，新經名爲无違逆行。若有嗔恚，即是違逆忍波羅蜜，違逆諸仏所説空法，違逆攝受一切衆生。若无恚者，則不違逆。亦異義一，不相乖也。

「无盡行」者，新經名爲无屈撓行。「屈」者，即是退轉[三〇]之義。「撓」者，乃是怯弱之義。故[三一]由勝精進無退弱，故所行不息，故此彼亦[三二]不相違也。

「尊重行」者，新《花嚴經》名難得行。謂能成就難得善根。即由難得，故成尊重。既得難得尊重善根，二利之行更增進也。

「四[三三]无㝵諸[三四]陁羅尼門」等者，此[三五]四无㝵諸[三六]陁羅尼門既以念惠而爲體性，是故即名

「諸善惠法」。能除衆生諸煩惱熱，如入池浴而得清涼[三七]，是故喻彼「清涼池」也。然此所行四无㝵等，但相似得，非真滿得。真在地上，滿第九地，故此但是相似[三八]得耳。四无㝵等義如下說，此无繁舉。

「凡所脩行悉皆[三九]迴向」者，迴向實際，迴向菩提，向迴衆生。以此三種攝於一切，是故名爲「悉皆迴向」。

「不著生死不離菩提」者，「不離菩提」，即是不住涅槃之義。若住涅槃，即離菩提。故《唯識論》釋无餘依涅槃文中，離相湛然，寂滅安樂。依斯說，彼与仏无差。但无菩提利樂他用，故復說彼与仏有異。

「令此善根功德」等者，謂至一切三寶之所，作諸供養，至於一切衆生之所，爲利益事。

「脩悔過善根離一切業障」者，若准經文，此語倒也。若正應言「悔過懺除一切業障所生善根」。

「所有善根悉皆隨喜」者，此中文略，此前應有礼拜勸請所生善根，於隨喜中語又不足，致令讀者皆有謬解。若具應言「於諸如來一切衆生所有善根，皆生隨喜所生善根」。

「以此善根悉皆迴向」者，以此懺悔礼拜，勸請隨喜所有善根，皆迴向也。

「常作仏事善巧方便」者，即作仏事爲巧方便，故[四〇]《花嚴》云[四一]，善巧方便常作仏事。仏事即是放仏光明，普照世界，无有限極。

「具諸功德離諸虗妄」等者，此中語倒，應先離妄[四二]，後方具德。故《花嚴》云，此菩薩了一切衆生，无衆生解[四三]一切法无壽命等。由了此故，能離虗妄。心无所著，故念念中得不可[四四]說十力善地具足，一切功[四五]德成就清淨善根，所須樂具一切皆得。色相无比，威力光明，超諸世間，乃至能得十種无盡藏功德。

「堅固安住自在功德」者，若准經文，此語亦倒。若正應言「安住自在、堅固[四六]功德」，謂此菩薩爲轉輪王，名爲「安住自在功德」，獲那羅延不可壞身，名爲「安住堅固功德」。

「以如是等諸善」等者，謂以如前内外物施所有功德及以自在堅固功德而迴向也。

「而能增長一切」等者，謂能增長一切善者，由脩習時究竟安住堪忍也。此中唯舉脩行一種，《花嚴經》中則有數義，謂於一切諸善根所脩[四七]行安住，趣入攝受[四八]，積集辦具，悟解開示發起之時得[四九]堪忍力。

「拔出衆生[五〇]」者，於虛妄道拔出衆生，令其安住一切善道。

「成就念智」者，住正念故，其心明了，深心不動。成就智故，趣一切智，終不退轉。

「所脩諸善皆順如相」者，譬如真如是真實性，諸仏行處无能測量，得者无退，乃至廣說，善根迴向皆亦如是。

「離憍慢等[五一]縛著」等者，謂此菩薩所起一切諸善根時，皆從尊重邇敬心起，名「離憍慢」。不見我行他人不行而生輕賤，故置「等」言，謂自能行即[五二]名爲「縛」，謂他不行乃名爲「著」。既離憍[五三]等所有縛著[五四]，名「解脱心」也。

「迴向饒益品物一切」者，「品物一切」其言倒也，應言「饒益一切品物」，謂即一切諸品物類也。

「行普賢行[五五]」者[五六]，所習諸善不執爲己及以他人，觀一切法悉皆平等，无非賢善，是則名爲普賢之行。令此菩薩三業皆然，是則名爲「行普賢行」。

「離垢繒繫頂」者，謂如西方紹高位者，皆以鮮[五七]繒而繫其頂。今此菩薩行法施行，以清淨法而標其首，故離垢繒而繫頂[五八]也。故《花嚴》云，仏子，此菩薩以法施爲首，發生一切清淨白法。即是淨繒繫頂義也。

「受大法師記」者，謂此菩薩行法施故，便受諸仏記是法師。此即受記見是法師，非受當記爲法師也。故《花嚴》云，住法師位。

「此位初首而有」等者，前之五種，下諸文中數頻解釋。但釋後五，於身命財常作捨相[五九]，名爲捨心。常持菩薩三聚淨戒，名爲戒心。能於惡世傳法不絶，名護法心。所脩善根願共衆生，名爲願心。咸起諸行，咸向菩提，名迴向心。決定信位所得心故，名十信心。

「以初發心而甚」等者，初菩提心甚難可發，若不廣陳，行相難見，故於初住離出十信，令勝[六〇]進趣，菩提之心，總別雙舉，卌心矣。

「擇簡於[六一]見見不擇」者，統論見者有其二種：一、推求義，即未見諦諸有漏智；二、照理義，即以[六二]見諦諸无漏智。今所簡者，即依前説，以无漏見而能擇故。

「加行无間此智」等者，謂前刹那是加行道，即後刹那是通達道。前[六三]加行滅，通達智生，是故名爲「加行」。「無間」，謂要前滅，後念方生。不与後念而爲隔㝵，故前念滅名爲「无間」。或前念滅，後念即生，无別念隔，名「无間」也。雖有二義，前解爲勝。

「一真見道體離」等者，此釋真見有其二義。前解真者即是實義，以此智見有實用故。此見即真，名真見道，持業釋也。後解即約理智不同，真之見故名爲真見，依主釋也。

「爲斷餘障，證得轉依」等者，「餘障」即是俱生障也，是分別障之餘障故。轉依義別，有其四種。一、能轉道，此復有二：一、能伏道，謂[六四]伏二障隨眠勢力，令不引起二障現行，此通有漏、无漏二道，加行、根本、後得三智，隨其所應能漸頓伏；二、能斷道，謂能永斷[六五]二障隨眠，此道定非有漏加行，有漏曾習相執，所引未泯相故，加行趣求所證，所引未成[六六]辦故。二、所轉依。此復有二：一、持種依，謂本識由此能持染淨法種，与染淨法俱[六七]爲所依，聖道轉令捨染得淨；二、迷悟依，謂真如由此[六八]能作迷悟根本，諸染淨法依之得生，聖道轉令捨染得淨。三、所轉捨，此復有二：一、所斷捨，謂二障種，真无間道現在前時，障治相違，彼便〔六九〕斷滅，永不成就，説之爲捨；二、所弃捨，謂餘有漏、劣无漏種，金剛喻定現在前時，所引圓明純淨本識，非彼依故，皆永弃捨。四，所轉得，此復有二：一、所顯得，謂大涅槃，此雖本來自性清淨，而由客障覆令不顯，真聖道生斷彼障故，令其相顯，名得涅槃，此依真如離障施設，故體即是清淨法界；二、所生得，謂大菩提，此雖本來有能生種，由所知障㝵故不生，真聖道生斷彼障故，令從種起，名得菩提，起已相續，窮未來際，此即四智相應心品。此文所言「爲斷餘障」即屬弟三。「證得轉依」即屬〔七〇〕弟四。

「復數脩習无分別智」，即弟一中能斷道也。

「此脩習位能爲〔七一〕依持」等者，然脩習位即以有爲能證正智，及以无爲所證真理而爲其體。此真及智与所脩行布施等行，一爲依持，二令生長，猶如大地与一切物爲所依持，令得生長，故法從喻得地〔七二〕名也。

「由得勝定及殊妙教」等者，「勝定」即是等持等至，「妙教」即是諸大乘教。四種總持，法、義、呪、忍。法謂名等能詮之法，義爲〔七三〕所詮差別之義，呪謂秘密文字章句，忍謂〔七四〕菩薩離言法智。此四是境，體非總持。由念慧力，未聞法義，聞之便記，長時不忘〔七五〕，故以念、慧爲法、義二陁羅尼也。謂由等持自在力故，加被諸呪所有章句，令成神驗，除諸灾患，故以等持等至爲呪陁羅尼。由妙智力了知呪等皆无自性，達一切法離言法性，故以无〔七六〕相妙智爲忍陁羅尼。此勝定教及四總持，即是三地所得功德。

「以此爲因能起三慧」者，由因〔七七〕定故能發脩慧，因殊妙教發聞思慧。復〔七八〕因總持離妄〔七九〕失障，令〔八〇〕心明達於所緣境，故爲〔八一〕三慧總別因也。《瑜加》等云，觀察諸行者，諸行即是十二因緣。以流轉故，名爲諸行〔八二〕。

「七地〔八三〕菩薩唯脩无相不起功用」者，觀此所説，應是筆悮。不尔，便与八地何別？又違

《唯識》及《攝論》等。《唯識論》云，前之五地，有相觀多，无相觀少。於弟六地，有相觀少，无相觀多。至弟七地，純无相觀，雖恒相續〔八四〕，猶有加行。《攝大乘》云，謂此地中，於功用行，得至究竟，雖一切相不能動揺，而於无相猶名有行。准此等文，故知未絶功用之行。

「然〔八五〕《瑜伽》云〔八六〕，能遠證入无缺无間无相作意」者，非缺間言顯功用義，「无缺无間」意説常在无相觀中，何妨常起作意住也。

「无相之行逾〔八七〕於」等者，以前三地行施戒定，相同世間；次之三地得增上慧，相同二乘；今至无相功用後邊，已過世間及二乘道，能於定中起有勝行，是故此地名遠行地〔八八〕也。

「不被一切有相」等者〔八九〕，即約三義釋不動名。「功用」即是加行異名。前弟七地雖亦〔九〇〕无相及无煩惱，而有加行，行動相不動，未得名「不動」。今至弟八地相行俱不動，故与弟七有差別也。

「説法自在獲得」等者，以前諸地无无㝵智，於説法時則有過失。今得无㝵説法自在，既无過失，故名无罪。

「而有勝智能含〔九一〕」等者，《攝大乘》云，由得總緣一切法智，總緣一切契經等法，不離真如，此一切法共相境智，譬如大雲陁羅尼門。三摩地門，猶如清水。智能藏彼，如雲含水。有能生彼勝功能，故名法雲也。

「資糧加行〔九二〕尅性」等者，謂若相從亦有信等，今據尅性唯取智體。如言現觀乃是智名，而即説有信戒思等，相助等故，皆名現觀。故約相從，非唯是慧。今此亦尔，故言「尅性」。其見道等，皆准此智。

「謂即三性三无性等」者，「等」即等取二諦有空，三世因果，多種差別，皆智境也。

「自性即是我法等性」者，「等」即等取但隨言説，依假名言所立性者，即如龜毛、兔角、空花、毛輪、二月，皆此所等。

「一切有漏[九三]心及」等者，謂心起時，而有見境變境功能，所起見望別境相便熏[九四]成種，所變境相當情而現亦熏成種。後心起時，從種變起見、相二分。後心既尔，前心亦然。種子爲因，現行爲果。現行爲因，種子爲果。如是展轉，從无始成，有見、相分，種、現相生。既從因生，故依他攝。

「遍計依斯妄執」等者，謂薩婆多執識及境皆別實有。清弁所執，依勝義諦，識境俱无。一如數論執，彼有法与有性一異。如勝論執，彼有法与有性異俱者有二，亦有亦无。如清弁執，世俗勝義，有空相即，亦一亦異。如无慚[九五]等執一法上一異體同，不俱有二，非有非无。亦即清弁翻弟三句雙遮有无，非一非異。如邪命等避一異俱過雙説非一異。此總意云，相、見二分，實從因生，是依他性。依此二分，妄執定實有无四句、一異四句二相方名「遍計所執」，非謂緣生相、見二分亦名遍計所執性也。

「成即成就，非生滅義」者，以非生滅釋成就義。行相難見，今應廣釋。然此真如名圓成者，由具三義，簡三種法。故《唯識[九六]論》弟八卷云，顯此遍常體非虚謬，簡自、共相、虚空、我等。一者，周遍，此簡自相，色等諸法各守自相，既不周遍，故非圓滿；二者，常住，此簡共相，苦、无常等雖有遍義，不成常住，故非成就；三，非虚謬，此簡妄執虚空、我等。雖説遍、常，是妄所執，故非真實。於中弟二空、无我等生滅共相不成常義，既非生滅成就常義，故不生滅釋常義也。

「究竟能斷煩惱染法，成就此能」者，謂諸无漏究竟能斷煩惱染法，而成就此緣功能也。

「有爲總攝一切」等者，如《中邊》云，圓成實性總有二種，无爲、有爲，有差別故。无爲總攝真如涅槃，无變異故，名圓成實；有爲總攝一切聖道，於境无倒，亦圓成實。一切聖道謂三乘者所有聖智，皆於證境无顛倒故。

「何故《瑜伽》但以」等者，言「五法」者，相、名、分別、正智、如如，若准《唯識》《瑜伽》本文，皆云真如。若依《楞伽》《金光明經》，即云如如。釋此五法，諸教不同，是故《唯識》數般解釋。今者且依《瑜伽》釋云，心似所詮說名爲相，似能詮現施設爲名，以能變心名爲分別，无漏心等名爲正智，心等實性名曰真如。前二緣生，依他起攝；弟五真性，圓成實收；遍計所執，不攝五事。既說正智而屬依他，唯說真如圓成實攝。寧言无漏亦成實耶？

「漏、无漏門但是」等者，所言「漏」者，染汙漏泄連注流散不絶之義，故舊經論譯爲有流。然釋此漏有其二種。一者，性漏，此有三種：一者，欲漏；二者，有漏；三，无明漏。《雜集》弟七釋此義云，依外門流注故名欲漏，依內門流注故立有漏，依彼二所依門流注故立无明漏，謂諸現惑令心連注流散不絶，是漏義故。若《俱舍》等諸論所說，有身見等諸煩惱中立漏名相，自體令他心心所等染漏泄[九七]故，故以一切現行煩惱爲漏自性。二者，有漏，此爲五種：一、五色根；二、五塵境；三、惡心品；四、善心品；五、无記心。此等皆与自身現惑俱時相資境，故名有漏。故《唯識論》弟五卷云，然諸有漏由与自身現行煩惱俱生俱滅，互相增益，方成有漏。自身煩惱，即簡他身。要自煩惱成自有漏，非由他惑成有漏故。現行煩惱，即簡惑種。有學聖者雖惑種隨，而諸聖道不成漏故。俱生俱滅，簡色未惑。非前後惑能成現漏，已成未生不俱有故。互相增益，簡无漏種。雖与五法俱生俱滅，不相資益，性相壞故。由此返顯自身所有現行煩惱，与前五法俱生俱滅，其性同故，互相資益，方成有漏。此則五法非本性漏，有彼漏故，名爲有漏。此能熏成有漏法種，種復能生有漏現行，故无始來有漏成立。若尓，世間信等善品應非有漏，无現惑故。答：雖意識中現惑不起，而末那識諸識常生，此与諸識既非定異，能汙信等，亦成有漏。若尓，末那初地轉時，則五、八識亦成无漏？答：雖弟七識无現行漏，而有漏種，亦令五、八諸識成漏。若尔，亦由隨眠成漏，如何前説簡種子耶？答：前所簡者，但當識種。今末那種，故不應例。此《唯識》中約尅體説，但取末那爲有漏依。若依《瑜伽》及《雜集論》，通約諸義幷有漏因，故彼文云，謂由事故，隨眠故，相應故，所緣故，生起故。所言事者，即前五體皆漏，隨眠所隨逐故。若三性心，漏相應故。若五塵境，漏所緣故。若五色根，漏所生故。故五體事皆成有漏，言无漏者与前相違，謂由永斷漏自性故。內證真理，發生聖智，及智所起，皆名无漏。此无漏體亦有五種，即五般若。无漏體故，无漏性故，无漏起故，无漏伴故，无漏境故。雖有五種，總攝爲二，五種不離有、无爲故。故《俱舍論》本頌説云，无漏謂道體及三種无爲等。

「清淨增上力」等者，「清淨力」者，謂善根力以能降伏所除障故。「增上力」者，謂大願力常作善友增進道故。「堅固心」者，由善根力大菩提心堅固不退。「心昇進」者，由大願力脩善之心運運增長。此依《攝論》二釋文説。而本釋中謬以善根爲增上力，智者詳之。

「名菩薩初心三无數大劫[九八]」者，然劫不同，有其四種，故《俱舍論》本頌説云：「應知有四劫，謂壞成中大。壞從獄不生，至外器都盡。成劫從風起，至地獄初生。中劫從无量，減至壽唯十。次增減十八，後增至八万。如[九九]是成已住，名中二十劫。成壞壞已空，時皆等住劫。八十中大劫，大劫三无數。」菩薩發此二心之時，即名創入三无數劫之初心也。

「衆生成就十六種法」等者，未見本義，且隨愚釋。心達本性，名之爲上。根不染境，故曰瑩磨。因行无替，名勤脩善。果德尅備，名曰莊嚴。止惡而喜，故不生悔。集善而欣，故无所猒。學觀同體，名脩大悲。常行拔濟，故云憐愍。无緣普救，名大慈悲。以己方他故名信，有行非自利名爲諸。難作能作，名受行苦。身心逼迫，名有苦惱。令永无餘，故名破壞。身不起惡，名調諸根。心順真理，名具正見。不欣涅槃，名心无畏。不樂生死，名不求有。常行大道，名求仏智。不視小逕，故遠二乘。於樂不憍，故云不慢。於苦无惡，謂之无悔。崇重賢善，慚名恭敬。輕拒憍慢，愧名破壞。荷仏慈誨，名曰知恩。感而奉行，稱報恩矣。於善堪能，名身有力。榮而无退，名爲具足。契理真宗，謂之正法。自行化彼，名曰護持。重仏、法、僧種爲三寶，讚譽光顯，名不斷焉。

「於菩薩藏」等者，大乘教名菩薩藏。「藏」者攝也。大乘教中能攝菩薩理、行、果義，攝益菩薩，名菩薩藏。菩薩藏中說深妙法，既聞法已，生悟解心，知說法者有大智慧，於深大智而生愛樂，爲得妙智，故發心也。

「十隨煩惱所[一〇〇]惱乱」者，謂十煩惱隨逐衆生常起不息，故得「隨」名，非根本後之隨煩惱。故《雜集》云，又貪、嗔、癡名隨煩惱，隨惱於心，令不離染，令不斷障，令不解脫，名隨煩惱。

「菩薩種姓得[一〇一]具足」者，種姓有二：一、本種姓，无始時來，法尔有故；二、習種姓，後聞法已，新熏起故。自有本種，未聞正法，无新熏種；有雖聞法新熏法種，无本住種。隨闕一種，名不具足。以《瑜伽論》及唯識宗，許有一分无姓有情故，雖新熏種，有闕本種者。若具二種，能發心也。

「謂欲從諸不善」等者，善、不善處，通因及果。且因相者，如作諸非法，名不善處。令捨惡從善，名置善處。言果相者，從三惡道不善之處，置人天道善果之處。或但行因即必感果，但約因說善不善處。

「恒正思惟一切相智」者，准《大般若》說三種智，謂一切智、道相智、一切相智。檢文未獲，且作一釋，謂二乘智名爲一切，一切聖人共所得故；其菩薩智名爲道相，具證二空真道體故；說仏果智名一切相，圓證一切境界相故。此既果德圓滿之智，故正思惟一切相智。更有別義，智者敘之。

「得倍輪王護所」等者，然其輪王，總有四種，皆有七寶四兵衛護，故《俱舍論》本頌義云：「輪王八万上，金銀銅鐵輪。一二三四洲，逆次獨如仏。他迎自往伏，諍陳勝无害。相不正圓明，故与仏非等。」既一切時无有損害，發心菩薩所得守護，倍勝輪王所有守護。

「勝故无盡故」等者，謂顯大乘超餘二乘，故以初句標顯二義。欲顯初句勝无盡義，故以後句而重釋之。由能攝益他諸有情，是故大乘名爲最勝。由雖涅槃，利他不息，是故大乘復名无盡。

「三千大千世界」者，《俱舍》頌云：「四大洲日月，蘇迷盧欲天。梵世各一千，名一小千界。此小千千倍，説名一中千。此千倍大千，皆同一成壞。」

「初漸起時」者，此三千界初漸起時，如《俱舍論》弟十一二及《顯宗論》弟十六七頌及長行廣釋其相。今恐文繁，但舉其頌。就中更以取要而言，欲令學者易知解故。「安立器世間，風輪最居下。其量廣无數，厚十六洛叉。次上水輪深，十一億二万。下八洛叉水，餘凝結成金。此水金輪廣，徑十二洛叉。三千四百半，周圍此三倍。於此金輪上，乃有九大山。蘇迷盧處中，餘八而圍繞。於大洲等外，有鐵輪圍山。前七金所成，蘇迷盧四寶。入水皆八万，妙高出亦然。餘八半半下，廣皆等高量。山間有八海，前七名爲內。最初廣八万，四邊各三倍。餘六半半狹，弟八名爲外。三洛叉二万，三千二百餘。於中大洲相，南贍部如車。三邊各二千，南邊有三半。東毗提訶洲，其相如半月。三邊如贍部，東邊三百半。西瞿陁尼洲，其相如滿月。徑二千五百，周圍山[二〇二]三倍。北俱盧畟方，面各二千等。中洲復有八，四洲邊各二。此下過二万，无間深廣同。上七捺落迦，八增皆十六。謂煻煨屍糞，鋒刃烈河增。各住彼四方，餘八寒地獄。日月迷盧半，五十一五十。夜半日没中，日出四洲等。雨際弟二月，後九夜漸增。寒弟四亦然，夜減晝翻此。晝夜增臘縛，行南北路時。近日自影覆，故見月輪缺。妙高層有四，相去各十千。傍出十六千，八四二千量。堅手及持鬘，恒憍大王衆。如次居四級，亦住餘七山。妙高頂八万，三十三天居。四角有四峯，金剛手所住。中宮名善見，周万踰繕那。高一半金城，雜飾地柔耎。中有殊勝殿，周千踰繕那。外四苑莊嚴，衆車麁雜喜。妙地居四方，相去各二千。東北圓生樹，西南善法堂。此上有色天，住持空宮殿。如彼去下量，去上數亦然。離通力依他，下無昇見上。」更有文義，恐繁不録。此等皆是漸起相也。

「當知便爲二十五有」等者，二十五有而作頌曰：「四洲四惡趣，六欲大梵天。无想及淨居，四禪四空處。是二十五有，隨開合應知。」問：如三灾起不及四禪，脩漸成住豈能荷負，況能荷負无色界耶？答：以若无下欲色二界，誰脩彼定生彼天中，故約展轉亦能荷負。

「願[一〇三]者所習」等者，願是菩薩本所脩行，故十度中而有願度。誓即是願贊助之緣，以誓助願，願方成故，或由願樂方能脩行，故願即是行之本矣。後以誓助行得增長，故誓於行爲助緣矣。

「發心菩薩住乾慧地」者，即十住位慧多定少，慧少定水名之乾慧。

「了弟一義得正法智」者，「正法智」者即正體智，「法」者即是自體之義。

「行一切種菩薩正行」者，即行一切種種菩薩所行之也。

「无倒加行皆不唐捐」者，所脩六度名曰加行，行不求報，即名无倒。行无倒行，皆於仏果爲勝因力，无虚弃也。

「一能堅固其心」者，由立誓故，恐有違犯，招現當惡，故行願心得堅固也。

「能破五盖」者，一貪欲盖，二嗔恚盖，三

惛沈睡眠盖，四掉舉惡作盖，五者疑盖。覆弊其心不得顯了，障諸善品令其不轉，故此五種而立「盖」名。由誓持心除此五種，是故名爲破五盖也。遮放逸等，准而説之。

「觀一切法如真實」等者，「一切法」謂善、不善等，稱真實性皆无二相，順真實性起於觀智，觀不善等不起二見。初起觀智名[一〇四]之爲受，後无間妄故謂之持，故言「隨順受持」等也。

「若我慳悋心悔[一〇五]」等者，「我則欺誑十方」等文，兩處用之，謂我慳悋乃至起於二見相者，便不能起六波羅蜜，我即欺誑十方仏也。設我能脩六波羅蜜，若以施、戒、忍、進、禪、智求淨報者，我亦欺誑十方仏也。

「即[一〇六]是趣向一切智門」等者，如无門户，路擁莫通，无善知識，不入真道，故善知識是趣智門。

「趣向一切智炬」等者，如因執炬光發十方，賴善知識智分十力，故善知識爲智炬也。

「趣向一切智潮」等者，如因潮泛，枯涸水盈，蒙善友攝受，慈波演溢，故善知識爲智海潮。

「於善知識生同己心」等者，精勤脩行，辨[一〇七]一切智，是我己事，由善知識而能得之，故善知識无異己也。

「生清淨自業果心」等者，謂即是我清淨業果，如須果實必植根灾，与我成根[一〇八]故是我果。

「普賢菩薩所有行願[一〇九]」者，我發心時一切衆生同我發心，我脩行時同我脩行，我成正覺等成正覺。心願既尔，智見亦然。不見一人不發心者，不行行者，不成仏者，即是名爲行普賢行也。

「於善知識生[一一〇]福智海心」等者，謂善知識是我福德智慧之海，如諸珎寶積集海中，一切白法集福智海。既由因善根諸願方滿，既能令我積集白法，故与我作福智海也。

「生具一切善根」等者，由因善根諸願方滿，既善知識令我願滿，故知具足諸善根也。

「天池[一一一]別乎行潦」者，「天池」即是大海異名，如言南溟、北溟、滹瀰等。「行潦」乃是流水名也。以水流處小而且淺，与海異也。

「及福智二十波羅蜜」者，謂顯十度皆有福德、智慧二性。此義即約前引於後，後淨前説以約別相。前五福德，後五智慧。若約引淨通相而説，皆具福智。

「即如來等盡无生智」等者，「等」即等阿羅漢辟支，唯无學位所得智〔二三〕故。「盡无生」者，即是盡智、无生智也。釋此二智，通別不同。若依《俱舍》，通約四諦，謂此是苦、集、滅、道，我盡知斷、證、脩所得後智，名爲盡智。復於四諦起如是相，謂我已知斷、證、脩，更不知斷、證、脩所起後智，名无生〔二三〕智。若依《雜集》，別依苦集因盡所得智，名爲盡智。謂此位中永斷集因，令无有餘，所得之智名爲盡故。果斷所得智，名爲无生智。由因盡故，當來苦果必竟不生。所境之智，名无生故。皆能照境，窮其根源。故此二智名爲覺也。

「集起名心」者，若隨相增，屬弟八識。集諸法種，起諸法故。通而言之，亦在七識。採集諸業，起諸種故。故所積集，而爲心義。

「軌持稱法」者：「軌」爲軌則，是法則義；「持」謂任持，是法體義。具此二義，故名爲法。

「足者彼因，體即緣定」等者，如《對法論》弟十卷云，神足自體者，謂三摩地。由已成滿三摩地力，發起種種神變等事。

「此四非足，足之因也」者，即《雜集論》又作是説，神足助伴者，謂欲勤心觀。由欲引心，起猛利愛，方便證觸心一境性。由勤勵心，於初中後長時證觸心一境性。由定持心，於內寂靜，速能證觸心一境性。由觀策心，得定依法練心，速證心一境性。故此四種爲神足因。若尔，四中心非是定，不可定与定爲因故。答：雖俱是定，初後有別。神足定者，心一境性，即三摩地已來滿位。心之定者，持心爲義，即是心一境性加行，故爲定因，理无失也。

「能深忍樂清淨」等者，「忍」謂忍可，即是信因。由因忍可，方生信故。「樂」謂樂欲，即是信果。由因有信，方樂欲故。性自證清能淨心等，如水清珠能清濁水，故清淨性名之爲信。

「念支覺法所依止」者，由依繫念，令諸善法皆不妄失，有覺智故。

「精進是覺出離支故」者，謂由精進增勝勢力[二四]，能令覺智到所到故。

「喜是覺法利益支」者，由此勢力，令身調適喜樂發生勝覺智故。

「是以自體及餘」等者，猶如四智般若義等，其中雖有非是智者，相從義故亦名智等。當知此中，道理亦尔。

「麁重爲因，能生諸染」者，麁重有二。一、二障種。故《唯識論》云，二障種子立麁重名。性无堪任，違細輕故。二、謂障種所引身中无堪任性，与五蘊法不一不異，而離五蘊无別自性。若无此者，身必細輕。違細輕故，亦名麁重。故《唯識》云，或二所起无堪任性。今於此中，説後非前。有麁重故，能生過染。故《瑜伽》云，有過患義是麁性義，過患增多性故名爲麁。不安隱性以爲麁重性，是故麁重能生染也。

「輕安近能治此」等者，有輕安故，便離麁重。離麁重故，於善堪能。堪任善故，不生諸染。故輕安是无染因也。

「由依定故方能離染」等者，謂要依定，方發輕安而離諸染，故説定是離染依也。

「捨除障法[二五]」等者，由捨遠離沉掉愛憂，不染汙位爲自性故。

「无漏身語離五邪求」者，觀諸星像，耕墾營農，通致使命，合和湯藥，占相吉凶。以此五種邪求活命，如次名爲仰口、下口、方口、維口、開口食也。

「以自相續身等爲境」者，「自相續」者，即謂自體。若言自身，則不通心等，故以「相續」言顯總包也。言「身等」者，謂即等取受心法也。

觀自身境以脩不淨對治之觀，觀自受[二六]境以脩非樂對治之行。餘二准知。

「以无常等行相思惟」等者，謂即等取非樂、非我、非淨三種，「行相」即是見解義也。

「以无所[二七]得行相思惟」等者，謂觀自、他身无身相，而不見有淨与不淨，而脩對治身妄念也。受及心法亦如是說。

「於現法中得身」等者，謂脩行時於現生中遠離一切煩惱麁重，便得自身適悦樂也。「現法」即是現生義故。

「常樂宣説可意」等者，「等」即等取諦語、法語、引義利語，諸如是等一切愛語，略有三種。

「命進問安」者，《瑜伽論》中，先明問安，後方命進，故彼文云，或問安隱吉祥，或問諸界調適，或問晝夜怡樂，或命前進善來。據實道理，先合命進，後方問安。《瑜伽》及[二八]乃據西方語故。

「圓滿殊勝微妙法教」者，《瑜伽》但有圓滿法教，此中更加「殊勝微妙」。依於上下別文而說，字義具足故名「圓滿」。令得出離，故言「殊勝」。能契真理，故謂「微妙」。此則通謂三乘教也。

「但化彼行何假身同」等者，此問意者：菩薩所化通乎三乘，但可說法化二乘人，豈要同行二乘行也？不尔，便是和光同塵，便与《涅槃經》文違背。答之意云：菩薩爲化他令行故，縱二乘行亦須示行，自嫌不行人不學故。故《法花》云：「内秘菩薩行，外現是聲聞，雖少欲知足，而實淨仏道。」《涅槃》但和其光而不同塵，此義故不乖於理也。

「若於是義於是」等者，「義」謂境義，即是起行所依道理境界之處。如脩念仏三昧之行，必有所依仏功德境，故境即是起行之處，善根乃是所起之行。

「能離不善防護受持」等者，「能離不善」謂即是戒，此能防護諸惡不善，於此防護諸惡不善，淨戒法中常受持也。「七衆」謂即近圓男、近圓女、正學衆、求寂女、近事男、近事女。若兼近住，即爲八衆。以非常時但日夜戒，是故經論但言七衆。

「一切仏法爲〔二九〕攝善法戒」者，謂正脩習力无畏等一切仏法，但是所脩所學仏法，皆此攝也。

「若脩諸行發起勇捍」者，《唯識論》云，勇表勝進，簡諸染法。捍表精淳，簡淨无記，即顯精進唯善性攝。

「而能安住現法」等者，若欲安住現身輕安調暢之樂而所入者，此即名爲「安住淨慮」。若欲引發六神通故而所入者，此即名爲「引發靜慮」。若欲成辦利有情事而所入者，如是即名「辦事靜慮」。

「波羅蜜多相違事」者，謂与六度所相違法，於喜樂欲財富自在深見功德及与勝利，當知即是施相違事。於隨所樂縱身口意見功德利，是戒相違。於他輕蔑不堪忍中見功德利，是忍相違。於不勤脩著欲樂中見功德利，是進相違。於處憒閙〔三〇〕世雜乱行見功德利，是定相違。於見聞覺知諸言説戲論見功德利，是慧相違。

「波羅蜜多果〔三一〕異熟」者，即是六度所得果報，如下勝德果利中說。此通因中所得果報，是故名爲「諸果異熟」。若在果位是无漏善，則不得稱爲異熟故，此義如下菩提中說。

「无間雜染法」等者，《深密經》云，何等名爲間雜染法？略有四種：一、无悲加行故，謂行行時於諸有情无拔濟心；二、不如理加行故，謂若脩一波羅蜜時於餘失壞；三、不常加行故，謂於所脩波羅蜜中多有間斷；四、不殷重加行故，謂脩行時於前境界心生輕慢。離此四種，是名「无間雜染法」也。云何名爲非方便行？謂但財施与生安樂，不行法施成勝利益。所以然者，非但与財名實饒益，唯處善法乃真益故。若離此事，是則名「離非方便行」。

「能裂慳悋貧窮」等者，能裂現在慳悋之網，引得廣大福德資糧。能裂當來貧窮苦網，引得廣大財寶勝位。

「能息滅惡戒」等者，息滅現在所有惡戒引得等持，息滅當來諸險惡趣引得善趣。

「能息〔二二〕滅忿怒」等者，息滅現在所有忿怒，息滅當來所有怨讎，引得現當善住自在。

「能除遣一切見趣」等者，言見趣者，即五見也。見趣即是諸邪惡慧，既能除遣虚妄見趣，故於品類諸別異法，隨其所知悉得真實。

「謂惡〔二三〕行一切事業」者，且如行施，於内外事一切種類皆能善捨。若持戒時，於遮性等諸戒種類悉能脩持。忍辱等四，准此應知。

「況當能得一切智智」者，「一切智」者即正體智，復言「智」者即後得智，或是一切智人之智，是故得名「一切智智」。

「清淨相者當知七種」等者，弟一，不求令他知我是能脩行六度行者。弟四，不於不行六度放逸之人毁而輕蔑。弟五，不於自所脩行恃而高舉，於防脩事而生逸蕩。弟七，不於能行之人嫉其所行，慳所解法，不相勸示。

「成就八法能淨檀」等者，不爲自利而行，名離爲我。不求生死染報，名離愛結。了施性空而无著，名離无明。不背性而求覺，名離彼我菩提相。不見福田非田等，名離種種相見。不求報恩供養，名離悕望。自行化他，名曰離慳。他施而喜，故言離恢。其心平等，猶若虚空，不見彼此，即是能淨真實智也。

「成就八法能淨尸羅」等者，菩提心者即三聚戒，忘〔二四〕菩提心即失淨戒。求二乘地異求小果，亦非護戒。取著於境，障㝵淨心，即失淨戒。恃戒陵人，是真破戒。不捨慈悲，名不捨願。不求當有，名不依生。能勝利生，名成大願。戒〔二五〕淨相者，即弟三四，非謂一切皆戒淨相。

「成就八法成淨羼提」等者，心无所動，名善淨内。不悕他報，名善淨外。世俗三品，名上中下法。了皆无㝵，名究竟无㝵。住弟一義，名順法性。心无罣㝵，名无染著。无所推求，名離諸見。不取諸境，名斷諸覺。无所希求，名爲捨願。无所造作，謂除諸行。

「成就八法能淨毗梨耶」等者，勤斷諸惡，故謂之精。勤脩諸善，説名爲進。見惡可斷，非極能斷。見善可脩，非極能進。曷可得爲真精進乎？即前三種斷惡精進，其後五種脩善精進。若有斷惡淨三業相，非謂真實淨除三業。今雖爲淨三業之惡，而了三業如影如響如幻相者，是即名爲真淨三業。下之五種，脩諸善品。既知諸法无有自性，何有具足諸波羅蜜？既覺諸法一真无㝵，何有所照菩提分耶？既知諸法无念非念，何有所得陁羅尼法？是則名爲真波羅蜜，真菩提分，真陁羅尼。餘文易解，不煩解釋。此總意云，既无所斷，亦何所精？又无所脩，於何而進？則无所精，无所不精，亦无所進，无所不進，是即名爲真精進矣。

「成就八法能淨禪」等者，於中道者即是因也。言「不依」者，无託緣也。依託陰等而脩禪者，是有所得世間靜慮，非謂真實出世間禪。心无所依与慧平等，是則名爲清淨禪矣。

「成就八法能淨般若」等者，諸法性空，无善不善，斷无所斷，生无所生。故雖斷惡生善，而无斷常二見。有爲无自性，皆從緣所生，緣亦无自性，一切皆无生。故雖觀緣生而知无生也。一切字句能詮於法，既无所詮，何有能詮？故云平等離言説也。无常苦法依有爲觀，有爲既空，无常何有？即非常无常是真如法界，而无所見，故寂靜也。知善惡業招苦樂報，業无所造。既非能感，何有業果爲所感耶？故能了知无業報也。表是所酬，假名過去。表是所引，假名未來。對此前後，立爲現在。故名籌量三世之事。已滅未生中无所住，皆不可得，故知諸法无去來今。如是八法約俗有義而有分別，約真空義而无分別。既此真俗自體无差，觀而不觀，不觀而觀，照而无照，无照而照，是謂真實般若波羅蜜也。

「由布施故攝受」等者，由行布施所有事業故，常攝受一切資具，施諸有情作饒益事。

「有味无味」等者，謂在定中得三昧樂，於中躭著，名爲有味。故在散位无三昧樂，即名无味。謂脩施時禁防忍受者，禁其三業防煞盜等則有戒性，施内外財忍受諸苦則有忍性。餘義易解，准而説之。

「若脩戒時遠離」等者，謂起慳恚犯菩薩戒故，脩戒時无慳恚故，則於戒中有施忍也。戒能止進，止進即勤。既離懈怠，有精進也。一心持戒，故无散動。具正信解，故无邪見。无乱无邪，故有定慧。

「脩習所餘亦如是説」者，謂脩忍時於苦堪耐，便能廣捨内外財等，又无報怨，便施无畏。既能忍故，不造諸惡，故有戒性。既有堪能，便无懈退，故有精進。一心諦察二空之理，便有定慧。精進遍能策勵前後，故精進中有餘五度。又由精進，斷惡脩善，能除六弊，故有六度。定慧二度，准而説之。

「能得廣大无盡可愛果[二六]」者，然此三果，具通依正，體无限極，故名「廣大」。用无窮際，謂之「无盡」。相无麁弊，故名「可愛」。此通因果所得而説，是故説言「諸果異熟」。

「昔於衆生起大悲」等者，由行施時，令彼獲得命色力安无㝵[二七]辨喜，故自果位得身最勝，能令見者生歡喜也。由脩戒時，普於一切无諸染爲滅苦因，故獲淨身，遍滅諸苦。由脩忍時，遠離嗔怒，心无分別，離翳障故，色相圓滿，普施光明。由脩精進，於一切處，勤行利益，滅衆生障，故於果位能分身等。由脩定時，身心寂靜，見者歡喜而生善心，故於果位普得◇歡喜等。由般若故，能令自他離愚癡闇，得智慧明，故於果位得舒光等。

「何果異熟[二八]當知[二九]六種」等者，然准經論説五種果，与此六種而相攝者，先明五果，後顯配攝。一、異熟果，此有二種：一、真異熟，即弟八識，由善惡業之所招感，正爲三界總報體故；二、異熟生，即意識中无記性者，不能招報，非正報體，但從異熟識引生故。合此二種爲異熟果。二、等流果，此有二種：一、真等流，謂有、无漏所有三性心、心所法種及現行，刹那刹那，前滅後生，前因似後，故名爲「等」，後果類前，故謂之「流」；二、假等流，謂善惡業所引同類好醜諸果，且如煞生得短命報，令他命短，自命不長，果似於因，名等流矣，實是增上，假名等流。合此二種名等流果。三、離繫果，此有二種：一、由我空无漏智故，永斷煩惱繫縛障故，所顯證得我空真如；二、由法空无漏智故，永斷所知繫縛障故，所得法空真如之理。合此二種爲離繫果。四、士用果，此亦二種：一、法士用，謂諸假者士夫作用，假諸作具而營造故，所辦稼穡工巧等果；二、喻士用，不唯取於士夫作用，凡是因法而爲作者，諸緣助法以爲作具，諸所辦果亦名士用。如世士夫有造作用而得果故，從喻爲名。合此二種爲士用果。五、增上果，此亦有二：一者，有力，謂有爲法即因於果有增上力，如因柱等而成屋等，即柱於舍有增上力，故屋望柱爲增上果；二者，无力，謂此於彼雖无勝力，但於彼法无障导能，即此於彼爲增上緣，故彼於此爲增上果。合此二種爲增上果。今此六度所得之果，不唯是初異熟果故，是故倒言「果異熟」也。於六果中，得大財富是增上果，往生善趣是異熟果，无怨壞等亦增上果，亦是相似等流果攝。第四、五、六皆增上果，亦是喻説士用果收。

「此通因中所得果[三〇]」者，顯不唯是仏位果也，以仏非是趣生攝故，不用世間財富樂故。

「雖觀身等四境无相」等者，問：若未除障，何假須脩？復何故説能除四倒？答：且息四倒，不起愛憎染淨之業，而未即能除彼能起二根本障，故懈怠等障未除也。

「謂諸菩薩先於」等者，謂即資糧、加行二位，未能親證二空真如。凡所脩行，依勝解力，是故名爲勝行地。言「勝解」者，決印爲義。於所照解決定印持，故名「勝解」。

「脩奢摩他」等者，「奢摩他」者，此云止品，爲欲令心息分別故，止諸境相所有相應心、心所等，總名爲止。「毗鉢舍那」，此云觀品，爲欲令心明利現前不沉没故，觀察境相所有心等，總名爲觀。既非一法，故皆言品，即是趣入心一境性，等持真空之方便也。

「能爲三[三]惠作助伴」者，由前八種所有善法，能与聞惠而爲助伴。弟九思惟所有善法，能与思惠而爲助伴。弟十脩習所有善品，能与脩惠而爲助伴。於其三聚諸善法中，由念思定力最勝故，而名思惟及脩習等。

「法門一軌適絶」等者，軌則也，適往也，躊躇疑路也，轍迹也，岐路也，履步也。此總意云，若法門唯遵一則，而往者无疑異道。今既教迹殊途，進步者焉能无惑？

「且夫《阿含》至教」等者，謂《阿含經》擯斥我相，但留於法相不亡，故知實有有、无爲法。《般若經》説一切有爲真如涅槃皆如幻化，則有、无爲一切皆空。《花嚴經》説三界唯心，《地論》釋云弟一義心，明知許有法性真體。《涅槃經》説大般涅槃常、樂、我、淨，四德无爲，故知許有真實我相。

「有无紛乱人法」等者，《阿含》説有，《般若》談空，《涅槃》我人，《花嚴》心法，紛紜紏乱，人法交雜駈，疑惑迷生，使无直道，幻失本居，名爲弱喪。既无定趣，何路歸方？

「若存乎法我」等者，若如《花嚴》《涅槃》二經存乎法我，則外道教同於内宗，足可依據。若如《般若》觸類皆空，脩行之典徒欲[三]脩習。言「日親」者，即謂仏教，依而脩行，日親道故。未詳本意，且述愚情。後有智者，改而正也。

「狝猶斯存物疑那遣」者，上莫侯反，稍之類也。《説文》云，鉾長二丈，建於兵車也。下食允反，欄檻之類。從曰檻，横曰楯，此亦兵車欄障之類也。古人有賣二物於市，極誇語於人言，矟利而楯堅。或有質曰：以子之矟擊子之楯，如何？其人自知語違，遂默而无對。今此乖違亦存矟楯之義也。未詳所出，知者叙之。

「諸蘊自〔三三〕相」者，色變現爲相，受領納爲相，想取像爲相，行造作爲相，識了别爲相。相者即是自體義，故《雜集論》中廣以多門宣説蘊等，此别蘊自相也。

「生相滅相永斷」等者，未見本釋，且叙一解。從緣起故名「生」，即緣盡故名「滅」，因亡名「永斷」，果喪名「遍知」。謂從煩惱而起諸業故，故有諸蘊，名蘊生相。若業煩惱因緣滅時，則諸蘊謝，名蘊滅相。既知苦蘊從業或生，永斷其因，名永斷相。由因斷故，遍知三界諸蘊不生，名遍知相。由脩念住正斷等故，而得永斷遍知等智，故念住等未生令生，生已等也。此等皆是二乘宗中有所得觀，世尊昔於《阿含經》中而宣説也。彼時宣説諸蘊自相、生相、滅相、永斷、遍知，所有諸相，皆説爲有。至弟二時説般若等，乃説諸法皆无自性、无生滅等，一向相違，是何深意？

「餘二准知」者，依他不以自然而生，以无自然生性爲弟二无性，是故名爲「生无自性性」。圓成不以我諸〔三四〕爲性，以是二空勝義理故，即以勝義无我法性爲弟三无性，名爲「勝義无自性性」。

「然因我法二空所顯」等者，謂真如理乃是勝智所行境義，故名「勝義」。非是我法二執境義，故要我法二執空處，方顯真如勝義。既因我法二執无性所顯故，從能顯二空爲名，名爲「无性」。若尔，應言无性勝義，何故乃言勝義无性？答：勝義既因无性所顯，勝義即无我法二性，是故得名勝義无性。

「成實依他而體非是三无性」者，然三无性皆約遍計所執而説，相无自性約計所執當性无有體相而言，生无自性約依他上无計所執自然性説，勝義不約二性本體言也。

「隨所化宜覆相談也」者，謂據實理，一切諸法非空不空，以一切法皆有三性不相離故。然《阿含經》隨所化者宜聞不空，仏即隱覆遍計空相，偏就依圓説有諸法。《大般若經》隨所化人宜聞不有，仏即隱覆依圓有相，偏就計執説諸法空。是故皆名「覆相談也」。

「生由漸染堪聞」等者，如深好色漸染方成，究竟大乘漸聞始悟，故初説有，次乃談空，後時方説非空非有，契會中道乃名圓宗。

「唯爲發趣聲聞乘者」者，謂假者即發心人，彼乘體者，即以彼位諸无漏智及所證理并諸功德皆爲乘體。故《莊嚴論》乘體頌云：「心説行聚果，名有上中下。依此三品別，建立有三乘。」此假者人爲欲趣入彼所證道而發其心，故名「發趣聲聞乘者」。

「以四諦相轉正法輪」等者，然此文中三種法輪，即《金光明》説轉、照、持，既法輪義，仏法要宗。況此文中三種不同，今者略以三門分別。一、明體性，復有五種：一者，自性，即取三乘見脩无學所有聖道，唯此性能摧碾等故；二者，因起，即取能生聖道之教及聞思脩諸方便慧爲道因故；三者，助伴，即取相應四蘊心法及色蘊性，要有戒等方起證故；四者，境界，即取四諦十二因緣三性等境，要觀境界方有智故；五者，得果，即是三乘菩提涅槃，隨其所應三乘聖道所得果故。故法輪體剋性相從，有此五種，闕一无故，故亦即是教理行果。二、釋名字，復分二義：一、法；二、輪。法有二義：一者，軌則，即前體性皆可軌則，故爲法；二，任持義，即前五種皆持自性，又得名法。輪有四義：一、圓滿義，具轂輻輞圓滿義故，即如所脩八聖道中，正見思惟説名爲轂，是根本故；正語業命説名爲輻，因轂有故；正念勤定説名爲輞，攝録餘故；故説聖道喻之爲輪。二、摧碾義，此四種法若伏若斷若助若正，未斷煩惱皆能摧故。如聖王輪能降未降諸怨敵故，故喻於輪。三、鎮過義，能鎮已伏一切煩惱，遏其勢力，更不令起。如聖王輪鎮已伏者更无返動，故喻於輪。四、不定義，轉所解法至餘身中，從彼見脩无學，轉生言教等智發言教他，他從言教轉生，見脩无學道等，如世間輪隨轉不定，故前聖法喻之爲輪，法即是轉持業釋也。三者，轉相，有其三義：一、示相轉，謂此是苦集滅道諦，示四諦相令其悟解，入於見道斷分別障證諦理故；二、勸脩轉，謂説汝應遍知永斷作證脩習，勸脩諦行令更進脩，所有斷證有學道故；三、引證轉，謂告彼言，汝已知斷證脩諦理，住无學道，爲作證明，知彼滿故。故一一諦皆有三轉。故《維摩經》云，三轉法輪於大千等，其一一轉皆有四相，謂即眼智明覺行解，即依三世總別照解而説四種。三轉各四，故成十二，四諦合有卌八種，以行數同但言三轉十二行輪。法輪之義，其相甚多，恐文繁廣，略示少分。然此所説四諦法輪，既包一切染淨因果，體雖非无非定實有非有非无，是中道理，既許通是三乘境界，故亦通是三時法輪。初爲小乘，除其遍計所執我相了我空故，就不无義説皆爲有，故言此是苦集滅道。是以經言，以四諦相轉正法輪。次爲大乘，除其遍計所執法相令悟諸空，約不有義總説爲无，故言一切无自性等。是故經言，以隱密相轉法輪等。復爲諸乘，雙除二執故，約三性顯中道理，顯説諸法有空之相。是故經言，以顯了相轉正法輪。初轉外道所有我相令入小乘，名轉法輪。次以空法照破前有令入大乘，名照法輪。後以顯説處中之法住持中道，名持法輪。仏法大海深廣无涯，若欲具説窮劫不盡，粗釋經文，令易入故。

「初爲二[一三五]乘偏談四諦，但説依他圓成有」等者，謂四諦法即是依、圓：苦、集兩諦，染因果故，但依他性；滅、道兩諦，淨因果故，而是圓成。道諦无漏，雖從緣生，今乃攝入，不倒圓成，故後二諦皆圓成攝。以四諦法是實因果，不攝遍計无體之法，故言「但説依他圓成有」等。

「正等菩提廣大深遠」者，无上菩提不過福

智，約福名「廣」，无邊際故；約智名「深」，難測知故。或大菩提即是理智，智无限極故名「廣大」，理无思議故名「深遠」。

「省己意樂脩」等者，「省」謂省察，「意樂」即是信及欲樂。若有施等難脩屈時，便即省察自身本有信及欲樂，堪能脩習不應退也？

「三聞諸[二三六]仏圓滿」等者，即六轉依中果圓滿轉也。六轉依者，《唯識論》云，轉依位別略有六種：一、損力益能轉，謂初二位，由勝解及慚愧故，損本識中染種勢力，益本識内淨種功能，漸伏二障，亦名爲轉；二、通達轉，在通達位，由見道力通達真如，斷分別生二障麁重，證得一分真實轉依；三、脩習轉，謂脩習位，由數脩習十地行故，漸斷俱生二障麁重，漸次證得真實轉依；四、果圓滿轉，謂究竟位，由三大刼阿僧企耶脩集无邊難行勝行，金剛喻定現在前時，永斷本來一切麁重，頓證仏果圓滿轉依，窮未來際利樂无盡；五、下劣轉，謂二乘位，專求自利猒苦欣寂，唯能通達生空真如，斷煩惱種證真擇滅，无勝堪能，名下劣轉；六、廣大轉，謂大乘位，爲利他故趣大菩提，生死涅槃俱无欣猒，具能通達二空真如，雙斷所知煩惱障種，頓證无上正等菩提，有勝堪能，名廣大轉。前果圓滿別指仏果，此廣大轉通約諸位。或前顯體此作用，對二乘位別顯此能，故亦即是果圓滿攝。

「引他麁善況己」等者，如《攝大乘》世親釋云，如世間者由有障善而成其善，謂有障善當命終時，即引可愛一切自體圓滿而生。況我今者，由无障善而成其善，不當成仏无上菩提，无有是處。

「由斯[二三七]三事練磨」等者，始從初住至迴向終，皆以三事練磨其心，故於脩證而不退也。

「忍世弟一印所取境觀能取」等者，此中文略，且作是說。非世弟一但印境空觀於能取，於忍義中尚猶不足，豈兼世弟一而是説耶？下次文中又説，忍及世弟一法印所取空，觀能取識亦非實有。文亦不足，若具文義，如下當知，此不繁舉。

「妄執六塵識外他造」者，若諸小乘説，由業力引四大種極微所成。若諸外道亦有説，是極微成者，如順世。亦有外道，各别執有大梵時方本際自然虚空我等。隨執此七常住實有具諸功能，生一切法，即是妄執六塵等法識外他造也。

「依因、善友、作意」等者，一、依因力，謂即性習二種爲因；二、善友力，謂即十方諸仏菩薩；三、作意力，謂於大乘深生信解；四、資糧力，謂即福智二種資糧。由此四種能脩勝行，故説依於四勝力也。

「如名身等所詮」等者，「等」即等取句身、文身。名詮自性，句詮差别，文即是字，爲二所依。若唯一名等即但稱名等，若二名等聚即稱名身等，至三已上更稱多矣。所言藴者，積聚爲義，謂十一色、五受、六想、七十三行、八識，各略以爲一聚，名爲色、受、想、行、識藴故。舊經論譯之爲「陰」，謂以略名陰多義故。所言處者，生義門義，即内六根及外六境是六識心生長處故，此六根境隨應能通分别六識出入處故。舊翻爲入，失生出義。所言界者，是種族義，謂即六根、六境、六識是根、境、識之種類故。如彼四姓族類異故，故種族義名爲界義。故《俱舍》頌云：「聚生門種族，是藴處界義。」《雜集》《中邊》義稍異此，不能繁叙，樂者述之。此等並是所詮義也。

「似外相轉實唯」等者，如翳眼所見空花，似在眼外，實在眼中。

「今顯内法似彼妄情」者，此顯「似」義遣外難也。謂外難云，若有外法是所似者，應有外法，若无外法，何所似耶？无所似故，「似」義不成，如何可言心似外境？故今釋云，所言「似」者，謂顯内法似能執心。言「内法」者，即是心所變相分實唯在内，妄情不了執爲心外。故説内法似彼妄情，不説内法似外境也。

「海樓崇聳蜃氣虚構」等者，謂於海中有虫名蜃，狀如蜯蛤，來遊水上，吐氣爲戲，日光初照，氣狀似樓，人遠見之，謂樓實有，但是蜃氣，非有實樓。

「何乃同觀覿異」等者。覿，見也。矚，視也。瞰，又視也。諒，信也。否，惡也。臧，善也。謂水是一，四見不同，信可由心，与離心執善惡全別也。

「於加行時推求」等者，此中語倒，若正應言「推求假有實无行見」，謂於正起加行智時，所有推求假有實无，行解知見，名尋思也。

「次依於忍印取〔二六〕无」等者，謂忍不同，有其三品：下忍起時，印所取无，順觀能取；中忍轉位，正觀能取，如彼所取，決定是无；上忍起位審定，印可能取是空。今此文中闕上忍文，下文即具如次文。「今重印可決定是无」，即是下忍。「又能取心對境」已下，即是中忍。「此忍雖亦印能取」等，即是上忍。

「又境之體通於内外」者，問：既此内外境与四緣中親踈二緣，云何言四緣者？《唯識》弟七廣顯其相，今略舉之。一者，因緣，謂有爲法親辦自果。此體有二，種子，現行。種子者，謂本識中善染无記，諸界地等功能差別，能引次後自類功能，及起同時自類現果。此唯望彼，是因緣性。現行者，謂七轉識及彼相應所變相見，除仏果善極劣无記，餘熏本識生自類種。此唯望彼，是因緣性。因即是緣，持業釋。二，等无間緣，謂八現識及彼心所，前聚於後，自類无間，等而開導，令彼定生。八識相望，既非自類，又俱時轉，故非互作等无間緣。心所与心雖恒俱轉，非自體類而相應故，和合似一，不可施設雖別殊異，故得互作等无間緣。三，所緣緣，謂若有法是帶已相心，或相應所慮託。此體有二：一、親；二、踈。若与能緣體不相離，是見分等内所慮託，應知彼是親所緣緣；若与能緣體雖相離，爲質能起内所慮託，應知彼是踈所緣緣。親所緣緣，能緣皆有，離内所慮託必不生故；踈所緣緣，能緣或有，離外所慮託亦得生故。四，增上緣，謂若有法有勝勢用，能於餘法或順或違，雖前三緣亦得增上。而今弟四除彼取餘，爲顯諸緣有差别故。今此所言通外境者，非弟三中踈所緣也。以踈所緣亦不離識，不可説爲心外境故，但説妄情及諸妄執所計實境説爲外耳。是故得之外无内有。若踈所緣外亦有故，若尔，外執亦稱實智，如何説是虚妄執也？答：眼等取境，但是現量，不能分别，强執爲外。後意分别，强生外相，故説虚妄，爲不稱實。了知假有實无，觀此義主所釋意云。了知假有實无，是尋思智。由此爲因所得决定行智，名如實智。尋《攝論》意与此不同，推求假有實无行見，説名尋思。了知假有實无行見，名如實智。是故了知假有實无非尋思智。本釋既尔，且依而解决定行者，謂如實智即作假有，實无决定行解也。

「壞證微妙淨相法」者，謂若能斷雜染相法，便能證得妙淨相法。淨相法者，即是真如。相者即是體相義故，由不能斷雜染法故。正智壞滅不證真如，故云壞證淨相法也。

「懈怠住法動法」等者，謂「懈怠」者，於所住法，於〔一三九〕所動法，堅固守護，都无失壞。即前所説雜染相法，名所住法，是可破壞。不安隱故，名爲動法。常与雜染不相捨離，故懈怠者深可愍也。

「而猶未能除空有相」者，謂前三位觀二取无，皆作假有，實无行見，故世弟一雙印二空。亦德〔一四〇〕假有，實无觀智，假有即是依他起性，此即有相。實无即是遍計所執，此名无相。證真理時，二相皆滅，故世弟一未證真也。

「即四諦等名爲」等者，謂彼四諦以十六門差别建立，名安立諦。十六門者，即四諦下各四行相。苦諦四者，謂即非常、苦、空、非我。集諦四者，因、集、生、緣。滅諦四者，滅、静、妙、離。道諦四者，道、如、行〔一四一〕、出。參詳《俱舍》《顯宗》二論，就其相顯易解説云：有生滅故非常，逼迫性故苦，違我所見故空，違我見[一四二]故非[一四三]我；能生法故因，有多種故集，恒滋[一四四]産故生，各別助故緣；諸蘊盡故滅，三相息故靜，无衆患故妙，脱衆灾故離；通行義故道，契正理故如，正趣[一四五]向故行，能永超故出。

「三謂无間解脱勝進」者，謂從加行創起聖智，所應斷惑，一念斷盡，更不隔念，名无間道。前斷障種，後捨麁重。證前所斷煩惱，解脱真如之智，名解脱道。爲欲進斷餘品煩惱，證餘功德所有加行，无間解脱勝品諸道，總名勝進，故勝進道亦不離前无間解脱。念念進趣，即名勝進，故前但説二，謂无間、解脱道也。或約總別別開勝進，如斷欲界上三品惑，品品須起无間解脱，總起勝進斷中三品，故此文中許三心也。《雜集》更有多種，復次義釋勝進道，恐繁不叙。

「能除耎品見道」等者，謂見道智有其[一四六]三品，即下品道名之爲耎，以是初起力微弱故。此道所斷分別煩惱既是麁猛，不名爲耎。故耎[一四七]品言，唯自[一四八]見道分別煩惱。但是耎品見道所斷，故名[一四九]耎品，見道所斷煩惱麁重。若准《雜集》，煩惱及道各分九品，謂耎耎等，即耎耎道斷上上惑，以上上道斷耎耎惑。今於此中但總言耳。

「弟三雙觀人法二空」者，前智力劣，各別觀斷，今智力勝，故雙觀也。問：更有何障弟三觀耶？答：此是相見，非真見道。擬儀[一五〇]於真，假説斷言，故初智劣，各別觀斷，弟三智勝，一時倣像。

「二苦法智」者，此言文略，若具應言「苦法智忍智」，謂是苦法智忍无間道後所得解脱道智故。爲存略故，但言苦法智也。不作是釋，与方便道中苦法智何別？

「苦諦所起增上教法」者，謂説苦諦所有教法，此教依因苦諦而起，故言苦諦所起教也。此教能与諸脩行者方便道中苦智爲緣，即説此教名爲增上。

「於方便道中緣苦法智」者，謂依教法所生苦智，与苦法忍爲方便因，故苦法智名方便道。

「由能分別見道」等者，問：既言分別見道所證，明知即是相見道收，何故前言於脩道中而建立也？答：理實見脩皆有二智，各自分別自所證理。而彼論中，依自他利增微義邊隱顯而説，謂於初地能利自他，於見道中初得自利。真見義增，相見用微，但説真見隱相不論。於脩道中所起利他，本智用微，後智用增，隱正體智但説後得。故説脩道所有正見分別見道自所證理，理實分別自脩道中自正體智所證理也。

「據[一五一]地如此[一五二]各脩一度」者，問：十地全無十度行相，如何妄説各脩一耶？答：此中但約義准説之，何必皆須行相同也。謂[一五三]弟二地得離垢名，而弟十地成大法智，准知餘地諸度別脩。但舉一隅，三隅返故。又説，十度麁細易難故，由前前而引後後，前前麁故而易脩行，後後細故而難脩習，故知十度別別漸脩。又説，真如有二功德，一則本有十相真如，二乃新生十種勝行。既真本德十地證殊故，新生行地地脩別。然地与行名相應同，恐失雜脩通行之義。故地与行名相異同，依雜依純相影顯説。

「據實二障俱障二果」者，由説煩惱迷闇諦理，障我空智，故障菩提。由所知障畏法空理，令不顯現，故障涅槃。煩惱障涅槃，所知障菩提。次文自説，此不煩舉。

「約別而言初障」等者，謂約相增別相而説，以煩惱障能感生死，故障涅槃。説所知障㝵智不生，故障菩提。

「染惠爲性」等者，然五惡見皆用別境惠爲體性，然別境慧通於三性，今取二性故言染慧。染通不善、有覆、无記，覆即是染，障聖道故，故惡及覆皆名染也。

「一薩迦耶見」等者，取隨煩惱一切煩惱皆名取故。蘊從取生，故名取蘊，即舊疏云「五盛陰」也。由煩惱力蘊熾盛故。蘊言取者，簡无漏蘊，要依漏蘊起身見故。然此身見於取蘊身，或執一以之爲我，或執一爲我，執餘爲我所，不定執故名移轉身也。

「六十二等諸見[一五四]」等者，此六十二即是邪見。廣如《唯識》《顯揚》等説，《百法疏》中當廣分別。

「及見所依五藴」等者，見依藴起，名見所依，既執諸見爲勝能淨。此見不離所依五藴，故所依藴亦勝淨也。戒取亦尔，无煩重舉。

「佷戾爲性」者，上胡墾反，違也。下力計反，曲也。《説文》深不諫也。

「於自盛事」等者，謂[一五五]即種姓端嚴，財寶多聞，持戒門徒眷屬，乃至在身一切勝事，皆名盛事。

「不顧自法」者，謂即自身所有勝法，即前種姓多聞等是。身有勝事更合慕善，不顧自身所有勝法，於賢善人不崇重也。

「於實德能不忍」等者，實謂諸法實事理也，德謂三寶真淨德也，能謂諸善勝功能也。於三種中，心不忍可意不樂欲，故名不信。

「弟八唯是无覆[一五六]」等者，然其无記總有二種，所謂有覆、无覆別故。若是无覆，惑不相應。若是有覆，惑得俱起。覆謂染法，障聖道故。不障聖道，故名无覆。弟八唯是无覆无記，不同末那，雖是无記性有覆故，煩惱俱故。

「眼等五識不能」等者，必要稱量勝劣等故，而方起於慢過慢等。由此慢有七種不同，廣如《唯識》《百法疏》述。

「弟七識中有[一五七]大八」者，以此八種遍諸染心有勝力故，名之爲大。故《唯識論》弟六卷云，此二十種，類別有三。謂忿等各十別起故，名小隨煩惱。无慚等二遍不善故，名中隨煩惱。掉舉等八遍染心故，名大隨煩惱。

「然斷煩惱總有二種」等者，即是前四轉依義中當其弟一能轉道也。斷種等即能斷道，等即等取无堪任性。二但折伏即能伏道，應以前義委釋此也。

「且資糧位頓悟」等者，然諸菩薩總有二種：一者，頓悟；二者，漸[一五八]悟。若不定性復從二乘无漏聖位而發心者，此名爲漸悟菩薩。由是此類有五種人，謂即四果及獨覺果，如次八六四二一万劫數脩習，方始得到十住初心。以二乘心导大乘故，經多劫數方至初住。是故經云，須陁洹[一五九]人，八万劫相，心於本位，證我空故，故資糧位无漏智行。若大乘姓，直從凡位而發大心，名爲頓悟。但十千劫脩行世間十善道故，得入初住。故資糧位但是有漏，无漏之智未起現行。

「惑復翻此」者，若自思惟而起者，此位不伏。若因邪師邪教起者，此位能伏。今詳二義，此理必然。自思惟內心所起細難伏故，邪教邪師外緣所起易可捨故。

「以脩三種對治」等者，於三義中各有標釋，如文可解。下言「永斷正見前行道[一六〇]」者，謂初地中所得聖智能永斷惑，是故名爲「永斷正見」。此之三種是道前加行之道，是故名爲「前行道」也。

「從何而得斷耶」者，此諸斷義稍難取意，未見本釋，且作一解。若有別義，改而正之。謂所斷障有其二種，一則麁重，二乃現行。從於何者而得斷耶？然所斷障不離三世，從於何世而得斷耶？

「答不從過去」等者，此中意説：不斷現惑，以道起時現惑先无；過去已滅，无惑可斷；未來未至，亦无可斷；現道不俱，亦无所斷，是故不從三世現惑而得斷也。

「然從諸煩惱重[一六一]」等者，此通伏難顯斷義也。若於三世无惑斷者，何故諸教説斷惑耶？故此答言：若於現惑雖无斷義，可從麁重種得名斷。「然」者則是許可義故。

「爲斷如是如是」等者，於加行時，爲欲永斷如是麁重[一六二]，起此對治，治道正生，麁重正滅，故約麁重而得斷名。若約現行，則无斷故。

「由此品離繫故」等者，謂由此品麁重滅故，未來現惑无因不生，永不生故説名斷惑，非謂正斷現起惑也。

「此〔一六三〕意不説斷三世」者，若准本釋，不説斷其三世麁重。若尔，何故前文説言，若此品對治生，則此品麁重滅等。由是義故，但可説言不斷三世現行惑也。

「初約遮門，不斷三世」等者，《雜集》《瑜伽》二論皆有斷不斷義。《雜集》具約種子現行説斷不斷，《瑜伽》就種刹那相續説斷不斷，各據義明，不相乖越，故不斷義兩文同也。

「正見相應能對治心」者，「正見」即是八聖道中正見支也，「能對治心」即是正體智。以此正見是後得智，而能分別見道所證故，与能治心相應也。即此後智，正見相應，正體无漏，是即名爲「能治心」也。

「於現在无〔一六四〕隨眠」等者，謂顯三時皆无斷義。以一切法於念念中，從衆緣生无自性〔一六五〕故，刹那必滅，无作用故。於現在世，暫有即无，隨眠不待，斷而方滅。豈此聖道能對治耶？況一念障治不俱，明闇不並，何有斷義？故現在世无有隨眠。於現在世尚无隨眠，況入過去更有何斷？縱此一念刹那心後，未來所起隨眠心在未來世，亦无隨眠是所斷者。故念念中此无斷義。

「從此已後於已」等者，次下即明有所斷義。謂前正智於當念中雖无斷義，然彼隨眠於念念无所不斷，以一切法於念中而有不動相續門故。依不動門，即无斷義。以一切法刹那即滅，无有還動作用義故。約相續門，即有斷義。以因前念引後念生，相續因緣有所作用故。如燈念念，雖不破闇，由焰相續，闇相便除。水日月等諸法皆然，當知此中道理亦尔。故由聖道相續力，故隨眠並斷而得轉依。是故説言，從此已後於已轉依身相續等。

「所有後得世間」等者，謂由正智斷隨眠故，人令後所得无漏聖智及在世間善无記心，三時皆无隨眠縛故，是故名爲皆離隨眠。「无記心」者，即是文中本識心也。

「答據彼三心見道[一六六]説」者，即前无間解脱勝進。然詳此説，於理不正。以見道中三界諸惑，一刹那中一時頓斷。既斷惑時不分品數，則不別起多无間道。何須彼言「爲斷如是如是品麁重，起如是如是品對治」等？故知如是如是重言，不約見道三心而説，但依見脩治道合言。對法明諸位斷義，不唯約初見道斷説故。二義中後説爲正。

「二障下品總名弟三」等者，問：諸論皆説此三心者，依相見道，總別建立。故《唯識》云，前二名法智，各別解故。弟三名類智，總合解故。但是總觀我法二障所有斷相立此弟三，如何説是二障下品，更以何障爲下品耶？答：即彼二障无堪任性，既是麁重説爲下品，而爲弟三，於理何失？若尔，應亦許有中品，更以何法爲中品耶？答：經論皆説有三麁重，在皮在膚在骨別故。由是麁重亦有三品，故相見道有三品障。

「爲[一六七]能取及上下諦」等者，依觀二取立十六者，所取即是四諦真如，能取即是緣真如智。依觀所取立法忍智八種觀心，依觀能取立類忍智八種觀心，此可即依觀能取所取，別立法類十六心也。所有行相，文中自顯。依觀上下十六者，上謂色界及无色界，下欲界。依觀欲界苦諦真如所起无間道立爲法忍，所起解脱道立爲法智。依觀上界苦諦真如所起无間道立爲類忍，所起解脱道立爲類智。何故上界立爲類耶？謂上界類下欲界，斷所斷惑，證所證理故，於上界而立類言。苦諦既尔，餘三准前。四諦共有八无間道、八解脱道，即成十六。此即依觀上下諦境，別立法類十六心也。

「正斷三界見苦所斷」等者，謂於三界苦諦之下，有廿八種分別惑，隨眠正是見苦真如正智之所斷也，故苦法忍見苦真如，正斷三界苦諦之下廿八種分別惑也。

「七地已前諸識中」等者，諸識即謂前七識也。以七地前猶起有相故，俱生障未全伏也。六識尚尔，弟七必然，故七地前七識之中俱生煩惱亦得起也。

「由能引識是无漏故」等者，謂前五識生時，必由意識引起。以是微劣少分別故，要以意識爲分別根方得生故，其能引識既是无漏故，所引識障不行故。

「弟六意識入生空時」等者，謂末那識与弟六識爲不共根，六識方起。其末那〔一六八〕識既无勝用，是故欲入无漏之時，必由意識而爲道引。是故意識入生空時，即末那識我執不行，入法空時法執不行，方始得成平等性智。由斯意識入生空時，其弟七識即是有漏故，所智障亦得起也。

「以煩惱障不障十地」等者，謂「十地」者，即以法空真如理智差别建立故，唯所知障能障十地。其煩惱障但能發業招感生死，唯障涅槃，是故不能障十地也。若尔，應与所知障别，便違《唯識》。故彼文云，煩惱障中此障必有，彼定用此爲所依故。彼論又云，補特加羅我見起位，彼法我見亦必現行，如妄迷杌方謂人等。既許二障二執體同，如何所障乃有差。

（尾殘）

校勘記

〔一〕底本據斯二四六三背，尾殘。校本分别爲：甲本，伯二三〇二，尾缺；乙本，北敦七四六五，首殘尾殘。

〔二〕「身」，甲本作「粤」。

〔三〕「我」，甲本無。

〔四〕「而」，甲本無。

〔五〕「覩」，甲本作「覿」。

〔六〕「忙」，甲本作「堪」。

〔七〕「有」，甲本作「爲」。

〔八〕「道」，底本脱，據甲本補。

〔九〕「理」，甲本後有「之」字。

〔一〇〕「亦」，甲本無。

〔一一〕「又」，甲本作「有」。

〔一二〕「上」，《大乘入道次第》（《大正藏》本，下同）無。

〔一三〕「果德」，甲本作「德果」。

〔一四〕「御」，甲本無。

〔一五〕「故」，甲本作「前」。

〔一六〕「應」，甲本後有「所」字。

〔一七〕「含」，甲本無。

〔一八〕「是故」，甲本無。

〔一九〕「等者」，底本作「者等」，據甲本改。

〔二〇〕「至」，甲本作「其」。

〔二一〕「此」，甲本無。

〔二二〕「住」，底本後衍「住」字，據甲本删。

〔二三〕「名行」，甲本無。

〔二四〕「勝」，《大乘入道次第》前有「勝」字。

〔二五〕「等」，甲本前有「一切」二字。

〔二六〕「上」，甲本作「長具」。

〔二七〕「勝」，甲本後有「名□□□□□□如西國王

之太子，智能漸勝，堪可爲王，將欲紹襲王大寶位，必建壇場，令其登上，以四海水而灌其頂，乃受先王所有印，是故名爲灌頂真王。今此菩薩◇既漸勝，堪化現種種仏事，繼襲諸仏，行於化道，從喻立名爲灌頂住」一百字。

〔二八〕「行」，甲本後有「勝」字。

〔二九〕「喜」，《大乘入道次第》作「敬」。

〔三〇〕「轉」，甲本作「屈」。

〔三一〕「故」，甲本無。

〔三二〕「亦」，甲本無。

〔三三〕「四」，甲本前有「行」字。

〔三四〕「諸」，《大乘入道次第》無。

〔三五〕「此」，甲本無。

〔三六〕「諸」，甲本無。

〔三七〕「涼」，甲本作「淨」。

〔三八〕「相似」，甲本作「似分」。

〔三九〕「悉皆」，《大乘入道次第》作「皆爲」。

〔四〇〕「故」，甲本無。

〔四一〕「云」，甲本前有「經」字。

〔四二〕「妄」，甲本前有「虚」字。

〔四三〕「无衆生解」，甲本作「緣」。

〔四四〕「可」，甲本後有「不可」二字。

〔四五〕「功」，甲本無。

〔四六〕「堅固」，甲本無。

〔四七〕「脩」，甲本作「隨」。

〔四八〕「受」，甲本作「授」。

〔四九〕「得」，底本脱，據甲本補。

〔五〇〕「衆生」，《大乘入道次第》作「生死」。

〔五一〕「等」，《大乘入道次第》後有「所有」二字。

〔五二〕「即」，甲本作「之」。

〔五三〕「憍」，甲本作「慢」。

〔五四〕「著」，底本後衍「著」字，據文意删。

〔五五〕「行」，甲本作「門」。

〔五六〕「者」，甲本無。

〔五七〕「鮮」，甲本作「觧」。

〔五八〕「頂」，甲本前有「其」字。

〔五九〕「相」，甲本作「想」。

〔六〇〕「勝」，底本作「解」，據甲本改。

〔六一〕「簡於」，《大乘入道次第》作「者簡」。

〔六二〕「以」，底本作「已」，據甲本改。

〔六三〕「前」，甲本前有「若」字。

〔六四〕「謂」，底本作「爲」，據甲本改。

〔六五〕「斷」，甲本後有「隨眠」二字。

〔六六〕「成」，甲本無。

〔六七〕「俱」，甲本作「謂」。

〔六八〕「此」，甲本無。

〔六九〕「便」，甲本無。

〔七〇〕「屬」，甲本作「續」。

〔七一〕「爲」，甲本後有「位能爲」三字。

〔七二〕「地」，甲本無。

〔七三〕「爲」，甲本作「謂」。

〔七四〕「謂」，甲本後有「諸」字。

〔七五〕「忘」，底本作「妄」，據甲本改。

〔七六〕「性故以无」，甲本無。

〔七七〕「因」，甲本作「依」。

〔七八〕「復」，甲本作「後」。

〔七九〕「離妄」，甲本作「忘」。

〔八〇〕「令」，甲本作「念」。

〔八一〕「爲」，甲本無。

〔八二〕「行」，甲本無。

〔八三〕「地」，《大乘入道次第》前有「此」字。

〔八四〕「雖恒相續」，甲本無。

〔八五〕「然」，《大乘入道次第》作「故」。

〔八六〕「云」，《大乘入道次第》前有「等」字。

〔八七〕「逾」，底本作「喻」，據甲本改。

〔八八〕「地」，甲本無。

〔八九〕「者」，甲本無。

〔九〇〕「亦」，甲本作「名」。

〔九一〕「含」，《大乘入道次第》作「藏」。

〔九二〕「行」，《大乘入道次第》後有「此之二位」四字。

〔九三〕「有漏」，《大乘入道次第》無。

〔九四〕「熏」，底本作「勳」，據文意改，下一「熏」字同。

〔九五〕「慚」，底本作「漸」，據文意改。

〔九六〕「識」，底本脱，據文意補。

〔九七〕「泄」，底本作「池」，據文意改。

〔九八〕「初心三无數大劫」，《大乘入道次第》作「初修无數三大劫」。

〔九九〕「如」，底本作「始」，據文意改。

〔一〇〇〕「所」，《大乘入道次第》前有「之」字。

〔一〇一〕「得」，《大乘入道次第》前有「而」字。

〔一〇二〕「山」，底本作「此」，據文意改。

〔一〇三〕「願」，底本後衍「也」字，據文意删。

〔一〇四〕「名」，底本後有「我智力如是◇◇◇二差別◇主見其淨穢，聖者由能知智力如是，苦中人恨故能知也」三十六字。

〔一〇五〕「慳悋心悔」，《大乘入道次第》作「心悋悔恚」。

〔一〇六〕「即」，《大乘入道次第》作「則」。

〔一〇七〕「辨」，底本作「辦」，據文意改。

〔一〇八〕「根」，底本後有「亦可如來在世施教，正欲使◇◇◇◇◇◇◇◇◇◇◇◇◇无莊嚴◇◇亦可得理在心，与仏間◇，故言是也」三十三字。

〔一〇九〕「願」，底本旁有「普賢行」三字。

〔一一〇〕「生」，《大乘入道次第》後有「具一切」三字。

〔一一一〕「池」，底本作「地」，據《大乘入道次第》改。

〔一一二〕「智」，底本後衍「等」字，據文意删。

〔一一三〕「无生」，底本殘，據文意補。

〔一一四〕「力」，底本脱，據文意補。

〔一一五〕「除障法」，《大乘入道次第》作「正除染」。

〔一一六〕「受」，底本後衍「身」字，據文意删。

〔一一七〕「所」，底本殘，據《大乘入道次第》補。

〔一一八〕「及」，疑衍。

〔一一九〕「爲」，《大乘入道次第》後有「體名」二字。

〔一二〇〕「陋」，底本作「丙」，據文意改。

〔一二一〕「果」，《大乘入道次第》前有「諸」字。

〔一二二〕「息」，《大乘入道次第》無。

〔一二三〕「惡」，《大乘入道次第》作「要具」。

〔一二四〕「忘」，底本作「妄」，據文意改。

〔一二五〕「戒」，底本作「減」，據文意改。

〔一二六〕「果」，《大乘入道次第》前有「諸」字。

〔一二七〕「㝵」，底本作「畏」，據文意改。

〔一二八〕「異熟」，《大乘入道次第》後有「善男子」三字。

〔一二九〕「當知」，《大乘入道次第》後有「此亦略有」四字。

〔一三〇〕「果」，《大乘入道次第》前有「之」字。

〔一三一〕「三」，《大乘入道次第》前有「聞思修等」四字。

〔一三二〕「欲」，底本作「爲」，據文意改。

〔一三三〕「自」，《大乘入道次第》前有「所有」二字。

〔一三四〕「諸」，疑爲「法」。

〔一三五〕「二」，《大乘入道次第》作「一」。

〔一三六〕「諸」，《大乘入道次第》作「謂」。

〔一三七〕「斯」，《大乘入道次第》作「此」。

〔一三八〕「取」，《大乘入道次第》前有「所」字。
〔一三九〕「於」，乙本無。
〔一四〇〕「德」，乙本作「作」。
〔一四一〕「行」，乙本作「何」。
〔一四二〕「見」，乙本作「是」。
〔一四三〕「非」，乙本作「苦」。
〔一四四〕「滋」，乙本作「集」。
〔一四五〕「趣」，乙本作「取」。
〔一四六〕「其」，乙本作「具」。
〔一四七〕「故叓」，乙本無。
〔一四八〕「自」，底本作「目」，據乙本改。
〔一四九〕「名」，乙本後有「爲」字。
〔一五〇〕「儀」，疑爲「議」。
〔一五一〕「據」，《大乘入道次第》作「十」。
〔一五二〕「此」，《大乘入道次第》作「次」。
〔一五三〕「謂」，底本前衍「隨」字，據文意删。
〔一五四〕「六十二等諸見」，《大乘入道次第》作「諸見者六十二等」。

〔一五五〕「謂」，底本作「隨」，據文意改。
〔一五六〕「覆」，《大乘入道次第》作「記」。
〔一五七〕「有」，《大乘入道次第》前有「唯」字。
〔一五八〕「漸」，底本作「慚」，據文意改。
〔一五九〕「洹」，底本作「恒」，據文意改。
〔一六〇〕「道」，《大乘入道次第》前有「之」字。
〔一六一〕「重」，《大乘入道次第》前有「麁」字。
〔一六二〕「重」，底本脱，據文意補。
〔一六三〕「此」，《大乘入道次第》作「總」。
〔一六四〕「无」，《大乘入道次第》作「世無有」。
〔一六五〕「性」，底本作「姓」，據文意改。
〔一六六〕「道」，《大乘入道次第》後有「者」字。
〔一六七〕「爲」，《大乘入道次第》作「謂」。
〔一六八〕「那」，底本脱，據文意補。

（林雪妮整理）

○九五一

三界圖(二)

無色界

修								貪		慢	無明
道				邪見	見取	戒禁	疑	貪		慢	無明
滅				邪見	見取		疑	貪		慢	無明
集				邪見	見取		疑	貪		慢	無明
苦		身見	邊見	邪見	見取	戒禁	疑	貪		慢	無明

色界

修								貪		慢	無明
道				邪見	見取	戒禁	疑	貪		慢	無明
滅				邪見	見取		疑	貪		慢	無明
集				邪見	見取		疑	貪		慢	無明
苦		身見	邊見	邪見	見取	戒禁	疑	貪		慢	無明

欲界

修								貪	瞋	慢	無明
道				邪見	見取	戒禁	疑	貪	瞋	慢	無明
滅				邪見	見取		疑	貪	瞋	慢	無明
集				邪見	見取		疑	貪	瞋	慢	無明
苦		身見	邊見	邪見	見取	戒禁	疑	貪	瞋	慢	無明

欲界見斷煩惱三十二，修斷煩惱有四。

色界見斷二十八，修斷有三。

無色界亦然。三界共計有九十八。

謂彼四諦十六門差别違立名安諦。十六門者，即四諦下各四行相。苦諦四者，謂即非常、苦、空、無我，集諦四者，因、集、生、緣，滅諦四者，滅、淨、妙、離，道諦四者，道、如、行、出。釋云：有生滅故非常，逼迫性故苦，違我所見故空，違我見故非我，能生法故因，有多種故集，恒資産故生，各别助故緣，諸蘊盡故滅，三相息故淨，無衆患故妙，脱衆災故離，通行義故道，契正理故如，正趣向故行，能永超故出。

苦諦有四智，一苦法忍，二苦法智，三苦類忍，四苦類智，對治身見等十種煩惱。餘三諦亦然。集法忍、集法智、集類忍、集類智，對治邪見等七使。滅法忍、滅法智、滅類忍、滅類智，對治滅諦煩惱。道法忍、道法智、道類忍、道類智，對治道諦煩惱。修斷者，於四諦上各各比忍比智，對治欲界貪、瞋、慢、無明四箇煩惱。

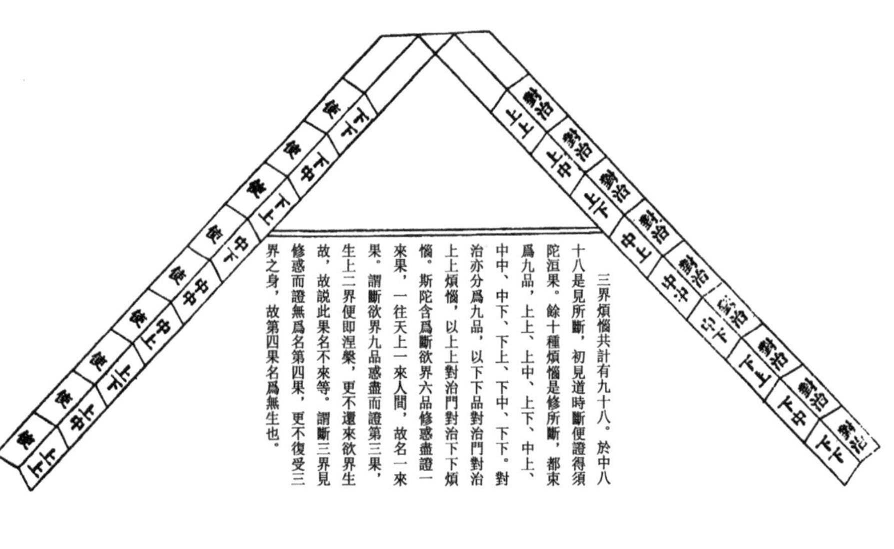

三界煩惱共計有九十八。於中八十八是見所斷，初見道時斷便證得須陀洹果。餘十種煩惱是修所斷，都束爲九品，上上、上中、上下、中上、中中、中下、下上、下中、下下。對治亦分爲九品，以下下品對治門對治上上煩惱，以上上對治門對治下下煩惱。斯陀含爲斷欲界六品修惑盡證一來果，一往天上一來人間，故名一來果。謂斷欲界九品惑盡而證第三果，生上二界便即涅槃，更不還來欲界生故，故説此果名不來等。謂斷三界見修惑而證無爲名第四果，更不復受三界之身，故第四果名爲無生也。

校勘記

〔一〕底本據《大正藏》。

（鍾哲整理）

○九五二

唯識開蒙問答[一]

宣授懷益路義臺寺住持
宗法圓明通濟大師雲峰集

重刻唯識開蒙跋語

如來以五味四悉化導衆生，雖教綱萬殊，而要其旨趣，不越性相兩宗。相得性融，不涉支離之病；性隨相顯，終無儱侗之虞。故門庭雖至於分河，而並照還同於日月。粵自慈氏秉瞿曇之囑，而天親挈其樞；奘師得戒賢之傳，而慈恩闡其秘。圓成妙理，昭揭支那。逮時運遷訛，古疏湮没，一線未墜，賴有《開蒙》二卷，亦復久失流通，人罕寓目。於是雪航楫公發心募刻，兼請靈源惠兄會其科，際五陳君校其謬。而募貲監梓者，則王元建、王汝止、揚次弁等力也。刻既成，囑余紀其始末，以告後之閲者，共生難遭殷重之想，堅脩妙圓識心三昧，他日龍華會上，端必以此爲受記正因耳。

旹崇禎庚午孟春之吉，比丘大真識於古延壽院。

校勘記

〔一〕底本據《卍續藏》。

唯識開蒙目録[一]

卷上

卷下

唯識開蒙目次終

校勘記

〔一〕「録」，底本作「緣」，據文意改。

唯識開蒙問答卷上

宣授懷益路義臺寺住持
宗法圓明通濟大師雲峰集

問答題目

問：云何唯識？答：心外無法，故曰唯識。難曰：山河大地、六塵境界，分明在外，何言心外無法邪？答曰：山河等者，心相分也，實不在外。問：何理知之？答：相見俱依自證起故。請説所以。答：謂心體者，名自證分。自證體上有二功用：一、能緣用，謂之見分；二、所緣用，謂之相分。攝用歸體，唯一自證分。此山河等是心相分，故不在外。問：有如何者，請喻示之。答曰：如蝸牛頭幻生二角，出則似二，縮則一頭。

立三支量

問：法喻雖齊，意猶未決，以何方便使人信極？答：三藏大師《製惡見》中特伸比量，立六塵境皆不離心。量云：真故極成色是有法，定不離眼識宗。自許初三攝，眼所不攝故因。猶如眼識喻。合云：諸自許初三攝、眼所不攝故者，皆不離眼識。同喻如眼識，異喻如眼根。真故極成色，自許初三攝，眼所不攝故，定不離眼識。請示後五。答：如立聲云：真故極成聲定不離耳識宗。自許二三攝，耳所不攝故因。如耳識喻。乃至第六云：真故極成法定不離意識宗。自許六三攝，意所不攝故因。猶如意識喻。既六塵等皆不離識，心外無法，其理明矣。若汝跳得出這箇圈圚，許汝不信唯心。若跳不出，應須敬信唯心法門。如或不信，埋没自己，生死時長，奈汝波吒。

問：立色等境不離自心，於宗、因中更置真

故等言，何所以邪？答：各有所防，外人出過。請細示法。答：《因明疏》云：「凡因明法能所立中，若有簡別，便無過失。若自比量，以自許言簡，顯自許之言，無他隨一等過。若他比量，汝執等言簡，無違宗等失。若共比量，以真故言簡，無自教等失。隨其所應，各有標簡。此比量中有所簡別，故無諸過。」問：且真故言，簡何過也？答：簡世間相違。問：世間有幾？答：有二世間。何者爲二？答：一、學者世間，二、非學者世間。請別簡之。答：言真故者，明依勝義，不依世俗，故不違於非學者世間文；顯依大乘殊勝義立，非依小乘，亦不違於《阿含》等教；色離識有，亦不違於小乘學者世間之失。

問：真故已知，極成簡何？答：簡自他不極成者。請示。答：《疏》云，「諸小乘說最後身菩薩染汙諸色、一切佛有漏之色」，「若立爲唯識，便有一分自所別不成，亦有一分違宗之失」，「此是他法，自不許者」。問：何者自法他不許邪？答：《疏》云，「大乘宗說十方佛色，及佛無漏色，他小乘宗不許有故」，「立爲唯識，有他一分所別不成。其此二因，皆有隨一一分所依不成。說極成言，爲簡於此。今者立二所餘兩家共許諸色爲唯識故」。

問：因云初三攝者，何爲初三？答：顯十八界六三之中初三所攝，不爾，便有不定違宗。若不言初三攝，但言眼所不攝故，便有不定。排不定云，「言極成之色，爲如眼識，眼所不攝故，定不離眼識。爲如五三，眼所不攝，極成之色定離眼識。若許五三，眼所不攝故，亦不離識，便違自宗。爲揀此過，言初三攝」。

問：眼所不攝，復揀何過？答：《疏》云，「此眼所不攝言，亦揀不定」，「爲不言眼所不攝，但言初三攝故，作不定云，言極成之色，爲如眼識，初三攝故，定不離眼識。爲如眼根，初三攝故，非定不離眼識」。問：言非定不離眼識者，何不言定離眼識邪？答：《疏》云：「由大乘師說彼眼根非定一向離識，故此不定云非定不離眼識，不得説言定離眼識。」

問：自許之言，揀何過邪？答：《疏》云：「爲遮有法差别相違過，故言自許，非顯極成之色，初三攝，眼所不攝，他所不成、唯自所許。」且寄在因中防彼過故。請示行相。答：《疏》云：「謂真故極成色，是有法自相。定離眼識色、非定離眼識色，是有法差别。立者意許是不離眼識色，外人遂作有法差别相違言。」汝立不離眼識色，舉得同喻眼識，却非是不離眼識色，闕第二相，一向難同歸異，因於異轉，闕第三相。既然雙闕，因家後二相一向翻成敵者宗，能令立者宗成相違，不改先因，立能違量：「同伸一有法云：真故極成色，後陳定相翻云：非是不離眼識色。此翻前陳意許也。不改先因云：初三攝，眼所不攝故。番異作同云：猶如眼識。爲遮此過，故言自許。」「與彼能違量上作不定言：極成之色，爲如眼識，初三攝眼所不攝故，非是不離眼識色。爲如自許他方佛等色，初三攝眼所不攝故，是不離眼識色。若因不言自許，即不得以他方佛色而爲不定，此言便有隨一過。汝能違量既有此過，非真能破。凡顯他過，必無自非，成真能立，必無似故。明前所立無有有法差别相違，故言自許。」

外人見説山河大地唯是一心，來敵之云：無情成佛，我終不信。今問彼云：汝依何意便云無情不得成佛？彼答之云：無情不會修行，所以不得成佛。應問彼云：何者是修行？彼答之云：六度萬行，入禪作觀，説法度生，此是修行。應更問云：如是修行，八識之中，何識能耳？答：唯第六識。問：餘七何非？答：第八唯無記，前五雖通善，一向無觀智，第七唯執我，故修行者唯第六識。應問彼曰：餘七成佛否？答曰：成佛。難曰：餘七不修行，如何得成佛？先順例云：餘七不修行，餘七得成佛；無情不修行，無情應成佛。却翻例云：無情不修行，無情不成佛；餘七不修行，餘七不成佛。應立量云：餘七是有法，應不成佛宗。不修行故因。如無情喻。無情是有法，應成佛宗。不修行故因。如餘七喻。彼來救云：餘七雖無觀智，不能修行，六修行時，爲助伴故，亦得成佛。問：如何助伴？答：六修行時，眼觀善色，耳聞善聲等，助成心事，名爲助伴。應例彼云：六修行時，無情亦爲助伴。且如布施象馬車乘國城妻子七寶等物，豈非無情爲助伴乎？量云：餘七是有法，不得成佛宗。修行助伴故因。如無情喻。無情是有法，應得成佛。修行助伴故。如餘七。彼復救云：餘七雖不修行，是有情故，亦得成佛。難曰：若爾，闡提之人亦不修行，是有情故，應得成佛。量云：闡提是有法，應得成佛。雖不修行，是有情故。如餘七識。彼又救云：心法有緣慮，所以得成佛。無情無緣慮，是故不成佛。難曰：闡提心法有緣慮，亦應得成佛。量云：闡提心是有法，應得成佛。有緣慮故。如大乘心；大乘心是有法，不得成佛。有緣慮故。如闡提心。彼又救云：佛有覺受，方得成佛。無情無覺受，如何得成佛？難曰：佛身有覺受，汝云得成佛。佛身髮毛爪齒無覺受，應亦不成佛。量云：佛身中髮毛爪齒是有法，應不成佛。無覺受故。如無情；無情是有法，應成佛。無覺受故。如佛身中髮毛爪齒。應問彼云：心心所中何法是觀智之體？答：定慧是。難曰：定慧觀智體，定慧得成佛。餘非觀智體，餘應不成佛。量云：餘心心所是有法，不得成佛。非觀智體故。如無情；無情是有法，應得成佛。非觀智體故。如餘心心所。又問彼云：心心所法四分合成，何故內三分得成佛，相分不成佛？量云：內三分是有法，不得成佛。心四分中隨一攝故。如相分；相分是有法，應得成佛。心四分隨一攝故。如內三分。彼便救云：相分是外無情。故不得成佛。難云：若相分是外無情故不得成佛者，佛位應無依報。佛既無依報，人天亦應無依報。量云：人無是有法，應無依報。相分是外無情故。如佛位；佛位是有法，應有依報。相分是外無情故。如人天。彼又救云：人天依報，我今現見。佛位依報，我不曾見，所以無佛土。難云：佛土不曾見，汝言無佛土。汝之祖先，汝亦不曾見，汝應無祖先。量云：汝之祖先是有法，應是無。汝不曾見故。如佛土；佛土是有法，亦應有。汝不曾見故。如汝祖先。彼又救云：眼前現見，方是其有。眼不現見者皆是無。難云：汝在此中眼不現見北京，亦應無北京。量云：北京是有法，亦應不有。此中眼不現見故。如佛土；佛土是有法，亦應是有。此中眼不現見故。如北京。

應諭彼云：教説捨無常色獲得常色。又云：根根塵塵遍周沙界，常色塵塵是無情麽？自受用土是無情麽？華藏世界是無情麽？何得對面蹉過赤諱白賴也。細思細思。況無情者，只是自己休昧。敵人至此，可謂弓折箭盡矣。何故無理可伸，無言可對耶？蓋以截斷意根，摒却咽喉，上天無路，入地無門，致使目睜而不收，氣喪而不揚，精神減却十分，豪氣全無半點。噫。慙惶銅面具，臼耐鐵槍頭。真可謂長蛇陣前，弓稍撲地，落馬中傷，塵埃滿面。秤鎚撈到秤稍頭，忽然落地翻斤斗。早知今日事，悔不慎當初。啼得血流無用處，不如緘口過殘春。既然如是，應生信敬，努力進修，速出輪迴。如或未然，强項之罪彌天，更造彌天罪犯。甘澤雖廣，不滋無根之木。千佛出世，也不奈你何。裴相國云：「鬼神沉幽愁之苦，鳥獸懷獝狘之悲。修羅方嗔，諸天正樂。可以整心慮，趣菩提，唯人道爲能爾。人而不爲，吾莫如之何也已矣。」《護法論》云：「一薛居州，獨如宋王何？」思之思之。

唐梵番譯

問：云何名爲《成唯識論》？答：此論成立唯識，名《成唯識論》。問：唐言唯等，梵語云何？答：梵云毗若底，識也，麽怛喇多，唯也，悉底，成也，奢薩怛羅，論也，應云「識唯成論」。問：云何今名《成唯識論》，唐言梵語，次第不同？

答：彼方先所後能，此方先能後所，是以唐梵次序不同。問：云何西方名爲梵語？答：梵天之語，故曰梵語。問其所以？答：每劫初時，梵王親下，以自梵語教導世間，云梵語也。問：云何此土呼作唐言？答：此《唯識論》，唐時翻譯，故號唐言。

問：何名翻譯？答：普潤大師云：「謂翻梵天之語，轉成漢地之言，故曰翻譯。」問：彼此言音有異，能所先後不同，若順此則違彼，順彼則違此，如何翻譯？答：但隨此方令人易解，義理相符，如是翻譯。問：此以何據？答：普潤云：「言音雖異，義則大同。」《宋僧傳》云：「如翻錦繡，背面俱華，但左右不同爾。」問：譯者何義？答：普潤云：「譯之言易也，謂以其所有，易其所無。故以此方之經，而顯彼土之法。」問：《周禮》掌四方之語，各有其官，東方曰寄，南方曰象，西方曰狄鞮，北方曰譯。今通西方之語不云鞮，却言譯者何也？答：蓋漢時多是北方，而譯官兼善西方語，摩騰始至，因而稱譯也。問：自漢至隋，皆指西域以爲胡國，何方梵語也？答：唐有彦琮法師獨分故云：「葱嶺已西，並屬梵種；鐵門之左，皆曰胡鄉。」

問：云何名梵？答：劫初廓然，光音天人，降爲人祖，宣流梵音，故名梵也。問：何以知之？答：《西域記》云：「詳其文字，梵天所製，原始垂則，四十七言，遇物合成，隨事轉用」，憑此而知。問：既一天所製，如何五印語有不同？答：《記》云：「流演枝派，其源漸廣，因地隨人，微有改易。語其大較，未異本源，而中印土，特爲詳正。」問：五印土言，源遠流長。訛則皆訛，何唯中印土獨爲正也？答：其中印者，閻浮之心，想天初降，必中國乎。故《西域記》云：「辭調和雅，與天同音。氣韻清亮，爲人軌則。」普潤大師設或問云：「玄奘三藏、義淨法師，西遊梵國，東譯華言，指其古翻，證曰舊訛。豈可初地龍樹，論梵音而不親三賢。羅什譯秦言而未正，既皆訛謬，安得感通，澤及古今，福資幽顯？」普潤云：「今試譯曰：秦楚之國，筆聿名殊，殷夏之時，文質體别。況五印之别國，千載之日遥，時移俗化，言變名遷。遂致梁唐之新傳乃殊，秦晉之舊譯有異。苟能曉義，何必封言？譬猶設筌罤之雖異，得魚兔之安殊？」

問：既翻彼言而爲此語，何故經中頗從梵語何也？答：唐奘法師論五種不翻：一、秘密故，如陀羅尼；二、含多義故，如薄伽梵；三、無敵對故，如閻浮樹，中夏實無此木；四、順古譯故，如阿耨菩提，非不可翻，而摩騰以來常存梵音；五、生善故，如般若尊重，智慧輕賤。

成唯識義

問：成者何義？答：安立之義。何以知之？答：准《樞要》云：「安教立理，名之爲成。」

問：唯者何義？答：唯具三義。何者？答：一、揀持義；二、決定義；三、顯勝義。問：揀持何謂？答：揀謂揀去，持謂持取。問：揀去何者？持取何法？答：揀去遍計，持取依圓。問：何故如此？答：遍計假而除之，依圓實而存之。問：何謂決定？答：真中有俗，俗内有真，識表之中，此二決定。問：爲唯爾耶？更有餘説？答：開題之中有四決定：一者相應；二者能所變；三者能所依；四者理事。問：復有説否？答：有説廣略，廣唯八識，略唯三變。問：顯勝義，顯於何勝？答：唯顯心王，勝於心所。問：心所既劣，應不有之。答：舉勝攝劣，亦兼心所。問：何須心所？答：如言王來，非無臣從。

問：識者何義？答：了别之義。問：了别於何？答：八識各了自分境故。問：上來答意何所憑據？答：《疏》序中云：「成乃能之稱，以安立爲功。唯識所成之名，以揀了爲義。」問：嘗聞唯字遮無，識言表有，爲當遮無何者？表有何法？答：遮無外境，表有内心。問：遮無外者，莫是遮其無，却是表有外境麽？答：不然，遮有令無，名遮無外境也。問：何以知然？答：《疏》云，「唯遮境有」，「識揀心空」，即其義也。問：遮有揀空，意旨如何？答：唯遮境有，恐執有者喪其真；識揀心空，恐執空者乖其實。問：喪真乖實，其過者何？答：晦斯空有，長溺二邊。問：不滯二邊，其理云何？答：悟彼有空，高履中道。

問：行其中道，爲極則否？答：未必。問：何以故？答：若執依、圓，還同遍計。問：不依此岸，不著彼岸，不住中流，是此義否？答：是。問：如性宗云「二邊純莫立，中道不須安」，同此義否？答：同。如禪宗云「有佛處不得住，無佛處急走過，三千里外逢人，不得錯舉」，似此義否？答：似。又云「恁麼也不得，不恁麼也不得，恁麼不恁麼總不得」，此亦似否？答：亦似。問：相似之理？答：皆是正不立玄，偏不附物，何不相似？

問：禪教是同是別？萬松和尚有答此問云：「同田曰富，分貝曰貧。」又問：「禪教何勝何劣？」萬松答曰：「索另者先窮。」又，《萬松請益後録》舉洞山問隱山：「賓主相去幾何？」隱曰：「長江水上波。」萬松曰：「正與法界觀中海波喻合。」或問：「恁麼則禪不出教意？」萬松曰：「向道教還出得禪意麼？」或曰：「禪教相去幾何？」萬松曰：「恰道長江水上波，何得忘却？」問：禪是佛心，教是佛語，焉得同也？答：佛心傳佛語，佛語說佛心，焉得不同。問：禪要用到，教止說到，理何得齊？答：用則用到說底，說則說到用底，理何不齊？問：宗門中云「說取行不得底，行取說不得底」，此何等語也？答：是此等語也。問：何理是此？答：說到行不得底，始是能說；行到說不得底，始是能行。正相符順。問：宗說不通，有何過也？答：說不通宗，有日被雲籠之謗；宗不通說，有蛇入竹筒之譏也。問：畢竟如何？答：直得宗說俱明，始是通方衲子，此約詮門。若廢詮門，舉念則天地懸殊，況動這兩片唇皮？

能所成義附唯識義利。

問：論題四字，何字能所？答：論字唯能成，唯識唯所成，成字通能所。

問：成立唯識，有何義利？答：我佛法中以心爲宗，凡夫外道背覺合塵，馳流生死，菩薩改之，故造此論，成立唯識，令歸本源，解脱生死，所以成立。

問：以何方便，得歸本源？答：有五觀門，令自觀心歸本源故。問：五觀者何？答：其初觀者，名遣虚存實。問：何虚遣去？何實存留？答：遣遍計虚，存依圓實。問：存遣何意？答：遣虚破有，存實破空。合觀空有，而遣空有。雙遣有空，而歸中道。問：所遣無時，便爲中道，爲不爾也？答：所遣有空若無，能遣空有不存。問：不存能遣，其故何也？答：有空空有，相待觀成。純有純空，誰之空有？如病既除，何用藥爲？問：如禪宗云「念起即覺，念滅覺滅」，合此義否？答：合。又云「眼前無闍黎，此間無老僧」，此亦合否？答：亦合。問：相合義？答：俱是遣能所，何理不相合？問：能所俱遣，何所攸歸？答：此之怖心，仍是有執。若證真觀，非有非空。問：真非有空，其理者何？答：法無分别，性離言故。問：雙觀空有，方得證入，有説觀空，得證真者，復何義也？答：觀遍計空而爲其門，證入真性，真體非空。問：憑何以知？答：《清涼疏》云：「妙有得之不有，真空得之不空。」

問：前存實有揀别否？答：第二觀云捨濫留純。問：誰濫誰而捨之？何法純而留之？答：内境濫外，捨不稱唯，心體既純，留説唯識。

問：所留之純，有是非否？答：第三觀云攝末歸本。問：何爲末而攝之？誰是本而歸之？答：攝相見末，歸自證本。問：相見爲末，何理知之？答：相見俱依自證起故。問：依起如何？

答：護法正義，如蝸牛頭生二角。

問：心心所法四分合成，王所皆有本之與末，合俱誰本？答：第四觀云隱劣顯勝。問：而隱何劣？顯何勝？答：心所劣而不彰，心王勝而故顯。

問：識言所表，具有理事，取舍於何？答：第五觀云遣相證性。問：何以故也？答：事爲相用，遣而不取。理爲性體，應求作證。從麤至細，有此五重。歸本源心，成立唯識，其理在茲。問：禪宗云「皮毛脱落盡，唯有一真實」，符此義否？答：符。

問：論者何義？答：教誡學徒，決擇性相，激揚宗極，藻義攸歸，垂範後昆，名之爲論。

述記卷次

問：述記何義？答：述謂敘述。記有三義，記憶、記別、記録，疏主謙詞。問：憑何知謙？答：憑下《疏》云，「作故名造，今新起故，敘理名述，先來有故」，明非自作，知是謙遜。

問：卷者何義？答：舒卷有規，目之爲卷。問：有卷有舒，何但名卷？答：多分卷故。問：有方册者，何亦名卷？答：倣此彰名。

問：何名第一？答：第者，次也。一者，極也，首也。疏有十軸，此居極首，故名第一。

論疏作釋

問：論、疏題目，當作何釋？答：若成目能成，成屬論字，唯識之成，或成唯識之論，作依主釋。或論體之上，有能成之用，以用隨體，成即是論，作持業釋。若成目所成，成屬唯識，唯識即成，或所成即唯識，作持業釋。問：論字唯能，唯識唯所，論有本末，何論能成？答：本末皆能。若本論爲能成，佛經唯識爲所成。若末論爲能成，本論唯識爲所成。問：能成所成皆有教理，此當何句？答：當以教成理之句。何以故？答：論是其教，唯識是理故。

問：疏、論相望，作釋如何？答：是《成唯

識論》之述記，《述記》之卷第一卷之第一。

墨字詮表

問：墨書之字，有詮表否？答：無。問：何故無詮？答：墨書非字，但屬書分。問：何名書分。答：墨書劃畫，謂之書分。問：何知書分非字？答：《西域記》云：「爲顯諸字制造書分故。」問：字者何義？答：刊定之義。問：刊定於何？答：五音清濁之聲，目之爲字。字尚無詮，況書分乎？難曰：若墨書分無詮表者，目繫觀書，解其義理，何云無詮？答：墨止令應清濁字，集字成名，方詮諸法自性也。集名成句，始詮諸法差別之義。觀書解義，其理在此。

問：理猶未曉，請細釋之？答：如集諸行二字，成其一名，詮多有爲之法。又集無常二字，復成一名，詮生滅義。集此二名成一句，云諸行無常，詮一切有爲之法皆有生滅。此是觀書解義之道理。應難外云：若形書墨字有詮表者，不識字人亦觀其書，何不解義？

題目之義

問：題目何義？答：《説文》曰：「題者，額也。」《甘露疏》云：「該文曰題，照義曰目。」《羣焰鈔》云：「題者，提也，即提舉也，提舉一軸之文義也；目即名目，是提舉一軸之名目也，亦題亦目故。又題是該義，該括一部之文；目是矚義，照矚一軸之義，題及目也。又題即標題，目即名目。又題謂題頭，目謂眼目。從喻爲名。」

科疏鈔序

問：科者何義？答：開題之中，略述七義：一、分齊，二、條類，三、決定，四、次第，五、疏通，六、該括，七、刊定。問：疏者何義？答：疏通解釋爲義。問：鈔者何義？答：録略不備之義。問：序者何義？答：敘也，敘述一部之文義。又頭緒也，如璽得緒，緒盡一璽之絲，經得其序，序盡一經之義。

判教頓漸

問：何時教？教有三時，謂空、有、中，此論當何？答：當第三時中道之教。問：何理知之？答：唯遮境有，識揀心空，離有無邊，正處中道。

問：總判三藏，爲幾種教？答：大判爲三，謂有、空、中三時之教。問：三名，云有何名有？云空何名空？云中何名中？答：有蘊等法名之爲有，空蘊等法名之爲空，不空不有名之爲中。問：不空不有者，不空何法？不有於何？答：不空依、圓，不有遍計，名不空有，乃中道也。問：有、空、中次第之理？答：爲凡夫等皆執有我，故於初時以法破我，於第二時以空破法，於第三時雙破有空，如是次第。

問：破之大義？答：爲執蘊等作一合相我，便破之云：汝一身中質礙是色，領納是受，施設名言是想，造作是行，了别是識，何者是我？故小根聞此所説，悟無我理，却執蘊等法是實有。故第二時破法執云：彼蘊等從緣幻有，生必滅故，都無自性，故中根聞此所説，悟我及法一切皆空，落於空見。故第三時雙破之云：彼所執者實我實法，遍計是無；所不執者，依他、圓成，有而不無，故離有空而歸中道。破意如此。

問：約何義理定判爲三？答：由機不同，教遂三時亦異，蓋隨機故判爲三也。問：若以從淺至深，大由小起，可説三時。復有一類大不由小起，頓悟大乘，隨聞皆了，何用三時？答：由大作二門收攝：一、一時門，收頓悟人；二、三時門，收漸悟人，乃大由小起之者。問：何故頓悟隨文皆了？答：彼頓機者頓入，第三解融通故，所以隨聞會歸中道。問：隨聞皆了爲中道理。答：若聞有者，謂有依圓；若聞空者，謂空遍計，皆歸中道，名隨聞了。

問：三時中若有一人，於有、空、中次第悟

入，又復若有三時之機，同在一會，聞有等教，此如何判？答：有二門義：一、竪望，正爲門收一人者；二、横論，正被門收多人者。問：竪望之人理無疑難，其横論者，三機同會，合依何機，判作何教？答：於此復有兼正之義。依正所被，判作彼教，不依兼判，請示一途？答：如初時説《阿含》等經，正被小機，隨正所判爲有教。問：《阿含》會下，大乘之機爲歸何處？若歸後時，機教相背失，教初機后故。若從初時，以大居小失。答：有隱顯兩從。隱從初時，無機教相背失。顯從後時，無以大居小失。深密小機，倣此説之。

問：如第一時説《華嚴經》，又且如何？答：正被大機，故將機教，顯從後時，隱從初時。問：小機歸何？若歸後時，以小歸大。若只初時，教後機初，亦是相背。答：以兼從正，隱從後時，機教不背，不説顯從在初時中。何以故？在本時故不須説從。大聞遺教，亦倣此説。問：何故大聞《阿含》，從機不從教，大聞《華嚴》，機教皆從，俱在初時而聽教故？答：有一體、異體義，一體而將機從之，異體而機教並從。問：誰望誰説，一體、異體？答：將教望時，説體一異。且如初時，是有時分，《阿含經》亦是有教，時教同有，是爲一體。一者，同也。是故但將大機隱顯從之。如《華嚴經》是中道教，與初有時是其異體，是故總將機教隱顯從之，故云一體。而將機從之，異體而機教並從也。

因問：頓漸不同，何名頓教法門？答：不立階級，一念不生，即名爲佛。問：與三祇教一何相違？答：不相違背。問：何不相違？答：彼約性説，又約久修；此約相説，又説初修。若約性者，一念亦無。若約相説，三祇仍近。若久修者，修至頓處。若初修者，當至頓處。問：憑何教證，敢作是説？答：《圓覺經》云：「當知如是衆生，已曾供養百千萬億恒河沙諸佛及大菩薩，植衆德本。」圭峯科爲「驗果知因」。憑此而説。問：彼説「依頓教修，如運通而行，依漸教修，如蛙步而行」，此理如何？答：頓即性也，漸即相也。彼如通者，乃入見已後，稱性而修，誠如運通。此如步者，從初發心，見道已前，未證性故，實如蛙步。問：頓漸懸殊，何不相違？答：依相修者，畢須證性，稱性修者，必從相入。必然之道，何違之有？疑云：如六祖等，於現身中大徹大悟，未見修習，此等豈非天然頓機也？答：蓋此等者，多劫修進，積功至此，觸緣而悟，非不曾修。何以故？爲佛弟子，未有無因而得果者。若不爾者，盡是自然外道之徒，不可與言。

所被機宜

問：所被之機，依《瑜伽論》，有五種性，謂菩薩、緣覺、聲聞、不定、無種，此論被何？答：唯被菩薩，及不定中趣佛果者。問：若唯爾者，如何稱爲普爲之教也？答：此約正被，約兼名普。

論之宗體

問：此論以何爲宗？答：唯識爲宗。何以故？答：識有非空，境無非有，以爲宗故。問：以何爲體？答：護法正義，實能所詮文義爲體。問：憑何教理？答：《二十論》云：「展轉增上力，二識成決定。」問：論有宗論、釋論，此論是何？答：此宗論也。問：所以者何？答：正憑六經，橫該大藏，明唯識理，故爲宗論。問：何非釋論？答：不單解釋别一本經，故非釋論。

藏乘收攝

問：教有三藏：一、素呾囕，經藏；二、毗奈耶，律藏；三、阿毗達摩，論藏，此於何攝？答：此當第三對法藏攝。問：乘攝，教説一乘，或三乘，謂菩薩、緣覺、聲聞，或説五乘，加人與天，此何乘收？答：正是一乘，三中菩薩，五內第一。

論興何年

問：論興何年？答：諸部説異，今依大乘。佛圓寂後，九百年中，天親造頌，親勝、火辯，同時造釋，千一百年後，餘八論師，相次造釋，各成十卷，故卷有百。三藏翻後，揉成十卷。問：論主何人？本末論主，通有幾人？答：天親一人爲本論主，十大論師爲末論主，謂親勝、火辯、護法、德慧、安慧、難陀、淨月、勝友、陳那、智月。

科判三分

問：科判本末，云此部論，大段有幾？答：經皆三分，序、正、流通，論亦有三。初稽首一頌，名宗前敬敍分；次三十頌，及釋論首末，名依教廣成分；後已依一頌，名釋結施願分。其依教廣成，當餘經正宗分也。

問：正宗分大判有幾？答：有三種三科：一、略廣位三科，二、境行果三科，三、相性位三科。問：廣略位？答：初一頌半略答外難，略標識相，次二十三頌半廣明識相，顯前頌意，後有五頌明修行之位次。問：境行果？答：前二十五頌明唯識境，次有四頌明唯識行，後有一頌明唯識果。問：性相位？答：前二十四頌明唯識相，第二十五頌明唯識性，後有五頌明唯識位。

能敬三業

問：稽首何義？答：稽者，至也，首，頭也，以頭至地，故云稽首。問：禮者三業皆敬，以首至地，此唯身業，何得盡敬？答：既舉動身，語意必有。何以故？答：若無心口，何得動身？故動身時，必有語意也。問：能敬三業，以何爲體？答：身語二業，動發勝思，唯善性者，以爲其體。問：意業以何？答：審決二思，亦唯善者。問：三業敬者，各何所爲？答：欲顯如來天眼，以身業禮；有天耳故，以語業禮；有他心故，以意業禮。問：各何所求？答：身禮者，神通輪因，神境通因；語禮者，記心輪因，他必通因；意禮者，教誡輪因，漏盡通因。問：何故語因，却得心果，意得語果？答：由心口相應，語不虛妄，令他諦信，自心所欲，故語招心果，意得語果。

問：所體？答：有同體、別體、住持三寶，取體各異。問：同體者？答：法界爲體。問：既一法界，何義分三？答：一真體上，有覺照爲佛，有軌持爲法，有和合爲僧。問：別體者？答：謂法、報、化三身名佛，三乘教理行果名法，五果四向、十地三賢名僧。問：住持者？答：雕龕塑像名佛，黄卷赤軸名法，圓頂方袍名僧。

問：稽首唯識性者，一言唯識，性通其相，何偏敬性？答：唯無漏故，唯真諦故，法實性故，聖所證故，迷悟依故，所以偏敬。問：性是法，滿淨是佛，分淨是僧，何故法在佛先？答：師資相因，法先佛後。問：何故以法得爲佛師？答：諸佛所師，所謂法也。《般若》云「一切諸佛，從此經出」，所以法爲佛師也。問：說佛法僧何所以？答：顯說相因，佛先法後。

問：何故論初須敬三寶？答：最吉祥故，真福田故，有大力故，起希求故，故須敬之。問：僧者和合義，麟角喻聖，獨獨而出，無衆和合，何得名僧？答：部行緣覺之種類故，或具理和，得名僧寶。問：何故但敬三寶，非餘天等？答：性調善故，具方便故，有大悲故，不喜財利故，所以偏敬。

造論之緣

問：何緣造論？答：有多二緣，一者令法久住，二者濟諸含識；一由自利，二由利他；一由智德，二由恩德；一生大智，二生大悲，具多二緣，所以造論。

外宗我法

問：摧邪顯正，謂之大智。所摧之邪，何

者是也？答：外道、小乘迷謬之執，是所摧邪。問：所顯正？答：大乘中道唯識法門是所顯正。問：所摧之邪迷謬之義。答：於二空理，外道不解，名之爲迷；小乘邪解，名之爲謬。問：二空理？答：我、法本空，都無自性，名二空理。問：執何爲義？答：執蘊等法爲其實我。問：我者何義。答：自在、主宰、割截之義。問：何者法執？答：執蘊等法心外實有。

問：外道所執我有幾種？答：總有三種：一、同太虚空我，謂勝論作者、數論受者我；二、量小極微我，謂獸主、遍出二宗所計，潛轉身中有自在用；三、卷舒不定我，謂無慚外道、尼虔子，計隨身大小有卷舒故。此名六師三計，餘九十種不出此三。

問：外道所執法有幾種？答：有一十三種，大外道宗各計不同。問：十三者何？答：一、有數論師計二十五諦，謂冥性諦、大諦、我慢諦、五唯量、五大、五知根、五作業根、心平等根，第二十五我知，即神我也，此一非法，屬前我執，即受者我也。二、有勝論師計六句義，謂一實、二德、三業、四大有、五和合、六同異。三、有計大自在天，是一、是實、是遍、是常，能生諸法。有七種外道，謂執梵王、執時、執方、執本際、執自然、執虚空、執我，如此七種計，執皆是常，能生諸法。十二〔二〕、有二聲論，一待緣生，二待緣顯，二宗計聲體皆是常。十三、有順世外道，謂計四是常是實，能生有情，死歸四大。

小乘我法

問：小乘所執我有幾？答：有三種：一、即蘊我，二、離蘊我，三、非即離我。問：計之行相？答：謂色是我，色是我瓔珞等。問：誰之所計？答：即、離二我，正量、經部二宗所計。非即離我，犢子部計，正量部等，亦作此計。

問：小乘所執法有其幾？答：有七十五。色有十一，不相應行十四，無爲有三，心所有四十六，心法唯一，爲七十五。問：色十一？答：有對前十，後一無對。問：有對十？答：五根五塵，爲十有對。問：此有對色，從何而有？答：極微所成。問：能所成計執同異？答：經部師計能成極微是實，所成根等是假，以實從假，眼緣麤色，不緣極微。薩婆多計能所皆實。問：無對色？答：謂法處無表。問：此對無對計執同異？答：有對無對，小乘皆執離識實有。問：不相應何十四法？答：一、得，二、非得，三、同分，四、命根，五、無心定，六、滅盡定，七、無想報，八、生，九、住，十、異，十一、無常，十二、名身，十三、句身，十四、文身。問：此計執？菩〔三〕薩婆多計不與色心相應，皆是實有。問：無爲三？一、虚空，二、擇滅，三、非擇滅。問：計執？答：薩婆多計離色心等，實有自體。問：心所法何四十六？答：大地有十，大善地十，大煩惱地六，大不善地二，小煩惱地十，不定地八，爲四十六。問：大地何十？答：一、受，二、想，三、思，四、觸，五、欲，六、慧，七、念，八、作意，九、勝解，十、三摩地。問：大善地？答：一、信，二、不放逸，三、輕安，四、行捨，五、慚，六、愧，七、無貪，八、無嗔，九、不害，十、勤。問：大煩惱地？答：一、痴，二、放逸，三、懈怠，四、不信，五、惛沈，六、掉舉。問：大不善地？答：一、無慚，二、無愧。問：小煩惱地。答：一、忿，二、覆，三、慳，四、嫉，五、惱，六、害，七、恨，八、諂，九、誑，十、憍。問：不定地？答：一、貪，二、嗔，三、慢，四、疑，五、睡眠，六、惡作，七、尋，八、伺。問：小乘執法，理在不疑，既悟我空，何有執我？答：此説宗徒，非預聖者。至如我等，宗大乘教，豈能皆悟法空理也。

八十八使

問：八十八使？答：將十煩惱，於三界中，各四諦下，約具不具，説八十八。問：十煩惱？

答：一、貪，二、瞋，三、痴，四、慢，五、疑。將第六不正見一法，開之爲五：一、身見，二、邊，三、邪，四、見取，五、戒禁取。成十煩惱。問：請合八十八使？答：《俱舍》頌云：「苦下具一切，集、滅離三見，道除於二見，上界不行恚。」且釋頌：苦下具一切者，十煩惱也。集、滅離三見者，除身及邊、戒禁取。道除於二見者，除身、邊二見。上界不行恚者，謂上二界各四諦下，皆無有瞋。請合其數。答：謂苦下十，集、滅各七，有十四，合苦下十，成二十四，兼道諦八，成三十二，上二界中於八諦不[三]各除一瞋，有七八五十六，并前三十二，成八十八。

問：八十八使，何煩惱也？答：是分別，是發業。何以故？答：俱生不判諦，此既判歸四諦，知是分別。問：俱生既不判諦，如何分別？答：分品類故，三界九地，每地九品，有八十一。問：法體多少？答：即十煩惱。其俱生者，微細難明，故分品類。問：何知俱生？答：分別不分品故，此既分品，知是俱生。問：何故分別不分品也？答：麤故易知，不消細分，判歸四諦，已見頭數。問：何故俱生不判諦也？答：由細難明，故須細分，如世米粟一合，有六千數，須以六粟爲一圭，十圭爲一撮，十撮爲一勺，十勺爲一合，方知其數。

潤惑生數

問：潤生煩惱三界九地，性等差别所潤生數？答：欲界九品，具不善性，及有覆性，共潤七生，謂獨也二，共也二；獨也一，共也一；獨也半，共也半，爲七生。若上二界定力攝伏，唯有覆性，不多潤生。問：獨也等？答：上上品獨潤二生，上中品、上下品共潤二生；中上品獨潤一生，中中品、中下品共潤一生；下上品獨潤半生，下中品、下下品共潤半生，故云爾。

執障二義

問：執者何義？答：封著之義，謂同時一聚心心所法，封閉人法，堅著不捨，名之爲執。

問：障者何義？答：覆礙之義，謂覆蔽真心，礙智不起，名之爲障。

問：執有我法，障有幾種？答：總有二種：謂煩惱、所知二障。問：煩惱何義？答：擾也，亂也，擾亂有情，故名煩惱也。問：此煩惱障作何釋？答：煩惱即障持業釋。問：所知障幾？答：智所知境，名所知，被此染法障所知境，令智不知，名所知障。問：此作何釋？答：所知之障，作依主釋。何非持業？答：所知不是障，被障障所知，故非持業。問：二障頭數是同是別？答：同是根、隨二十六惑。問：既同根、隨，何稱二障？答：由貪上有擾惱用，名煩惱障；有覆蓋用，名所知障。問：下劣受等，能障上定，亦所知攝，豈唯根、隨？答：由同障事，名所知障。

問：煩惱障何？答：障大涅槃，令諸有情流轉生死。問：所知障何？答：障大菩提，令諸有情不得大覺。問：既障菩提，何不名能知障。答：據理亦得。

問：執之與障，是同是別？答：根稍有異。何以故？我法二執爲障根本，生餘障類。問：執生障時，爲通爲別？答：別。謂我執爲根，生諸煩惱；法執爲根，餘障得生。問：此二障染有殊否？答：有分別者，名之爲麤；有俱生者，名之爲細。問：何名分别？答：强思計度而生起故。問：何名俱生？答：與身俱生，任運起故。

問：分別、俱生，先斷於何？答：分別之障先斷，於見道一時頓斷；俱生之障修道位中分分漸斷，至金剛心時方能斷盡。問：斷此二障於大小乘差別如何？答：二乘唯斷煩惱障，大乘雙斷。問：此二障染以何方便能斷？答：見前先伏，入見方斷。其斷伏道三乘有異，如後三乘五位中辨。

我法二執

問：我者，主宰義。法者，軌持義，何得名執？答：凡夫執法心外實有，又執此法有實主宰，名我法執。我法之執，心得境名。問：我法二執，誰寬誰狹？答：法寬，我狹。問：爲甚如此？答：迷人必迷其法，迷法未必迷人。問：何以故？答：能持自體，皆名爲法。有常一用，方名爲我。問：何者執法非執人者？答：如二乘聖，我執已斷，法執猶有，即其事也。

世間聖教

問：何名世間？答：墮在世中，名爲世間。問：世者何義？答：有四義，謂可破壞、有對治、隱真理、性有漏，名爲世也。問：何名聖教？答：聖所説教，名爲聖教。問：聖者何義？答：聖，正也，以道正人，目之爲聖。又云與理相應，於事無壅，名爲聖也。

八轉聲義

問：八轉聲何也？答：體、業、具、爲、從、屬、依、呼，名八轉聲。問：立此何義？答：收攝之故。有實體者，皆體聲攝；有作用者，皆業聲攝；爲由具者，皆具攝；因由所以，皆爲聲攝；相從就者，皆從攝；有繫屬者，皆屬攝；爲所依者，或於向者，皆依攝；有呼召者，皆呼聲攝。

二種我法

問：假我法有幾種？答：有二種，謂世間我法、聖教我法。問：何名爲世間我法、聖教我法？答：世間人執，名世間我法。聖教施設，名聖教我法。

問：此二我法，何故名假？答：世間我法無體，無體隨情，名之爲假。聖教我法，有體强設，名之爲假。問：何義名爲無體隨情？答：本無實體，妄情所執，名無體隨情。問：何義名爲有體强設？答：法本無名，隨緣施設，强名我法，名有體强設。

問：頌云「由假說我法」，《疏》有二解，請示大綱。答：初解言說由，後解我法由。問：言說由？答：言說與我法爲由，由言說故，有假我法。問：我法由？答：我法與言說爲由，由有我法，方起言說。問：言說由者，因何便能起得言說？說彼我法？答：由妄情故執著我法，依此便起假我法言，方有所詮假我假法，此名說擔情我法也。何以故？先有執情，次起言說，後有我法，言說在中，名說擔情我法也，此世間者。若聖教我法，云說擔證得及我法。問：我法由者，因何便有我法依之起說？答：由證得故，强名施設假我假法，後起言說，此是假我假法，此名我法擔證說也。先有證得，施設爲我法，後起言說，此依聖教。若世間者，應云我法擔情說。

問：此上二解，上頌如何？且答前解，言說由者，長行問在有字之上，頌家答在說字之上，名言說由。若後解者，長行問在說字之上，頌家答在假字之上，名我法由也。請示法之。答曰：前解問云：「若唯有識，云何世間及諸聖教說有我法？」頌答之云「由假說我法」，此是問在有字之上，答在說字之上也。若後解者，長行問云「若唯有識，云何世間及諸聖教說有我法？」頌家答云「由假說我法」，此是問在說字之上，答在假字之上。

問：無實我法，假依何立？答：依識所變相見分立。何須此實？問：依識變立假所以？答：執相見分，心外實有，此名假法；有實主宰，名爲假我。其依識變立假我法，所以然也。問：相見識所變，相見名唯識。我法依所變，我法應唯識？答：相見識親變，相見是唯識。我法依所變，心外非唯識。問：我法非識變，我法非唯識。真如非識變，真如非唯識？答：真如識實性，何非是唯識？

二我之義

問：何者世間我種種相？答：謂我、有情、意生、摩納縛迦、養育者、數取趣、命者、生者、知者、見者，外道別執作者、受者、神我等也。問：何者世間法種種相？答：勝論六句、數論二十五諦等，已如前説。問：何者聖教我種種相？答：預流等人，三賢十地，三乘五性，二十五有。問：何者聖教法種種相？答：蘊、處、界等，緣起、根、諦、善巧等法。問：世間我法率已妄情，聖教我法有何益用？答：有四緣故，一、言説易故，二、順世間故，三、能除無我怖故，四、有自他染淨信解事業等故，有此益用，聖説我法。

問：相見二分是依他性，何故説爲我法相也？答：執二爲實，有實主宰，是我法相，此是世間我法。何以故？以無依有故。問：何非聖教我法？答：若聖教者，義於依體故。問：何但相見，不證自證爲我法也？答：若護法説，據實亦證。問：亦證自證。何故不説？答：有三義故：一、二執遍，我執不依自證起故；二、共許遍故；三、小皆不許有自證分故。三義已説，若證自證，即能緣攝，見分中收，所以不説證自證分。難護法云：「相見識所變，相見名唯識，自證不言變，應非是唯識。」答：此騎牛覓牛問也。何以故？自證即是識體，自是能變，何直所變方名唯識。況識種識所變，内二更互變也。

問：若執真如以爲實法，寧非染依？答：真如離言，與能計識，非一非異，故非染依。問：莫定爾否？答：疎執亦得。問：誰人執見以爲我者？答：數論師執思爲我，犢子部等執我能見，此非執見以爲我乎？

相見同別

問：護法相見，或同別種，何解爲勝？答：《疏》自斷云：「別種爲勝。」問：何以故？答：慮非慮別，性或不同，故別種勝。問：相別有種，何名唯識？答：不離識故，由識變時相方生故，故名唯識。

四師心分

問：心心所法，四分合成，莫定爾否？答：有假心所，無自證者。此四分家尚有是説，況四宗義多少不同也。問：四宗何？答：安一，難二，陳三，護四。問：不同理。答：安慧一分，約唯識門。難陀二分，約心境門。陳那三分，約體用門。護法四分，約量果門。問：四宗既異，孰是孰非？答：據義不同，皆不違理。畢竟幾分？須有定數，如人有四支，言三則不盡，言五則數虚。答：勝義法門，非如爾舉。蓋有此義，必有此理，有此用者，必有此能。若義盡，則其理亦盡。若義不盡，理必不盡。用、能亦然，宜深思之。

八識二執

問：我法二執，何識執何？答：安慧、護法，二宗有異。

問：安慧宗？答：有漏八識，皆有其執。何以故？有漏皆執故。問：八既皆執，於我法二，有差别否？答：有。謂五八唯法，七唯人，六識二執甚分明。問：何故如此？答：安慧二執不俱，所以七我恒行，法執無容；第六間斷，故有二執；五八行淺，既是有漏，故唯法也。

問：護法宗？答：五八行淺，一向無執。六七二識，二執俱生。問：何故二執却得俱起？答：我執必依法執起故，所以俱生。問：其理如何？答：以先執法而爲實有，後方執有依受等用，故須同時。問：我必依法，其猶何者？答：如無皮毛不立、無地草不生等。問：護法云「我法二執，必然俱起」，我所執何不俱生？答：我法二執，猶如泥依土成，故必俱時。我我所執，猶如王臣，王臣體别，尊卑異處。

火人喻義

問：相見説爲似我法者，爲當似誰？答：以內似外，以有似無，約此説似。問：外境既無，何有所似？不可牛毛反以龜毛也。答：外境雖無，談情是有，約情執實，故爲所似也。外舉喻難云：如有真火，説似火人，真火既無，人何所似？大乘答曰：汝之真火已破成非，何勞再舉？況我已説：以內似外，以有似無，談汝執情，外境實有，故爲所似。問：又約何義，説實我法？答：前不云乎，談情是實，名實我法。問：我法本無，何由執有？答：由無明力，妄執實有。如患夢力，以無見有。問：憑何以知？答：覺愛論云「如人目有翳，見毛月等事」。

五位唯識

問：若唯有識，五位百法，是何稱也？答：五法事理，皆不離識，故曰唯有識矣。問：五位唯識？答：一、自性唯識，二、相應唯識，三、所變，四、分位，五、實性。問：自性唯識？答：別有八識者爲三變，若初能變，唯第八者，次唯第七，三通前六。

問：初能變第八識者，誰是第八？答：異熟識也。問：異熟何義？答：有三義，謂變異而熟、異時而熟、異類而熟，具此三義，故名異熟。問：變異而熟？答：種變異時果方熟故。問：異時而熟？答：造因果熟，定異時故。問：異類而熟？答：因通善惡，果唯無記，因果性異，名異類熟。問：異熟之名，作何釋也？答：若異字屬因，熟字屬果，因果不同，作相違釋。異及熟也，或異之熟，若異字屬果，異即是熟。問：或異熟望識作何釋也？答：若異熟屬現，異熟即識。若異熟屬種，異熟之識。問：第八有幾種名？答：有三，一、阿賴邪，此云藏；二、阿陀那，云執持；三、名毗播迦，云異熟。問：何義立三？答：三位立，一、我愛執藏位，從無始來至無人執；二、善惡業果位，亦從無始至無法執；三、相續執持位，從無始際至盡未來。問：第二能變？答：即第七思量識也。問：思量何義？答：思謂思慮，量謂量度，故曰思量。問：慮度於何？答：慮度第八見分爲自内我，思量即識。問：第三能變？答：即通前六名了别境識。問：何名了别？答：了謂了達，别謂分别。問：前五識豈有分别也？答：雖無計度分别，亦具隨念分别故。問：憑何而説了達分别。答：開題末云「分别了達之根本，故論言唯識」。

八識得名

問：經言一心，論云唯識，何意不同？答：心意識三，體一名異，隨云皆得。問：既然一體，有何義路，於三能變各立一名，第八名心、七意、六識？答：約偏勝立。問：請示偏勝？答：若約緣慮名心，或積集名心，八識皆名心，若集起名心，第八獨名心。何以故？集諸種子起現行故。若等無間名意，或思慮名意，八識皆名意，若恒審思量，第七獨名意。何以故？恒常審慮第八見分爲自内我故。若了别名識，八識皆名識，若了别麤境名爲識，前六獨名識。問：何以故？答：了别六塵麤顯境故。

問：八何義名眼識等？答：三義不同，前六從依得名，第七相應立號，第八功能受稱。

問：從依得名？答：依眼之識名爲眼識，乃至依意之識名爲意識，六識皆從所依之根，以立其名。問：爲唯爾邪？答：具有五義，謂依、發、屬、助、如也，依於根，根所發，屬於根，助於根，如於根。具此五義，名眼等識。問：請示一途？答：依眼之識，眼所發識，屬眼之識，助眼之識，如眼之識，名爲眼識。餘五準此。問：識依眼等名眼識，若識緣色等應名色識邪？答曰：亦得。何以故？順識意故。問：如何是順？答：識者緣慮，緣慮色等，此是順識。問：既順識義，何不依立？答：未自在位，眼唯緣色，且無相濫。

若自在位，諸根互用，一根發識，緣一切境名何境識。有此混濫，不依境立，但可依根，立無過難。問：如何一根發識緣一切境？答：且如眼根能發耳識，緣諸聲境，發餘準説，餘根亦爾，古云「耳處能作鼻處佛事」等，即此義也。

問：相應立號者？答：第七由與四惑相應，號曰末那，此云染汙。問：四惑者何？答：謂我痴、見、慢、愛，謂之四惑。

問：功能受稱者？答：第八由具三藏義故，名爲賴邪。問：三藏名？答：能、所、執，是名三藏。謂持種義邊，名爲能藏；受熏義邊，名爲所藏；七執爲我，名爲執藏。問：意猶未了，請喻示之。答：能藏之義，如山藏人，山爲能藏，如人能持。人爲所藏，如所持種。所藏之義，如人藏山，人爲能藏之者，如所熏種。山爲所藏之處。如受重〔四〕者，即第八識。執藏之義，大師解云「是我愛執所攝藏也」，如人藏物。

八識了境

問：八識各了何等境？答：眼了色乃至意了法，七緣第八，八緣三類。

問：眼了色？答：青黄等色，乃顔色之色也，非質礙之色。若質礙色，有對皆是。問：聲有徑直，及曲屈聲，耳緣何者？答：緣徑直聲。問：不緣曲屈？答：曲屈是假，分別變者，方可緣之，耳因緣變，所以不緣。問：何名因緣變、分別變也？答：因緣變者，唯是現量，任運緣境。分別變者，通比、非量。耳唯現量，故唯緣實。問：誰緣曲屈？答：唯意緣。問：何以故？答：曲屈之聲，帶名句文，有能詮用，故唯意緣。問：香？答：謂俱生香、和合變異香、可意香、不可意香等。問：味？答：常説五味等是。問：觸？答：冷暖澁滑、輕重痛癢，身所領者，謂之觸境。問：香味觸多，鼻舌身識，各緣幾種？答：各自俱緣，皆實無假，所以皆緣。問：法塵境？答：

過未有無落謝等境，皆名爲法，别得總名。

問：七緣第八？答：第七恒執第八見分爲自内我，故名七緣第八。

問：八緣三類？答：謂種子、根身及器世間，是爲三類。問：何爲種子？答：第八自證分上一分生現功能，謂之種子。問：種子義。答：能生義邊，名之爲種，如穀麥子，能生芽莖，名爲種子。此能亦爾，能生現行，故亦名種，從喻得名也。難曰：因中見分，不向内緣，見緣種者，種依自證，豈非内緣也？答：但緣種子，不緣自證。問：如何能得恁麽自在？答：如鵝飲乳，水乳既和，但飲其乳，不受其水，功能如是有分限故。難云：雖如此説，仍向裏緣，何得能免内緣之失？答：見所緣者，皆相分攝，相不是内，屬外分故。徵云：爭奈依自證何？答：所依自證固是内分，能依相分，不名爲内。難曰：相見俱依自證而起，相既屬外，見應亦外也。如蝸牛二角，皆依頭生，二角相望，一何偏外？答：此内外者，非如隔壁之内外也，但約義理之内外也，見爲心分，義説爲内；相爲境分，義説爲外，稱實非外。問：是外何過？答：心外有法，理乖唯識，成外道見。問：何名根身？答：有根之身，名爲根身。問：器世間？答：有情所依，世界如器，名器世間。問：第八緣此三類境時，有差别否？答：有。問：差别相？答：第八之境有執有受。執有二義：一、攝爲自體；二、持令不壞。受有二義：一、領以爲境；二、令生覺受。問：説此何意？答：八緣種時，具執二義，攝爲自體，持令不壞；具受一義，領以爲境。八緣根身，四義皆是，加令生覺受。緣器世間，於執受中，各具一義：受一義者，但領以爲境；執一義者，但持令不壞。是故八緣三類境時，有此差别。

四師異説

問：七緣八見，爲定爾否？答：有四師異：謂難陀王所、火辯相見、安慧種現、護緣見。

問：難陀緣王所？答：《論》云，一、難陀解七緣第八心王與所，如次執爲我及我所。火辨難云：聖説此識緣藏識故，曾無處説緣觸等故，故彼所説理不應然。火辨意云，應緣見相，如次執爲我及我所。問：何以故？答：見相俱以識爲體故，故緣見相。安慧難云：亦不應理。何以故？汝言緣相，五色根境非識藴故。又難七同五亦緣外故，又難應如第六緣共境故，又難生無色者應無我所。何以故？無色界中無色相故。

問：汝安慧七緣八何？答：應緣種現，如次執爲我及我所。問：何理緣種，執爲我所？答：種是第八識上功能，不違聖教，緣第八識。護法難云：有義前説皆不應理。何以故？安慧緣種，色等種子非識藴收。又總難云：第七我見任運一類恒相續生，何容別執有我我所？例難云：莫有一心別執斷常得俱轉故。護法申正義，應知第七唯緣第八見分。何以故？第八見分無始時來一類相續，似常一故。唯執爲我，定無我所。前師難云：汝説第七不執我所，《大論》何説「第七末那我我所執恒相應故」？護法會云：論乘語勢，説我所言。問：何謂語勢？答：順文便故，言穩易故，此是語勢。問：請示順易。答：如説弟時，便言兄弟，此穩易之謂也。故結歎云：若作此説，善順教理。且問：順教？答：多處唯言有我見故，此是順教。問：順理者？答：我我所執不俱起故，此是順理。問：我我所執，何爲不俱？答：我我所執，猶如王臣，我正如王，所正如臣。既執爲我，决不是所。如正面南，何却朝北？故知不俱。問：護法正義，第八見分似常一故，七唯緣見。難云：豈八自證不似常一？答：内二沉隱，七無分別，所以不緣。問：八相非隱，何故不緣？答：七不緣外，相屬外分，所以不緣。問：七依第八，四分依何？答：唯依自證，何以故？是識體故。

因果能變

問：此三能變有差別否？答：有因能變，有

果能變。問：因能變？答：謂二因習氣：一、等流習氣，二、異熟習氣。問：果能變？答：謂前二因所生現果。問：因能變義？答：謂二因種子轉變生果，名因能變。問：果能變義？答：即前二因所生現果，其自證分能變現生相見二分，名果能變。

八識門義

問：初變識有幾門解？答：有十二門：一、自相門，初阿賴耶識。二、果相門，異熟。三、因相門，一切種。四、不可知門，不可知。五、所緣門，執受處。六、行相門，了。七、相應門，常與至相應。八、受俱門，唯捨受。九、三性門，是無覆無記。十、心所例王門，觸等亦如是。十一、因果法喻門，恒轉如瀑流。十二、伏斷位次門。阿羅漢位捨。

問、答第七門義。問：解二能變，有幾門義？答：有十門：一、釋名門，次第末那。二、所依門，依彼。三、所緣門，緣彼。四、體性門，思量爲性。五、行相門，思量爲相。六、染俱門，四煩至愛。七、餘相應門，及餘等俱。八、三性門，有覆記攝。九、界繫門，隨所生所繫。十、伏斷門。阿至無有。

問、答前六門義。問：解三能變，有幾門義？答：有九門：一、差別門，次第至六種。二、體性門，了別爲性。三、行相門，了別爲相。四、三性門，善不俱非。五、心所相應，此心所至不定。六、受俱門，皆三受相應。七、共依門，依止至隨緣現。八、俱轉門，或俱或不俱，如波濤依水。九、起滅分位門。意識常至悶絶。

八識業招

問：八識何識是業招？答：第八識全，前六一分。問：何者非業招？答：第七識全，前六一分善不善性。問：招非招理大綱之意？答：無記之法，如乾塵土，不能相握自成一聚，故須直用善惡業力，如水膠等，和彼乾土無記之法，令成器聚。其善惡法，如木石等，自成器聚，不假他力，故非業招。

問：八識何識其能造業？答：唯第六識善惡性者，前五一分善惡亦能。問：何識非造？答：七八非造，前五一分無記亦非。

問：八識何者是總業招，是總報主？答：唯第八識。問：何者別報，是別業招？答：唯前六識一分無記。及器世間，亦別業招，仍名依報。無記心等及根身等，皆名正報，亦別業招。問：何故第八偏名總報？答：是善惡趣一報之主，偏名總報。問：何名別報？答：壽夭、貴賤、好醜等是。

問：八識幾間幾續？答：七八相續，前六間斷。問：第八不續，有何過也？答：是總報主，若間斷時，便非情攝。難：七非報主，如何亦續？答：隨所生所繫，有第八時便有第七，所以亦續。問：何故有八須有第七？答：七八一俱依，更互爲因故。恒審思量我無我相，知不間斷。難：第七因中轉成無漏，何非間斷？答：漏與無漏同，前望後念，互相續引，體非間斷。問：前六識間斷行相？答：如閉目時不能觀色，或悶絶位耳不聞聲等，豈非間斷。問：第六識間斷之相？答：五位無心，皆是間斷。何者五位？答：一、滅盡定，二、無想定，三、無想報，四、極重睡眠，五、無心悶絶。

問：八識因中幾通無漏？答：六七二識因中轉，前五第八果中圓。問：何故六七因中轉也？答：地上第六入無漏觀，轉成無漏。問：第七無觀，何成無漏？答：第六無漏入雙空觀，礙下第七二執不行，所以第七亦成無漏。問：第六入觀，何關第七？答：七爲六根，根識相依，安危事同。問：五八何故唯果中圓？答：前五第八，一轉永轉，所以因中不通無漏。問：爲甚如此？答：八是報主，因行未滿，不得無漏。若成無漏，便名爲佛，何稱因中。問：前五非主，何理因中不成無漏？答：前五色根，是第八相分，内分未轉，相亦有漏。問：五根有漏，關五識何？答：前不云乎，根識相依，安危事同，何早忘之？問：七八一俱依，七成無漏，八何不成？根識相依，安危事同故。答：七賴六方成無漏，無力自成，何能成八？譬如羸人，仗他人力，自方得起，豈能行他？

難云：安危事同，怎麽生説？答：具三義故，安危事同。不具三義，不必皆同。且問三義？一、不共根，二、必俱根，三、同境根。前五根識具此三義，所以事同。今七八識根識相望，是共根，不必俱，不同境，所以安危事不必同。難曰：七望第六亦是共，不必俱，不同境，何却事同？答：六有觀道，可違第七，所以事同。七無觀道，無違八力，不應齊責。問：無漏第七能斷惑否？答：不斷。問：何故不斷？答：雙空第六，斷二執已，方才引起無漏第七，何斷之有？問：無漏第七還證理否？答曰：證理，有本智故。問：無漏第七得外緣否？答：曰外緣無漏融通故。

問：六七緣八，從質所生一分相分，八自緣否？答：曰不緣。問：爲甚不緣？答：是六七相。問：八何不緣，設緣何失？答：心外取法。問：見是能緣，得自緣否？答：曰不得。譬如指端不能自觸，刀不自割，豈得自緣。難：指刀是色，有其形質，安得例心無形質物？答：雖無形色，能所緣分，自有分限，力止如此。問：説屈頭緣，又作麽生？答：彼説無漏，有漏不得。難：若無漏見，得自緣者，刀應自割，不限力能不止如此。答：有漏生涯，可説分限，誠如刀指，無漏融通，何得責齊？問：云何融通能越常情？答：爾之徵責，其猶蟭螟不信鯤鵬也。

八緣三境

問：三境之中各幾？答：前五第八，唯一性境；第七末那，唯一帶質；第六通三。問：五八何唯性境？答：唯任運緣，得境自相，故唯性境。問：七何唯帶質？答：以心緣心，真帶質故。問：六何通三？答：五俱意識不作解時得境自相，是其性境；緣心心所，是帶質塵；緣無體法，是獨影境。

問：無漏八識各具幾境？答：皆緣三境。

問：何故皆通？答：皆緣假實，故通三境。問：無漏六七緣有漏心，是何境也？答：是獨影境。何以故？相從見生，不從質起故。問：若爾，何故《燈》説「無漏第七緣有漏第八，是帶質」邪？答：《燈》是設解，非正義也。問：何知是設？答：從質起者一分相分，與能緣見無漏無異，何名親相，故知非正，獨影無疑。難云：假饒相分，教從質起，既是無漏心家相分，何得有漏？答：相既無漏，知從見生，故是獨影。問：無漏之心唯是現量，緣漏等時，何非性境？答：夫性境者，從實種生，有實體用，能緣之心，得彼自相，名爲性境，漏相既假，故非性境。問：若如此説，應是不約能緣證知説三境邪？答：是。問：何以故？答：既説三境，何關心事？只約境體，假之與實，配歸三境。

問：有漏五八，緣於無漏定果色時，是何境邪？答：是性境。難：漏無漏異，何成性境？答：有漏第八，托無漏質，爲增上緣，從自漏種生自親相，故是性境。問：相與本質，要極相似，凡聖懸殊，豈得相似？答：菩薩定果，本欲濟物，變令相麤，故得相似如有彌猴，能知佛心，佛變麤心，令彌猴知，定果亦爾。問：此漏緣無漏，何故不同無漏緣漏，是獨影境，却是性境邪？答：有漏五八是因緣變，不能緣假，故非獨影，不同無漏能緣假故。問：無漏之心既能緣假，莫應却是分別變麽？答：彼是凡夫不思議境，輪迴之心能卜度乎？切忌鑽龜打瓦。

問：七緣八真帶質境，中間相分兩頭生，是何性也？答：從見生者，隨能緣見，是有覆性；從質生者，是無覆性。三性第六緣心心所，倣此説之。仍於兩頭，相各隨性。

三境熏種

問：前五性境熏幾種？答：善惡前五熏三箇

種，能緣見種、所緣相種、所托質種。問：第六三境，各熏幾種？答：亦説善惡，性境亦三；獨影唯一，謂見分種；質有二，見、質二種。問：獨影何故唯一見種？答：相分是假，故無相種，又不托質，復無質種，故唯見種。問：帶質何故唯無相種？答：從兩頭生，假不能熏。問：帶質境爲是誰辨？答：設爾何失？難曰：若用相辨，無記又假，不能熏種。若以見辨，犯性決定。見通善惡及有覆性，辨無覆種，故犯性決定。答：能緣見是善惡有覆，見與相力，相自辨種，無記相辨，不犯性決；見與相力，不犯能熏，二難齊説。問：此義幽奥，喻如何者？答：如木人鑿穴，合云本質如木，相分如鑿，能緣見分如執鑿人，穴如種子。法合云：木人執鑿而鑿本，穴屬於木，穴在木上，故見助相而辨種。種屬於質，種在第八故。問：相分是假，與力何益？且如龜毛怎生與力？答：此之相分，不同無法。從實質起，終有實用。實用辨種，亦復何疑？問：喻如何者，得有實用，能辨自體？答：如水之波，波從水起，不無濕用，故能潤物。問：既有實用，何却名假？答：所緣之見，見本非相，説相爲假。相依見生，不無緣用。合云：如水非波，説波爲假。波依水起，不無濕用，故雖是假，仍有實用也。應總結云：説波是假，波能潤物；説相是假，相能熏種，正相符順。又解：相名假者，聚集假也。聚集見質，二能緣用，合成一相，所成相分雖假，能成見質是實，是故相分有能熏用。譬如瓶盆，四大所成，所成瓶雖假，能成四大是實，是故瓶盆能有盛貯之用。此正如彼，何消異云？

三境二類

問：何故説有第一類性境、第二類性境也？答：第一類者，從實種生，有實體用，能緣之心，得彼自相。第二類都無前義，只約相分，從質義邊，説爲性境，由假説故，名第二類。

問：何故説真帶質、以[五]帶質也？答：真帶質者，以心緣心，中間相分從兩頭生，連帶生起，名真帶質。似帶質者，以心緣色，中間相分唯從見分一頭生，變帶生起，名似帶質。亦是假說。

問：此真似二，有如何者？答：真者如燈照燈，能照所照俱有光明，二燈合成，如能所緣二心中間，二能緣用合成一相。似帶質者，如燈照壁，壁本無光，中間光明唯是能照一燈之光，如所緣色無能緣用，中間相分唯說見分一頭而生。

問：何者是其有質獨影、無質獨影也？答：無質者，能緣之心緣假法時，以其相分唯是能緣見分之上慮度而生，獨有影像，都無本質，名無質獨影也。有質者，雖有本質，以其相分不從質起，獨由見生，名有質獨影，如無漏心緣有漏法，即其事也。此非假說。

問：帶質相是假，是假能熏種，獨影相是假，是假亦能熏？答：獨影相無質，所以不能熏，如空中華，唯病眼生，不能結果。帶質相有質，所以能熏種，如泥依土，人力運用，能成其器。

問：性境熏三種，第八是性境，何故不熏種？答：境義、熏義，殊不相干，何故取爲難？問：不干理？答：得境自相者，謂之性境。具能熏四義者，謂之能熏。八得境自相，第八是性境，不具能熏義，何得能熏種？問：八不能熏，自種何來？答：六七緣八時，質種是八種，前五緣色等，質種是八相。問：八是所緣，爲作具熏，無記第六不爲他所緣，自又無勝用，種從何生？答：既無新熏，理唯用本有種。若爾，唯本無新，應同護月不正義也。答：護法正義，合理爲正。本無剛說，何得成正？如護法宗，上品無漏，唯本無新，豈非正義？雖有轉齊，所齊無新。有憑樞說善染第六，緣自過去無記心時，說爲帶質，所熏質種，生無記六。今會彼云：彼說作門也。若實辨體，豈由說作歟？

八具三量

問：八識於三量中各具幾？答：五八唯現，

第七唯非，六三。問：何故五八唯一現量？答：不作分別，冥證境故。問：六通三？答：五俱意識不作解時，是其現量。若獨散意度境無謬，謂之比量。比度不著，謂之非量。問：七何唯非？答：恒執八見爲自内我，見本非我，故唯非量。

八具三性

問：八識之中三性各幾？答：八唯無覆，前六通三，七唯有覆。問：唯無覆之理？答：是所熏故。問：何故所熏，要唯無覆？答：如熏義説。問：唯有覆？答：有四惑覆，故是有覆。説有覆義，如三性門。問：既四惑俱，何不成惡？答：四惑非是唯不善性，第七又無强思計度，所以不成不善性也。問：前六識通三性義？答：若以信等善所俱起，是其善性；若以嗔等惡所俱起，是不善性也；與遍計等無記所俱，是無記性。問：前五與六皆通三性，五六何別？答：五無計度，與六不同。問：既無計度，何不同七？答：五六相須，有隨念分別，又與唯惡嗔等俱起，故成不善。問：其五六相須之理。答：五由六而方生，六由五而明了。前五與六爲明了門，六與五爲分別依，是相須理。

八具九緣

問：八識各具幾緣而生？答：頌曰：「眼識九緣生，耳識唯從八，鼻舌身三七，後三五三四。若加等無間，從頭各增一。」

問：九緣者何？答：空、明、根、境、作意、分別、染淨、根本、種子，此是九緣。問：何者是空？答：謂根境相離中間無礙空隙之空也。問：明緣？答：乃燈日等照燭之明也。問：根？答：乃發識之根也。問：境？答：乃八識所緣之境也。問：作意？答：乃遍行五中警覺令心生者也。問：分別？答：乃第六識也。問：何故第六得名分別？答：六是分別依故。問：染淨？答：即第七是染淨依故。問：根本？答：即八是前七之根本故。問：第八何故與七爲根本？答：謂根本者，生之由也，如水生波，水是生波之由始也，所謂根本者也。此説憑何？答：憑海波喻。問：種子？答：乃生現識之習氣也。問：眼九爲定爾否？答：肉眼定九，天眼或有不藉空明。

問：耳八，九除何一？答：唯除明緣。問：何故除明？答：暗中聞聲，何假明緣？問：何不除空？答：眼、耳二識，離中取境，若境與根中間不空，相逼附者，不能見聞，所以不除空緣。

問：鼻、舌、身三七，於九緣中，除去何二？答：除空、明二。問：其何所以？答：鼻、舌、身三，合中知境，暗中亦能，香、味、觸境，不假明緣。若根與境中間空隙不相合者，即身不覺觸，舌不知味，鼻不聞香，故須除空。問：何理得知眼、耳二識是離中取，鼻、舌、身三合中知？答：知處不知處異，壞根不壞根別。問：知處等義？答：眼知色境在何方處，或東西等，耳識知聲從何方來，鼻、舌、身三不知境從何方所來。是故知來處者，表爲離知，不知處者，表是合取也。問：壞根之義？答：若麤色入眼中，即壞其目；大聲附耳即使人聾，此是壞根。問：不壞者？答：香臭入鼻，酸鹹上舌，寒暑著身，三根宛然，分明照境，即知不壞。是故以知不知，及壞不壞，表知離取合知之理。

問：後三五三四？答：六五、七三、八四。問：第六何五？答：謂根、境、作意、根本、種子。問：何無分別？答：是六自體。何無染淨？答：根緣便是。何不除根？答：取染淨也。二和生識，故取根境，不取染淨。問：第七何三？答：謂根、作意、種子。問：何無根本及與境緣？答：依彼轉緣，彼根本與境即是根緣。問：第八何四？答：比七加境。問：誰爲八根？答：是第七。問：爲甚？答：七八一俱依故。問：加等無間者？答：乃各識前念已滅之識，即開闢處所引後令生，中間無隔者也。問：八識生時何須此緣？答：自已一識前念不去，後念不生，故識生時須用此緣。問：何故前念不滅、後念不生邪？答：前念自體占自路故，自何得生？問：教他二識，並生何失？答：且如一人同念，並生二第八識，成二有情，豈有此理？故須前念滅已，後念方生，況有爲法無二念住，實約此義，説不並生。

八識界地

問：八識界地分別云何？答：鼻舌二識，一界一地；眼耳身三，二界二地；六七八通三界九地。

問：何故鼻舌唯一界一地？答：初禪鼻舌境無緣，故唯一界地也。問：眼耳身三二界二地？答：上界眼耳身三識，應用當時借下天，故二界地也。問：何故鼻舌二識一界一地？答：爲上界無段食故。問：其所以？答：段食以香味觸三塵爲體，既無段食，無香味境，鼻舌不生。問：何以故？答：根境二和識方得生，既闕境緣，識焉得生？是故鼻舌二識唯一界地，古云「鼻舌二識境無緣」也。問：何故段食唯欲界有？答：有三欲處名爲欲界，謂飲食、睡眠、婬慾。上界俱無三欲，是故段食唯欲界有。問：何故眼耳身三通二界地？答：初禪離生喜樂地，有尋有伺通初禪有，二禪唯伺無尋，闕一不生，三禪無尋無伺，雙闕不起。問：何故無尋伺，二識不生也？答：尋伺乃發識之作具，是增上緣，既闕一緣，故識不起，古云「爲無尋伺識不起」。問：何故二禪已去，漸無尋伺？答：尋乃發言之麤法，是所厭故，欲生上者，厭下苦麤障，忻上淨妙離，即其意也。

愚疑借識，乖唯識乎。敢問之云：上地無識，便言借識，上地無色，何不借色？彼答之云：色是所厭，不云借色。例云：識亦所厭，何偏言借？答：色是隔界，不得言借。識是同界，何妨言借？難云：色是隔界，不得言借，識亦隔界，何偏得借？答：識是同界，色是異界，不應相例。問：既是同界，何故有識無識渾不同也？答：由尋伺有無，故渾不同。愚云：既無尋伺，所厭明矣，何用借爲？答：識强經厭，境不經厭，故借識緣，何不得乎？例：無色界識不經厭，有識無色，亦應借色，令識緣之，不亦可乎？答：色既所厭，緣他則麼？難云：識既所厭，借他則麼？彼救之云：雖上下地有識無識有少不同，同一界故，是故下地之識得緣上地之境。何以故？所托之質是一第八親相分故。難云：恁麼則上地下地應得互緣，何須説借？既説借識，明不互緣，又質雖是一，能托是別，何以故？下地識相非上地識相，故不互相緣，其理明矣。又問：彼心心所法四分合成，上借下識，唯借内三，甚違此理？彼例之云：如無色界亦唯内三，應違此理。今答之云：無色色經厭，所以唯内三。色界色法不經厭，何由色不起？汝今借下識，生時下識自有相相隨，何成下識緣上相？又問彼云：識是所厭，仍説借識，色是所厭，亦説借色，有何不可？答：色屬下界，識屬上界，理乖唯識，故不借色。難云：識屬下地，境屬上地，乖唯識麼？真可謂貪觀天上月，失却手中橈。外云「古來説借識」，敢違古人乎？向道今人不敢違古人，古人敢違唯識乎？有云：借識力不可判故。愚聞五力不可判，謂佛法定通業，未聞借識力不可判。雖云五力不可判，未聞有乖唯識者。愚情短拙，再問英賢。

八具心所

問：六位心所？答：有五十一。問：八識各與幾所相應？答：前五識三十四所，第六識全五十一所，第七與十八相應，八唯五所相應。問：前五何三十四？答：頌云「遍行別境善十一，中二大八貪嗔痴」。問：七何十八？答：頌云「八大遍行別境慧，貪痴我見慢相隨」。問：八何五？答：謂遍行五。問：果位八識，各與幾俱？答：八識皆與二十一俱。問：何二十一？答：遍行五，别境五，善十一。

八能所熏

問：能所熏中，八識誰能誰所？答：前七皆能熏，八獨所熏。問：前七三性皆能熏邪？有不能者？答：除無記，闕有勝用，不能熏種。其餘善惡，及有覆性，盡皆能熏。

問：何故第八獨爲所熏？答：所熏四義，唯第八具，所以八獨爲所熏。問：何名所熏四義？答：一、堅住性；二、無記性；三、可熏性；四與能熏和合。問：堅住何義？答：從無始之始，至究竟之終，一類相續，爲堅住性。問：第七亦爾何非所熏？答：有第二義，惡無記性，七亦有覆，故非所熏。問：何故無記偏爲所熏？答：如中庸物，自非香臭，可受餘熏也。問：八俱五所，具前二義，應爲所熏？答：第三義揀要可熏性。問：可熏何義？答：自在之義，五所非自在，不可受其熏。問：他人第八具前三義，應受其熏。答：有第四義，要與能熏和合，他八望自既不和合，不受其熏。問：和合何義？答：能熏所熏，同時同處，故名和合。已上四義，唯第八具，所以八王，獨爲所熏也。

問：何故前七皆是能熏？答：亦具四義，故皆能熏。問：何名四義？答：一、有生滅；二、有勝用；三、有增減；四、與所熏和合。問：有生滅何便能熏？答：有能生長之作用故，是爲能熏。問：無記色心皆有生滅，應皆能熏？答：有第二義，要有勝用。問：何者勝用？答：善惡有覆强勝之力，名爲勝用。問：佛位善法既是强勝，何非能熏？答：有第三義，要有增減。問：有增減者，何等義也？答：損益之義，佛無損益，故非能熏。《疏》喻説云：「應剛即剛，合柔即柔，能成辦事。」問：他身前七，具前三義，應能熏自？答：第四要與所熏和合。問：能熏前七皆有王所，莫同第八唯王非所麽？答：王所皆能。問：前七心所何故同王亦能熏也？答：四義具故。

問：第八心所何不同王亦所熏邪？答：適來

已揀，闕自在義，所以非所。難曰：心所不自在，心所非所熏。心所不自在，心所非能熏。答：已具義不具義故，何煩再問我。問前義豈可重繁？答：爲因據有力，心所亦能熏，心所有力故，受熏須報主，心所非能熏，所非報主故。難曰：爲因言有力，心所便能熏，爲果應有力，心所亦所熏。答：爲果無力，又過失多，所以心所非是所熏。問：何知無力及有過失？答：既有過失，知是無力。問：過失者何？答：頓生六果，是爲過失。問：何故便能頓生六果？答：若第八識王所一聚，六皆受熏。凡一能熏，熏六箇種，後遇緣時，六種頓生六箇現行。問：設生六果，何便是過？答：如一有情，頓生六箇第八現行，成六有情，故是大過。問：一設成六，何成大過？答：聖教所説，其衆生界無有增減，既違聖教，又無此理，故成大過也。難：能熏第七一聚王所有十八法，緣第八時齊熏一十八箇質種，何無頓生十八果失？答：能熏雖多，一處受熏，唯生一果。如一麥中有多麵塵，共生一芽，此亦如彼。應法合云：麥殼一而麵塵衆，共生一芽。持處一而種子多，同生一果。其或麥粒成多，目繫而蘘苞竟秀。若也受熏非一，何疑而衆果齊生？

得種子名

問：能熏所熏，皆具四義，熏成種子，具幾義也？答：《論》云「然種子義，略有六種」。問：六者何？答：一、刹那滅，二、果俱有，三、恒隨轉，四、性決定，五、待衆緣，六、引自果。

問：刹那滅者何也？答：顯是有爲，有轉變義，於轉變位能取與果，方成種子。問：刹義揀去何法，不得名種？答：揀無爲法，及長時四相，并外道常我。

難：若刹那滅爲種子者，應前念種，望後念現。或曰一念，自他相望，皆與爲種。答：第二義揀，要果俱有。問：果俱有何義？答：與自現果，俱時現有，方成種子，即與果俱，即揀前後，及相離法。

問：種因生現，要與現果俱時而有，方得名種。現因熏種，亦與種果俱時而有，應亦名種？答：有第三義，要恒隨轉。問：恒是何義？答：謂要長時相續，其性一類，方名種子。遮彼轉識現熏種時，雖一念與種果俱有，非恒隨轉。問：其能熏現，與所熏種，何非恒隨？答：間斷之識，三性互起，非長相續，一類而轉，故能熏現不得名種。難曰：若爾。第七不間，應得名種。答：漏無漏間，不得名種。難若云一類，如何説有有壽盡相？答：約生果有限，名有壽盡相，種體非斷。

問：若恒隨轉，得名種子，應善等種，生染等現。答：四、性決定，遮彼異性爲自類因。問：性決何義能遮彼也？答：謂隨能熏善惡無記，決定無雜，生各性果，名性決定。難：若異性因不名種子，如何説有因通善惡，果唯無記也。答：增上緣，此説因緣。

問：若自性因生自性果，應此性因一時頓生此性多果？答：五、待衆緣，遮彼頓生多此性果。問：待緣何意？答：要須等待衆緣和合，方起現行，始成種子。問：衆緣者何？答：親因緣、增上緣、等無間緣、所緣緣，此名衆緣。問：何種待何緣？答：心種待四緣，色種待二緣，謂因緣、增上緣。問：誰説一因頓生多果？答：謂有外道執自然等頓生多果。

問：若同性待緣生一性果，應善色種，生善心果，餘性準難？答：六、引自果，謂要別色及别心等，各自引生自色心果，方成種子。問：色心互生是誰所執？答：謂有外道計一因能生一切諸果，是故遮之。

問：無性第七具前五義，應名種子？答：闕果俱有，第八現識雖具恒隨，亦闕果俱。難云：種子生現行，因種與果俱。種子引種子，因應與果俱。何理不同也？答：種望現果是異類，體不相違，許同時。種望種果是同類，自體相違，時須異。問：何理同類便説相違，異類不違耶？答：如子望母，子不是母，是異類故，同時俱有。母自望母，名爲同類，故於一時無二身並。問：穀麥等子，亦能生莖，名種子否？答：依世俗説，假名種子，實是現行。問：何故非種？答：色種無質礙，麥種有質礙，故非種子。若種引種，是自體故不同時。難云：見分緣於見，自體同時緣。種子生於種，自體同時生。答：見分緣於見，二用得同時，種子生於種，二體不得並。問：並生何失？答：有無窮失。問：無窮理？答：如一種子，同念並生自一種子，所生種子當念又生，如是展轉同念並生無窮種子，豈有此理？問：教他無窮，何須障他？答：不是障他，實無此理。如父果必以能生子，豈有同念父自生父也？問：種引種，現引現，不同時；種生現，現熏種，却同時，請細敷演有異之理。答：種引種，現引現，約刹那四相前後相引，乃横説故不同也。種生現，現熏種；約頭上脚下生莖結子，乃竪説故，却同時也，是故不同。問：種生現，現生種，如父生子，子復生孫，是親因緣，殊無疑滯。其種引種，何理説爲親因緣也？答：前念既滅，後念已生，即前念體親引後念，知是親因緣。譬如輥彈，前輥至後，後彈即是前彈之體，豈不親也？其種現相生，别辦體者，尚説爲親。此種引種，前念後念，即是一體，豈不至親也。問：其現引現亦是前念親引後念，應是因緣，何故却説爲真等流也？答：《疏》出已有種子生故。問：《疏》意如何？答：前念種子，生起頭上前念現行，其種輥至第二念時，還生頭上第二念現，故知後念現行，不是前念現行親生。如戴華人向前行時，其華不曾自向前行，隨人向前也，思之思之。

問：三類親因緣，四類真等流，請以喻釋不同之理。答：種生現，如炷生焰。現熏種，如焰生燋炷。種引種，如炷前後自相引生。現引現，如燄前後自家相引，其義稍難。又復問云：何故前三名親因緣，第四只名真等流也？答：炷親生焰，焰親生燋，此之易見。炷引炷者，其炷脚下，更無有物能生炷者，即知前炷親引後炷，此亦名親。其焰引焰，脚下已有前後燈炷而生焰故，即知後焰非前親引，故非因緣，只是等流。止是相似名真流，不是親生，故非因緣。翻云：若前後焰自親引生，何故炷盡焰便隨滅？固是前焰不能親生也。

八緣假實

問：因位八識於假實境，何識緣假？何識緣實？答：五八唯緣實，第七唯緣假，第六緣假實。問：五八唯緣實理？答：五八識唯因緣變，無分別變，唯現量，唯性境，故所緣境是實非假。問：第七境唯假所以？答：唯帶質境，唯是非量，故所緣境唯假非實。問：第六識假實之由？答：通二變，通三量三境，是故所緣境，通其假實也。問：佛果位？答：八識通緣假之與實，何以故？一法不知，非遍知故。

新熏本有

問：一言種子，有差別否？答：有新熏種，有本有種。問：有異説否？答：有，難陀唯新，護月唯本，護法正義，新本合論。問：上品無漏，唯本無新，如何合論是正義也？答：有則理有，無則理無，故爲正義。若約轉齊轉滅，亦有新本合論之理，仍所齊中上皆是本有。問：難陀、護月，各有理教，胡爲不正？答：互爲不盡理，故爲不正。問：互爲不盡處？答：若唯新熏、無本有者，上品無漏，無記第八，此上二類無新熏理，又無本有，從何種生？唯新熏者，不盡此理。若唯本有、無新熏者，前七王所具能熏義，何緣不熏？舉例難云：如水既濕，何不潤物？若不潤者，恁麽則火應不燒，地應不載，風應不動。此例無邊，爲大失也，是故新本合論即知正也。

八識五受

問：受有五種，苦樂憂喜捨，八識各與何受相應？答：七八唯捨受，前五唯苦樂，第六二師異：若意地有苦師，第六通五受；若意地無苦師，第六唯三受，憂喜捨爲三，除苦樂二也。問：五受義？答：逼悦身者，名苦樂受；逼悦心者，名憂喜受；不逼不悦，名爲捨受。問：第六二師，何師爲正？答：若約極苦樂處，心亦苦樂，意地有苦，頗爲盡理。問：何處名爲極苦處也？答：無間地獄也。問：極樂何處？答：是第三禪，名離喜妙樂地故。若意無苦樂，可名極樂。

八識所依

問：八識各有幾重所依？答：五四六有二，七八一俱依。問：五四？答：一、五色根爲同境依，二、第六識爲分別依，三、第七識爲染淨依，四、第八識爲根本依。問：六有二？答：一、第七爲俱有依，二、第八爲根本依。問：七八一俱依？答：七八更互爲俱有依。問：八識止此，復有依否？答：八識生時復各三依：一、因緣依，二、增上緣依，三、等無間緣依。問：八識生時，何須直用因緣依也？答：離因緣種必不生故，所以生時須用此依。問：增上緣依？答：離俱有根心等不轉，故須此也。問：等無間？答：離開導依必不得轉，故亦須用。問：因緣依，取體是何？答：謂色心等諸法種子。《論》云：「諸有爲法皆托此依，離此因緣必不生故。」問：俱有依體？答：謂内六根六處是也。問：開導依體？答：謂前滅意，此等無間名爲意也。

因緣差別

問：因緣依有差別否？答：有。小乘經部，因果異時。何以故？種壞芽生故。若大乘正義，因果同時。問：定同時也？答：有少不同。若種生現，現熏種，因果同時。若種引種，現引現，因果異時。問：種引種，憑何得知異時？答：《瑜伽論》説「亦與後念自性爲因緣故」，知是異時也。問：種引種異時之理？答：約細四相念念遷滅，前滅爲因，後生爲果，如前已説。問：種現相生同時之義？答：脚下種子生頭上現，如子生莖，現行頭上辦所熏種，如莖結實，故定同時。亦如前説。問：俱有依差别之理？答：有四師，前三不正，其正義者，乃五四、六有二、七八一俱依，如前問答。

開導差别

問：開導依有差别否？答：有三師故，謂難陀、安慧、護法，三師有異。問：三師不同，大意如何？答：難陀、安慧，八識相望，互爲開導。護法，八識各自開導，此大意也。問：難陀、安慧互開既同，取理同否？答：不同。難陀以相續爲理，相續之者，與間斷者爲開導依。安慧有力爲理，以有方[六]者，與無力者，爲開導依。問：護法菩薩既迥不同，以何爲理？答：三義爲理：一、有緣法；二、要爲主；三、能作等無間緣。問：立理既然，開導如何？答：八識各自類爲開導，非互相望。

問：粗知大綱，請舉難陀之文？答：《論》云：「有義，五識自他前後不相續故，以第六識所引生故，唯第六識爲開導依。第六意識自相續故，亦由五識所引生故，以前六識爲開導依。第七八識自相續故，不假他識所引生故，但以自類爲開導依。」次安慧師難難陀曰：汝言前五自他不續，唯用第六爲開導依者，未自在位，可如汝説，若自在位，寧不相續？又難：若率爾遇境，可不相續，等流五識豈不相續？又難：若非勝境，有不相續，處增盛境，何不相續？問：何名增盛之境？答：如炎熱地獄。問：增盛境寧見相續？答：猛火熾燃，逼奪身心，經一劫等，燒煮不絶，此五識身，理必相續。難前五已，難第六云：五俱意識，自前後引，何假前五。爲開導依？又難：無心等位第六既斷，七八恒續，何不用彼爲開導依？又例難云：若六用前自類爲依，五識自類何不許邪？彼既不爾，此云何然？難第七云：平等性智相應末那初起，必由第六引生，亦應用彼爲開導依。難第八云：鏡智俱第八淨識，必由第六方便引生，亦應八用六七爲依。既難破前，申自義云：應説五識，前六識内隨用何識爲開導依，即知前五有六重依也。第六意識用前自類，或七八識爲開導依，明知第六有三重依也。第七末那用前自類，或第六識爲開導依，七有二重。阿陀那識用前自類，及第六七爲開導依，八有三重。

護法菩薩總非前曰：有義，此説亦不應理。總非前已，立自義云：開導依者，謂有緣法，爲主，能作等無間緣。問：立三義者，其故何也？答：各有所揀。問：初義揀何？答：有字揀於不相應行，由彼無體，故有字揀。緣字揀色及無爲法，彼非能緣，故緣字揀。揀彼意者，要有所緣，及有力者，能引生故。問：爲主揀何？答：揀心所法，彼非主故，要是其主，及有力者，方可爲依。能所無間，其義揀何？答：揀前二師異類之識，爲自識依，及揀自類後念之識，不與前念自識爲依。等無間緣，即唯自類。及自前念也。問：此中能作等無間緣，與四緣中等無間緣是同是別？答：是別。問：請料簡之。答：有是開導依，必是等無間緣；有是等無間緣，非開導依。此寬彼狹，故云別也。問：何類是等無間緣非開導依者？答：謂前念滅自類心所，是前滅後生等而開導，不自在故，非是所依。問：開導依名屬目何義？答：此於後生心心所法開闢引導，名開導依。問：何故揀色及不相應？答：皆無力故。問：何揀無爲？答：無前後故。難前師云：縱云若此與彼無俱起義，説此於彼有開導力。奪云：一身八識既容俱起，如何異類爲開導依？問：此難何意？答曰：意云八識相望，他現生處，不障我路，何用他識與自開導？又難：若自八識互爲開導，一身八識應不俱起。前師答云：不俱何失？難云：便同小乘心不並生。前師云：我既不爾，汝云何然？申自義云：是故八識，各唯自類爲開導依，深契教理。何以故？自類必無俱起義故。應外難云：此識彼識是異類俱起，相望非開導，此心彼所，亦異類俱起，心非心所依。舉《論》答云：雖心心所異類並生，而互相應，和合似一，定俱生滅，事業必同，故一開導時餘亦開導。具此五義，是故心與心所、心所與心，展轉亦得作等無間緣。諸識不然，不應爲例。此釋諸識相應難也。外又難云：心王心所雖異類相望，互作無間緣，緣義既無差違，依亦應等。《論》答之云：然諸心所非開導依。何以故？於所引生無主義故。《疏》釋之云：依是主義，心所非依，緣是由義，心所亦爾。此釋心所成依難也。著名沙門而來難云：如我所見，前念一法引後自一，名之爲等。汝前一法，引後一聚，何待名等？《論》答之云：若心心所等無間緣各唯自類，其七八識初轉依時，相應信等此緣便闕。此釋應各爲緣難也。

問：云何便闕？答：七八有漏，無有信等，無漏信等，誰爲此緣？難云：設此緣闕，亦何傷理？《論》答之云：則違聖説諸心心所皆四緣生。何以故？闕此一緣，唯三緣故。外又難云：六從無心出有心時，何不七八爲六依？《論》答之云：無心睡眠悶絶等位，意識獨斷，而後起時，彼開導依即前自類。問：何故不用七八爲依？《論》又答云：彼先滅時，已於今識爲開導故，何煩異類爲開導依？問：心既久滅，何得爲依？《論》答云：無自類心於中爲隔，名無間故，何不得爲？此釋後起由他難也。前師難云：《佛地論》等皆云諸識互相引生，汝何翻解？《論》答云：然聖教中説前六識互相引起，或七八依六七生，皆依殊勝增上緣説，非等無間緣，故不相違，此釋諸教相違難也。既無違難，結正義云：故自類依，深契教理。

問：開導依名，作何釋也？答：依字是通，通三依故，謂因緣依、俱有依、開導依。開導二字是別，唯此一依，以別揀通，開導之依。揀非二依，通別依主。又開導是總，總通王所，所亦開導，然非爲依。依字是別，唯局心王，總別依主，是開導家之依，揀開導中非依者，即心所也。若開謂開闢，導謂導引，二皆是用，依同一體，亦開亦導，同依持業也。又依體之上有開導用，以用墮體。開導即依，體用持業。難持業云：開導二字，通其王所。依之一字，唯是心王。今作持業者。豈無以寬即狹之過也？答：即一分故，無此過咎。舉例難云：所知障者，所知二字，通一百法，障之一字，唯二十六惑，彼名何不作持業釋，即一分也？答：所知二字，不通一百法，唯七十四，無二十六惑。問：何以故無？答：二十六惑爲障之時，未爲所知。爲所知時，已不爲障。既爲障時。不爲所知，是故障非所知也；爲所知時，已不爲障，即所知非障也，所以左右不成持業。問：何義爲障之時不爲所知等也？答：所知障者，障智不生。智既不生，誰是能知？知是其障，故障非所知。若智已生，障是智家所知之境，障却不能障其知也，所以云云，爲障之時不爲所知等也。問：古云所知不是障，被障障所知，據此所説，二十六惑只爲能障，不爲所知也？答：是。問：何故却説通一百法？答：約智已生，説通百法。智未生時，被障障之。問：若爾，應云被障障能知，何云障所知也？答：障所知境，令智不知，名障所知，其實亦障能知之智也。又解：被障障所知者，不望能知。據此所説，亦無百法。何以故？二十六惑既爲能障，明非所知，智若生時，惑已亡故。所知於何？問：何故皆説通一百法，惑已亡故？答：惑雖已亡，其惑名狀，智亦能知，故説所知通百法來。問：泛言但將開導來解依。不將所知來解障。其義者何？答：本説心王爲開導依，由開導依，三義之中爲有緣法，作等無間緣，此之二義，通其心所，仍來非是開導家依，故云但將開導來解依也。

問：何故心所非開導依也？答：不自在故不得爲依。問：不將所知來解障？答：本說煩惱爲能障法，智所知境是所障法，今名所知障者，能障煩惱，從所障所知境以彰名。其所知二字，非正談故，所以道不將所知來解障也。古云所知不是障，被障障所知。正相符順，故所知之障，開導即依，此之謂歟。

八識斷捨

問：八識斷捨，各至何位？答：有漏第八，直至成佛解脱道時，方棄捨之。第七我執，三乘見後，或行不行，大乘八地後永不行。我執種子，直至三乘金剛心斷。第七法執，大乘地上，或行不行，直至大乘金剛心斷。有漏第六，入三空觀，五位無心，悉皆不行。若二障種，大乘金剛一時斷盡。若我執種，二乘金剛亦一時盡。其前五識，根遇違緣，五位無心，亦皆不行。若説有漏，直至大乘解脱道時，與第八識一時同捨。其無漏七八，成佛已後，盡未來際。無漏前六入滅盡定，亦皆不行。

七二師異

問：有漏第七，幾位不起？答：有三位，謂三乘無學、法空智生，及滅盡定。問：何知爾也？答：本頌云「阿羅漢滅定，出世道無有」，是以知爾。問：此三位中，無第七者，有異説否？答：有，安、護二説不同。若安慧説，染淨俱無，故説滅定滅六盡七。若護法説，唯無染七，故説滅定滅六淨七。問：安憑何説無淨七？答：由説七唯人執，《對法》等説三位無故，《顯揚》不説淨位有故，《攝論》不説爲淨依故，憑此教理三位無體。問：護憑何却説淨七？答：《解脱經》説「出世末那」，故知有淨。護、難、安曰：汝説三位，無第七識，彼時第六應無所依。安質曰：《對法》何説三位無七？護會曰：説無染七，名無第七，非無淨七。安難曰：教明説無，何理敢違？護例云：如説四位無阿賴邪，非無八體，七亦應爾。

第七所繫

問：頌云第七云「隨所生所繫」，其義云何？答：隨第八生，彼地所繫。問：爲何如此？答：第七任運恒緣自地藏識爲我，故是隨八所生，彼地所繫也。又解：或爲彼地煩惱繫縛名所繫。

第七染淨

問：第七染淨，其位有幾？答：有三位，一、補特伽羅我見相應位；二、法我見相應位；三、平等性智相應位。問：人我見相應位，在何至何？答：一切有漏皆是此位，但成無漏，便非此位。問：法我見？答：謂法空智不現前時，皆法我位。問：平等智相應之位？答：但法空智現在前時便是此位。

心所立名

問：依云何義，立心所名？答：有三義，一、恒依心起；二、與心相應；三、繫屬於心，具此三義，名爲心所。問：云何名恒依心起？答：要心爲依，方得生故。問：與心相應？答：觸等恒與心相應故名心所，既云與心相應，心不與心自相應故，心非心所。何以故？他性相應非自性故。問：與心相應其義有幾？答：有四義，謂時同、依同、所緣同、事同。色等望心，不具此義，色非心所。問：繫屬於心。答：觸等看與何心生時，便屬彼心之觸等故，既云繫屬於心，心王不自繫屬於心，故非心所。

王所取相

問：心心所法同聚緣境，取相同不？答：不同。心王唯緣境之總相，心所通緣總别二相。問：何故如此？答：助成心事，名心所故，如畫師資作模填彩。應示總緣，通總別喻。答：如科差者，一州總降多少錢糧，諸縣先要知總數已，方知我縣合著厘毫。應法合云：心王唯緣總相，猶一州而總降錢糧。心所總別通緣相，諸縣而別知厘毫數。問：應説心所，各所了者，別相是何？答：作意了此未所了相，觸了可意不可等相，受了苦樂憂喜等相，想了言説因相，思了正因等相，欲了可樂事相，勝解亦了決定事相，念亦能了慣習事相，定慧同了得失事相，此是心所了別相處。

心所位數

問：心所位數多少？答：總有六位，數五十一。問：何位有幾？答：遍行有五，別境五，善十一，根本六，隨煩惱二十，不定四，故位有六，數五十一。問：以何義故名爲遍行？答：遍四一切，心得行故，名曰遍行。問：四一切何？答：遍三性故，遍八識故，遍九地故，遍一切時，名四一切。問：何名別境？答：別別緣境而得生故，名爲別境。云何名善？答：唯善心中可得生故，賢良佳美，吉祥義故。問：根本煩惱？答：性是根本，煩惱攝故，能生隨惑之根本故。問：隨煩惱？答：謂是煩惱等流性故。問：云何不定？答：性地時俱皆不定。

徧行五義

問：遍行五？答：一、作意，二、觸，三、受，四、想，五、思。問：云何作意？答：引心令趣自境。問：何名觸？答：令心心所觸一境故。問：受？答：能領納順違中境，令心等起歡慼捨相。問：想？答：想能安立自境分齊故。問：思？答：令心取正因等相，造作善等。

别境五義

問：别境五？答：一、欲，二、勝解，三、念，四、三摩地，五、慧。問：云何爲欲？答：

於所樂境希望爲性，勤依爲業。問：何者名爲所樂之境？答：有三解：一、可忻境，二、所求境，三、所欲觀，名爲所樂，第三解正。問：云何勝解？答：於決定境印持爲性，不可引轉爲業。問：云何名念？答：於曾習境令心明記不忘爲性，定依爲業。問：云何曰定？答：於所觀境令心專注不散爲性，智依爲業。問：云何爲慧？答：於所觀境揀擇爲性，斷疑爲業。

善十一義

問：善十一？答：頌云「善謂信慚愧，無貪等三根，勤安不放逸，行捨及不害」。問：云何爲信？答：於實德能深、忍、樂、欲，心淨爲性，對治不信，樂善爲業。問：實深忍？答：謂於諸法實事理中深信忍故。問：德深樂？答：謂於三寶真淨德中，深信樂故。問：能深欲？答：謂於一切世出世善，深信有力，能得能成，起希望故。問：淨心爲性？答：此性澄清，能淨心等，如水清珠，能清濁水。問：與慚等何別？答：此淨爲相，不同慚等。彼各有相，不濫慚等。

問：云何爲慚？答：依自法力，崇重賢善爲性，對治無慚，止息惡行爲業。問：自法力？答：自謂自身，法謂教法，謂作是言：我如是身，解如是法，敢作諸惡也。問：云何爲愧？答：依世間力，輕拒暴惡爲性，對治無愧，止息惡行爲業。問：世間力？答：世人譏呵，名世間力。問：輕拒暴惡？答：輕有惡者而不親，拒惡法業而不作。

問：云何無貪？答：於有、有具，無著爲性，對治貪著，作善爲業。問：有、有具？答：有謂三有之果，有具三有之因。問：云何無嗔？答：於苦、苦具，無恚爲性，對治嗔恚，作善爲業。問：苦、苦具？答：謂三苦，苦具、苦因。問：云何無痴？答：於諸事理明解爲性，對治愚痴，作善爲業。

問：云何爲勤？答：勤謂精進，於善惡品，

修斷事中，勇悍爲性，對治懈怠，滿善爲業。問：勤與精進，爲是一邪、異邪？答：異。勤通三性，精進唯善。問：既異，何云勤謂精進？屬目爲一邪？答：謂屬一分是善性者。問：善惡修斷？答：於善品修，惡品斷。問：勇捍義？答：勇曰外進，捍者堅牢，勇而無怯，悍而無懼。問：滿善義？答：圓了善事，名爲滿善，是故三根名爲作善，此名滿善，能滿彼故。問：《百法》信後便精進，此三根後方説精進，其意何也？答：《百法》因依次第，《唯識》立依次第，故不同也。問：因依者何？答：信爲欲依，欲爲勤依，是故信後便説勤也。問：立依次第？答：根依精進立捨等三，所依四法理須合説，此三根後。方説精進。問：云何輕安？答：遠離麤重，調暢身心，堪任爲性，對治惛沉，轉依爲業。名輕安者，離重名輕，調暢名安。言堪任者，有所堪可，有所任受。言轉依者，令所依身心去麤重，得安隱故。問：不放逸？答：精進三根於所修斷防修爲性，對治放逸，成滿一切世、出世間善事爲業。問：防修義？答：於所斷惡，防令不起，所修善法，修令增長，名爲防修。問：精進三根？答：此不放逸，即四法上防修功能，非别有體。問：信等亦有防修功能，何不依立？答：餘六比四，勢用微劣，故不依立。問：偏何微劣？答：非善根故，非遍策故。

問：云何行捨？答：精進三根，令心平等正直，無功用住爲性，對治掉舉，静住爲業。問：行捨名？答：行藴中捨，揀受藴捨，故名行捨。問：令心等義？答：由捨令心離沉掉時，初心平等，次心正直，後無功用。問：何故行捨同不放逸，亦即四法？答：離彼四法，無相用故。問：何知無别？答：若能令静，即四法故，若所令静，即心等故。問：既即四法故，何須别立？答：若不别立，隱此能故。問：云何不害？答：於諸有情，不爲損惱，無嗔爲性，能對治害，悲愍爲業。問：無嗔爲性？答：即無嗔上，不損惱用，假立不害。

染淨相番

問：染心所法有二十六，善唯十一，其故何也？答：淨勝染劣，少敵多故。問：此善十一幾假幾實？答：前八是實，後三是假，照前自知。

根本六義

問：根本煩惱，其相云何？答：頌曰「煩惱謂貪嗔，痴慢疑惡見」。問：《百法》中痴居慢後，此居嗔後，何不同也？答：《百法》慢後，顯通利鈍，此明三根，故在嗔後。問：誰是利鈍？答：痴利慢鈍。

問：云何爲貪？答：於有、有具，染著爲性，能障無貪，生苦爲業。問：生苦義？答：謂由愛力，取蘊生故。

問：云何爲嗔？答：於苦、苦具，憎恚爲性，能障無嗔，不安惡行所依爲業。問：不安義？答：心懷憎恚，多住苦故，所以不安。

問：云何爲痴？答：於諸理事，迷暗爲性，能障無痴，一切雜染所依爲業。問：雜染所依？答：謂由無明，起痴邪定貪等煩惱、隨煩惱業，能招後生雜染法故。

問：云何爲慢？答：恃己於他，高舉爲性，能障不慢，生苦爲業。問：云何生苦？答：謂若有慢，於德有德，心不謙下，由此生死輪轉無窮，受諸苦故。問：慢有其幾？答：七體九類。問：七體者何？答：謂單、過、慢、增、邪、我、卑。問：云何單慢？答：於劣計己勝，於等計己等，稱境爲單，不敬爲慢，雖理本等，恃己評他，故爲慢也。問：云何過慢？答：於勝計己等，於等計己勝，單加一等，故成過慢。問：云何慢過慢？答：於勝計己勝，單上加二，名慢過慢。問：何名增上？答：未得謂己有得，計劣爲多，爲增上慢。問：云何邪慢？答：自全無德，謂己有德。問：云何我慢？答：於自執我，稱量高舉。問：卑劣慢？答：謂於多勝，計己少劣。

問：於勝計劣，此應是謙，何得成慢？答：如自恃云「汝雖勝我，終不汝敬」，故是此慢。問：九類者何？答：謂於我勝、等、劣，有勝、等、劣，無勝、等、劣，於勝、等、劣下，計此九句，隨意配之，是何慢類。問：請示一途？答：如於勝，計我勝，是慢過慢類。於勝計我等，是過慢類。於勝計我劣，是卑慢類。問：更示於等？答：於等計我勝，過慢類。於等計我等，單慢類。問：再示於劣？答：於劣計我勝，單慢類。問：計有勝等？答：於勝計有勝，慢過慢類。於勝計有等，過慢類。於勝計有劣，卑慢類。於等計有勝，過慢類。於等計有等，單慢類。問：計無勝等？答：於勝計無勝，單慢類。於勝計無等，卑慢類。於勝計無劣，此有兩類：若下無劣計等，過慢類；若下無劣計勝，慢過慢類。若於等計無勝，單慢類。於等計無劣，此亦二類：若下無劣計等，單慢類；若無劣計勝，過慢類。問：於計二字，何屬自他？答：於字屬他，計字屬自。問：何以故？答：於猶向也，向他勝劣，計自勝劣故，倣此作法，自易見矣。

問：云何爲疑？答：於諸諦理，猶豫爲性，能障不疑，善品爲業。問：障善品？答：謂猶豫者，善不生故。

問：云何惡見？於諸諦理，顛倒推度，染慧爲性，能障善見，招苦爲業，謂惡見者，多受苦故。問：惡見有幾？答：有五見，謂身、邊、邪、見取、戒禁取。

十惑俱分

問：六根本中，惡見分五，總別爲十，幾俱分也？答：六通俱生，十分別，疑後二見唯分別。問：十煩惱何性攝？答：嗔唯不善，餘九皆通有覆不善。

十惑界繫

問：十惑界繫，此十各何界繫？答：嗔唯欲

界，餘通三界。

二十隨惑

問：二十隨惑，其相云何？答：頌曰「隨煩惱謂忿，恨覆惱嫉慳，誑諂與害憍，無慚及無愧。掉舉與昏沉，不信并懈怠，放逸及失念，散亂不正知」。問：名？答：隨其煩惱分位差別，等流性故，名隨煩惱。問：分位差別者？答：謂忿等十，及失念、不正知、放逸，此十三法，是根本家差別分位。問：等流性者？答：謂無慚、無愧、掉舉、昏沉、散亂、不信、懈怠，此之七法，雖別有體，是根本家等流性故。問：此七法既別有體，何名等流？答：根本爲因，此得生故，名爲等流。

問：此隨復有差別義否？答：其類有三，謂大、中、小。問：誰爲小等？答：謂忿等前十名爲小隨，無慚無愧二爲中隨，掉等后八爲大隨。問：約何名小、中、大？答：約其三義無者名小，具一名中，三義名大。問：三義者何？答：一、自類俱起，二、遍染二性，三、遍諸染心。問：請總示法，自類俱等？答：忿等十法，各別起故，自類不俱，闕初意，唯是不善，闕第二義遍染二性，染二性者，不善、有覆，既闕有覆，故知不遍一切染心，闕第三義。此之十法，三義皆無名小。問：中隨者？答：無慚愧二，自類俱起具初義，既唯不善，如小隨十亦闕后二，前云具一名中隨也。問：大者？答：掉等八法，自類俱起，具初義；通不善及有覆性，具第二義；既具二性，通染二性，便具第三遍諸染心。既具三義，名之爲大。結成頌曰：「自類俱二性，遍一切染心，小無中有初，大隨具三義。」

問：云何爲忿？答：依對現前不饒益境，憤發爲性，能障不忿，執仗爲業。問：何爲執仗？答：仗謂器仗，謂懷忿者，多發暴惡身表業故。問：前云忿等一十三法，是根本家差別分位。此忿一法，是誰分位？答：嗔一分故。問：何知嗔分？答：離嗔無别忿相用故。問：云何爲恨？答：由忿爲先，懷惡不捨，結寃爲性，能障不恨，熱惱爲業。問：熱惱業？答：謂結恨者，不能含忍，恒熱惱故，亦嗔一分。問：云何爲覆？答：於自作罪，恐失利譽，隱藏爲性，能障不覆，悔惱爲業。問：悔惱業？答：謂覆罪者，后必悔惱，不安隱故。問：覆是何分？答：若依正義，貪、痴二分。問：何知爾也？答：若不懼當苦覆自罪者，是痴分也，若恐失利譽覆自罪者，是貪分也。問：云何爲惱？答：忿恨爲先，追觸暴惡，狠戾爲性，能障不惱，蛆螫爲業。問：追觸等義？答：謂追往惡，觸現違緣，心便狠戾，多發嚚暴凶鄙麤言，蛆螫他故，此亦嗔分。問：云何爲嫉？答：殉自名利，不耐他榮，妬忌爲性，能障不嫉，憂慼爲業。問：憂慼義？答：謂嫉者，聞見他榮，深懷憂慼，不安隱故，亦是嗔分。問：云何爲慳？答：躭著法財，不能惠捨，秘悋爲性，能障不慳，鄙畜爲業。問：不捨等？答：謂慳悋者，心多鄙澁，畜積財法，不能捨故，此屬貪分。問：云何爲誑？答：爲獲利譽，矯現有德，詭詐爲性，能障不誑，邪命爲業。問：矯現等？答：謂矯誑者，心懷異謀，口現不實邪命事故，此貪痴分。問：云何爲諂？答：謂圓他故，矯設異儀，諂曲爲性，能障不諂，教誨爲業。問：罔〔七〕他等義？答：謂諂曲者，爲罔冒他，曲順時宜，矯設方便，爲取他意，或藏己失，不任師友正教誨故，亦貪痴分。問：云何爲害？答：於諸有情，心無悲愍，損惱爲性，能障不害，逼惱爲業。問：逼惱義？答：謂有害者，逼惱他故，嗔一分攝。問：害與嗔差别之義？答：害障不害，正障於悲；嗔障無嗔，正障於慈。又嗔能斷命，害但損他，故别也。問：云何爲憍？答：於自盛事，深生染著，醉傲爲性，能障不憍，染依爲業。問：染依義？答：謂憍醉者，生長一切雜染法故，此貪分也。問：爲不憍？答：即無貪也。

問：云何無慚？答：不顧自法，輕拒賢善

法性，能障礙慙，生長惡行爲業。問：不顧等？答：謂於自爲無所顧者，輕拒賢善，不耻過惡，障慚生長諸惡行故。問：云何無愧？答：不顧世間，崇重暴惡爲性，能障礙愧，生長惡行爲業。問：不顧世間等義？答：謂於世間無所顧者，崇重暴惡，不耻過罪，障愧生長諸惡行故。

問：云何掉舉？答：令心於境不寂靜爲性，能障行捨奢摩他爲業。問：云何惛沉？答：令心於境無堪任爲性，能障輕安毗鉢舍那爲業。問：惛沉與痴，行相何別？答：謂痴於境迷暗爲性，正障無痴，而非瞢重，惛沉於境瞢重爲相，正障輕安，而非迷暗，故二不同。問：云何不信？答：於實德能，不忍樂欲，心穢爲性，能障淨心，墮依爲業。問：墮依業？答：不信之者，多懈怠故。問：不信行相？答：於實德能，不忍樂欲。問：若於染法起忍樂欲，是不信否？答：彼即是欲，非是不信。問：云何懈怠？答：於善惡品修斷事中懶墮爲性，能障精進，增染爲業。問：增染義？答：謂懈怠者，滋長染故。問：善事懶墮，名爲懈怠，惡事策勤，名爲何也？答：亦是懈怠。問：云何亦是懈怠？答：退善法故，亦名懈怠。問：無記策勤，爲是何也？答：是欲勝解。問：云何放逸？答：於染淨品，不能防修，縱蕩爲性，障不放逸，增惡損善所依爲業。問：此放逸以何爲體？答：懈怠三根，不能防修染淨等法，總名放逸，離上四法，别無體性。問：彼慢疑等，亦有此能，何不依立，此放逸耶？答：慢等方四，勢用微劣，故不依立。問：此之四法，偏何勝餘慢疑等也？答：障三善根，障遍策故，餘無此能故不勝。問：云何失念？答：於諸所緣，不能明記爲性，能障正念，散亂所依爲業。問：散亂所依。答：謂失念者，心散亂故。此失念者，念痴一分。問：云何散亂？答：於諸所緣，令心流蕩爲性，能障正定，惡慧所依爲業。問：惡慧所依？答：謂散亂者，發惡慧故。問：散亂掉舉，二相何别？答：散亂令心易緣，掉舉令心易解，是二別相。問：云何不正知？答：於所觀境，謬解爲性。能障正知，毁犯爲業。問：毁犯業？答：不正知者，多毁犯故，此不正知，慧痴一分故。

不定心所

問：不定四，其相云何？答：頌曰「不定謂悔眠，尋伺二各二」。問：此四何故立不定名？答：由不同前五位心所，定遍八識三性界地，此之四法，皆不定故，不立定名。

問：頌單言「悔」，長行屬云「悔謂惡作」，莫悔與惡作是一法邪？答：惡作是因，悔是其體，以體即因，故《論》屬云「悔謂惡作」也。問：體之與因是別之理？答：惡作是因，悔體是果。問：何以故知？答：先惡所作業，後方追悔故，此是別理也。問：恁麽則因果既別，何敢即之？答：謂《百法》門下列云惡作，今頌云悔，《論》屬意云此頌悔者，即是《百法》門下惡作者也，非謂即之令成一法也。問：體業是何？答：惡所作業，追悔爲性，障止爲業。問：所障止？答：即奢摩他，能止住心，故名爲止。

問：云何爲眠？答：令身不自在，心極暗昧，輕略爲性，障觀爲業。問：何者名觀？答：毗鉢舍那攝境從心，名之爲觀，取體即慧。問：此眠者，能令身心不自在等，其無心眠，如何能令？答：從有心眠。問：至無心？答：從能引説名之爲眠，其實無心，不名睡眠。問：何以故？答：眠是心所，有能令用，彼既無體，豈有令用，故不名眠。

問：云何爲尋？答：尋謂尋求，令心忽遽，於意言境，麤轉爲性。問：云何爲伺？答：伺謂伺察，令心忽遽，於意言境，細轉爲性。問：二業用？答：尋伺俱以安不安住身心分位所依爲業。問：意言境？答：意所取境，多依名言，名意言境。問：尋伺二爲假爲實？答：並用思慧一分爲體。問：爭知並用？答：若令心安，即是思分，令心不安，即是慧分。問：何理如此？答：思者徐而細故，慧者急而麤故。問：若如是者，令安則用思無慧，不安則用慧無思，何云並用？答：通照大師釋，有兼有正。若正用思，急慧隨思，能令心安。若正用慧，徐思隨慧，亦令不安。若如是說，不違並用。

王所一異

問：心與心所，是一是異？答：設爾等。難云：若是異者，如何教說唯有識也？若是一者，如何又說與心相應？何以故？他性相應，非自性故。答：俗諦是異，真諦非異。問：一異理？答：若約俗諦，尊卑迥然，王所不同。若約真諦，一能緣性，或二空理，乃至癡銓，寧分王所。

問：八王相望，約真諦說，亦應無異？答：理固同然，寧分彼此。問：何以知之？答：《仁王疏》說「性源相源」，若相源者，前七皆歸一第八識。問：何以故？答：淵深七浪，《楞伽》說故，若性源者，諸法皆歸一真如故。問：喻如何者？答：如水與波。若俗諦說，停水非波，波非停水，又此一波，非彼多波。若真諦說，唯是一水，濕性何異。難曰：如此說成用別體同，合不正義。答：彼不正者，體一用別，此正義家，各分體用。問：請說各分，不違真俗之理？答：東波西波，各全水體，各全波用。若依俗諦，其東水波，非西水波。若依真諦，東西波水，一箇濕性。豈東濕性別如西濕。況濕無東西，人自分爲東西故。

問：設心心所，迥然各別，不與會同有何過？答：便違聖說。真中有俗，俗中有真。識表之中，此二決定，無真無俗，誰之真俗，豈有此理。問：教他元然，又且如何？答：真是俗法之本源故，儻若無真，俗依何有。若無俗者，汝之真性，對誰說真。既相待立，必不相離。必然之道，何疑之有。又俗諦中心心所法，迥然各異者，一人身中有五十九，成多有情？答：第八識是其相源，唯依第八立一有情，是總報主，一命根故。

識變唯識

問：已明自性唯識，三變八識，又明相應唯識，六位心所，識變唯識，應當明之？答：初問山河大地，顯然在外，何唯一心，更無餘法？今廣之云：謂十一色法，皆識所變也。言十一者，五根六塵也。問：五根色？答：一眼等五色根也。問：六色塵？答：六色與十一法處所攝色，此六塵也。

問：五根中眼者何義？答：照矚之義，梵云斫蒭，此翻行盡，眼能行盡諸色境故。問：眼根是色，又見諸色，二色何別？答：根色之色，質礙之色，眼所見色，顏色之色。問：云何爲耳？答：能聞之義，梵云莎嚕多羅成縷多，此翻能聞聲故。問：云何爲鼻？答：能齅之義，梵云伽羅尼羯羅拏，此云能齅，齅香臭故。問：云何爲舌？答：能嘗之義，梵云秖若時吃縛，此翻能嘗。《瑜伽論》云：「能除饑渴，數發言論，表彰呼召，謂之舌也。」問：云何名身？答：積聚依心二義名身，謂聚大造，諸根依心，梵云伽耶，此翻爲積因。問：何故眼耳立通，鼻舌身三不立通也？答：眼耳二識，離中取境，離障用增，所以立通。鼻舌身三，合中取境，離障用微，故不立通。

又問：六塵之中，如何名色？答：方處示現，名之爲色，此顏色之色也，對眼識故。此顏色，別名也，質礙之色，色總名也。問：顏色有幾？答：有二十五，謂青黄赤白、長短方圓、麤細、高下，若正不正、光影明暗、煙塵雲霧、迥色、表色、空一顯色。問：聲者何義？答：可聞之義。有十二種，謂可意聲不可意聲俱相違聲、因執受大種聲因不執受大種聲因俱大種聲、世間所共成聲、成所引聲、遍計所執聲、聖言量所攝聲、非聖言量所攝聲、嚮聲，此爲十二。問：香義數有幾？答：可齅之義。香有六種，謂好香、惡香、平等香、俱生香、和合香、變異香，此爲六種。

問：味義數？答：可嚐之義。有十二種，謂苦、酸、甘、辛、鹹、淡、可意、不可意、俱、相違、俱生味、變易味，是爲十二。問：觸義數？答：可觸之義。有二十六，謂地水火風、輕重澁滑、緩急冷暖、硬軟饑渴飽力，劣悶癢粘、老病死瘦是也，初四是實，餘者皆依四大假立。問：餘觸皆假，身識何緣？答：即實緣故。問：既即實緣，何知輕等？答：五俱意識分別輕等。問：法塵義數。答：可緣之義。此有五種，謂極迥色、極略色、定果色、受所引色、遍計所執色，是爲五種。問：何者名爲極迥色也？答：析所礙色，至極微處，名極迥色。何名極略色也？答：析俱礙色，至極微處，名極略色。問：何名俱礙所礙？答：如根色等，名爲俱礙，如明暗等，名所礙。問：定果色？答：解脱定，亦魚米肉山威儀身等。問：受所引色？答：謂律不律儀，殊勝思種，所立無表。問：遍計所執色？答：謂第六識虚妄計度所變根塵，無實作用，名遍計色。問：餘四名色，有可擬宜，其受所引，何亦名色？答：從所防發善惡之色，以立色名。問：色塵之觸，與遍行之觸，是同是別？答：此觸塵觸，所緣色法，彼遍行觸，能緣心法。觸塵觸數，汎如是説。

分位唯識

問：分位唯識有幾種？答：有二十四種，謂一得等。問：何名分位？答：依前三法，一分一位，假立得等名爲分位。問：既依前三，何但名爲識分位也？答：識爲主故，名識分位。問：何義名爲不相應行？答：行有二種，謂相應、不相應，此揀非彼，名不相應行。問：何者名爲相應行也？答：心所法是。

問：得者何義？答：包獲成就，不失之義。問：其事何者？答：色心生起，未滅壞來，此不失相，便名爲得。問：云何爲命根？答：依業所引第八種上連持色心不斷功能，假立命根。問：衆同分？答：類相似故，名衆同分。有人法別：

法同分者，如心同分、色同分等；人同分者，如天同分、人同分，三乘五性，依人法類，假立同分。問：異生性？答：二障種上一分功能，能令趣類差別不同，名異生性。

問：無想定？答：想等不行，名爲無想，令身安和，故亦名定。問：想等心聚，悉皆不行，何故但名無想也？答：想滅爲首，名無想定。問：如何想偏爲首？答：謂此外道，厭想如病，欣求無想，以爲微妙，立此無想。問：滅盡定？答：令不恒行心心所滅，及染第七恒行心聚，皆悉滅盡。問：無想、滅盡，差別如何？答：修無想定，作出離想，修滅盡定，作止息想。又無想唯凡，滅盡唯聖，是二差別。問：此二定依何建立？答：厭心種上，遮礙轉識不生功能，建立此定。問：無想報？答：由修彼定，感彼天果，名無想報。

問：何者名身？答：能詮自性，單謂之名，二名已上，方名名身。問：云何句身？答：詮差別義，目之爲句，一句非身，多句成身。問：云何文身？答：文即是字，爲名句依，多文名身。有説帶詮名文，如經書字，不帶詮者，只名爲字，如字母類，及等韻字。

問：云何爲生？答：先無今有，名之爲生。問：云何爲住？答：有位暫停，名之爲住。問：云何爲老？答：住別前後，衰變名老。問：云何無常？答：今有後無，名爲無常，死之異名。有説生死，合爲無常，今唯據死。

問：云何流轉？答：因果不斷，相續前後，故曰流轉。問：云何定異？答：善惡因果，互相差別，名爲定異。問：云何相應？答：因果事業，和合而起，謂之相應。問：此之總名不相應行，如何却有相應也？答：總名不相應行，如前已説，揀於相應行之心所法，此相應者，乃前三法上事業和合，謂之相應，有何相濫。問：云何勢速？答：謂有爲法，遊行迅疾，故曰勢速。飛行運逬，皆此所攝。問：云何次第？答：編列有序，令不紊亂尊卑上下，左右前後，有規矩者，皆此攝也。問：云何爲時？答：過現未來，成住壞空，四季三際，年月日夜，六時十二，隨方制立時分名時。問：云何爲方？答：色處分齊，人法所依名方，或十方上下，六合四極，亦隨方制。問：云何爲數？答：度量諸法，名之爲數，或一十百千，至不可轉，因此應辨。五經隨函，説有三數：十十而還者，爲其下數；百百而還者，謂之中數；倍倍而還者，謂上數。愚見觀之，倍倍還者，最爲盡理。何以故？無虛闕故。若十十還十十爲百，數且不闕；若十百爲千，闕九十百。何也？既十十爲百，合百百爲千也。若倍千者，十千[八]爲百，百百爲千，千千爲萬，萬萬爲億等，最爲實數，無虛闕也。問：和合性。答：謂有諸法，不相乖反，名和合性。問：不和合性？答：謂於諸法相乖反故，名不和合性，前如相順因，此如相違因。

問：此二十四，前三分位，未知何法，是何分位？答：總而言之，命根一法，唯心分位，第八心種連持功能故。異生性一，唯所分位，二障種上令別功能。二無心定，無想異熟，王所上假，王所滅已，名無想等。餘一十九種，通色及心與心所法。三上假立，略示一二。如衆同分，有色同分、心同分、所同分；又如勢速，色心心所，遷滅不停；又如定異，色不是心，心不是所，善因惡果定不互感等。餘倣此説。

八俱不俱

問：一身八識，長俱轉耶，有不俱時？答：七八二識，長恒俱轉。若第六起，有三俱轉，餘隨緣合，有四五六七，至八俱轉。小乘來問：一身同時多識俱轉，如何説彼是一有情？大乘答云：然立有情，依命根第八種子，或異熟第八現行，彼俱恒時唯有一故。大乘難曰：汝小乘宗，依識多少立有情者，汝無心位，應非有情。小乘質曰：汝大乘宗，依一第八立有情者，何用多識？大乘釋曰：依用立多，如浪與像依一起多，故依一心，多識俱轉。

八識一異

問：八識相望，定一定異？答：内返徵云，定一何失。外難内曰：若定一者，行相所緣相應何異？能所熏等何以不同？見一滅時，餘不滅故，知非定一也。内又徵曰：定異何過？外難云：若定異者，非因果性，非如水波，非如幻事，亦非定異。内答之曰：八識相望，不定一異。外又徵曰：何故不定？内釋曰：真俗道理，須如此故。外難曰：何以知之？内引訂曰：如伽陀説，心意識八種，俗故相有别。真故相無别，相所相無故。泛問：八識相望，既非一異，四真俗中，當何真俗？答：當第二俗，第一真也。問：何理知當第二俗也？答：第二俗者，隨事差别，乃三科等是有别。

唯識開蒙問答卷上

校勘記

〔一〕「十二」，疑前脱「十一」二字。
〔二〕「菩」，疑爲「答」。
〔三〕「不」，疑爲「下」。
〔四〕「重」，疑爲「熏」。
〔五〕「以」，疑爲「似」。
〔六〕「方」，疑爲「力」。
〔七〕「冈」，疑爲「罔」，下一「冈」字同。
〔八〕「千」，疑爲「十」。

唯識開蒙問答卷下

宣授懷益路義臺寺住持
宗法圓明通濟大師雲峰集

六種無爲

問：第一真諦義？答：體用顯現蘊等三科也。

問：云何名爲實性唯識也？答：是前四法，真實性故。問：既是四位真實之性，何故偏云識實性也？答：六位心所，識家相應，十一色法，識家所緣，不相應行，是識分位，識是其體，是故總云識實性。問：此識實性有幾數也？答：有六種，一虚空等。問：何故此六，通名無爲？答：爲之言作，前九十四有生滅法，皆有造作，稱之曰爲。今此六法寂寞冲虚，湛然常住，無所造作，故曰無爲。

問：虚空無爲，其義云何？答：謂於真諦，離諸障礙，猶如虚空，豁虚離礙，從喻立名。問：擇滅無爲？答：擇謂揀擇，滅謂斷滅，由無漏智，斷諸障染，所顯真理，立擇滅名。問：非擇滅？答：一真法界，本性清淨，不由擇力，斷滅所顯；或有爲法，緣闕不生，所顯真理。約上二義，不因擇滅，云非擇滅。問：不動無爲？答：離前三定至第四禪，離其三災，出於八患，無喜樂等，動摇身心所顯真理，從能顯名，故曰不動。問：想受滅無爲？答：無所有處，想受不行，所顯真理，名想受滅。問：真如無爲？答：真揀於妄，如揀於倒，遍計依他，如次應知，非妄非倒，故曰真如，無作曰無爲。

三科百法

問：如前五位百法，於五蘊中，何蘊攝何？答：頌曰「色攝十一全，受想各當一，七十三行蘊，八王識蘊收，無爲無積聚，不向蘊門攝」。問：色攝十一全？答：五根六塵，皆屬色蘊，故云色攝十一全。問：受想各當一？答：遍行中受自當受蘊，想當想蘊，名各當一。問：積聚名蘊，一受一想，何得成蘊？答：八識相應有八受想，聚八受想故成二蘊。問：七十三行蘊？答：五十一心所、二十四不相應，總有七十五法，除受想二，有七十三，此等皆是遷流造作，故行蘊攝。行者遷流造作之義。問：八王識蘊收？答：八識心王皆是識故，皆識蘊收也。問：無爲非積聚，不向蘊門攝？答：蘊，積聚義。有爲之法，可以積聚，色有形質，非色有分限。今無爲法，既無形分，何所積聚，故非蘊攝。是故五蘊，攝前九十四法。

問：十二處？答：眼等六根、色等六塵是也。問：此十二處，如何收攝五位法也？答：頌曰「根塵各五處，十色隨自名，八王意處收，八十二皆法」。問：根塵各五處，十色隨自名？答：六根塵中除意法二，前十法中，五根當五處，五塵當五處。十色隨自名者，隨自眼名，便當眼處，乃至觸名，便當觸處，名十色隨自名也。問：八王意處收？答：八識心王，皆在第六意根攝也。問：八十二皆法？答：一百法中，除前十色，及八心王，此十八外，有八十二，皆在第十一法塵處收也。問：何以故？答：除前十八所收已外，選甚[三]有爲無爲，假之與實，皆是意識所緣法塵境也。

問：十八界？答：六根、六塵、六識，成十八界也。問：十八界收攝百法？答：頌曰「根塵各五界，十色隨自名，八王歸七心，八十二皆法」。問：根塵各五界，十色隨自名？答：五根五塵，各當五界，爲十色界。名體相當，云隨自名。問：八王歸七心？答：六識界及意根界，名七心界，前六心王，當六心界，七八二識，皆歸第七意根界收，總名八王歸七心也。法界同法處，不須再問。

五位三性

問：遍計、依他、圓成，此五位法，何法何性？答：遍計不攝此五位法。問：何故不攝？答：遍計性者，是增益相，無實體故。問：此遍計性，何識能計？答：唯第六識。問：何唯第六？答：四句料揀，即知非餘。一、遍而非計，謂第八；二、計而非遍，有漏第七；三、非遍非計，有漏前五；四、亦遍亦計，有漏第六。故唯第六，有此遍計。

問：幾法是依他性？答：除六無爲，餘九十四，藉因托緣，皆依他攝。問：九十四法，通其假實，何皆依他？答：非體假故皆依他。問：非無體假，是何假也？答：分位假。問：假有幾種？當知何法是分位假？答：假有三種：一、聚集假，瓶盆有情，聚集四大五蘊成故；二、相續假，三世因果，多法多時立一假法，如昔者鹿王，今我身是；三、分位假，不相應是，依前三法分位立故。

問：幾法是圓成性也？答：六無爲是。問：何知六是圓成實性？答：所證所顯，從喻從詮，本性緣闕，照前自見。問：何謂圓成？答：二空所顯，圓滿成就，諸法實性，名圓成實。問：圓成有幾種？答：有二種，謂無爲圓成、離倒圓成。問：前相攝者，是何圓成？答：無爲圓成。問：何爲離倒圓成？答：三乘因果位中無漏心品，佛果位中依正二報、威儀定果、滅後舍利，但無漏者，無爲之法，皆是離倒圓成攝也。

因果之義

問：佛宗因果，有何義理？答：説因果者，離斷常邊，契中道故。問：因果二字，如何能離斷常二邊？答：有因故非常，有果故非斷。問：因果之道，須三世相續不斷，方成因果，過去爲因，現在爲果，又現因未果，大乘過未無體，現唯一念，如何得成因果相續？答：觀現在法，有酬前因，假説現在爲前因之果。觀現在法，有引后用，假説現爲后果之因。故將現在一念之法，説成因果相續不斷。問：過未無體，何得相續？答：前因正滅，后果正生，如秤兩頭，低昂時等，相續明矣。

四相之義

問：名四相？答：生住異滅。問：此之四相，有差别否？答：有二種，謂刹那、一期。問：刹那乃細？答：謂生住異滅，刹那刹那，遷滅不停，名刹那四相也。問：請示行相？答：有爲之法，因緣力故，本無今有，有位名生；生位暫停，即説爲住；住別前後，復立異名；暫有還無，無乃名滅。此之四相，皆約念念而説。問：一期四相？答：約人物等，從生至滅，長短時節一期之間，説此四相名一期也。其行相者，且如一人初有名生，後無名滅，生已相似相續名住，即此相續轉變名異，此皆長時説一期也。問云：滅相是無，如何與有得爲相也？答：表此後無，爲相何失，不是能令有法成無，止是名後方名無也。難云：無法既得爲相，龜毛應亦爲相？答：龜毛本無，何須立相。滅相令無，故立爲相，不同龜毛。

四食之義

問：食何義？答：資益義。問：憑何以知？答：《論》云，「此四能持有情身命，令不斷壞，故名爲食」，以此而知是資益義。問：《論》云此四，其相者何？答：段食、思食、觸意食、識食，此爲四也。

問：段食意？答：段謂分段，一分一段，可飲啜故。問：此段食以何爲體？答：謂香味觸三塵爲體。問：色聲二塵，何不爲體？答：眼耳二識，離中取境。色聲二塵，不與根合，不能資得諸根大種，故不爲體。鼻舌身三，合中取境，境與根合，故能資得諸大種，所以三塵偏爲食體。問：段食以何爲相？答：變壞爲相，謂香味觸變之時，方能資長諸根大種。問：觸食何？答：有漏觸數，纔觸境時，資生喜樂，稱益於身，能爲食事。問：觸遍八識，何識爲食？答：意識偏勝。問：意思食？答：欲俱思數，希可愛境，能爲食事。問：欲何非食？答：思慮益根，非欲能故。問：請舉思慮爲食之事。答：如懸沙療饑，望梅止渴，此皆由思資益根大，即其事也。問：思亦遍行，八識皆具，何識思是？答：亦第六勝。問：識食義？答：由前三食，勢分力故，識能資養諸根大種，方爲食事。問：何識爲食？答：第八偏勝。問：八何偏勝？答：執持相故。

問：此之四食，於三界中何界具何？答：段唯欲界，餘三通三界。問：何故段唯欲界具？答：順益勝故。問：觸與意思，三界八識，有差別否？答：若前六識，相應觸思。三界之中，隨識有無，如眼耳二識，一界一地等。若七八者，三界隨識常恒而有。

四分之義

問：心心所法，四分合成，何名四分？答：謂相、見、自證、證自證，是名四分。問：定四耶？爲有異説？答：有四師，如前已説。若義圓成，護法菩薩。

五位八諦

問：真俗八諦，於我法等五位，各何諦攝？答：我法唯俗，真如唯真，其餘中間，通真俗二。問：何以知之？答：《四諦章》云：「初一唯俗，後一唯真，中間三法，通其真俗。」問：初一謂誰？答：軍林瓶車，即當我法。問：後一者何？答：一實真如。問：誰是中三？答：一、三科五蘊，二、四諦因果，三、二空真理。問：中間三法，何理通二？答：對前爲真，望後爲俗，所以通二。問：此等五法，如何配攝真俗八諦？答：中間三法，配初軍林，名俗四諦，配後一真，名真四諦。問：初一何理，唯俗非真？答：我法虚妄，無所劣過，故唯是俗。問：後一何理，唯真非俗？答：勝義勝義，不可施設，廢詮談旨，無所勝過，故唯是真。

問：四俗諦，名義相攝？答：一、假名無實諦，謂軍林瓶車；二、隨事差別諦，蘊處界等；三、方便安立諦，苦集等；四、法假名非安立諦，二空真理。問：四諦義。答：一、體用顯現諦，當第二俗蘊處等法；二、因果差別諦，當第三俗苦等四諦；三、依實顯實諦，當第四俗二空真如；四、廢詮談旨諦，一實真如。問：諦何義？答：實也，不虛之義。問：我法無體，焉得名實？答：有如實有，無如實無，有無不虛，目之爲實。

有無對色此等合在識變後安。

問：色總有幾？答：有二，謂有對、無對色也。問：十一色中，何者是何？答：前之十種有對，第十一名無對色。問：對者何義？答：對，礙也。二色相對，互相窒礙，如本[三]與石，互相繫時，體不相過，五對礙住，名有對義。問：對礙名色者，其第十一法處攝色，既無對礙，何得名色？答：體雖無對，皆從對色以立其名。問：從對色立名之義？答：極迥色，以假想觀，析遠迥等至極微時，名極迥色也。問：極略色？答：亦假想觀，析須彌等俱礙之色，至極微處，名極略色。問：得名理？答：迥及有對，是對眼色，析此至極，名極迥、略，此二皆從所析麤色，以得色名。問：空一顯色，如何名色？答：顯色之空，名空一顯色，從所顯色，以得其名。

問：遍計所執色？答：執色爲實從所得色，以得其名。問：受所引色？答：從所防所發善惡之色，得其色名。問：無對色，對何識境？答：唯第六識。何以故？對意根故，假想觀故，故唯意緣。問：無表色名？答：受所引色，又名無表。問：其義何也？答：對表得名。問：表何義？答：有所表示，故名有表。問：表示相？答：由動發勝思，發動身語，恭敬乞願，令知所爲，名爲有表。問：無表何義？答：防發功能，自他不知，無表示相，名爲無表。問：表色以何爲體？答：身表色者，屈伸等是；語表色者，意相應思，從所發動，名爲表色。問：無表色以何爲體？答：受戒之後，思種之上，防惡發善功能爲體。問：思有多種，謂審慮、決定、動發勝，何思種上有此功能？答：於三思中取上品者，初念所熏種上，有此功能。問：何以故？答：初念所熏，爲無表依故。問：何唯初念所熏之種爲無表依，餘後念種，不立爲依，皆上品故？答：如世皇儲，立一餘非。問：防發功能，從何時有？答：從第三番羯磨竟時，防發功能任運增長，從彼時有。問：此功能何時萎歇？答：犯舍已後，乃成佛時，可爾萎歇。問：成佛已後，如何萎歇？答：如瓶滿，更不受添，所以歇矣。問：佛戒不萎，有何過也？答：應有前佛，勝於後佛。問：勝後何失？答：應非果滿。問：無表之戒，如來知否？答：説爾等。難曰：若知無表，應名有表；若不知者，佛非遍知。答：由遍知故知，非表知故知，二難俱釋。

戒有三種

問：戒有幾種？答：總有三種，謂別解脱戒、定俱戒、道俱戒。問：別解脱名？答：從師受者，別別防非，名別解脱。問：定俱名？答：入定之時，便有一分防發功能，名定俱戒。問：道俱戒？答：聖道起時，亦能防發。問：何名聖道？答：無漏之智，名爲聖道。

問：此等戒法，以何爲體？答：別解脱戒，思種爲體。問：皆説防發功能爲戒，何故却取思及種子？答：既出體性，須取功能所依實體。問：何故前説身恭語詞，表色爲體耶？答：前出表無表色之體，今出表無表戒之體，何相違有。問：定道俱戒，既依現思，應自表知，何名無表？答：現思之上，防發功能。豈得自知？問：佛戒萎歇，佛應無戒？答：防發功能雖不增長，戒體仍存。難：佛位之中，無所防發，何用戒爲？答：如君子帶劍，亦何傷理？

自相共相

問：何者名自相共相？答：言説不及，謂之自相，及故名共。難：若言説不及謂之自相，何故説名詮自性？答：名所詮者，在言自相，唯局一法，謂之自性，乃共相中之自性也，今自相者，乃離言之自相也。

問：請示自相。答：舉其火，燒熱爲性，唯身根者現量證知，其燒熱性，言説不及。徵：何理知之，言説不及？反曰：若言説及，説火之時，口應被燒，既不燒口，明説不及。外難：若説不及者，唤火之時，何不得水？答：俗習假名，共呼召故。故《論》云「名無得物之功，物無當名之兆」。返成：若不爾者，不解火名之人，何不應聲與火？順成：苦[三]火自性，不以他人火觸身時皆同覺熱，何有言説？明知自相，言説不及。

問：共相何義？答：一類之法，共有此相，名爲共相。問：請示法？答：如言火時，一切諸火，皆在所言，知[四]爐中火、點燈火等，乃至火之極微，言説及者，皆名共相。問：何以故？答：貫通多法，不局一事故。

問：前之自相，何量之境？答：前不云乎，現量證知。問：何以故？答：不作解緣，得自相故。問：共相何境？答：比量之境。問：何以故？答：作情等解，不稱本法故。問：憑何以知？答：《論》云「假智及詮，俱不得真，唯於諸法共相而轉」。問：緣共相心不稱本法，應是法執？答：此稱影像，若法執心不稱影像。問：不稱本法，是非量否？答：隨所度境，不謬解故，非量謬解。

八緣假實

問：因位八識，於假實境何？答：五八唯緣實，七唯緣假，六通假實。問：六緣實？答：五俱意識，未作解時。問：大[五]假？答：五俱意識，作解已後，及獨頭意。此仍分二：若獨散意，唯假非實；若定意識，一分通實。問：佛果位？答：八識通緣假之與實。

問三境義

問：三境義？答：頌云「性境不隨心，獨影唯從見，帶質通情本，性種等隨應」。

問：性境不隨心？答：有三不隨，謂性、繫

種、所緣之境，不隨能緣之心，是一性一界一種。難：性不隨無記，前五及第八識，緣五塵時其能所緣皆無記性，云何性不隨也？答：同義即有，隨義即無。問：隨義即無，同義如何？答：如弟同兄性，不是隨兄。難：繫不隨，如當界現第八，緣當界種第八，豈非繫隨？答：亦即同義即有，隨義無。難：種不隨，内二分相緣，自證緣見，此能所緣，皆同種性，種何不隨？答：亦同非隨。

問：獨影唯存見？答：此之影像，自無實體，唯存見分，慮度而生，名唯存見。問：獨影義？答：獨有影像，都無本質，故名獨影。難：有質獨影，又如何也？答：此類影像，雖有本質，不從質起，獨由見生，亦名獨影。問：何故如此？答：自他相緣，漏與無漏，上下界地，此能所緣，即爾懸隔，托質不著，不名帶質，不得自性，又非性境，故知此影，唯從見生。

問：帶質通情本？答：情謂見分，本謂本質，此之相分，連帶見質兩頭生起，故云帶質。問：以心緣心真帶質，是何心緣何心？答：七緣八，六緣諸心心所。問：以心緣心，如燈照燈，兩頭有光，成中間相，可名帶質。若似帶質，以心緣色，如燈照壁，壁既無光，其中間相，唯從見生，應名獨影，何成帶質？答：既名似帶質，約義説乎。問：何知約義？答：如説獨散意識，緣於當界過未根塵，説爲三境，稱實獨影，義説餘二。問：以何義知實是獨影？答：過未無體，境無自性，豈是性境，既無質體，何名帶質。獨有影像，相從見生，獨影無疑。問：何義説爲第二性境？答：約此影像，雖現無質，會當須有，托曾當質超[六]此影像，約此義説第二性境。問：約何義路説似帶質？答：擬曾當質，説此相分從一頭生，爲似帶質。問：何知此二約義非實？答：過未無體，豈有所托實本質也，故知義説。

問：三境之體，相質取何？答：設爾等。難：若取本質，無質獨影内二相緣，自證緣見，正智緣如，皆無本質，何爲境體？若取相分，内二相緣，自證緣見，本智緣如皆無相分，用何爲體？答：若依正義，唯取所緣爲三境體，免前諸過。

三境熏種

問：性境熏幾個種？答：見、影、質三。問：帶質境？答：見、質二種。問：何無相種？答：相兩頭生，假故無種。問：何無餘二？答：無質無質種，相假無相種。問：有質獨影，何無質種？答：自他界地，漏與無漏，質既在他，能熏所薰，不相和合，故無質種。問：既有本質，何不名爲帶質境邪？答：自他等隔，所以此影不從質起，約由見生，但名獨影。

二種無明

問：無明有幾？答：大數有二，謂不共無明、相應無明，二中復分。問：不共中復有幾？答：有三種，一、獨行不共，二、相應不共，三、恒行不共。問：獨行不共？答：不與相應者共。問：恒行不共？答：不與間斷者共。問：何者是爲恒行不共？答：第七俱者，名爲恒行，不與第六間斷者共，名爲不共，此類名爲恒行不共。問：何者獨行不共？答：不與貪等俱者，名獨行不共。此又有二，謂是主獨行、非主獨行。問：何名主獨行？答：不與忿等小十俱者，名爲是主。問：何以故？答：忿等十法，自類不俱，各自爲主，此之無明，既然不與是主者俱，獨自行時，自便爲主，是故名爲是主獨行。問：何名非主獨行？答：與念等俱，名爲非主。問：此之無明，各何時斷？答：是主獨行，唯見所斷，非主無明，通見修斷。

成漏之義

問：善與無記自體非染，由何成漏？答：由與第七煩惱俱起，互相增益，故成有漏，所以道成漏由漏俱，善等由七漏。難曰：二乘無學有漏之法，既非漏俱，如何成漏？答：由從有漏舊種生起，故是有漏。

善等三性

問：云何名善？答：自體及果俱可愛樂，名之爲善。問：不善？答：反善可知。問：云何無記？答：無愛非愛果可記別，故名無記。難曰：《疏》解二世順益，方名爲善，謂前世益今世，今世益後世，俱得樂果者。無爲無漏，無前後際，何故名善？答：此世他世，違越生死，有證得故，所以名善。問：人天樂果，亦是順益，何非善也？答：唯順益現世，故是無記。問：不善？答：翻善可知。問：前六三性，爲俱不但？答：有二師解，後師義正，容許俱起。難：五識三性容俱起者，五俱意識，於一念中應具三性。答：隨偏住者，同彼性也。

南山量義

小外難曰：若説一切唯心造者，何故此無山處，心想不成？彼有山處，想不能無？答曰：如在夢中，無山之處，却見有山，縱若夢心却想令無，亦不能無。有却見無，想不能無。問：何以故？答：迷妄顛倒，幻業力故，夢境亦如望外。曰：夢境是假，覺境是實，何得相例？答：夢既是假，覺安得實。問：何以故？答：覺時執實之心，誠如夢昧之心，覺心夢心，皆妄執故。外難：若覺時境亦如夢境不離識者，何得夢境皆知唯心，覺時之境不知唯識也？答：如夢未覺，不能自知夢境唯心，要至覺時方知唯識，如覺時之境未真，覺位不能自知覺境唯心，至真覺位方知唯識。問：何知爾也？答：如來説爲「生死長夜，未得真覺，恒處夢中」。

外問：若唯有識，何緣世尊説十二處？答：爲人我空，説六二法。外問：佛既説色等，即應是實有。答：由破一合實我相故，説色等法，非説實有。問：爲執實我，説色等破，執色等實，復説何破？答：爲破法執，復説唯識破色等實。外難云：破我説色，色等即空，破色説識，識性亦空？答：識性不空。問：何偏不空？答：非所執故。問：若執識實，復説何破？答：執識實有，即是法執，至如唯識，亦是法故。問：何以故？答：若執依圓是有，還同遍計是無，故是法執，即法空破。問：非所執識，何須存也？答：有爲無爲名爲有，我及我所名爲無，故非所執，本法不無。問：説無此識，有何不可？答：若無此識，便無俗諦，俗諦若無，真諦亦無。問：何爲如此？答：真俗相待，而建立故。問：設無真俗，復何過也？答：撥無二諦，是惡取空，諸佛説爲不可治者。外問：大乘色等分明現量證知，寧撥爲無？大乘答云：現量所證，幻有非無，汝執實有，是遍計無。難曰：外色非實有，可非内識境，他心既實有，寧非自所緣？答：是自識境，仍疎非親。外曰：既有異境，何名唯識？大乘責曰：奇哉固執，觸處生疑，豈唯識言唯局一人一法無餘。外曰：如何？答：識言總顯一切有情各有八識、六位心所，所變相見，分位差別，及彼空理所顯真如。問：既五位別，何名唯識？答曰：醫卜未出門，又早閑病發。才不責云：奇哉固執，觸處生疑也。問：請明五位皆唯識理。答：識自相故，識相應故，識所緣故，識分位故，識實性故，如是諸法，皆不離識，故名唯識。今後牢記，更不復云。

四緣之義

問：現量之境，何緣是幻，非實有也？答：從緣幻生，故非實有。問：何故緣生便不是實？答：既從緣生，亦從緣滅，故幻非實。問：幻生緣？答：心法四緣生，色法二緣長。問：心法四緣？答：謂因緣、增上、所緣緣、等無間緣。問：色法二緣？答：謂因緣、增上。

問：因緣義？答：謂有爲法親辦自果，謂之因緣。問：此體有幾？答：一種二現，唯此二法。問：此二望果，皆因緣也。答：三類親因緣，四類真等流。問：三類親因緣？答：謂種引種，種生現，現熏種。問：四類真等流？答：三因緣上，加現引現、親非親義，如前已辯。

問：等無間緣？答：八現行識，及彼心所前聚，於後自類無間等而開導，令後定生。問：等者何義？答：能引所引，力齊名等，謂一引一聚，一聚酬一；一聚引一，一酬一聚；一引一法，一法酬一；一聚引一聚，一聚酬一聚，類有不等，力須齊等。問：無間義？答：能所相望，於其中間，無自類隔，名爲無間。問：緣何義？答：顯非色等。問：三性三量三界九地因果漏等，此等自識，互相引生，是此緣否？答：是。問：何故皆是？答：只約前後無自類隔，名等無間，何礙漏等。

問：所緣緣？答：謂若有法是帶己相，心或相應，所慮所托。問：有法何義？答：表是依他，非無體法。問：何須依他？答：要有力用牽能緣識。問：是帶己相。答：帶謂挾帶，相謂體相，相分己即是相。難曰：有法爲緣，生能照心，心帶有法己相，名所緣緣。面質爲緣，生鏡中像，鏡帶面質己相，面質應是鏡所緣緣。答：要心或相應，所慮所托，鏡非心心所，面非鏡所慮，是故面質，非是鏡家所緣緣也。問：此緣有幾？答：有其二種，一、親，二、疎。問：親所緣緣？答：若與能緣體不相離，是見分等，內所慮托，應知彼是親所緣緣。問：疎所緣緣？答：若與能緣體雖相離，爲質能起內所慮托，應知彼是疎所緣緣。問：親疎二緣，定有體否？答：親緣定有，疎緣或無。問：何故？答：有不仗質，心亦生故。問：誰是不仗質？答：第八親相，內二相緣，自證緣見，本智緣如，第六緣無。問：何者仗質？答：自第八識緣他身土，前七除六緣無之外，餘皆有質。

問：增上緣？答：謂若有法有勝勢用，能於餘法，或順或違。問：有勝勢用？答：是爲緣義，但不障礙，便是力用。問：或順或違？答：顯與違順俱能爲緣。問：法有四相，與何爲緣？答：與後生法，及後異法，非前滅法。問：何故不與滅法爲緣？答：大乘滅不待因。問：滅不待因之理？答：有爲之法，念念遷滅，何須待因？問：請示一法？答：且如人身隨業力生已，念念前滅後生，長至壯年，漸漸衰朽，至業力盡，後念不續，便是死位，豈待因滅。疑云：此之業力，豈非滅因？答：業是生因，生力既盡，故歸滅路，豈是業滅。難曰：如霜降時，青色便滅，此霜豈非青色滅因？答：霜止隔令後青不生，非滅前青。何以故？目繫無霜，亦有黄葉，明知前青，不待滅因。請出所以？答：青色念念前滅後生，霜若不降，後青續生，其霜既降，後青不續。問：順違義？答：只如此霜，順後黄色，爲相順因，與後青色，爲相違因。問：何故有云，相違之處，不爲因，爲因之處，不相違？答：約相順因，作如是説。問：既有相違因，滅應待因邪？答：違後不生，名相違因，非違前滅。問：何以故？答：前自遷滅，不假違故。問：據此之説，即前三因，皆是此因，不順即違故。答：是。問：何以故？答：有是前三因，皆是增上緣，有是增上緣，非是前三緣，增上緣寬，前三狹故。

五果之義

問：前之四緣，各得何果？答：果總有五，謂異熟果等。因通善惡，果唯無記，爲異熟果，此異類而熟。問：所招？答：《論》云：「謂有漏善惡業所招自身異熟，及異熟生無記。」問：異熟生？答：若單言異熟，不攝别報，言異熟生，總别皆是。

問：等流果？答：謂習善等所引同類，或似先因，後果隨轉。問：等流名？答：因果相似名等，是彼類故名流。問：以先業後果隨轉？答：

且如殺生，得短命報，此假等流。問：何故名假？答：性不同故，名之爲假。問：假等流名？答：果似先因名爲等。長短相似故。是彼類故名爲流，殺他命，損自壽。性不同故名爲假。因前六不善之業，促第八無記之壽。問：此假等流實是何果？答：實增上果。有力增上故。

問：離繫果？答：謂無漏道，斷障，所證，善無爲法。問：離繫名？答：由離障染繫縛之法，證得此果，名離繫果。

問：士用果？答：謂諸作者假諸作具所辦事業。問：士用名？答：士謂士夫，用謂作用，此人士用。問：法士用？答：因法爲作者，緣法爲作具，如士夫用從喻彰名。

問：增上果？答：增勝殊上，名爲增上，有力無力，如增上緣，已說其相。

十因五果

問：前之五果，依何處得？答：習氣依處，得異熟果；隨順依處，得等流果；真見依處，得離繫果；士用依處，得士用果；所餘依處，得增上果。問：習氣依處等言，復是何也？答：由前四緣，依十五處，立爲十因，故説五果，依何處得。問：亦應敘彼依何依處，建立何因？答：一、語依處，立隨説因；二、領受依處，立觀待因；三、習氣依處，立牽引因；四、有潤種子依處，立生起因；五、無間依處；六、境果依處；七、根依處；八、作用依處；九、士用依處；十、真見依處，依此六處，立攝受因；十一、隨順依處，立引發因；十二、差別依處，立定異因；十三、和合依處，立同事因；十四、障礙依處，立相違因；十五、不障礙等處，立不相違因。

福等三業

問：頌言「由諸業習氣」，其業有幾？答：有三種，謂福、非福、不動。問：福業？答：即有漏善思爲體。《疏》解福者，殊勝之義，自體及果，俱可愛樂，相殊勝故，名爲福業。問：非福業？答：自體及果，俱不可愛樂，相鄙劣故，名非福業。問：不動業？答：不可改轉義，其業多少住一境性，不移動故，名不動業，即上二界定地之業。問：不動名？答：以定能令住一境故。問：既上二界，應是福業，何名不動？答：約前殊勝，立不動名。

三種習氣

問：習氣有幾？答：亦有三，一、名言習氣，二、我執，三、有支。問：習氣名？答：由業氣分，熏習所成，故名習氣。問：名言習氣？答：因名起種，名名言習氣。問：名言有幾？答：有二種，一、表義，二、顯境。問：表義名言？答：謂能詮義音聲差別。問：顯境名言？答：即能了境心心所法。問：聲能表義？心能顯境，何意用此立習氣名？答：隨二名言，所熏成種，作有爲法各別因緣，名此習氣。問：我執習氣？答：謂虛妄執我我所種。問：我是遍計，何得種也？答：因執蘊等爲我之時，熏蘊等種，名我執習氣。問：何義別立我執習氣？答：由我執種，能令自他有差別故，別立之也。問：有支習氣？答：謂招三界異熟業種。問：有支名？答：隨善惡有所熏成種，令異熟果善惡趣別，名有支習氣。

問：此三習氣於四緣中，是何緣也？答：名言習氣是親因緣，我執、有支是增上緣。問：有支業所招，可是增上緣，我執相分種，親生本識見，應是親因緣，云何亦增上？答：令自他別，故成增上。問：泛説散布名言，及業種子，其猶何也？答：名言如散土，業種若泥團。問：法喻之理？答：水和散土，而作泥團，業招名言，而爲業種。問：法喻之驗？答：泥團不散之際，水力能焉，異熟未萎已來，業力如是。問：三種業當何習氣？答：有支習氣。問：頌言「二取習氣」，三中當何？答：我執、名言二習氣也。問：何名二取？答：取我我所，及取名言而熏成故，皆説名取。問：取者何義？答：取謂著義。

惑業苦三

問：生死相續，由惑業苦，何者名惑？答：發業潤生煩惱名惑。問：何名爲業？答：能惑後有，名之爲業。何者名苦？答：業所引生苦果名苦。問：惑業苦三，攝十二支，其相云何？答：頌云「愛取無明惑，行有二名業，除五餘七支，一一皆名苦」。

十二支名

問：十二支名？答：謂無明等。問：無明體？答：行蘊中痴。問：行支體？答：身語意思。問：識支體？答：第八種識。問：名色支體？答：四蘊名名，色蘊名色。問：六處體？答：謂內六處，即六根是。問：觸支體？答：第八觸全，前六異熟，除第七觸，唯有覆故。問：受支體？答：謂遍行受。問：愛支體？答：謂三界貪。問：取支體？答：通取煩惱。問：有支體？答：取識等五，及行支種。問：何以故？答：愛取潤已，轉名有故。問：生支體？答：識等五現。問：老死支體？答：生支變滅，即老死支。

問：十二支粗分幾類？答：略攝爲四，一、能引支，二、所引支，三、能生支，四、所生支。問：能引支何？答：謂無明、行。問：所引支？答：識等五種。問：能所引義？答：無明發行，招識等五，是能引義，識等是彼所引發故。問：能生支？答：謂愛、取、有。問：何謂能生？答：近當來生老死故。問：所生支？答：謂生老死，是愛取有近所生故。問：生老死體，皆識等現，約何分二？答：謂從中有本有未衰，皆生支攝，衰變爲老，命終爲死。問：何故老死，不別立支？答：老無定老，附死立支。問：無定老之義？答：人畜類等有夭亡者，天上無老。問：五衰相豈非老耶？答：亦有無者。

二種生死

問：常言生死有差别否？答：有二，一、分段，二、變易。問：分段者何？答：謂諸有漏善不善業，由煩惱障助緣勢力，所感三界麤異熟果。問：分段義？答：隨因緣力，壽命短長，有定齊限，故名分段。問：變易者何？答：謂諸無漏，有分别業，由所知障助緣勢力，所感殊勝細異熟果。問：變易義？答：由悲願力，改轉身命，無定齊限，故名變異。緣云：「改麤身爲細質，易短壽作長年。」問：既改麤爲細，易短爲長，何名生死？答：覺知勢盡名爲死，入定還資謂之生。

量果之義

問：護法四分，約量果説，其義云何？答：心緣境時，須有所量、能量、量果之行相故，如尺量物，有解數人。問：誰如物等？答：所量如物，能量如尺，量果如解數人。問：應示行相？答：第三《疏鈔》解量果義，因果二位，親疏合論，因四皆同，果位諸説，重數不定。問：請示因四？答：一、相分爲所量，見分爲能量，自證爲量果；二、見分爲所量，自證爲能量，證自證爲量果；三、自證爲所量，證自證爲能量，所量即量果；四、證自證爲所量，自證爲能量，所量即量果。問：果位者？答：二師不同。初師唯約親緣爲理，果但六重，謂加相分爲所量，內二分爲能量，二重通前因四，即成六重。

問：嘗聞云已得者親得，親得者影得，內二因中不曾緣相，果位始緣，何名親緣爲理也？答：今內二分所緣之相，本是一識之相分故，不須重變影像緣之，故緣見緣相。問：後師通親疎理？答：約自不自緣，進退復二，初依三緣三，共有九重，復依三緣四，有十二重。問：九重者？答：依內三分，緣餘三分，謂見緣相，見緣自證，見緣證自證，此是依一緣三也。又自證緣相、緣見、緣證自證，此是依二緣三也。又證自證緣相、緣見、緣自證，此是依三緣三也，故有九重。問：依三緣四？答：加内三分，自緣自三，搭前九重，爲十二重。問：此量果義，唯爾數邪？答：此約分分説遍知義，故唯爾數。若約法法説遍知者，乃有無數。問：如何無數？答：無量諸法，皆所量故，何非無數？問：何謂相分不爲能量？答：相分理無能緣用故。問：何理無用？答：相唯境分，非心分故，現山河等，初無緣慮。問：何爲見分不爲量果？答：見通比非，不得爲果。問：非量全謬，可不爲果。比量無謬，何非量果？答：既然比度，不親證知，何得爲果。是故現得爲比果，比不爲現果也。問：因見通比非，不得爲量果，果見唯現量，應得爲量果？答：因見類故，唯緣用故，非證用故，不得爲果。問：寧知見分無證用也？答：内二立證名，此唯名爲見，見者緣慮義，證者證解義。佛見雖現，非證解故，不爲量果。問：依三緣四之家，内三自緣，應刀自割，指端自觸，焉有此理也？答：前不云乎，親得者影得。既變影緣，自知非自割。

四變句義

問：四變句義？答：謂共中共、共中不共、不共中共、不共中不共，爲四變句。問：共中共者？答：如人類中無主山河，招、種、變、用，四義共故，名共中共。問：共中不共？答：有主田宅，他雖共變，不得共用。問：何以故？答：不得爲主，用不勝故，名共中不共。問：不共中共？答：浮塵根是，自識親依，他亦踈用，此義名爲不共中共。問：不共中不共？答：即勝義根，唯自識依，非他依用。

問：共中共者，且如多人，共變一山，我山非彼，各自唯識，一處多山，何不相礙？答：招、種、變、用，四義既共，故一處似一，各不相礙。問：招等義？答：共業招，共種生，共變，共用，名四義共。問：其多人山，共在一處，各不相礙，喻如何者，使信得及？答：譬如多燈，共在一室，和雜似一，光各自遍，各自繫屬，仍不相礙，共中共境，如一燈光。問：爭知各屬？答：如置多燈，人影亦多。問：何知各遍？答：除去一燈，餘光尚遍，無不遍處，故知各遍，各自繫屬，各不相礙。問：衆人一山，共業不礙，一人多山，何却相礙？答：雖一人境，多種別生，所以相礙。問：何以故？答：非共中共故，衆人一山，相似業招，隨順業轉，名共中共，故不相礙。問：多人共招，木之與石，何却相礙？答：互相礙者，但自心上木之與石，非自與他互相礙也。問：此理趣？答：多人山等，雖在一處，仍各自人，見各自山，不互相見。問：何不互見？答：若互見者，心外取法。然各自山，各第八相，各八生時，各相隨生，各八滅時，各相隨滅，故不互見。三界唯心，其義明矣。

問：共中共相，實各自變，月藏何説一切共變？難月藏云：若如爾説，應凡與聖互相變也。難聖變穢：假變不遮，若實變者，穢種已亡，如何變穢？難凡變淨：如何凡夫，見靈鷲山，仍是丘陵？即知凡夫不變淨境。又難月藏：若互變者，應無壞劫，常有變故。月藏質云：若不互變，劫初將壞，無有情時，誰人變器？正義答云：劫初如受胎，將壞如殘果。問：正義家既不互變，成壞胎殘，有情未生，是誰變也？答：成壞之劫，受胎殘果，皆有情業，何須生已，方能變也？

問：如一境應四心，天見寶嚴池，人見爲清水，鬼見爲猛火，魚見爲窟宅，此等之類，當何變句？答：不共中不共，如一類中，説勝義根，招種變用，皆不共故。問：勝義一身，此等多身，例何得齊？答：一類之中，一身望多身，異類之中，一類望多類故。

三界九地

問：三界九地？答：三界者，謂欲、色、無色。九地者，謂五趣雜居、離生喜樂、定生喜樂、離喜妙樂、捨念清淨、空無邊處、識無邊處、無所有處、非非想處地。問：三界與九地相攝如何？答：五趣雜居欲界全。離生喜樂攝色初禪，定生喜樂攝二禪，離喜妙樂攝三禪，捨念清淨攝四禪。無色界即後四地。

問：欲界處有幾？答：天處有六，人、傍、鬼、獄，同在地處。問：色界？答：有十八處。問：無色界？答：四處。問：欲界天處何六？答：謂四王天、忉利天、夜摩天、兜率天、化樂天、他化自在天。問：地處何？答：謂四大洲，東勝身、南贍部、西牛貨、北俱盧。問：日月星天，屬何天攝？答：四王天。問：此四王天居止何處？答：須彌上半有四層級，在上層級。問：下三級是何者居？答：堅首天、持鬘天、恒憍天，皆四天王所領之天。問：四王名？答：東護國，南增長，西廣目，北多聞。問：諸天處空居地居？答：四王、忉利名地居天，其餘諸天皆名空居。問：何故下二偏名地居？答：四王天住須彌層級，忉利居須彌頂，在地上住，故名地居。餘皆虛空中住，故名空居。問：色界十八？答：初二三各三，四禪有九天。問：初禪何三？答：梵衆、梵輔、大梵天。問：二禪三天。答：少光、無量光、極光天。問：三禪三天？答：少淨、無量淨、遍淨天。問：四禪九天？答：無雲、福生、廣果、無想、無煩、無熱、善現、善見、色究竟天。

問：欲界義？答：由三欲故名欲界，謂飲食、睡眠、情愛。問：色界義？答：有妙色身，故名色界。問：無色義？答：彼無形色，故得此名。問：定散地？答：欲界名散，上二名定。問：何以故？答：散善業招，定業感故。問：凡聖天？答：色界上五，名五淨居，聖人所居，其餘皆凡。問：內外道？答：無想一天，外道所居，餘皆內道凡聖之天。

問：三界九地，類聚差別？答：依二十五有，差別建立。頌曰：「四洲四惡趣，四空并四禪，無想與淨居，梵王六欲天。」問：諸天相狀？答：

四王、忉利，有忿怒相，上皆善相。問：男女差別？答：欲界六天，皆有男女，上界一類，無男女別。問：王臣等？答：初禪已下，皆有王臣，二禪已上，皆無王臣。問：喜樂等？答：三禪已下，皆有喜樂，四禪並無，唯捨受故。問：三災等？答：初禪有火災，二禪水災，三禪風災，四禪已上，離三災，絶八患故。問：形器等？答：下二皆有身形器界，無色皆無，唯有四蘊心心所法。問：何故有説，鶖子滅時，無色諸天，淚下如雨？答：彼定果色不遮，亦有其業招色，説無色無。

世界名義

問：云何名爲世界？答：《楞嚴經》云，「世爲遷流，界爲方位」，故三際爲世，十方爲界。問：世界有差別否？答：有二種，一、衆生世界，是正報；二、器世界，即依報。問：衆生世界有差別否？答：有二説。一曰十界，四聖、六凡，爲十界。四聖，聲聞、緣覺、菩薩及佛。六凡，即六道也。二曰三界，欲、色、無色是也。問：器世界形狀若何？答：如茶磨形，周帀有輪圍山，中間有須彌盧二山，其間四海環繞，其狀如此。問：器世界依何而住？答：依金輪住，金依水，水依風，風依空。問：空依何有？答：依迷妄心。問：妄心依何？答：妄依真心。問：真心依何？答：真無所依。問：何故無依？答：是一切法之本源故。問：此憑何説？答：《楞嚴經》云，「空生大覺中，如海一漚發，迷妄有虛空，依空立世界，想澄成國土，知覺乃衆生」，憑此而説。

問：此世界外有世界否？答：有。《俱舍》頌云：「四大洲日月，須彌盧欲天，梵釋各一千，此名小千界，此小千千倍，説名一中千，中千倍大千，皆同一成壞。」問：此三千界，其廣如此，其高若何？答：小千界者，量等初禪，其高量至彼，中千等二禪，大千等三禪，其高各至彼。問：頌言「同一成壞」，其成壞時，有差別否？

答：成從上成，壞從下壞。問：壞時差別？答：謂初火灾，壞至初禪。次水灾，壞至二禪。後風灾，壞至三禪。《劫章頌》云：「風灾能壞第三禪，第四靜慮無能壞。」問：此大千界外，又復如何？答：十方世界，猶如網孔，實無有盡。

人仙名義

問：人者何義？答：《法苑》云：「人，忍也。於世違順，情能安忍，目之曰人。」又人，仁也。《周禮》「仁有六德」，鄭氏注曰：「愛人及物曰仁，上下相親曰仁，貴賢親親曰仁，煞身成人曰仁，善惡含忍曰仁，好生惡殺曰仁。」問：仙者何義？答：仙，遷也，遷入山也，故字從人傍山。《釋名》曰，老而不死曰仙，乃神仙也。

天君王義

問：天者何義？答：外教釋云：上玄也。《說文》曰：「顛也，至高無上名天。」《爾雅》曰：「春蒼，夏昊，秋旻，冬上天。」內教釋云：神用、光潔、自在，具此三義，目之爲天。問：君者何義？答：《韓詩外傳》曰：「君，窮也。能窮天下萬物，而除其害者，謂之君也。」班固曰：「其君天下也，炎之如日，威之如神，涵之如海，養之如春，猶草木之植山林，鳥魚之毓川澤，參天地而施化，豈云人事之厚薄者。」問：王者何義？答：《白虎通》曰：「王，往也，天下所歸往也。」《洪範》云：「無偏無黨，王道蕩蕩。無黨無偏，王道平平。」

問：帝王何義？答：德象天地稱帝，仁義所生稱王。《帝王略論》云：「夫帝王者，必立德立功，可大可久，經之以仁義，緯之以文武，深根固蔕，貽厥子孫，一言一行，以爲軌範，垂之萬代，爲不可易。」普潤曰，帝力可以鎮萬邦，王威可以伏兆庶。問：皇者何義？答：《白虎通》曰：「皇者天之總，美大之稱也。煌，煌人莫違，故爲皇也。」問：何名天子？答：《金光明經》云：「以天護故，復稱天子。」王肅云：「王者雖號稱帝，而不稱天帝，而曰天子，乃天之子。子之與父，尊卑相去遠矣。漢制天子稱皇帝，其嫡嗣稱皇太子，諸侯之嫡嗣，稱爲世子。」

四轉論〔七〕王

問：何名轉輪王？答：由輪旋轉，威伏一切，名轉輪王。問：輪王有幾？答：《施説〔八〕足論》説有四種，金銀銅鐵，輪應有別。如其次第勝上中下，逆次能王領一二三四大洲故。問：其輪寶自何而有？答：契經言，「若王生在刹帝利種，紹灌頂位，於十五日，受齋戒時，沐浴身首，升高臺殿，臣僚輔翼，東方忽有金輪寶現，其輪千輻，具足轂輞，衆相圓淨，如巧匠成，舒妙光明，來應王所，此王定是金轉輪王」，餘三亦爾。問：四輪王威定諸方，有差別否？答：有。謂金輪者，諸小國王，各自來迎，作如是言：我等國土，寬廣豐饒，安隱富樂，多諸人衆，惟願天王，親無教勑，我等皆是天王翼從。若銀輪王自往彼土，威嚴近至，彼方臣伏。若銅輪王，至彼國已，宣威布德，彼方推勝。若鐵輪王，亦至彼國，現威列陣，尅勝便止。問：鐵輪王者，乃資糧位，前上品十善菩薩所得，既云尅勝，寧無傷害？答：一切輪王，皆無傷害，令伏得勝，各安其所，勸化令修十善業道，故輪王殁，定得生天。慈恩云：「金輪風望順化，銀輪遣使方降，銅輪振威乃伏，鐵輪奮戈始定。」

阿修羅義

問：何名阿修羅？答：舊阿須倫、阿須羅、阿蘇羅，新云阿素洛，翻云非天。《淨名疏》云：「此神果報最勝，隣次諸天，而非天也。舊翻無端正，男醜女美，名無端正。」問：神變如何？答：《華嚴經》云：「如羅睺阿修羅王，本身長七百由旬，化形長十六萬八千由旬，於大海中，出其半身，與須彌山而正齊等。」問：阿修羅趣類住處？

答：《楞嚴經》云，復有四種阿修羅類。若於鬼道，以護法力[九]，成通入空，此阿修羅從卵而生，鬼趣所攝。若於天中，降德貶墜，其所卜居，隣於日月，此阿修羅，從胎而出，人趣所攝。有阿修羅，執持世界，力洞無畏，能與梵王，及天帝釋、四天爭權，此阿修羅，因變化有，天趣所攝。別有一分下劣阿修羅，生大海心，沉水穴中，旦遊虚空，暮歸水宿，此阿修羅，因濕氣有，畜生趣攝。

問：修羅與天，勝劣幾何？答：《起世經》云：「修羅宮殿，城郭器用，降地居天一等，亦有婚姻男女法式，略如人間。」問：何因感得？答：此阿修羅，在因之時，懷猜忌心，雖行五常，欲勝他故，下品十善，感此道身。

問：有説五道，除阿修羅，未知可否？答：普潤説云，觀諸經文，應有六道。問：何以故？答：以惡有上中下故，有三惡道；善有上中下，亦有三善道。若不爾者，惡有三報，而善唯二，是事相違。若有六道，於義無違。

地獄名義

問：何名地獄？答：地下有獄，名爲地獄。問：地獄名類？答：然此地獄，有大有小，大有其八，小有十六。問：大八者？答：一、等活，二、黑繩，三、衆合，四、叫喚，五、大叫喚，六、熱，七、大熱，八、阿鼻。問：十六小者？答：八寒、八熱是也。言八熱者，一、炭坑，二、沸屎，三、燒林，四、劒林，五、刀道，六、刺林，七、鹹河，八、銅橛。問：八寒者？答：一、頞浮陀，二、泥羅浮陀，三、阿羅羅，四、阿波波，五、睺睺，六、漚波羅，七、波頭摩，八、摩訶波頭摩。問：地獄因？答：造作上品五逆十惡，感此道身。問：壽量？答：人中萬八千歲，爲地獄一晝夜。若等活獄，壽五百歲，乃至無間壽一中劫，更有近邊孤獨，其壽不定，處亦不定。

問：此三惡道，云何又説爲三途？答：《解

脱經》云：「地獄名火途，餓鬼名刀途，傍生名血途。」途有二義：一、謂途炭，取殘害義；二、謂途道，取所趣義。

神鬼畜義

問：云何名神？答：《光明疏》云：「神，能也，大力者能移山填海，小力者能隱顯變化。」問：云何名鬼？答：《婆沙論》云：「鬼，畏也。虚怯多畏。又威也，能令人畏其威也。又希求名鬼，謂彼餓鬼恒從他人希求飲食，以活其命。」問：鬼與神是同是别？答：《淨名疏》云：「皆鬼道也。」

問：鬼有其幾？答：麤分三品，細分九類。問：三品者何？答：《正理論》説：「一、無財，謂不得飲食；二、少財，少得飲食；三、多財，多得飲食。」問：九類者何？答：於三品中，復各有三。無財三者，一、炬口鬼，火炬炎熾，常從口出；二、針咽，腹大如山，咽如針孔；三、臭口，口中腐臭，自惡受苦。問：少財三？答：一、針毛，毛利如針，行便自刺；二、臭毛，毛利而臭；三、大癭，咽垂大癭，自抉啖膿。問：多財三？答：一、得棄，常得祭祀所棄食故；二、得失，常得巷陌所遺食故；三、勢力，夜叉羅刹毗舍闍等，所受富樂，類於人天。問：鬼神住處？答：《正理論》云：「本琰魔界，從此展轉，散趣餘方。」《長阿含》云：「一切人民所居舍宅、街巷、市肆，及丘塚間。」問：鬼名狀？答：皆隨所依，即以爲名，依人名人，乃至草木殊形異狀，其相不定。問：壽量？答：人間一月，鬼爲一日，乘此日月成歲，壽五百年。問：鬼惡因？答：諂誑心，造作下品五逆十惡，感此道身。

問：如上内教，作如是説，未知儒宗，鬼神名義？答：鄭玄云：「聖人之精氣謂之神，賢人之精氣謂之鬼。」《尸子》云：「天神曰靈，地神曰祇，人神曰鬼。鬼，歸也，故古人以死人爲歸人。」

問：傍生之名，其義云何？答：《婆沙論》云：「其形傍故，其行亦傍，故名傍生。」問：何名爲畜生？答：《婆沙》云：「畜謂畜養，秉性愚癡，不能自立，爲他畜養，故名畜生。」問：何名六畜？答：《禮記注》云：「牛羊犬馬豕鷄，謂之六畜。」問：龍者何義？答：《五音集韻》云：「通也，和也，寵也。」《説文》云：「鱗蟲之長，能幽能明，能小能大，能長能短，春分而登天，秋分而入地。」問：何名獅子？答：略《大論》云，方頰大骨，頭大眼長，眉高而廣，口鼻方大，雙耳高上，髦髮光潤，上身廣大，脩脊細腰，其腹不現，長尾利爪，其口安立，以身大力云云。問：云何名象？答：《異物誌》云：「身倍數牛，目不踰豕，鼻爲口役，望頭若尾，馴良承教，後言則跪，素牙玉潔，載籍所美，服重致遠。」問：傍生因果？答：久蘊愚情，夫沉慧性，資種植於田野，受驅策於身疆。問：狀類？答：錦臆翠毛，飛騰碧漢，金鱗赬尾，游泳清波形分萬殊，類遍五道。

四生名義

問：四生名？答：謂胎卵濕化。問：四生義？答：從胎臓出，名胎生。從卵殼出，謂之卵生。藉濕氣成，故曰濕生。無而欻有，稱爲化生。問：趣緣？答：《俱舍》頌曰：「倒心趣欲境，濕化染香處。」問：倒心趣欲境？答：胎卵二生，於中有位起顛倒心，馳趣欲境，隨所受合，結生相續。問：顛倒心？答：謂趣生者，若男於母作妻想，若女於父作夫想。問：濕化染香處？答：濕生染香，化生染處。問：濕生染香？答：濕生鼻知生處香氣，便生愛染，隨所愛合，而便結生。問：化生染處？答：化生隨業，見當生處，染著結生。問：趣生中有形狀品類？答：惡業中有如黑糯光，伏面而行，善業中有如白衣光，天趣者上，人趣者旁。《俱舍》頌云：「天首上三横，地獄頭歸下。」

在胎五位

問：在胎五位？答：一、羯喇藍，翻名雜穢，在初七日；二、頞部曇，此翻疱，在二七日；三、名閉尸，此云凝結，在三七日；四、名建南，此云凝厚，在四七日；五、鉢羅賒伽，此云形，在五七日；六、髮毛爪位；七、具根位，後漸增長，至十月時，圓滿而生。

四生具緣

問：四生各具幾緣而生？答：總四因緣，各藉不等。其四緣者，一、業思，二、卵殼，三、胎臟，四、潤濕。各所具者，卵四、胎三、濕二、化一，胎三除殼，二連胎，化唯業思。

界趣具生

問：三界諸趣，各具幾生？答：《俱舍》頌云：「鬼通胎化二，人旁具四生。地獄及諸天，一一皆化生。」

定不定報

問：業所招報，爲定受否？答曰：定受。難曰：若爾，何故《論》説「有順不定受也」？答曰：唯云不定，不云不受，故須定受。經云：「無有地方所，脱之不受報。」問：若定受者，何云入見者名抵債，聖人抵而不受惡總報故？答曰：説定受者，約凡夫人。若聖人者，三乘無學，善亦不受，況惡報乎？問曰：何知善亦不受？答：阿羅漢者，應不受復有故。佛解脱道，捨有漏種現故，即知善惡俱不受也。難曰：若亦不受善果報者，二乘即已，若大乘者，捨無常色，獲得常色，受想行識，亦復如是，此豈非是善果報也？答曰：説不受者，有漏善根，不説無漏。問：此以何證？答：《華嚴經》云「有業報佛，即是報身」，此其證也。

難：若受無漏善果報者，因何因中行行之時，每度要與三輪體空，云不望得果，一何相違，因果不相照故？答曰：云不望者，要事與理合，理與事冥，恐著於相，成有漏因，云不望果。此報身者，乃無得而得，是真得也；無果之果，乃真果也。故古德云：有心用處還應錯，無意求時却宛然。又云如蟲蝕木，偶爾成文，即其義也。問：若有得之得，有果之果，何以非真？答：事不契理，心有分限，故果有盡，所以非真。問：無漏五蘊，既是有爲生滅之法，何偏名真？答：無麤四相，所以名真。難：有細四相，亦是生滅，何偏名真？答：雖細四相，念念遷滅，乃盡未來，念念相續，永無斷滅，故得名真。問：何故無斷？答：事既契理，理既無限，業亦無盡，故無斷滅。問：何故有心求之不得真果？答：真者不墮諸數，心言路絶。若言果者，墮諸數故；若有所得，落心言故。其真理者，非得非非得，非果非不果，故著有無，或住中間，俱不得真也。

諸論差別

問：前云論説不定等言，何論説幾？答曰：《瑜伽論》説有二種業，謂順定受、順不定受。《唯識論》説有其四種，謂順現、生、後、不定受。問：兩論二四，數既不同，有相違否？答：其《唯識論》，數雖有四，唯定、不定，止於定中分爲前三，後一同彼，故無相違。

問：順等名義？答：謂上上品善不善業，極殊勝故，現身便受，名順現受。中庸之業，稍降上者，次生便受，名順生受。又稍劣中等者，二生已後，皆名順後。其下品等，由微劣故，如人負債，急者先償，排遣在後，名順不定。問：此等因何，有勝劣也？答：由能造心有勝劣故，所造亦爾。

問：排在後者，時節不定，其報如何？答：由此《瑜伽》，有四句簡，謂時定報不定、報定時不定、時報俱定、時報俱不定。問：彼論四句，與彼二業，及《唯識》四識與相配？答：《瑜伽》時定報不定、報定時不定，通《唯識》四，即彼順定受。時報俱定者，《唯識》前三，即彼順不定受。時報俱不定者，《唯識》第四，同彼論後順不定受。問：此時與報，及定不定，其猶何也？請喻示之。答：時定報不定者，如論稼實，秋間決收，是時定也，未知成否，是報不定。報定時不定者，如守牌僧，僧次已定，是報定也，知何時有，是時不定。時報俱定者，如現任官，此時現受報故。時報俱不定者，如未入選，何時坐，是時不定，未委得何官，是報不定。

問：此順現等，爲別報邪？爲總報也？答：唯順現業，是其別報，餘皆總報。問：順現者，何非總報？答：唯現身上，增損福壽，不改趣類，故是別報。問：如現變蛇、轉女成男者，總邪別邪？答：全身變已，方名總報；有少未變，猶屬別報。問：何以故？答：此趣彼趣，此類彼類，逈然不同業類全異，方名總報。有少同異，乃是別報。

五心輪名

問：五心輪名？答：謂率爾心、尋求心、決定心、染淨心、等流心。問：此五心何時起何？答：但聞語時，前後次第，應起即起。問：請示一途？答：諸行無常，四字之時，若專法者，七心集現，解其義理，若散亂者，十二心現。問：七心輪？答：如聞諸字時，有率爾、尋求二心；復聞行字時，有決定心；又聞無字時，復起尋求；後聞常字，遂起決定、染淨、等流，成七心轉。問：十二心？答：四字皆有率爾、尋求，成其八心，行字加決定，通前成九，常字又加決定、染淨、等流三心，搭前九心，成十二心。

四斷名義

問：四斷義？答：一、自性斷，二、相應斷，三、離縛斷，四、不生斷。問：自性義？答：根隨等惑，無漏智生，斷彼自體，名目〔一〇〕性斷。

問：相應斷義？答：前七心王，徧行、别境通染性者，斷彼相應染法之時，其遍别等，亦得斷名，名相應斷。問：離縛斷義？答：善無記法，由斷能縛染心所以，亦得斷名，名離縛斷。問：不生斷義？答：八難果法，入見道後，永不生故，名不生斷。問：四斷作釋？答：自性即斷所，相應之斷能，離縛之斷，不生即斷。

三寶名義

問：何名佛義？答：《福田論》曰：「功成妙智，道登圓覺，名之曰佛。」問：云何名法？答：玄理幽微，正教精誠，目之爲法。問：何故名僧？答：禁戒守真，威儀出俗，故謂之僧。問：何得名寶？答：皆是四生導首，六趣舟航，故得名寶。無機子問：《涅槃經》云，「諸佛所師謂法也」，則應立教，舉法爲初，何緣垂訓，佛居先邪？釋曰：人能弘道，非道弘人，佛有演法之功，法無自顯之力，猶如伏藏，藉人指出，故初稱佛，然後示法。

三乘通號

問：何名爲聲聞乘？答：知苦常懷厭離，斷集永息潤生，證滅高契無爲，修道唯求自度，此之所謂聲聞乘也。問：何名緣覺也？答：觀無明是妄始，知諸行爲幻源，斷二因之牽遶，滅五果之纏縛，此之所謂緣覺乘也。問：何名菩薩乘？答：等觀一子，普濟羣萌，秉四弘之誓心，運六度之梵行，此謂菩薩乘也。

大乘五位

問：如是所成唯識相性，誰於幾位，如何悟入？答：謂具大乘二種種性，各於五位漸次悟入。何謂大乘二種種性？一、本性住種性，二、習所成種性。問：本性住種性？答：謂無始來，依附本識，法爾所得，無漏法因。問：何者名爲具本性人？答：外凡人是。問：何名外凡？答：雖具此性，未發堅固大菩提心，名外凡位。問：習所成性？答：謂聞法界等流法已，聞所成等熏習所成。問：此何等人名習性？答：內凡人是。問：何名內凡？答：此性定在發心已後，約初入劫，名內凡位。問：云何入劫？答：爲發心後，修十千劫，方入十信。言入劫者，乃三僧祇之初首，名爲入劫。問：具此二性，當幾類人？答：定性菩薩，二乘回心。問：二乘五果，回心向大，望頓悟人，至初入劫，修習劫數，同別多少？答：下從初果，上至五果，回心向大，至入劫位，乃經八、六、四、二萬十千劫，至資糧初。頓悟發心，亦十千劫，至資糧初。問：何故五果劫少，初果劫多？答：煩惱有無，修證少多故。

問：略於五位？答：一、資糧，二、加行，三、見道，四、修習，五、究竟。問：漸次悟入？答：於識相性，資位中，能深信解，至加行位，能漸伏除，所取能取，引發真見，至見道位，如實通達，修習位中，如所見理，數數修習，伏斷餘障，至究竟位，出障圓明，盡未來際，化有情類，復令悟入唯識相性，此名漸次悟入。

一　資糧位

問：資糧名？答：資謂資益，糧謂津糧，從此積集福智津糧，資益己身，遠趣大果，故名資糧。問：又何名爲順解脱分？答：爲有情故，勤求究竟大解脱果，由此亦名順解脱分。資糧，自利之名，順分，利他之號。問：此資糧位，當修何行？答：謂修大乘順解脱分。問：從何而何是資糧位？答：從發深固大菩提心，乃至未起順決擇識，齊此皆是資糧位攝。

問：此資糧位，有幾行位？答：有四十心，謂十信、十住、十行、十回向。問：此位由何，於唯識義能深信解？答：因四勝力，謂內因力、善友力、作意力、資糧力。問：何者因力？答：大乘多聞，熏習相續。問：善友力？答：逢事諸佛，出現於世。問(二)：作意力？答：一向決定勝解，名作意力。問：資糧力？答：由三力積集無間，名資量[三]力。

問：此位伏除何障染法？答：少能伏除取二取現。問：何故少能，不能多也？答：多住外門，修菩薩行，所以少能。問：何名外門[三]？答：散心名外。問：何知如此？答：本論頌云，「於二取隨眠，猶未能伏滅」，故唯能伏取二取現。問：散心脩者，《華嚴》何説「十住菩薩現八相」等，豈非定力？答：既云多住外門，即知少能入定，是故能現。問：福智資糧，何者是福是智？答：前五度福，第六度智。問：此位中斷修之相。答：有三種練磨心，除四處障。問：三練磨？答：一、菩提廣大屈，引佗況己練；二、萬行難修屈，省己增修練；三、轉依難修屈，引麤況妙練。問：四處障？答：一、離二乘作意障；二、諸疑離疑障；三、離聞思我我所執障；四、斷除分別緣似我法義境障。

二加行位

問：加行名？答：加功用行，名爲加行，近見道故，立加行名。問：此又何名順決擇分？答：欣遠之心，不如始業，且求見道，名順決擇分，見道之智，名決擇故。問：不如始業？答：非屬力劣，行合如此，是知涅槃，不越於此，故且求近，云不如始。問：始業？答：始初發心，一至遠求大涅槃故。問：此位行業？答：即修大乘順決擇分，便是行業。

難曰：近見道故，名加行者，資糧遠見道，無加行義？答：若加功用行，而行資糧，亦名加行。若近見道加功，四善獨名加行。故《對法》説：「有資糧皆加行，有加行非資糧。」問：資益己身之糧，加行不名資糧，加功用行求果，資糧不名加行？答：資糧遠望大果，最初獨名資糧，加功萬行，加功資糧，亦名加行。問：加功而行萬行，資糧得名加行，加行亦望大果，加行亦名資糧？答：初位發心最猛，四善不名資糧，萬行加力方行，初位亦名加行。問：初位心猛，獨名資糧，四善近見，獨名加行？答：曰可爾，若加功行萬行，初位名加行，若近見名加行，初位不得名。問：若果資糧，四善亦得名資糧否？答曰：不爾，若如爾。難：見道亦是果之資糧應名資糧，恁麼則如何即得？答：從增立名，但可名見道，不得名資糧。難曰：從增立名，見非資糧，既是從增立名，資糧亦非加行？答：固知如是，所以五道立名不同，互不相濫。

問：加行位所脩之法？答：有四位，四能發、四所發、四能觀、四所觀。問：四位？答：謂暖、頂、忍、世第一。問：四能發？答：明得定，明增定，印順定，無間定。問：四所發？答：下四尋思觀，上四尋四(四)觀，下如實智觀，上如實智觀。問：所觀四？答：名空，義空，名義自性空，名義差別空。問：能觀四？答：即前尋思、如實四觀是也。問：依何位？入何定？發何智？觀何法？答：初依暖位，入明得定，發下尋思觀，創觀所取名、義、自性、差別，皆空。問：何由得空？答：觀所取四，皆自心變，皆假施設，實不可得，不空而何？問：第二位？答：次依頂位，入明增定，發上尋思觀，重觀所取名等四法，實不可得，唯自心變。問：第三位？答：復依忍位，入印順定，發下如實智觀，印前所取四法是空，順後能取之識，亦是其空，印前順後，名印順定。問：何義順後能取亦空？答：既無實境，離能取識，寧有實識，離所取空？問：何以故？答：所取能取，相待立故。問：此忍有幾？答：有下中上，下忍印無所取，中忍即無能取。問：第四位？答：依世第一位，入無間定，發上如實智觀，印二取空，伏除二障，俱生分別。

又問：初位何義名暖？答：至初獲道火前相，名之爲暖。問：明得名？答：至此初獲慧日前相，名明得定。問：尋思名？答：尋思名等，假有實無，名曰尋思。問：名義二法，何故別別而觀，名自性、義自性，名差别、義差别，合而觀之。答：名文與義能所相異，故别尋求，名義自性，及二差别，二二合同，故合思察。問：第二位何義名頂？答：尋思位極，立以頂名。問：明增名？答：明相轉增，名明增定。問：何故頂位，重觀四法？答：初伏難故，所以重觀。問：第三位何義名忍？答：忍境識空，故名爲忍。忍者、印也，順也。問：印順定？答：印前順後，立印順名。問：四如實智名？答：如實遍知，此四離識，及識非有，名如實智。問：第四位世第一名？答：有漏位極，名世第一。問：無間定名？答：從此無間，必入見道，立無間名。問：頌云「現前立少物」，何爲少物？答：心上變如，名爲少物。問：頌云「以有所得故」，所得者何？答：帶相觀心，名有所得，即前少物也，此名相縛。

三見道位

問：通達名？答：謂無漏智，體會真如，故名通達。問：見道名？答：初照理故，亦名見道。問：此之見道，有差别否？答：有真見道、相見道。問：真、相見道，有差别否？答：有。若一心真見道，三心相見道。若三心真見道，十六心相見道。

問：云何一心真見道也？答：謂根本智，實證二空真理，實斷分别惑智二障，雖多刹那，事方究竟，總説一心。問：三心相見道？答：一、内遣有情假緣智；二、内遣諸法假緣智；三、遍遣一切有情諸法假緣智。問：何故此名相見道？答：以真見道，不别緣故，今則别緣是相見道。問：三心真見道？答：前三心説爲真見。問：復約何理，却説爲真？答：以相見道，緣四諦故，今不緣彼，爲真見道。問：十六心相見道？答：謂苦集滅道，四諦之下，各有四心，故成十六。問：四心者何？答：苦法智忍、苦法智、苦類智忍、苦類智，餘三諦准。問：此十六心，有差别否？答：有二種，有能所取十六心，有上下諦境十六心。問：能所取十六心？答：法智、法忍，緣於真如，其真如者，是智所取；類忍、類智，緣智見分，其見分者，是能取智，名能所取十六心也。問：上下諦境十六心？答：法智、法忍，緣下界如；類忍、類智，緣上界如，名上下諦境十六心也。問：何故如此？答：下界入見，現前名法，上界名類。問：示能所取？答：且苦法智忍緣如，倣真見道中，無間道見分斷苦諦惑。苦法智緣真如，倣真見道中，解脱道見分證苦諦下理。苦類智忍緣前能倣之心見分，倣第一心無間道自證緣見。苦類智緣前見，倣第二心解脱道自證緣見。集滅道三，倣此作法。問：請示上下？答：苦法智忍緣欲界如，倣無間道見分斷欲界惑。苦法智緣欲界如，倣解脱道見分證欲界理。苦類智忍緣上二界如，倣無間道見分斷上界惑。苦類智緣上界如，倣解脱道見分證上界理。餘三諦准。問：三心相見道？答：內遣有情假緣智，倣無間道見分斷我執；內遣諸法假緣智，倣無間道見分斷法執，此二別緣，名之爲法。遍遣有情諸法假緣智，倣解脱道二空見分證二空理，此一總緣，名之爲類。問：又如何理，此三名真？答：若三名真，不説倣法，乃根本智別斷總證。問：一心真見道？答：雙空智起，無間道中，雙斷二障，解脱道時，雙證二空。

問：二種十六，皆小乘法，菩薩何作？答：此約菩薩修作説之。問：何故修彼？答：降伏二乘故修，成遍知故。問：此通達位之分齊？答：於十地中，每地有三，謂入、住、出。此通達位，當其初地入心也，住出二心屬修道故。問：何故見道，偏時促也？答：明來暗謝，智起惑亡，一念尚無，何恠時促。問：既無一心，何當入心？答：約相見道，多時排布，事方究竟，説當入心。若真見道，豈屬三際也。

四修習位附五究竟位。

問：修習名？答：修謂修理，習謂習學，有

爲無爲功德法故，名爲修習。問：修行位差別之相？答：大分有二，初十地因，後轉依果。問：十地因？答：十地皆具加行、無間、解脱、勝進四道之因。問：十地名？答：一、極喜，二、離垢，三、發光，四、焰慧，五、難勝，六、現前，七、遠行，八、不動，九、善慧，十、法雲。

問：初地何義名爲極喜？答：初獲聖性，具證二空，能益自他，生大喜故，名極喜地。問：初地中修習何行？答：施行三，謂財、無畏、法施。問：斷何障？答：異生性障，及斷二愚，一、執著我法愚，二、惡趣雜染愚。問：證何理？答：遍行真如。

問：二地離垢之名？答：具淨尸羅，遠離能起微細毀犯煩惱垢故，名離垢地。問：修何行？答：戒行三，謂律儀、攝善法戒、饒益有情戒。問：斷何障愚？答：斷邪行障，微細悞犯愚、種種業趣愚。問：證何理？答：證最勝真如。

問：三何名發光？答：成就勝定，大法總持，能發無邊妙慧光故，名發光地。問：所修行？答：忍行三，謂耐冤害忍、安受苦忍、諦察法忍。問：所斷？答：闇鈍障，及欲貪愚、聞持陀羅尼愚。問：所證？答：勝流真如。

問：四地焰慧之名？答：安住最勝菩提分法，燒煩惱薪，慧焰增故。問：所修？答：三精進，謂披甲、攝善、饒益精進。問：障愚？答：斷微細煩惱現行障、等至愛愚、法愛愚。問：所證？答：攝受真如。

問：五難勝？答：真俗兩智，行相互違，合令相應，極難勝故。問：行？答：三靜慮，安住、引發靜慮、辦事靜慮。問：斷？答：斷二乘般涅槃障，純作意背生死愚、向涅槃愚。問：證？答：無別真如。

問：六現前？答：住緣起智，引無分別最勝般若，令現前故。問：修？答：般若三，生空、法空、俱空般若。問：斷？答：斷麤現行障、現觀察流轉愚、相多現行愚。問：證？答：染淨真如。

問：七遠行？答：至無相住功用後邊，出過世間二乘道故。問：修？答：方便二，謂回向善巧、拔濟善巧。問：斷？答：微細現行障、微細現行愚、純作意求無相愚。問：證？答：無染淨真如。

問：八不動？答：無分別智，任運相續，相用煩惱不能動故。問：修？答：願二，謂求菩提願、利樂有情願。問：斷？答：斷無相中作加行障、無相作功用愚、相自在愚。問：證？答：不增減真如。

問：九善慧？答：成就微妙，四無礙解，能遍十方，善説法故。問：修？答：力二，謂思擇力、修習力。問：斷？答：斷利陀門中不欲行障、辯慧陀羅尼自在愚、辯才自在愚。問：證？答：所依真如。

問：十法雲地？答：大法智雲，含衆德水蔽，如空麤重，充滿法身故。問：修？答：智二，謂愛用法樂智、成熟有情智。問：斷？答：斷諸法中未得自在障、及大神通愚、悟入微細秘密愚。問：證？答：證業自在所依真如。

問：何名等覺？答：十地滿心，金剛喻定，現在前時，名等覺位。問：此金剛心，斷何障愚？答：此無間道，斷微細所知煩惱障、於境微細著愚、極微細礙愚。齊此名因修道後邊。

○問：妙覺名？答：前念金剛心時，名無間道，斷盡一切微細二障，至第二念，棄捨四事，名解脱道，證蓮華相好功德，獲三種身，故名妙覺，齊此名果究竟位，初十地因竟。

四轉依果

問：轉依果？答：轉依有四，一、能轉道，二、所轉依，三、所轉捨，四、所轉得。然此轉依，通因及果。

問：能轉道？答：此復有二，一、能伏道，二、能斷道。問：能伏道？答：有漏無漏，加行、根本、後得三智，能伏二障，名爲伏道也。問：能斷道？答：謂無分別根、後二智，斷迷理事根隨惑，故名能斷道。

問：所轉依？答：此亦有二，一、持種依，二、迷悟依。問：持種依？答：謂第八識持染淨種爲所依故，名持種依。問：迷悟依？答：謂真如法，能爲迷悟之根本故，名迷悟依。

問：所轉捨？答：此又有二，一、所斷捨，二、所棄捨。問：所斷捨？答：謂二障種，每遇何地無間道時，彼便滅故，名所斷捨。問：所棄捨？答：謂有漏善、異熟無記、劣無漏、變易身，取要只是有漏種現，劣無漏種現，至此最後解脱道時，盡棄捨之，名四事也。

問：所轉得？答：謂四涅槃。問：一、自性清淨涅槃？答：本性無染，謂之清淨，本性寂然，故曰涅槃。問：二、有餘依涅槃？答：如來之身，有餘樂依；無漏之身，非苦依故，名有餘依，不同二乘有餘苦依，身有屬故。問：何知無苦？答：捨無常色，獲得常色受想行識，亦復如是，故知無苦，有餘樂依。問：蕴雖無漏，不無遷滅，何名涅槃，非寂靜故？答：能招染盡，故名涅槃。問：無餘依？答：煩惱既盡，餘依亦滅，名無餘依，衆苦永寂，名爲涅槃，無餘苦依。問：無住處？答：生死涅槃，二皆不住，名無住處。用而常寂，故名涅槃。

問：所轉得？答：謂四智菩提。何謂四智？大圓鏡智，平等性智，妙觀察智，成所作智。問：轉八識成四智，何故名爲所生得也？答：轉滅有漏八識之時，從無漏種生起四智，名所生得。問：轉何識生何智？答：轉前五得成所作，六妙觀察，七平等性，八大圓鏡智。問：轉識成智，智者，別境中慧，豈不轉王成心所也。答：稱實轉王得王，轉所得所。問：云何轉八識成四智？答：據轉强得强，云轉識成智。問：請説道理？答：因中識强智劣，果位智强識劣，故云轉强得强。問：爲甚如此？答：因中煩惱增故，境界勝故，所以識强智劣。果位煩惱無故，境界空故，所以智强識劣。問：據此八識，皆有轉理，何故前七偏名轉識，第八不爾？答：第八一轉永轉，轉後更不間斷，故非轉識。問：前五同八一轉永轉，何名轉識？答：前五因位三性間轉，亦名轉識。問：第七一性，應非轉識？答：八地已去，有漏無漏間轉而起，亦名轉識。問：無性第七，不通無漏，何名轉識？答：三界相望，麤細轉易，亦名轉識。問：第八三界以麤細易，應名轉識？答：第七我執漸增轉暗，八無此理，故非轉識。

二無我義

問：二空名義？答：生法二種無體名空，空即彼無，無別空體。問：二空理？答：二空所顯，名二空理。問：舊云人空，或云我空，今言生空，何義不同？答：若云人空，不該餘趣。問：我該餘趣，何不從之？答：有執外法。以爲我者，但名生執，通該内外。問：何須空二？答：二執若在，二空真理。無由得顯，故須空之。問：真如之理，非有非空，心言路絶，何得云空？答：從能顯門，説爲二空。問：以何方便顯二空理？答：智緣空起，爲所由門，所以得顯。問：有如何者？請喻曉之。答：生法二執，如兩閉門。加行之智，如開門者。二空真理，如門中物。根本之智，如取物人。

二身名義附十號名義、薄伽六義、諸佛别名、三業化義。

問：解脱道所獲三身？答：一、自性身，二、受用身，三、變化身。

問：自性身體？答：謂諸如來真淨法界。問：有何義趣，亦名法身？答：諸功德法所依止故。普潤大師云，軌持爲法，依止名身。憑何以知？《光明疏》云：「法名可軌，諸佛軌之，而得成佛。」《摩訶衍》云：「湛湛絶慮，寂寂名斷，能爲色相，作所依止。」憑此而知。問：寂寂名斷，安曰法身？答：法實無名，爲機詮辯，召寂寂體，强稱法身。問：湛湛之體，當同虛空？答：凡所有相，皆是非相。覺五音如谷響，智實無聲；了萬物如夢形，見皆非色。空有不二，中道照然，不可聞無，謂空斷絶。

問：受用身？答：有二種，一、自受用，二、佗受用。問：自受用？答：恒自受用大乘法樂。問：何義故名爲報身？答：三無數劫，修所得故，名爲報身。唯此是實，後皆應身。普潤云：報謂果報，三祇修因所得果故。身者，依止、相續二義名身。問：依止義？答：有爲功德所依止故。問：相續義？答：盡未來際無斷盡故。問：其果報者何教所明？答：《摩訶衍》云：「具勝妙因，受極樂果，遠離苦相故名爲報。」問：依止、相續義何所出？答：《唯識論》云，「所趣無邊，真實功德，相續湛然，盡未來際」，此其出也。問：佗受用？答：令佗受用大乘法樂，此有十重，被十地機之所現故。問：變化身？答：無而欻有謂之變化，聚化五蘊，名之爲身。問：化身數類？答：有三類，一、大化身，二、小化身，三、隨類化。問：大化身？答：千丈大化，王大千界，被地前機。問：小化身？答：丈六金身，王一四天下，三乘凡夫，是所被機。問：隨類化？答：猿中現猿，鹿中現鹿，名隨類化。問：拘尸羅現三尺身，城東老母指掌所現，此當何類？答：據被人類，屬小化身，據非丈六，屬隨類化，再問能者。

問：法身所依？答：依法性土。問：唯一法性，寧分身土？答：能依義邊，名之爲身，所依義邊，名之爲土。問：報身體？答：四智菩提，無漏五蘊。問：報土體？答：無漏色蘊。問：能所依？答：根根塵塵，遍周沙界，情器有異，情爲能依屬報身，器爲所依屬報土也，此實報土。問：他報土？答：隨所被機，勝劣大小，悉皆不同，然唯淨土。問：變化土？答：亦隨所被，大凡小聖，各隨業力，所見不同。問：何唯三身，不增不減？答：普潤云，萬慮沉迷，居三道而流轉；十方超悟，證三身以圓通，故無增减。問：既一有情，成佛之時，何却三身？答：實唯一佛，約三義故，而説三身。問：三義何？答：一、體用，二、權實，三、理事。問：體用？答：智與體冥，能起大用。自報上冥法性體，謂之真身，他用不赴機緣用，謂之應身。問：權實？答：權謂權暫，實謂實録，以施權故，從勝起劣，三佛唯明，以顯實故，從劣歸勝，秪是一身。問：理事？答：佛本無身，隨順世間，而論三身，仰觀至理本實無形，俯隨物機，迹垂化事。

○問：十號之名？答：一、倣同先迹，號如來；二、堪爲福田，號應供；三、遍知法界，號正遍知；四、果顯因德，號明行足；五、妙往菩提，號善逝；六、達僞通真，號世間解；七、攝化從道，號無上士，調御丈夫；八、應機受法，號天人師；九、覺悟歸真，號佛；十、三界獨尊，號世尊。問：十號之義？答：無虚妄故，名如來；良福田故，名應供；知法界故，名正遍知；具三明故，名明行足；不還來故，名爲善逝；知衆生國土，名世間解；無與等故，名無上士；調他心故，名調御丈夫；爲衆生眼故，名天人師；知三聚故，名之爲佛；具茲十德，名世間尊。問：諸教皆列有十一數，其故何也？答：據前所解世尊名云，具茲十德，名世間尊，則應世尊是總名。何以知也？普潤大師云：《涅槃疏》説，《阿含》及《成論》，合無上士與調御丈夫爲一號，故至世尊云一數。《涅槃》及《大論》，開此二號，而《輔行》云「《大論》合者，此文悮也」，據《輔行》意，世尊是總。問：准《藥師經》，數唯有十，仍第二應正等覺，與十薄伽梵，不同舊譯，却無世尊，其故何也？試卜之云：莫第二號，應正等覺一名，將應供與正遍知爲一號也。然不敢妄出所以。問：何故第十特異舊翻？卜云：莫薄伽梵中第六尊貴，當世尊號。問：無定斷？答：輔行尚云學者詳之，我何人哉。

○問：六德？答：自在、熾盛、端嚴、名稱、吉祥、尊貴。永不繫屬諸惱惱故，具自在義；猛燄智火所燒煉故，具熾盛義；妙三十二大士相等所莊飾故，具端嚴義；一切殊勝功德圓滿無不知故，具名稱義；一切世間親近供養咸稱讚故，具吉祥義；一切功德常起方便利益、安樂一切有情無懈廢故，具尊貴義。頌曰：「自在熾盛與端嚴，名稱吉祥及尊貴，如是六德義圓滿，是故彰名薄伽梵。」

○問：古云「佛佛齊法法道齊」者，如翻釋迦以爲能仁，莫應餘佛非能仁也？阿彌陀云無量壽者，餘佛莫應有壽量邪？其餘佛名，隨義准難。答曰：《法苑章》云：「但以逐機設化，隨世建立，顯名則功能雖殊，顯義乃力用齊等，方知三世無量之名，具顯諸佛無量之德。」

○問：嘗聞四事不可化，佛地何故説三乘化？答：無上覺者，神力難思，故能化現無形質法。問：三乘化義？答：據手鏡云，准《佛地論》，説三業化，身語各三，意但有二。又准彼論，非身相應身業化中，説現無邊種種佛身，非身相應語業化中，即無佛身。由此，指微、顯輪，各説不同。問：指微説相應之言，訓作何義？答：相似義，要相貌相似，法體相似。問：與誰相似？答：與自相似者，名自身相應化；與佗相應者，名佗相應化；闕一二者，皆名非身相應化。且問：自身相應者？答：如大小化身，皆具相好，名相貌相似，具化五藴，名法體相似。此皆與自相似，名自身相應身業化也。此身發語，有化心等，名自身相應語業化也。問：佗身者？答：如觀世音，化萬迴相貌，法體與人類相似，名佗身相應身業化；萬迴發語，及有心等，名佗身相應語意化也。問：非身相應？答：如化佛身無根心等，雖相貌相似，闕法體相似；一類化樹林等，二義俱闕，皆名非身相應身業化。若無心佛發語，樹林説法，名非身相應語業化。問：何無非身相應意業化也？答：既作樹等是無情類，故無意化。問：既然化爲佛身，何無根心也？一有根心者，却屬前類自身相應意業化也。問：顯輪相應，訓作何意？答：相近義，身類同義，具自二義者，名自身相應化；具佗二義者，名佗身相應化；闕一或二，名非身相應化。手鏡云：准《輪鈔》說，言相應者，亦有二義：一、要相近，二、身類同。如自受用身，現三類化身，身類同，又相近，名自身相應化也。如化佗身，與佗身同，及佗相近，名佗身相應化也。二義闕一，名非身化。如化身佛，復現諸佛，雖身類同，無相近義。如自受用，現人猿等雖具相近，闕身類同。又如化佛、化人物等，二義俱闕，此上皆是非身相應化也。愚疑此説云：佗身化中，與佗身同，及佗相近者，既與佗身相近，何須直用自受用化？又非身化中一類，自受用身。化人猿等，與佗身相應化。一向全同，何成二化？又非身土中，無此自受化人一類。既有此疑，愚試云：顯輪二義，有兼有正。相近義正，唯自相近；身同義兼，亦自身同。若於兼正二義皆具，名自身化。若具正闕兼者，名化身化。若具兼闕正，或俱闕者，名非身化。依此問云：何者自身相應身業化也？答：如自受用化，三類化，與自相近，自身類同，兼正二義皆具，名自身相應身業化也。問：自身相應語意化？答：即此前身，發言説法，有化心等，是自身相應語意化。問：佗身相應化？答：如自受用化佗人身，唯具相近，闕身類同，具正闕兼，名佗身相應化。問：非身相應化？答：如化身佛復現諸佛，具身類同，闕相近義，具兼闕正；又化身佛現人物等，二義俱闕，皆是非身相應化也。問：指微鈔主，何爲如此？答：謂順《佛地》，意化但二，故非身中無意業化。又順非身相應身業化中，現無邊佛，是故説現無根心佛。又順非身相應語業化中，無現佛身，故説樹林演法，水聲談空。問：何故顯輪特與相違？答：顯輪會云：佛地非身語業化中無佛身者，但彼論略，亦合有之。又會意業但有二者，且約其心不可孤現，及土木等不可有心，云但有二，其實亦三。既非身中有現佛身，何無根心？問：指微何説佛無根心？答：只爲指微，要法體相似，説非身者，要不相似，若有根心，不成非身，故説無心。

小乘五位

問：聲聞因果位次如何？答：亦有五位，謂資及學也。問：誰人修此？答：定性聲聞，一分不定。問：不定？答：有一人具三乘性，有具聲聞、菩薩二性，有人聲聞、緣覺二性，此等皆得修聲聞行，名一分不定。

一資糧位

問：何時立此資糧之初？答：雖有三慧，心未決定，名外凡位。發決定心，名内凡位，從此内凡立位之初。問：資位修何觀行？答：有三，一、五停心；二、别相念；三、總相念。問：五停心觀名？答：五處停住於心，名五停心觀。問：五者何？答：一、多貪衆生，作不淨觀；二、多嗔衆生，作慈悲觀；三、多癡衆生，作十二因緣觀；四、著我者，作界分别觀；五、多尋思者，作想息念觀。問：不淨觀？答：想自及佗青淤、虫食、骨鎖等類。問：别相念觀？答：身受心法，四各别想，名别相念。問：如何别觀？答：觀身不淨，觀受是苦，觀心無常，觀法無我，如是别别觀。問：總相念？答：總觀四法，皆是苦空無常無我，名總相念。問：慈悲觀？答：乃錦被七翻章也。問：十二因緣觀？答：觀十二支緣生，遷變無常，苦空無我，假和合故，輪迴不息。問：界分别觀？答：謂觀地堅、水濕、火煖、風動、空虚、識了，皆具顯示無常苦空無我。問：數息觀？答：有六行相，一數、隨、止、觀、還、淨。問：資糧等名？答：同大乘説。問：資糧位後際齊何？答：七賢前三名資糧位。

二加行位

問：加行位？答：七賢後四，謂煖及第一，

名加行位。問：煖名？答：如人鑽火，初煖生故。問：暖修何觀？答：剏觀四諦十六行相，每諦有四，謂苦、無常、空、無我，集、因、生、緣，滅、淨、妙、離，道、如、行、出，上下具觀三十二行，下三品善。問：頂名？答：可動法中最殊勝故，如人之頂。問：觀行？答：亦即觀前三十二行，中三品善。問：何故重觀？答：爲成熟故。問：忍名？答：印可諦理，名之爲忍。問：此忍有幾？答：下中上三。問：下忍？答：印可於前三十二行。問：中忍？答：别作七周減緣，二十四周減行。問：上忍？答：唯一刹那，重觀欲界苦諦下一緣。問：世第一名？答：有漏道中最第一故。問：觀行？答：亦一刹那，重觀欲苦一緣。問：與忍同一刹那重觀欲界苦諦一緣，二有何别？答：但勝劣異。問：異所以？答：色界善業，總有九品：下三品善，屬煖位攝；中三品善，頂攝；上下、上中，忍攝；上上品善，世第一攝，故云但勝劣異。問：忍有三忍，與二品善，如何配攝？答：上下品，下中二忍，上中品善，上忍攝也。

三通達位

問：通達位？答：苦法智忍、苦法智等，十六心中，前十五心無間，名預流向，第十六心解脱道時，立預流果。問：此位齊何分見修别？答：有二行相，一、正住果，未斷修惑，皆屬見道；二、進修時，即屬修道。

四修習位

問：修習位？答：此有後三果向不同。若於欲界修惑之中，斷至六品，其六無間，五解脱道，名一來向，第六解脱，名一來果。若斷後三，三無間道，二解脱時，名不還向，至後第三解脱，立不還果。又若斷至上八地中七十二品，其七十二，無間、解脱二道之中，至七十二無間道時，名阿羅漢向，從初果中正住果後。進修已來，齊此無間道時，是修道位，最后邊際。

五無學位附二無我義。

問：無學位？答：謂第七十二解脱道時，證五分法身，立阿羅漢果。問：五分法身？答：謂戒、定、慧、解脱、解脱知見。問：無學名？答：五分能攝十無學法，名爲無學。問：十無學法？答：正語、正業、正命、正念、正定、正見、正思惟、正精進、正解脱、正智。問：十無學法，與五分法身，如何相攝？答：正語、正業、正命是戒；正念、正定是定；正見、正思惟、正精進是慧；正解脱、正智是解脱知見。問：何羅漢名？答：此翻應。應有三義：一、應永害煩惱，二、不受後有，三、受人天供。

〇問：其二無我，《百法》攝否？答：攝爾何失？難云：若言攝者，何法攝也？若云不攝，何言千法萬法不離百法？答曰：不攝。問：恁麽，則攝法不盡也。返問彼云：汝欲攝者，其二無我，爲是心耶？所耶？色耶？不相應耶？無爲耶？若云是者，五位是何？若云非，不攝明。問云：爭奈攝法不盡？釋云：一切者，不出五位，是心等者，無不攝之，名攝法盡。今二無我，既非五法，故不攝之也。問：何知非法？答：《百法》初云：「何等一切法，云何爲無我。」既一切法後，别問無我，即知非法。問：若言非法者，應無我理，不離四句，墮百非中。答：遮爾是法，我云非法，據實非法非非法。問：何以故？答：若是法者，墮是邊故；若非法者，墮非邊故；若言非法亦非法者，墮兩頭故；若言非法非非法者，墮中間故。問：如是者，亦非不攝，汝何定爾云不攝也？答：且遮爾攝，我言不攝，其實非攝，非不攝，非亦攝亦不攝，非非攝非不攝。問：何以故也？答：離四句絶百非故。又解：前五位法，表詮立名，心表緣慮，色表質礙。此二無我，遮詮立號，遮五位法，皆非實我，皆非實法。其表詮者，既有所表攝所表法。其遮詮者，既遮我法，何所攝也。又解：若將旨就詮，在《百法》攝，六無爲是，墮諸數故。若廢詮談旨，二無我是，不墮諸數，何攝之有。問：爭知不墮？答：既不立名，既[一五]知不墮。問云：補特伽羅無我，云法無我，此豈非名？答：既云無我，與誰爲名，名詮於誰，誰爲自性？即知非名。問：何知廢詮？答：既知無人無法，廢詮明矣。問：若不攝者，離《百法》外，應是別有？答：雖云不攝，仍上《百法》，不即離等。問：何知爾也？答：古云「即不即門中不即，離不離門中不離，一不一門中不一，異不異門中不異」等。問：此説何憑？答：古德云：凡屬對待，皆謂之不了義。《瑜伽大論》，既是大乘了義之教，理極顯然。故無我理，直須孤迥圓陀陀，不與諸塵作對、萬法爲侶始得。若不如是，終非了義。

四句百非

問：常言離四句絶百非，四句者何？答：但舉一對，或舉一字，便成四句。且如有無一對，作四句者，有，無，亦有亦無，非有非無，便是四句也。問：如何百非？答：既凡作四句，有本末三世，已起未起，積成百句，皆非得真，故云百非。

問：請示法之？答：其真實理，若云有，是增益謗；若云無，是損減謗；若云亦有亦無，是相違謗；若云非有非無，是戲論謗，此是本四句也。復此四句，每句有四。且有中四句者：有有，有無，有亦有亦無，有非有非無。復無中四句者：無有，無無，無亦有亦無，無非有非無。亦有亦無中四句者：亦有亦無有，亦有亦無無，亦有亦無亦有亦無，亦有亦無非有非無。又非有非無中四句者：非有非無有，非有非無無，非有非無亦有亦無，非有非無非有非無。此每四句，四四成十六句也。三世皆有此十六句，成四十八。此四十八，皆有已起未起，成九十六。搭本四句，成一百句。

問：請有無外，別示一途？答：且如上，下，亦上亦下，非上非下。問：請示一字者？答：如言青，非青，亦青亦非青，非青非非青。但舉一字，便對非此也。問：何故隨舉一切，皆得作之？答：其真理者，一切皆非故也。故古人云：「若要直截會，一切總不是。」問：何故萬松和尚別此語云：「若要委細會，法法無不是也。」答：歷代宗師一時救弊，其意不等，前師爲救坐著，今時云總不是。萬松爲救坐著那邊，云無不是，其實住著者皆不是，不住著者無不是。問：何以故？答：佛法以無住爲本故。《金剛經》云「應無所住而生其心」，即其意也。愚意且爾，更問能者。

雜録問難

懷州秀長老，於汴梁和講主處，累致問難，今録之云。

一日秀舉仁講生，問孝嚴老師云：勝鬘夫人贊佛之時，頓現三身，法身無相，如何得見知云？汝如何說？和云：性、相、禪宗皆有此。相宗答云：見化身時，即見法、報。何以故？三身不相離故。蓋報身者，修所得故，法身者，報實性故，化身者，報所現故，豈得相離？既不相離，故見一身，即是見三也。性宗答云：若見諸相非相，即見如來，此豈非是見法身也？禪宗答云：渠無國土，何處逢渠？此亦是見法身之理。

一日又問：《華嚴經》說「佛有百億十千名」，何故燃燈授善慧記云，「汝當作佛，號釋迦牟尼」，既立一名，餘名皆廢，如何會釋？和云：佛一音中普說多名，百億十千諸衆生類，各隨所樂，各別聞名。何以故？佛以一音演說法，衆生隨類各得解。故一音之教，孰不知也？問：既爲法王，於法自在，何不以色爲心，以心爲色也？答：若相宗說：相見俱依自證起故，色相既從心自證生，歸種位時，即是自證，是故色即是心，心即是色。喻如蝸牛頭出角，出則似角，縮則是頭。色心相即，正與此同。若性宗說：理外無事，事外無理，理事不二，故色即心，心即色也。若禪宗說：山河及大地，全露法王身。此例甚多。和云：據上所問，其意太局，應將五位更互爲問，其理方盡。且心與所互相即者，所與心王一能緣性，不即而何？其不相應心之分位，豈非即心？其無爲者，心之實性，理即定然。其五位法，雖互相即，仍不雜亂，五位宛然。心色等別，雖爲無爲心色不同，仍即一心。若如此者，於法自在，説得成麽？

又問：言言見諦，句句朝宗，且如《藥師經》説「慳貪嫉妬，牛馬駝驢」，此等之語，如何見諦朝宗？答云：心生則種種法生，心滅則種種法滅。麤言細語，隨心生滅，心外無餘，何非見諦？豈不朝宗？故云三界唯心，萬法唯識。又云細語及麤言，皆明第一義。或云麻三斤，乾屎橛，羊便乾處臥，驢便濕處尿。此例更甚。

又問：教説宗門，不出名句文，可笑之甚？答曰：輒云可笑，蓋亦未之思也。謂禪不在名句文，亦不離名句文。何也？豈禪外條然別有名句文，名句文外條然別有禪也？若條然者，外道見也。設若難云：如靈雲見桃花，香嚴童子聞香，藥王藥上嚐藥，雲門傷足，須菩提晏坐，帝釋散華，此等豈有名句文也？答：此等正在所未之思也。蓋名句文者，豈止聲上？於六塵上皆立名等。見桃華者，色塵上立名句文；聞香悟者，香塵上立；嚐藥，味塵；損足，觸塵；散華，法塵上立也。未學教者，焉知此理？若毀教乘，不盡善者，蓋自不知耳。仍亦罪有所歸，十方輪轉地獄，金口親宣，敢不敬耶？止不過打葛藤云，猶有這筒在，向道我早侯白，你更侯黑。諸祖亦云，闍老子未放汝在，切忌切忌。莫探頭太過，莫妄稱，莫悞喜，如人飲水，則可知也。

問：《藥師經序》云「王者禳災，轉禍爲福」，豈庶民等不得禳也？答：舉勝攝劣，理之常然，豈令爲文之者，一一叨叨耶？序末亦云「十二藥又，念佛恩而護國；七千眷屬，承經力以利民」，況前半聯云「病士求救，應死更生」，通得庶民麽？不爾思也。何得對面蹉過。

問：古云：秘密不可翻譯，何故有處却言唵字是清淨法身等耶？答：顯密圓通，有二門義：一、不可說門，固不可翻；二、少分功德門，亦可翻之。其翻者，約少分門也。問：佛向觀音，問六字呪，佛若不知，云何名佛？答：權實寧知？其若文殊不能出女子定，罔明能出之。雖一真見時無別，乃入處四門有異，何足怪哉。其或顯呪功深，示問何傷？

問：宗門之中，開口拂迹，教中不然，此是劣於禪也？答：據申此問，敢保和尚未閑教意在？教不云乎，以法破我，以空破有，以中破空。仍云：若執依圓是有，還同遍計是無。又云：不依此岸，不著彼岸，不住中流。此云二邊純莫立，中道不須安。又云：離四句，絶百非。尋思路絶，名言道斷。口欲談而辭喪，心將緣而慮息。一不一門中不一，異不異門中不異，即不即門中不即，離不離門中不離。廢詮談旨，理固非言，此例無邊，何云不拂？當知所問，以用試驗某甲，所謂頑銅若作黄金貨，只得謾佗無眼人。

八部名義附天神居處。

問：云何名爲天龍八部？答：揀四天王八部，云天龍八部也。《翻譯名義》云：「一、天，二、龍，三、夜叉，四、乾闥婆，五、阿修羅，六、迦樓羅，七、緊那羅，八、摩睺羅伽。」問：何故唯佛八部參隨，其餘天等無八部隨？答：原夫佛垂化也，道濟百靈，法傳世也，慈育萬有，三乘賢聖，既肅爾以歸投，八部鬼神，故森然而翊衛。餘無此德，故無八部。

問：云何名天？答：梵語提婆，此云天。《法華疏》云：「天者，天然自然，勝樂勝身。」《勝論》云：「清淨光潔，最勝最尊，故名爲天。」問：云何名龍？答：梵那伽，此云龍，又有多種，泛説龍者，乃興雲致雨，益世間者。問：何名夜叉？答：此云勇徤，亦云暴惡，舊云閱叉，新云藥叉。釋云：秦言貴人，亦言輕徤，能飛騰空中。問：乾闥婆？答：此云香陰，不噉酒肉，唯香資陰，名曰香陰，或云尋香，天樂神也。問：阿修羅？答：舊云無端正，新云非天，如本章記。問：迦樓羅？答：此云金翅，翅翮金色，或云妙翅，不唯金色故也。問：緊那羅？答：此云疑神。釋曰：人非人，似人，而頭有角，人見之言人耶、非人耶，因以名之，亦天伎神，小不及乾闥婆，新云歌神，是諸天絲竹之神也。問：摩睺羅？答：此云大腹行，釋曰地龍，肇曰大蟒。

問：何故諸經八部，末云人非人等？答：天台云，此乃總結八部數爾。問：前言天者最勝最尊，對誰爲最？答：對餘五趣。問：何故尊勝？答：由因勝故。問：何理知之？答：普潤云，苟非最勝之因，豈生最勝之處？問：最勝因？答：謂十善，身語意行，此十善業。問：如何爲勝？答：由其三業防止過非，有順理義，以茲十善，運出五道名天乘，即爲最勝。問：天有地居、空居，天何理爾也？答：因有散善、定善，果有地居、空居。問：何以故？答：由禪定力不依于地，無定力者，不得空居，定輕安故。問：泛説欲天散善業招，云何亦有空居天也？答：若單修習上品十善，乃生欲界下二地居，此是一向純散善也。若修十善，坐未至定，乃生上四空居天也。此後空居，皆定善招。問：何以故？答：未至定者，尚自空居，況根本定因。問：何名未至？答：其由未入根本定故，名爲未至。問：未至定行相如何？答：如《止觀》云：「端坐攝身，調和氣息，泯然澄靜，身如雲影，虚豁清靜，而猶見有身心之相，是則名爲欲界定也。從此已後，忽然不見欲界定中身首衣服床臥等事，猶如虚空，迴向安隱，如是名爲未至定相。」問：何須不見欲界定中身首等也？答：身是事障，事障未來，障去身空，未來得發，故須不見欲界定身等，是爲欲界六天因果。問：欲界散善，疑猶未息？答：無根本定，故曰散善。由空居故，須修未至。問：何故天有欲、無欲？答：若修根本四禪，離欲麤散，則生色界，故無欲也。問：何故天有色、無色？答：若厭色籠，修四空定，生四空天，名無色界，故名無色。

問：四王天居處等次？答：《光明疏》云：「居須彌之半，乃上升之元首也。」問：疏所憑？答：《俱舍》頌：「妙高層有四，相去各十千，傍出十六千，八四二千量。堅首及持鬘，常憍大王衆，如次居四級，亦住餘七山。」問：東方天王？答：《大論》云：「提多羅吒，秦言治國，主乾闥婆，及毗舍闍。」《光明疏》云：「提頭賴吒，此云持國，又安民，居須彌東，黄金埵。」南方？《大論》云，毗琉璃，秦言增長，主鳩槃茶，及薜荔多。《光明疏》云：「南琉璃埵，王名毗留勒叉，亦翻免離。」西方？《大論》云：「毗留波叉，秦言雜語，主諸龍，及富樓多。」《光明疏》云：「白銀埵，王名毗留博叉，翻非好報，又惡眼，亦廣目。」北方？《大論》：「毗沙門，秦言多聞，主夜叉，及羅刹。」《光明疏》云，北水[一六]埵。《索隱》云：「福德之名聞四方故，亦普聞。」

問：忉利天？答：梵音訛略，正言多羅夜登陵舍，此云三十三，君臣合之，有三十三。問：居處？答：《俱舍》頌曰：「妙高頂八萬，三十三天居，四角有四峯，金剛手所住。中宫名善現，周萬踰繕那，高一半金城，中有殊勝殿，周千踰繕那。」問：夜摩天？答：此云善時分，亦妙善，新云須焰摩，此云時分，時時唱快樂故，或云受五欲境，知時分故。問：兜率陀？答：此云妙足，新云覩史陀，此云知足，受於五欲，知止足故，佛地論名喜足，最後身菩薩，於中教化多修喜足故。問：化樂天？答：《大論》：「須涅密咜，或尼摩羅，秦言化樂，自化五塵，而自娱樂。」《楞嚴》名樂變化。問：佗化自在？答：《大論》：「婆舍跋提奪，佗所化而自娱樂，名佗化自在，亦名化應聲。」《別行疏》云：「是欲界頂，假佗所化，以成自樂，即魔王也。」問：梵天？答：《經音義》云：「梵云迦夷，此言淨身。」《淨名疏》：「此云離欲，或云淨行。」《法華疏》：「亦稱高淨。」

問：何故初禪有王臣異，已上無也？答：二禪已上，無言語法故，不立王法。問：何故《瓔珞》禪禪皆有梵王？答：修無量心，報勝爲王，無統御也。問：《淨名疏》說「梵王是娑婆世界主」，又何義也？答：初禪有覺觀言語，則有主領，故作世主。問：云何梵王，名中間禪？答：在初禪二禪，二楹之中，名中間禪。

問：少光天？答：於二禪中，光最少故。問：無量光？答：光明轉增，無限量故。問：光音？答：口絕言音，光當語故。問：少淨天？答：意地樂受，離喜貪故，少分清淨，名曰少淨。問：無量淨？答：淨勝於前，不可量故。問：遍淨？答：樂受最勝，淨周普故。問：無雲天？答：下之三禪，皆依雲住，至此四禪，方在空居，此初一天，別得總名，獨名無雲。問：至此四禪，方名空居，何故前欲，除下二天皆名空居也？答：前言空居，不履地故，此言空居，雲氣亦無，方曰空居，取意不同，故無違也。問：福生天？答：具勝福力，方得往生。問：廣果？答：異生果報，此最勝故。問：無想？答：心想不行，故名無想。問：無煩？答：無見思煩惱雜故。問：無熱？答：意樂調柔，離熱惱故。問：善見？答：定障漸微，見極明故。問：善現？答：形色轉勝，善能變現。問：色究竟？答：色法最極，是究竟處。問：又何此五名那含？答：無煩等天，那含所居，呼此五天，名五那含。

問：空處天？答：《禪門》云：「此定最初離三種色，心緣虛空，既與無色相應，名虛空定。」問：識處天？答：捨空緣識，以識爲處，正從所緣之處受名。問：無所有處？答：《禪門》：「名不用處，修此定時，不用一切內外境界，外境名空，內境名心，捨此二境，因初修時，名不用處。」問：非有想非無想？答：有解，前觀識處是有想，後不用處是無想，今准除上有無二想，名非有想非無想也。有解：約凡夫說，言非有想，約佛法中，說非無想，合而論之，言非有等。

四相五衰

問：人間四相，天上五衰？答：《俱舍》說「有大小五衰」。小五衰者，一、衣服嚴具，出不愛聲；二、自身光明，忽然昧劣；三、於沐浴時，水滴著身；四、本性囂馳，令滯一境；五、眼本自寂，今數瞬動。此五衰現，非定命終，遇勝善緣，猶可轉故。大五衰，一、身染塵埃，二、華冠萎悴，三、兩腋汗出，四、臭氣入身，五、不樂本座，此現當死。

問：摩醯首羅？答：《大論》云大自在，正名摩訶莫醯伊濕伐羅，八臂三眼，騎白牛，大千界主。問：日天子？答：梵語蘇利耶，此云日神。

日者，《說文》云：「實也，太陽之精。」問：月天子？答：梵語蘇摩，此云月神。《釋名》云：「月，缺也，謂滿而復缺也。」《淮南子》云：「月，太陰之精。」問：何故月輪，初後時缺？答：《涅槃》云：「月性常圓，實無增減，因須彌山，故有盈虧。」《俱舍》云：「近日自影覆，故見月輪虧。」《施設足》云：「以月宮殿，行近日輪，光所侵照餘邊影故，自覆月輪，故於爾時，見不圓滿。」因問：執金剛神？答：梵云跋闍羅波膩，此云金剛，手執金剛杵，故以立名。問：因緣？答：《正法念經》：「昔有國王夫人生千子，欲試當來成佛次第，故拘留孫探得第一，釋迦第四，乃至樓至第一千籌。第二夫人生其二子，一願爲梵王，請千兄轉法輪，次願爲金剛神，護千兄教，世傳樓至非也。」經唯一人，今狀於伽藍之門，而爲二像，應願無方，多亦無舛。出《索隱記》。

問：龍有幾種？答：《別行疏》云有四種，一、守天宮殿，持令不落；人間屋上作龍象之爾。二、興雲致雨，益人間者；三、地龍，決江開瀆；四、伏藏龍，守轉輪王大福人藏。問：此教説，外教説幾？答：《廣雅》云：「有鱗，曰蛟龍。有翼，曰鷹龍。有角，曰虯龍。無角，曰螭龍。未升天，曰蟠龍。」問：以何因緣墮龍中？答：《罵意經》云：「有四因緣，一、多施，二、嗔恚，三、輕傷，以鼓切。四、自貢高。」問：降澍大雨，自何而有？答：《華嚴經》云：「不從身出，不從心出，無有積集，而非不見，但以龍王心念力故，霈然洪注。」

問：夜叉有幾？答：有三，一、在地，二、空，三、天。問：何緣三類不同？答：若地夜叉，但以財施，故不能飛空。天夜叉，以車馬施，故能飛行。問：天夜叉居何天？答：肇曰居下二天，守天城池門閣等處。

問：乾闥婆居何？答：在須彌南金剛窟住，釋曰，「十寶山中」。問：非天上住，何云天樂神也？答：天欲作樂之時，此神身中有異相出，然後上天。

問：迦樓羅身幾許？答：兩翅相去三百三十六萬里，頸有如意珠。問：何以爲食？答：以龍爲食。問：何知？答：《俱舍》頌云：「化生金翅鳥，能食四生龍。」

問：摩睺羅何因墮此？答：毀戒邪諂，多嗔少施，貪嗜酒肉，由戒緩故，墮鬼神中，由多嗔故，蟲入其身，而唼食之。

問：天乘自十善爲因，人乘有幾？答：法雲大師云，若無善因，奚感美報。問：善因？答：謂五戒也。一、不殺戒，常念有情，皆惜身命，恕己愍彼，以慎傷暴；二、不盜，不與私取，是爲偷盜，義既非宜，故止攘竊；三、不邪婬，女有三護，法亦禁約，守禮自防，故止羅欲；四、不妄語，覆實言虚，誑佗欺自，端心質直，所説誠實；五、不飲酒，惛神亂性，酒毒頗甚，增長愚痴，故令絶飲。問：原佛五戒，本化人倫，與儒五常，其義同異？答：不異，謂不殺即仁等。

問：義即相當，有所憑否？答：《梵摩喻經》云，「爲清信士，守仁不殺，知足不盜，貞潔不婬，執信不欺，盡孝不醉」，當以意解，勿執名別。問：五戒何義，得人乘名？答：由兹五戒，超出三途，取運載義，以立乘名。

三教同異

問：釋道儒皆云教，其義同否？答：景德大師云：三教立名，義意各異。且儒宗教者，元命苞云，教之爲言効也，上行之，下効之，此以下所法効名教。道名教者，《老子》云，「處無爲之事，行不言之教」，此寄教名，而顯無爲也。釋名教者，《四教義》云：「説能詮理，轉化物心，故言教也。」

問：轉化義？答：有三，一、轉惡爲善，二、轉迷成解，三、轉凡成聖。問：所詮理？答：藏、通二教，詮真諦理。別、圓二教，詮中道理。問：何故如此？答：良以如來依理而立言，遂令羣生修之而證理，故佛聖教，是出世法，不可妄同世教之名。問：所詮中道，爲是何法？答：普潤自説，屬真如門，此乃對事揀理之謂也。若即事説理，理性無體，全依無明，無明無體，全依法性，就此相即之義，則法性爲所詮理。由兹教理，是吾宗之紀綱，故寄人乘，辨梗槩也。

唯識開蒙問答卷下終

校勘記

〔一〕「甚」，底本原校云一本作「勘」。

〔二〕「本」，疑爲「木」。

〔三〕「苦」，疑爲「若」。

〔四〕「知」，疑爲「如」。

〔五〕「大」，疑爲「六」。

〔六〕「趄」，疑爲「起」。

〔七〕「論」，疑爲「輪」。

〔八〕「説」，疑爲「設」。

〔九〕「法力」，底本作注文，據文意改爲正文。

〔一〇〕「目」，疑爲「自」。
〔一一〕「問」，底本作「間」，據文意改。
〔一二〕「量」，疑爲「糧」。
〔一三〕「門」，底本作「問」，據文意改。
〔一四〕「四」，疑爲「思」。
〔一五〕「既」，疑爲「即」。
〔一六〕「水」，底本原校疑後脱「品」字。

（潘桂明、李永晟整理）

〇九五三

八識規矩補注證義（存目）〔一〕

明明昱證義

校勘記

〔一〕此本爲《相宗八要解》之八，見本册第〇九六四號《相宗八要解》，此處存目。

○九五四

八識規矩頌略說[二]

度門釋正誨略說

八識規矩頌略說序

《雜華》云：心佛衆生，三無差別。海眼又曰：地水火風空見識，七大本然。唯本然心者，非内非外而内外十虚，無促無延而促延一念，移塵沙劫於食頃，布華藏海於毛端，三千世界頓起乎目前，百億法身直證乎當下，碎塵點刹而不可窮其形，攤色銷空而未足昭乎性。故性性者無性，了無性以緣生，形形者無形，悟無形而性寂。是則形形之形，形不可形，性性之性，性不可性。性不可性，亦性性已，形不可形，亦形形已。唯無形無性者，真不可以形性求，亦豈可以無形無性得也耶？有假赤幟於明心見性者，天下引領而從之，予固不知其然。夫心性何物也？固與我同耶，固與我異耶，固與我亦同亦異、非同非異耶？同則不可謂之見，異則不可謂之性。性可見，他物耳，性不可見，其如見性何？明心類乎是。心若不明，非真心也，而明之奚益？非真心而明之，是自妄也，奚其明？曰：明見非我，心性非彼，非彼即我，非我即彼，彼我如如，一無間矣。無間則明，明無所明，無所則見，見無所見，隳四論，黜百是，是之謂真見真明。此亦義家之習譚師心者也，惡乎可？真明真見者，明見而已，孰爲之思議？古聖賢之證此者，示之以名相，建之以規矩。名相規矩者，其心性之鑑耶，其即心性耶？按圖者不可索驥，膠柱者不可鼓瑟。唯忘其毛色，喪其絃徽，獨發於天者，即馬見馬，即瑟知瑟，是亦難已，莊周所謂萬世而一遇者，旦暮遇之耶？《八識規矩頌》，八識心之規矩名相也。名相，毛色也，必欲摵而毛色以求馬，不亦愚乎？昔天親見《瑜伽論》，百軸萬言皆詮心語，憂末世機劣好簡，約爲《唯識三十頌》。護法諸師論而釋之，望海分波，汪洋莫測。有唐奘三藏，即《唯識論》義，出爲《八識頌》，凡四十八句，體集施頌也。文簡義深，寔爲逗機之作。吾人聞之，復若存若亡。悲夫，是盡欲搣毛色以求馬也。且人之生也，有依正，有倫類，上下左右，其主持者其誰耶？莫不曰，吾心性也，吾神化也。是六師語也，是夢中占夢，夢復作夢，夢夢無窮之見也。《八識頌》則不然，第一義諦中聖言量也，統萬法之樞始也。自奘而後，亦有釋其文而明也者，顧非所明而明之，彌不明也。

我朝正德間，有大法師泰公起而明之，於是探玄之士始有明其明者。而性學者流，彼之爲相，亟欲割其河而飲其水也，惑哉。嗟乎，即心性之規矩，以規心性亦近矣。吾人尤難之，則心性果難明也已。好易者見其難明，乃竊比曹溪，舍佛語心而不信，盡欲捫空弄影，執無明窟爲最上乘，以生死根爲妙覺，排如來修證爲漸門，認方便機緣爲頓教，埋僞根於正道，籠世眼於當年，呵責聖賢，效顰臨濟，捉水泡以當明珠，棄旃檀而求火木。甚至白衣説偈，黄口談禪。當斯時也，藥發病亂，天下皆惑，縱有弘經開士，護法王臣，亦末如之何也。噫，或之使，莫之爲，予固不知其然也。不知其然而然之者，是愈不知其然也，予又何知？是於《八識頌》有所取，因畧而辨焉。辨也者，有不見也。是果有辨也耶，是果無辨也耶？唯心佛衆生三而已矣，庸詎乎辨？唯心佛衆生三而已矣，庸詎乎無辨？是亦不得已也已。

萬曆己丑佛成道日，度門釋正誨識於衡陽花藥山大藏閣中。

校勘記

〔一〕底本據《嘉興藏》，校本據《卍續藏》。

八識規矩頌略説

三藏法師玄奘輯頌
度門釋正誨略説

頌四章，章十二句。每章前八句頌有漏識，後四句頌無漏智。

頌曰：

性境現量通三性　眼耳身三二地居
偏行别境善十一　中二大八貪瞋癡
五識同依淨色根　九緣七八好相隣
合三離二觀塵世　愚者難分識與根
變相觀空唯後得　果中猶自不詮真
圓明初發成無漏　三類分身息苦輪

性境下，第一章，頌前五識。性，實體也。境，境界也。即第八識中相分，故謂之實境。第八識中有見相二分，即《楞嚴》如來藏中地水火風空見識七大也。地等五大是相分，而有親疎，在身即親相分，身外者皆疎相分也。後二大即見分。今前五識是阿賴耶之見分，無計度分别，其所對之境即阿賴耶之相分，故謂之體實相分境。如眼見色，不假計度，不待名言，即知是色。又名離言自相境。自相者，即心之自相也。又有二種變，一因緣變，二分别變。如眼與色爲緣，生於眼識，識即緣色，不假第二念計度，故前五與第八皆因緣變緣境。以不待能緣之心分别而有，故曰性境。其分别變，如第六意識分别影相，起諸計度，緣獨影、帶質二境，如後辨。量謂量度，其義有三，謂現量、比量、非量。現則現前明了，一見便知，不假比計，緣性境故。比者，比度，有宗因喻三支。比度真者爲真比量，比度不真爲似比量，似比即非量也。前五無比、非，故曰現量。三性謂善、惡、無記三也。以五識非恒審思量，轉變不常，故善等三性俱通。

眼耳身三二地居者，謂三界分爲九地。一欲

界，獨名五趣雜居地。二色界四地，謂初禪離生喜樂地，二禪定生喜樂地，三禪離喜妙樂地，四禪捨念清淨地。三無色界亦四地，一空無邊處地，二識無邊處地，三無所有處地，四非非想處地。是謂三界合爲九地。五識中，鼻、舌二識但居於初地，謂欲界是五趣雜居，故五識俱起。至色界初禪，是第二地，無段食故，舌識不起，無雜穢故，鼻識不生。第二地中既鼻、舌二識不起，故唯眼、耳、身三識居之。至第三地，以定生故，眼、耳、身三識亦不起也。非全無識，但定力持之，故不起耳。故前五於因中無力，不能成智。

偏行別境善十一，中二大八貪瞋癡者，五識中心所也。名心所者，有三義，一恒依心起，二與心相應，三繫屬於心。共五十一種，分爲六位，一偏行，二別境，三善心，四根本惑，五隨惑，六不定。偏行有五，一作意，二觸，三受，四想，五思。別境有五，謂欲、解、念、定、慧。善有十一，頌曰：善謂信、慚、愧，無貪等三根，勤、安、不放逸，行捨及不害。根本惑有六，謂貪、瞋、癡、慢、疑、不正見。隨惑有二十，頌曰：隨煩惱謂忿，恨、覆、惱、嫉、慳，諂、誑與害、憍，無慚及無愧，掉舉與昏沉，不信併懈怠，放逸及失念，散亂、不正知。忿等十爲小隨，慚、愧二爲中隨，掉等八爲大隨。不定有四，頌曰：不定謂悔、眠，尋、伺二各二。五識於六位，但闕不定。於前五位中，偏行、別境、善三位全具，染位中，具根本惑三，謂貪、瞋、癡，具中隨二，謂無慚、無愧，具大隨八，即掉舉等，共三十四心所。偏行者，謂三性、九地、八識、一切時俱偏也。別境，謂欲等五，各別緣境。根本中，慢等三計度而起，故前五不具。小隨亦然。謂根本者，生隨眠故。隨者，隨根本位差別等流性故。隨有小中大，及諸心所各有體性業用，如泰師註及《百法論》廣解。今且畧辨綱領，令攝心者易受持也。

五識同依淨色根，九緣七八好相隣者，前五

識依色根得名，六、七、八依功用受稱，如第六分別，第七思量，第八含藏，皆心之功用也。淨色者，謂浮塵根中有勝義根，清淨無染，是第八中白淨無記性，故曰淨色。眼識依九緣生起，耳識依八緣，鼻、舌、身三識各依七緣，意識依五緣，七與第八皆四緣生起也。頌但云前五所依之緣，故謂九七八緣相隣而生也。《唯識論》曰：眼識九緣生，耳識唯從八，鼻舌身三七，後三五三四，若加等無間，從頭各增一。九緣者，一空，二明，三根，四境，五作意，六分別依，七染淨依，八根本依，九種子也。作意，即徧行中一也。分別，即第六識，由前五以第六爲分別依，六以前五爲明了門。染淨依，即第七識，由第七末那執我，令第六有漏中念念成染也，由第七末那不執我，令第六入雙空觀，念念成淨也。根本依，即第八識，能生前七枝末，故曰根本。種子依，即諸識親生種子，乃諸識各別現行熏習而成者，如眼之現行熏習眼家種子，眼家種子復生眼家現行，如是現行與種子相續不斷，餘識亦然。眼則九緣全具，故曰眼識九緣生。耳唯八者，不用明緣。鼻、舌、身三，是合中有知，不用空、明二緣，故曰唯七。第六即分別，以第七染淨依爲根，故但具五緣，謂根、境、作意、根本、種子也。第七以根本依爲根、境，故但有三緣，謂種子、作意、根、境，名則有四，以根、境合爲一，故唯三。是依彼第八見分爲根，復轉緣第八相分爲境，故謂第七依彼轉緣彼也。第八具四緣，一根，即第七末那，二境，即根身、器界，三作意，即動念者，四種子，即無始熏成者。是謂八識依緣多少也。又等無間緣者，即諸識中前滅後生，前引後排，相續無間者，八識中法爾各有一無間緣。又開則有十，合則唯四，一親因緣，即種子，二所緣緣，即境，三增上緣，即九中空、明等七，四無間緣，即諸識中無間引起者。問：諸契經廣明諸緣，有何義也？答：三界萬法唯心現起，其能現心不出八種，其八種心各從緣生，緣不自緣，心動緣起，心不自心，緣會心生，故心句非心句，緣句非緣句，心之與緣是不二法。聖教廣明，人不體究，或棄海認漚，或離波求水，只益戲論，悲哉。

合三離二觀塵世等者，謂鼻、舌、身三，境合方知，眼、耳二識，離中取境。觀，即知覺也。塵世，即境也。根之與識似互有知，故小乘不知根、識各有種子、現行，以爲根、識互相生也。根但白淨色，照境而已，識必明了分別，二家種現熏習不同。二乘人未斷所知障，於法不明，故名愚者。五根乃色法，即第八親相分，具執受二義，是白淨無記性。五識乃心法，即第八見分，三性皆具，故與根不同。如《楞嚴》以門喻根，以人喻識，不同明矣。

上八句頌前五識，在有漏位中，以現量心，緣相分境，依四種緣，起三十四心所，通乎三性，居止於三界下二地中，是謂前五識有漏規矩相狀也。下四句，發明無漏位中，即前五識轉而爲智。問：智與識俱是知覺，何必用轉？答：轉者，返本之謂也。一切衆生雖有知覺，向外分別，流而不返，遂使情生智隔，想變體殊。若能返本忘情，則識銷智現。智與識，迷悟耳。自凡情中來謂之識，自聖性中出謂之智。迷則用情，悟則用智。用情者滯，用智者通。滯則凡夫，通則聖人。故經云，凡夫賢聖人，平等無高下，但在心垢滅，取證如反掌。智有因果、權實、根本後得。前五識果成智用，是後得也。變相觀空唯後得等，古人以前五因中隨第六轉成無漏，變帶俗諦相分之境，以觀真空。今頌家意云，變相觀空唯是後得智，果後方顯。前五既唯後得，因中必不轉也。又前五既後得智，必不親緣真如，以後得智有差別故，故云，果中猶自不詮真也。有師云，前五識相見二分是徧計性，因中轉成無漏，能變相緣如，至果上五識自證分是依他起性，轉成無漏，能親緣真如。亦似有理。但五識只能成後得智，故頌用唯後得三字，因果二計俱破。問：前五識既唯後得，於果上何時方轉，何所利用？答：第八大圓鏡智初開發時，彼前五識即成無漏，現三類身，應差別機，於三界中息苦輪也。前五識竟。

頌曰：

三性三量通三境　三界輪時易可知
相應心所五十一　善惡臨時別配之
性界受三恒轉易　根隨信等總相連
動身發語獨爲最　引滿能招業力牽
發起初心歡喜地　俱生猶自現纏眠
遠行地後純無漏　觀察圓明照大千

三性下，第二章，頌意識也。第六意識乃一身之主，內依七、八，外依五門。二乘人不知有七、八二識，但執此第六爲主人公，以此識有爲法中最殊勝故。諸性、量、境俱通，五十一心所全具也。三性者，善性、惡性、無記性。無記者，於善、惡二性無可記別。三量者，三種心量也。現則顯現，如前五識緣性境也。比則比度，緣帶質境。非量者，謬生量度也。以意識有五，故通三量。五者，一定中獨頭意識，緣定中性境，二散位獨頭意識，緣受所引色，是帶質境，三夢中獨頭意識，緣夢中獨影境，四明了意識，與前五識同緣五塵性境，五亂意識，緣病中獨影境。定中明了是現，餘皆比、非。或云，明了通三，俟考。三境者，性境、獨影境、帶質境也。論云：性境不隨心，獨影唯從見，帶質通情本，性種等隨應。性境乃八識中相分，不從見分心分別而起，故曰不隨心。盖即本識心中實有體相者，所謂體實相分境也。有二類，一離言，二假說，離言得其體，假說會其相也。獨影境者，獨從分別變起，有二。一無質獨影，全無實體，獨有影相，如空花病夢等境，全是見分生起。二有質獨影，因過去五塵落卸影子，如水月鏡相等境。此二獨影，俱不離見分分別心起，故曰獨影唯從見也。帶質境者，帶謂連帶，質謂形質。有真似二類，心與心連帶而起者謂之真，心與色連帶而起者謂之似。如第七識緣第八識，其能所皆心，以其二故，故有連帶之相，此相無體，全從能所二心兩頭連帶生起，故曰，以心緣心真帶質，中間相分兩頭生。問：此與無質獨影何異？答：無質獨影不假所緣，唯於見分心上忽現病境空華等也。似者，如第六識緣過去境，是以心緣色，其中相分亦似能所二法連帶而起，然色境無知，實無生起，但從能緣之心一頭而起，故曰，以心緣色似帶質，中間相分一頭生。此二帶質，通乎七、八，故頌謂通情本也。情即末那，本即賴耶。性種等隨應者，性謂三性，種謂種子，等謂等界繫、三科、異熟，共有五法。一性境是三性中無記性，故不隨見分心通三性。二性境是相分境，自有種生，故不隨見分種生。三性境是欲界五塵實境，故不隨見分心通上界七地。四性境是三科中五塵境，故不隨見分通三科。五性境是異熟中相分，故不隨見分通異熟心。是以五法推性境，不隨分別心也。獨影唯從見者，亦以五法推之。一謂獨影境有分別，唯從見分善惡二性起，不從無記性起。二謂獨影唯從見分種生，不從相分種生。三界繫，四三科，五異熟，皆約見分説獨影可知。帶質通情本者，亦於五法中論其通義。故曰，性種等五法，隨三境而應之也。第六通三境者，即與前五同時意識，一見境時，不假作解即得境相，是爲性境，緣心心所是帶質境，緣無體法是獨影境。三界輪時易可知者，意識是生死輪迴中作業主，於諸識中，動身發語最爲殊勝，其相麤顯，於三界中易爲輪轉，故曰可知。具五十一心所，如前已出。此五十一心所，乃心之相應而起者，各有體性、業用，隨三性善惡之境臨時發現，與心相應，故曰各配之。其三性、三界、三受，及根本、隨眠、信等善十一，恒隨心所等轉易不常，相連而起，以第六動身發語獨爲最故也。引滿能招業力牽者，引謂牽引，滿謂滿足，第六有力，能引起餘識造業，又能滿足餘識業因，又能將業招引後果，至於果上，業力愈勝，牽而不息，故有輪迴。故曰，引滿能招業力牽。

發起初心下，謂意識至初地初心，用二空觀智，斷分別二障，使識根不起，而無漏智方現，然俱生二障猶存。二障者，煩惱、所知也。煩惱又名通惑，三乘同斷故。所知地上別斷，故曰別惑。二乘心外有法，於所知上不明，故曰障。此二障有麤細，分別心起者麤，與身俱生任運起者細。故前五至初地斷分別，至七地，用雙空觀，令末那識歸種子位，方得俱生二障不現，而無漏智方純，成妙觀察智。故曰，觀察圓明照大千也。

頌曰：

帶質有覆通情本　隨緣執我量爲非
八大偏行別境慧　貪癡我見慢相隨
恒審思量我相隨　有情日夜鎮昏迷
四惑八大相應起　六轉呼爲染淨依
極喜初心平等性　無功用行我恒摧
如來現起他受用　十地菩薩所被機

帶質下，第三章，頌第七識也。前六種識，各依緣生，本無自性。此識乃第六之根，有覆無記性，依本識見分起，還緣本識相分之質，故曰帶質境。情謂見分，即七、六，本謂本識，即第八。以所緣八中見分執爲自内我，其我非我，故曰非量。恒恒心所審而思之，執我不捨，一切有情從此日夜昏迷，以有根本四惑、八種隨眠相應而起故也。六識呼此爲染淨依，以第六依此，執我成染，空我爲淨，故此與六同初地轉。論曰：分別二障極喜無，六七俱生地地除，第七修道除種現，金剛道後總皆無。由第六識入雙空觀，故於初地初心令第七不起。故論云：單執末那居種位，平等性智不現前，雙執末那歸種位，平等性智方現前。種位即第八，以末那種位藏在第八中故。居者居住，歸者歸藏。由七不執我故，平等性現。至於八地，任運而行，不假功用，如急舟近岸，不勞篙櫓。至於果上，現他受用，應十地機。由我空智觀，捨己從他，故於果上現他受用也。

頌曰：

性唯無覆五偏行　界地隨他業力生
二乘不了因迷執　由此能興論主諍
浩浩三藏不可窮　淵深七浪境爲風
受熏持種根身器　去後來先作主公
不動地前纔捨藏　金剛道後異熟空
大圓無垢同時發　普照十方塵刹中

性唯下，第四章，頌第八識。此識三相隱微，十地猶昧。性唯無覆無記，不與煩惱善惡俱故，其性平等無違拒故，第七歸此成平等性故。與五偏行心所相應，偏一切處故，爲三界九地總報之主故。隨他第六及諸轉識業力任運受生，與因俱故。二乘人不能了此，但知有六識三毒建立染淨，尚不知染淨之根，又豈知藏根之處？故論主引三經四頌之文顯揚此識。又廣辨前七識者，只欲令人悟其淺深麤細，知此識是真妄之根本也。《達摩經》云：無始時來界，一切法等依，由此有諸趣，及涅槃證得。又云：由攝藏諸法，一切種子識，故名阿賴耶，勝者我開示。《深密經》云：阿賴耶識甚微細，一切種子如瀑流，我於凡愚不開演，恐彼分别執爲我。《楞伽》云：如海遇順風，起種種波浪，現前作用轉，無有間斷時，藏識海亦然，境界風所擊，恒起諸識浪，現前作用轉。此識有三義，謂能藏、所藏、我愛執藏。其深如淵，不可窺測，前七如浪，六塵境界如風，波浪相繫相熏習故，使此白淨無記性能受熏持種。内根身，外器界，業力持故，相續不斷，生死去來，唯此一識而已，非謂前七異此識而有先後去來。若前七先去者，去至何所？前七後來者，從何所來？以前七種子皆在此識中也。生則從此識中發現，死則歸復此識。此識業相隨前七，似有去來，此識之性元是白淨，自無生滅。悟之即如來藏，迷之即輪迴海。故頌曰：真非真恐迷，我常不開演。自凡夫至於八地，我執方空，故捨藏識之名，無我愛執藏也。從八地至等覺，爲金剛道，法執方空，故無善惡異熟果也。從等覺至佛果位中，相續執持業性方空，始能得大圓滿，無二隨順，方證大圓無垢清淨心也。清淨心者，是契經所謂第九白淨識也。前八雖無明黑業染而非淨，悟之即在纏如來藏。九則淨而非染，故曰白，悟之即出纏如來藏也。是以《深密》明第九者，即八中之淨分。而古德亦云，約諸識門，雖一多不定，皆是體用緣起本末相收。本是九識，末是八識，從本向末，寂而常用，攝末歸本，用而常寂。寂而常用，故靜而不結，用而常寂，故動而不亂。靜而不結，故真如是緣起，動而不亂，故緣起是真如。真如是緣起，故無真如不生死，即九爲八，緣起是真如，故無生死不真如，即八爲九。無生死不真如，故法界無生死，無真如不生死，故法界無真如。法界無生死，故生死非雜亂，法界無真如，故真如非寂靜。生死非雜亂，衆生即是佛，真如非寂靜，佛即是衆生。是以法界違故，説真如是生死，即理隨情變也。法界順故，説生死即真如，即情成理用也。如此明時，即情顯理，理本無生，即理蕩情，情自無性。無性則八相元空，無生則一真不住。不住故含藏妙有，本空故白淨現前。是謂大圓，是謂無垢，即《法華》之實相，《華嚴》之法界，《楞嚴》之妙心。非大覺尊，其孰能證乎此？

或問曰：眼、耳、鼻、舌、身、意，有了別，爲六識，是人皆可知者，至於七、八二識，杳然無狀，莫辨其形，何故曰，各有根境種子，是有爲相？答：前五既依色根而有，六豈無根？第六之根，即第七識也。又第七既生第六，七亦有根，根即第八也。第八亦有根，妄則以第七染汙爲根，真則以第九白淨爲根。故第八真妄相混，最難辨别。九則洞然朗[三]徹，不復論根矣，是爲無住，故曰，依無住本立一切法。於法體上一念妄動，即是無明。無明與本體混雜，不二而二，即名阿賴耶識，此云含藏，以含藏根身、器界、諸種子故。法爾有四分，一相分，即前五根、六塵，二見分，即前六種識，三自證分，即諸識之本體，四證自證分，即能證此本體者。含藏爲總，前七爲別。由第七末那妄執第八中見分爲自内我故，向外轉變，爲六種識心。又執第八中相分爲自外境，故轉變爲五根、六塵等法。是第七識内則依第八以爲我體，外則依第六以爲我用，自無體用，故曰傳送識。又則前七俱名轉識，如波浪故，第八獨名含藏，如大海故。海與波非一非異故，前七轉識與第八藏識亦非一非異。故《楞伽》云：藏識海常住，境界風所動，種種諸識浪，騰躍而轉生。

問：既前七如波，第八如海，只是體一而用殊，何故八種識心各各不同？答：體一用殊，亦不可説。《唯識論》云：有迷唯識理者，或執外境如識非無，或執内識如境非有，或執諸識用別體同，或執離心無別心所，爲遮此等種種異執，令於唯識深妙理中得如實解。契經云：無有少法能生餘法，但識生時，似彼相現，非異而異。則體亦不可言一，用亦不可言殊也。若一者，寧有十方凡聖、尊卑、因果等別，誰爲誰求，何法何説？故唯識言有深意趣，唯遮境有，識揀心空。又識言總顯，唯言但遮。總顯者，謂一切有情各有八識、六位心所，及所變見相二分，併分位差別，及彼空理所顯真如，如是之法皆不離識，故總立識名也。唯言但遮者，謂愚夫執離識心外實有色等諸法，故言唯字，但遮愚夫見也。

問：若唯有識，都無外緣，由何而生種種分別？答：論云：由一切種識，如是如是變，以展轉力故，彼彼分別生。又如夢中分別，豈實有外緣？但心之習氣展轉熏變，故令似有他耳。

問：論云，集起名心，思量名意，了境名識。集起爲第八，集諸種子起現行故。思量爲第七，恒審思量故。了境爲前六，了境分明故。如此則前六名識，第七名意，第八名心，何故八俱名識，八俱名心？答：心、意、識三，俱通於八。約强勝邊，故分三義，謂第八集起勝故，第七思量勝故，前六分別勝故。以劣從勝，故八俱名心，八俱名識，亦可八俱名意，以八識俱有思故。《法華》八王子名八意，表在纏八識也。又按《宗鏡》云，三識各有十名。第六十名者，一從根得名，名爲六識，二籌量是非，名爲意識，三能應涉塵境，名攀緣識，四能徧緣五塵，名巡舊識，五念念流散，名波浪識，六能辨前境，名分別事識，七所在壞他，名人我識，八愛業牽生，名四住識，九令正解不生，名煩惱障識，十感報終盡，心境兩別，名分段生死識。七末那翻意，或云執我，亦云分別，又云染污，亦有十名。一六後得名，稱爲七識，二根塵不會，名爲轉識，三不覺習氣忽然念起，名妄想識，四無間生滅，名相續識，五障理不明，名無明識，六返迷從正，能斷四住煩惱，名爲解識，七與涉玄途，順理生善，名爲行識，八解三界生死盡是我心，更無外法，名無畏識，九照了分明，如鏡現像，故名現識，十法既妄起，恃智爲懷，令真性不顯，名智障識。阿賴耶或名種子識，能徧住持世出世間諸法種子故。《唯識論》云：一切種子皆本性有，不從熏生，由熏習力，但可增長。故曰，無始時來界，一切法所依。《攝論》謂，法身由聞熏四法得成，一信樂大乘是大淨種子，二般若波羅蜜是大我種子，三虚空品三昧是大樂種子，四大悲是大常種子。此聞熏四法爲四德種子，四德圓時，本識都盡。四法本有，即本有種子也。又或名異熟識，或名現識，或名無没識，或名隨眠識。復有十名，一七後得名，稱爲八識，二真僞雜間，稱和合識，三蘊積諸法，名爲藏識，四住持起發，名熏變識，五凡成聖名，爲出生識，六藏體無斷，名金剛智識，七體非寂亂，名寂滅識，八中實非假，名爲體識，九藏體非迷，名本覺識，十功德圓滿，名一切種智識。此識建立有情、無情，發生染法、淨法。若有知有覺則衆生界起，若無想無慮則國土緣生。因染法而六趣迴旋，隨淨緣而四聖階降。可謂凡聖之本，根器之由。了此識原，何法非悟？證斯心性，何境不真？可謂絶學之門，棲神之宅。曰規矩，乃正方圓之器，喻八識心乃範圍三界萬法之規矩也。方圓不出規矩，萬法不離八識，是八識即規矩，持業釋也。何名持業？謂八識體上自持規矩之業用，故依相宗，作體持業用釋也。相宗凡解名相，必用六離合釋者，謂合以彰其名，離以顯其相，離合釋名，事理俱顯，毫無混濫。二字、多字爲名者，必以六離合釋之，但一字爲名者，非離合義。六者，一依主釋，二持業釋，三有財釋，四相違釋，五帶數釋，六隣近釋。一若以四十八句頌文目爲八識之規矩者，是依主釋。以規矩二字爲能依之賓，八識二字爲所依之主，使規矩二字有所依主，不得混濫故，是八識之規矩，非他物之規矩也。二若以八識體上有規矩之用，是體持業用持業釋也。以規矩二字是義用，即顯八識之體，故從體名用，義用即歸於體也。三若以八識二字爲有財主，規矩二字爲客文，即有八識心之規矩，是將他顯已有財釋也。四若以八識二字與規矩二字各有異義，是兩別雙舉相違釋也。五若以八字爲數用，識字爲心體，即心體上挾帶八之數量，即體挾數量帶數釋也。六若以規矩頌文隣近八識無言心體，故曰八識規矩，即居近隣强隣近釋也。故頌曰：用自及用他，自他用俱非，通二通三種，如是六種釋。謂持業但用自，依主自他俱用，有財用他，相違自他俱非，隣近通二，謂通用他即有財隣近，通俱用即依主隣近，帶數通三，謂通自用即持業帶數，通自他俱用即依主帶數，通用他即有財帶數也。然則有財亦合通自他俱用，如云佛陀是有覺之者，分取他名故也。復有依士釋，即依主分出，所依者勝即依主，所依者劣即依士，亦與依主同故，但云六釋。

問：性相二宗，有何差別？答：宗相者，即性以譚相，縱無爲法亦有六種。如一念中有多刹那，一刹那中有多生滅。刹那者，乃力士斷一莖絲之時也。是以刹那中生滅相最細。故頌云，初生即有滅，難爲愚者説。此方之機，氣大心麁，精神莽蕩，沉埋五欲，我見欺人，不喜多聞而潛證，惟求了悟以快情，故於微細法相多不明了。縱有明者，但記其名相，配合而已，真永嘉所謂入海算沙徒自困耳。宗性者，即相以明性，縱諸有爲法亦是隨緣真如，無邊刹海，相相皆如，十世古今，心心不隔。然則非相無以顯如，非如無以融相。棄相譚性，是口説性，實不見性。棄性譚相，是口説相，實不知相。如一靈丹，十味藥成，棄藥求丹，不可得也。故相宗不明，性宗不徹。以不徹故，即執七識我見爲佛性，以第八識刹那中生滅相爲真如，顢頇儱侗，自迷迷人，故世尊呼爲可憐憫者。

問：經論中，法相森羅，牽枝引蔓，不勝其繁，盡欲明之，只益自苦，得不爲棄大逐末，向外馳求？答：好易惡難，乃俗士之常情。離相明心，故玄學之僻見。本非末外，相實自心，法爾昭然，何棄何逐？江河之水，源出濫觴，濫觴之源，更有其源，源源不盡，以至相通，則江河之水爲源大矣。法相雖多，不出八識，八識無體，全是真如，真如隨緣，如大圓鏡，一性不移，萬法頓現，可謂無量無邊契經海，一言演説盡無餘。《楞伽》云：凡夫無性自性第一義作二見論，不覺識自心所現，分齊不通。

問：萬法唯心，唯何心？答：迷則八識歷然，悟則一源清淨。

問：第八識至不動地捨藏識名，摧滅我執，豈非因中轉成智耶？答：至第八地滅我執者，是前六、七二識，初地中，用雙空觀破分別二執，至七地後，斷俱生二執，轉成妙智，無有間雜，故於八地令八識我見不起。因七地中妙觀察智威勢强勝，故八地已去，不假功用，如渡舟近岸，在七地著力撑了一篙，後三地之岸任運而至，非是第八識在八地中起智斷惑也。故第八識只能含藏，其做事業，俱是第七使第六統前五而爲之。故第六識業力殊勝，悟則放下屠刀，立地成佛，迷則如箭射頃，墮於惡道。

問：如是則了此第六無性，全是第七意根執

我而有。意根無性，即是含藏。含藏無性，即是白淨真如。現今目前千差萬别，惑起而不知，念動而不覺，隱然如有鬼神之所驅使，而不得清淨者，何也？答：是亦不可强也。自無始來，無明業力熏習厚矣，山河大地一爲之變起，況區區身心耶？欲點化此虚妄身心洎山河大地成無上覺者，直須向法界性中，擣篩萬法爲一念靈丹耳，夫何言？

八識規矩頌畧説終

校勘記

〔一〕「朝」，校本校勘記疑爲「朗」。

八識規矩略説跋

嗟夫，心會緣生，有情膠結，識由塵滯，無始熏成，業河混混漂流，真智紜紜蔭蔽，徒知年往，不覺形隨。竊聞心生于有心，相成於有相，紐見者執情識爲我心，顧影者弁規矩爲外相。然熱愛必至焚觗，而波想豈能遺陸？非心無以融相，離相無以證心。至哉，規矩之拯拔根蒙，淵乎，頌言之圜明竅幻。義猶未顯，旨俟誰傳？幸有度門禪師，戒景夜淨，空華曉揚，思風發于清襟，言泉流于玄吻。飲靈三藏，倫采羣宗，豈直苦海之舟航，允爲法門之柱石，諸天皆已冥贊，四部尚未恒流。今辨河上人猛發深心，廣繕别本，不借貲于衆緣，惟施法于禪説，俾轉識爲智，齊莄有于虚融，而啟帙知歸，顯一如于沙界，宏功不可思議，拙語莫罄揄揚。

萬曆癸巳歲孟秋望日，檇李心一居士朱㚟純謹識。

（洪艷麗整理）

○九五五

八識規矩頌解（存目）[一]

明真可述

校勘記

〔一〕此本出《紫柏尊者全集》卷十二。《紫柏尊者全集》已收入《中華大藏經（漢文部分）》正編第八三册第一七五九號，此處存目。

〇九五六

八識規矩通説（存目）[一]

明德清述

校勘記

〔一〕此本出《性相通説》卷下。《性相通説》已收入《中華大藏經（漢文部分）》正編第一〇四册第一九一一號，此處存目。

○九五七

八識規矩纂釋[一]

明匡山五乳廣益纂釋

此《規矩纂釋》者，以古解單用論文，故學者難入。今時有《證義》《集解》，亦互有出入，故學者猶難取裁。今此纂以古《補注》爲主，互取二家及本論釋文，融成一貫，而參以《直解》，詳略相因，遞相發明。但專境量，以心所行相已備於《百法纂》中，故此不重出，頗省繁猒。然字字有本，全非己意妄竊爲己見也。此乃侍者廣益初入唯識法門，老人教以研窮下手處，使探討一過，便見穩當。若字字經心，則見解不謬，故精心參考，以備遺忘，非爲呈之大方也。

天啓壬戌夏日，七十七翁憨山老人手批。

校勘記

〔一〕底本據《卍續藏》。

八識規矩頌

明匡山五乳廣益纂釋

八識者：一、眼識。二、耳識。三、鼻識。四、舌識。五、身識。六、意識。七、末那識。八、阿賴耶識。前六從依得名，第七相應立號，第八功能受稱，如《百法》中解。

規矩者，初玄奘大師糅《成唯識論》就，窺基法師乃奘師弟子，因見本論十卷，文廣義幽，遂請奘師集此要義，名集施頌，集諸法義，惠施衆生。將八箇識分爲四章，每章作頌一十二句，將五十一心所各派本識位下，有多寡之不同，條然不紊，故稱規矩。

然論雖十卷，其義盡此四十八句，包括無遺，可謂最簡最要，爲一大藏教之關鑰。不唯講者不明，難通教綱，即參禪之士，若不明此，亦不知自心起滅頭數。所謂佛法之精髓也。良以一真法界，圓明妙心，本無一物，了無身心世界之相，又何有根境對待，妄想分別之緣影乎。原此心境，皆因無明不覺，迷此一真法界，不生不滅真心與生滅和合，變爲阿賴耶識，依此識變，起見、相二分，故見爲心，相爲境。故緣塵分別好醜取捨者，皆妄識耳。若了心境唯識，則分別不生，一心圓明，永離諸相矣。

今以未悟一心，故須先了唯識心境，則生滅心行，當下消亡，一心可入耳。此頌大綱，單舉八識心王緣境之時，境有好醜，故心所從之執取，起憎愛取捨，故作善作惡。善惡爲因，故感苦樂二報爲果。然此八識心王，本無善惡，而能造業者，乃五十一心所助成心王，以造善惡之業，則業力牽引，受苦受樂，衆生生死之法，唯此而已。

此中開列八識，各具心所多寡之不同，造業有强弱之不一，分別皎然。使學者究心，了知起滅下落，易於調治耳，以衆生日用，見聞覺知，不離心境。其能緣之心，具有三量，謂現量、比量、非量。

言現量者，現謂顯現，量謂量度。以第一念現前明了，不起分別，不帶名言，無籌度心，親得法體，如鏡現像。又如，見山便知是山，見水便知是水，不假分別，故名現量。言比量者，比擬量度而知其然，如隔牆見角，知彼有牛，隔山見烟，知彼有火，以有比度，故名比量。言非量者，若心緣境時，同時率爾意識隨見隨即分別，即屬比量。以於境錯謬虛妄分別，不能正知，境不稱心，名爲非量。此三量乃能緣之心也。

而所緣之境亦有三，謂性境、帶質境、

獨影境。

性境者，乃現量所緣。言性者，實也。謂根塵實法，本是真如妙性，無美無惡，以能緣之心無分別故，境無美惡，是爲性境。頌云性境不隨心，謂此根塵等相分，皆有實種生，不隨能緣見分種生，故此性境以實五塵爲體，具能所八法成故。

帶質境者，乃比量所緣。其帶質境有真有似，以六七二識各有所緣故。若六識外緣五塵，比度長短方圓美惡等相，屬第二念意識分別，故爲比量。以此長短等相是帶彼外境本質，變帶生起，名似帶質。以是假故，故云以心緣色似帶質，中間相分一頭生，謂單從能緣見分起故。

獨影有二，謂有質、無質。其意識緣五塵過去落謝影子，名有質獨影，亦名似帶質。若意識緣空華兔角等事，名無質獨影。此似帶質，並有無質獨影，皆從能緣見分所變假相分，故曰獨影唯從見。此三以第六識見分所變假相分爲體故。

真帶質境者，即以心緣心，故云：以心緣心真帶質，中間相分兩頭生。謂七識緣八識見分爲我時，其相分無别種生，一半與第八所緣本質同種生，一半與第七能緣見分同種生。從本質生者即無覆性，從能緣見分生者即有覆性。以兩頭攝不定，故曰帶質通情本。以能所同一見分所變故，名真帶質。

此心境之辨也。以心境對待，境有逆順好醜，則能緣之心依之而起憎愛取捨等，故起惑造業，染成善惡二性，所感將來受苦樂二報，故心王則有苦受樂受。若不起善惡，屬無記性，則平平受，因此受亦有三。所以三界衆生，上下升沉，輪回苦樂不忘者，皆由唯識内習熏變，發起心境。由是三量、三境、三性、三受故，不能出離生死，皆心意識之過也。故《論》云：衆生依心意意識轉。

今唯識宗，因凡夫日用，不知苦樂誰作誰受，外道妄立神我，二乘心外取法，故佛説萬法唯識，使知唯識，則不出自心。以心不見心，無相可取，正是要學者直達自心本無此事耳。今《八識頌》而稱規矩者，只是發明心境。其所作善作惡，皆是心所助成，以各具多寡之不一，故力有强弱之等，此唯識之大綱也。其心所法已見《百法》。今預列心境，則臨文不必繁，恐礙觀心耳。

○五識頌

性境現量通三性

此下十二句，頌眼、耳、鼻、舌、身等五轉識也。首句先頌五識境量與三性。

問：前五轉識未轉依位，於三量中定屬何量，於三境中定屬何境。

答：前五識量屬現量，境屬性境。以五識與八同體故，緣境之時單屬現量。前五轉識乃八識精明之體，映在五根門頭，了境之用，以初映境時當第一念，未起分別，不帶名言，無籌度心，故名現量。所緣之境即屬性境，性者實也，即實根塵相分境，有實種生。以現量具三義：一現在，簡過未。二顯現，簡種子。三現有，簡無體法。護法云：五識唯緣實五塵境。即不緣假相分，故名性境。但任運緣，不作行解，不帶名言，得法自相，故名現量。且如眼識，緣青黄赤白四般實色時，其實色上長短方圓假色雖不離實色有，眼識但緣青等實色，不緣長短假色，長短假色唯意識作長短分別緣。《俱舍》云：眼色但能了青，不能了是青，意識了青亦能了是青故。又眼識緣青境自相時，得青色之自相。若後念分別意識，纔作解心，即帶名言，便是共相，屬比量也。故假智詮不得自相，唯於諸法共相而轉。唯五識緣五境時，具四義故，得法自相，一任運，二現量，三不帶名言，四緣現在境，故名得法自相也。

問：五根依何教理，證是現量。

答：《圓覺經》云，譬如眼光，照了前境，其光圓滿，得無憎愛。可證五根現量不生分别，其眼光到處，無有前後，終不舍怨取親，愛妍憎醜。例如耳根不分毁贊之聲，鼻根不避香臭之氣，舌根不揀甜苦之味，身根不隔澀滑之觸，以率爾心時不分别故。若刹那流入意地，纔起尋求，則是同時意識相應而起，便落比量，則染淨心生，取捨情起。以五識唯緣現在，不緣過未，但只一度，故云性境現量。

言三性者，乃善、惡、無記三性。

問：五識現量本無善惡，與八同體，無有分别，何與第六通不善性耶。

答：此約同時意識而引自類種子，同時而起，則三性皆通。此指意識任運而言，非專指五識也。又曰：五六相須，以隨念分别時與瞋等惡所俱起，故成不善。

問：何爲相須。

曰：五由六而方生，六由五而明了，前五與六爲明了門，六與五爲分别依，是相須理。

此言三界五識行止之地也。三界分爲九地。欲界一地，名五趣雜居地，具有八種識。色界四地，謂初禪離生喜樂地，二禪定生喜樂地，三禪離喜妙樂地，四禪舍念清淨地。

眼〔二〕耳身三二地居

今言二地者，謂色界初禪離生喜樂地也。以欲界五識全具，初禪天人以禪悦爲食，不食段食，故離舌識。既不受食，亦不聞香，故亦離鼻識。但有眼、耳、身三識而已。居者止也，謂此三識亦止於初禪。若至二禪定生喜樂地，則眼不見色，耳不聞聲，身不知觸，以入定中而此三識亦無，故云居止於此耳。

徧行别境善十一　中二大八貪瞋癡

此頌五識具三十四相應心所也。《識論》云：恒依心起，與心相應，繫屬於心，故名心所。如屬我物，立我所名。心王於所緣唯取總相，心所於彼亦取別相，助成心事，得心所名。雖諸心所名義無異，而有六位種類差別，謂偏行有五，別境有五，善有十一，根本惑有六，隨惑有二十，不定有四，合五十一。此五識於六位中唯闕不定。

言偏行五者，偏，周圓義。行是遊履義，緣境義。偏行一位，具四一切，謂：一切性，即善、惡、無記三性也。一切地，即三界中九地也。一切時，即過現未來及一刹那時也。一切俱，即八識俱通也。問曰：何以前五具偏行五所耶。答：五八同體，本識具此五法，又能偏一切識。然此五法，心起必有，故前五亦具此耳。別境者，謂別別緣境而得生故。以欲等五法不偏心故，唯偏三性、九地，以四境別，名爲別境也。四境者，謂欲所樂境，所決定境，於慣習境，於所觀境。慧則於所觀境揀擇斷疑，是其體用也。問曰：何以前五具別境五心所耶。答：前五任運緣境，率爾同時俱意識隨見隨即分別，各引自類種子，各各緣境不同，且如眼根緣色則不同耳根緣聲等，以各各不同故，識具此別境五法也。具十一善法者，以五識是性境現量，故具此耳。問曰：五識既是性境現量，如何有根惑三隨惑中二大，八十染心所耶。答：五識本無染法，緣五識起時，以第六爲分別依，第七爲染淨依，故挾帶染法與之俱起也。若小隨十法，各專有主，故不具耳。以五識任運，無矜恃執持之力，故無根惑之見、慢。以了境分明，故無疑與不定，故五識但具三十四耳。

五識同依淨色根

此頌五識依根得名也。五識隨依色根立名，具有五義，曰：依根之識，根所發識，屬根之識，助根之識，如根之識。言依者，五義之一也。言淨色者，揀非浮塵。又言依根，擇非依境。境但爲所緣，無發識用，如根壞時，設若有境，識亦不起，唯根能發，故曰依根。非浮塵者，以彼虚假有損壞故，故名爲浮。又無見聞覺知之用，名之爲塵。故《楞嚴》云，浮塵根，眼如蒲桃朶，耳如新卷葉，鼻如雙垂瓜，舌如初偃月，身如腰鼓顙是也。以有損壞，故非五識之所依耳。言依淨色根者，《楞嚴》云：元依一精明，分成六和合。以見精映色，結色成根等。根元目爲清淨四大，故名淨色。以此淨色即無明殻也，亦名勝義根，謂於眼等一八淨色如淨醍醐。有此性故，眼等識生，無即不生。照境發識，以成根用，故名勝義。不同浮塵虚假損壞，此無損壞，故亦名勝義。不同浮塵無見聞等，此能覺知，故亦名勝。如眼能見色，耳能聞聲，鼻能嗅香，舌能嘗味，身能覺觸是也。問：淨色根畢竟是何物。答：此無見有對色，雖有質礙而非眼所得見，比量所知，非現量得，如何可指。然此識精圓映五門，隨浮根之照用，是知浮根則有五，而淨色唯一，故曰元依一精明耳。

九緣十八好相隣

此頌生識之緣也。有爲之法，必仗緣生。今生八識之緣，大槩有九，但各識全闕之不同耳。故曰：眼識九緣生，耳識唯從八，鼻舌身三七，後三五三四。

九緣者：一、空緣，即根境相離，中間無礙，空隙之空也。二、明緣，即日月燈等照燭之明也。三、根緣，即發識之根也。四、境緣，即諸識所緣之境也。五、作意緣，即徧行中之作意也。六、分別依，即第六識也。七、染淨依，即第七識也。八、根本依，即第八識也。九、種子緣，即是諸識各有自類親種子也。此中九緣，於四緣中三緣所攝，種子即因緣也，境緣即所緣也，餘七緣即增上緣也。諸識從緣，唯眼識全具。耳闇亦聞，除明，唯從八。鼻舌身三，合中取境，暗亦能知，故除空、明。若根境中間空隙，不相合者，即身不覺觸，舌不知味，鼻不知香故。

後三五三四者，謂六識具五緣，七識具三緣，八識具四緣。六識五緣者，根、境、作意、根本、種子。於空、明之外又除分別，即自體故。不言染淨，即根緣故。七識三緣者，根本依、作意、種子。不言根境者，謂依彼轉緣彼，即根境故。八識四緣者，根、境、作意、種子。不言根本，即自體故。不言染淨，即根緣故。無分別者，不緣見分，無分別故。若從頭各增一等無間，則眼等即十緣。等無間者，乃各識前念已滅，即開闢處所，引後念令生，中間無隔者，即相續心也。前念不去，後念不生。爲前念自體，占自路故，故識生時須用此緣耳。

合三離二觀塵世

此頌五識取境不同也。眼耳二識，離中取境，鼻舌身三，合中取境。何以知之。曰：知處不知處異，壞根不壞根別，以識從緣生，因緣顯識。以從緣義，知有離合。謂九緣中空、明二緣，是顯根離義。眼耳二識，既具空緣，是離中知也。若無空緣，境逼附根，不唯無知，而且損根。如纖塵入眼，即壞其目，大聲附耳，即使人聾，故曰壞根不壞根別也。鼻舌身三，不具空緣，是合中知也。若具空緣，根境遠離，香味觸塵，俱不知故。今三識不具空緣，故香臭入鼻，酸鹹上舌，寒熱著身，三根宛然，分明了境，即知不壞故。又如眼即知色境在何方，耳即知聲從何方來，而鼻舌身則不知境之處所，故知來處者，表爲離知，不知境處者，表是合取也。觀者，即能緣見分，眼等五識及諸心所。塵世者，即所緣相分，乃色等五塵也。

愚者難分識與根

此頌小乘不知八識根本種子爲生識之緣，以爲根、識互生也。

淨色根行相微細，其與識最易淆濫，故難分別。愚法者，謂聲聞人，但斷煩惱障，未斷所知障，故名爲愚。何謂難分。曰：由根與識，生必同境。五識於境任運現緣，不起分別，是現量性境。五根於境，亦任運緣，隨因境勢，亦無分別，故説難分。既實難分，根、識何別。曰：五根於境，如鏡對相，雖有物對，略無作意樂欲念起，故無分別。五識於境，如鏡現相，雖似像現，亦有隨時俱意識樂欲念起，而無計度名言種類，名無分別。是二別義。小乘不知根之與識各有種子、現行，以爲根、識互生。根之種現，但能導識之種現，謂根爲生識之緣則可，謂生識則不可，以識自有能生之種子故。蓋識乃心法，即八識之見分，根乃色法，即八識之相分，此色、心之不同也。根能照境，識能緣境，根、識之用不同也。所言難分者，論主謂愚者之不能分耳。故世尊爲愚心者開心説藴，爲愚色者開色説處，爲心色俱愚者俱開説十八界，豈非根、識之實難分耶。如此又何謂難分耶。曰：始自《華嚴》，至於《楞嚴》，演此三科不知幾百千過，多聞如阿難，尚以心知眼見爲言，佛以門能見否詰之。以此觀之，則根、識難分可知矣。有漏章竟。

變相觀空唯後得　果中猶自不詮真

前八句乃有爲法，此四句頌五識轉成所作智，乃出世無爲法也。先頌前五轉智必不能親緣真如義。謂安慧師執前五因中既成無漏，變相緣如，以見相二分是偏計性，自證分是依他起性，至佛果位中自證分親緣真如，以無相見偏計性故。護法師以見、相二分爲依他起，六七二識爲徧計執，自證分爲圓成實，以此爲正義。故論主以此二句破之。變謂變帶，相謂己相。即能緣心變帶起本質家相狀之相而緣，名疎所緣緣也。觀謂能緣之見分，空乃所緣之真如。以彼執前五因中帶相緣如，故曰觀空。唯後得者，簡非根本。既非本智，則不能親緣真如。果中猶自不詮真者，果中乃佛果位中也，詮者具也，意謂前五轉智不唯因中不緣真如，縱在佛果位中亦不能親緣真如，以五八果上圓。安慧計五識因中成無漏，一錯也。又以自證分爲依他起，乃依他真如而起者，則所成之智乃依他根本修而後得者，故名後得智，則不能親緣真如。又計至佛果位自證分緣如，既以自證爲依他，若是依他，即屬後得，後得豈能緣如，又一錯也。故此二句乃破異師計耳。三藏釋帶有二義，一挾帶，二變帶。然相亦有二義，一體相之相，二相狀之相。言挾帶者，謂根本智親挾真如相而緣，則以體相爲相也。變帶者，謂後得智緣根身器界諸有爲法，必帶相狀，變爲空體，雖觀諸法空，未離空相，此但能外緣諸法，不能親緣真如故。

圓明初發成無漏　三類分身息苦輪

此頌五識果上轉也。圓明即大圓鏡智，以五八果上圓。謂佛果位第八之大圓鏡智一開發時，而第五之成所作智倏然現前，故成無漏也。

問：前五轉智，何云第八圓明初發耶。答：以前五根是第八親相分，能變之第八有漏，而所變之五根亦有漏故。根能發識，根既有漏，識亦有漏，以五八同體故。待第八大圓鏡智初現前時，則前五根、五識俱成無漏，而即轉成成所作智矣。

三類分身者，謂：一、大化身，即千丈盧舍那，爲應十地之所現也。二、小化身，即丈六金身，爲應二乘凡夫之所現也。三、隨類不定化，謂如來誓願弘深，慈悲普覆，隨諸種類，有感即應，或現大身，滿虛空中，或現小身，種種不等。以在因中有外作用，故果上成成所作智，利樂有情，示現神道種種變化，引導衆生出生死苦，故云息苦輪也。

○六識頌

三性三量通三境

此頌六識三性、三量、三境皆通也。意識緣境，分别最强，所以一切善惡皆以意爲先導。意起速疾，意在言前，意善則法正，意惡則境邪。如一氣，噓之即温，吹之即冷。似一水，寒之即結，暖之即融。但依一心，隨緣轉變。故三性、三量、三境但通，五十一心所全具也，以通字貫於上下讀之。

言三性者：善性則順益義，順於正理，益於自他。不善性則違損義，違於正理，損於自他。無記性則於善惡品無所記録故。

言三量者：一、現量，現謂顯現，明證衆境，不帶名言，無籌度心，親得法體，故名現量。二、比量，比謂比類，以於前境比度方知。故《中論》云，比量有三：一如本，如先見火有煙，後見煙即知有火。二如殘，如炊飯，一粒熟餘皆知熟。三共見，如眼見人從東去西，定知彼去。又如日出處則知是東，日落處則知是西。以比類而知故。三、非量，謂心心所於緣境時，錯謬分别，不稱境知，名爲非量。

言三境者：一、性境，即實根、塵及定果色，自有實種生，乃前五與第八所緣，及第六緣諸實色，不帶名言，無籌度心，亦名性境。及根本智緣真如時，亦是性境，以現證故。二、帶質境，有二種。一真帶質，即以心緣心，中間相分兩頭生，挾帶本質爍起，乃體相之相，以能所同一見分，故名真帶質。二似帶質，即以心緣色，中間相分唯從能緣見分一頭變帶生起，乃相狀之相，名似帶質。三、獨影境，有二種。一有質獨影，即第六緣五塵落謝影子，以托彼外質變起影相，故名有質，所變相分亦與能緣見分同種生故，名真獨影，亦名似帶質。二無質獨影，即第六識緣空花兔角及過未等所變相分，其相分唯第六同種生，以本無空華等質，故名無質，唯從識變，故名無質獨影。

問：第六云何通緣三境耶。答：第六明了意識緣前五塵實境時，率爾同時，名爲性境。纔落意地，分別是青是黄，即名似帶質。若意識緣五塵過去落謝影子，即名有質獨影境。

三界輪時易可知

以第六識造種種業，輪轉三界行相顯勝，故曰易可知也。

相應心所五十一

此頌六識五十一心所全具也。相應有四義：一時，謂王所同時而起。二依，謂王所同一所依根。三緣，即王所同一所緣境。四行，謂王所三量行相俱同。心所有三義：一、恒依心起，要心爲依方得起故。二、與心相應，謂徧行等恒與心王相應，一類起故。三、繫屬於心，以徧行等，看與何心生時，便屬彼心之作意等故。言五十一者，謂此第六識，六位心所俱相應故，所以能取三界生死，以業力殊勝故也。

善惡臨時別配之

此頌第六識與善惡心所隨時逐境，遇善則善心所與之相應，遇惡則染心所與之相應，邪正條然，不相混濫。但就善惡一念起時，則心所齊集，以類相從，故曰分別配之。

性界受三恒轉易　根隨信等總相連

此頌第六識於三性、三界、三受之中，恒常轉變改易。正如善時忽生一惡念，喜時忽生一憂念，改易不定。《識論》云，此六轉識，易脱不定，故容與三受相應，皆領違順俱非境故。領順境相，適悦身心，説名樂受。

領違境相，逼迫身心，説名苦受。領俱非境，於身心非逼非悦，名不苦不樂受。或名五受，以苦分憂，以樂分喜故。如是三受，與五識相應，説名身受，與意識相應，説名心受。若惡念起時，則根本惑與隨惑相連而起，若善念起時，信等善法亦相連而起，以此染淨諸心所法相連意識，於性、界、受三，恒常轉易耳。

動身發語獨爲最

此頌第六識行相最勝，於八識中，獨此識最强。以具三種思故：一、審慮思，謂籌量時無造作故，名審慮思。二、決定思，意既決定，有所作故，名決定思。三、動發思，動謂動身，發謂發語。動身之思名爲身業，發語之思名爲語業，思即是業。故動發思爲身語業，則前二思爲意業也。具此三種思故，造善惡業，此識强於諸識耳。

引滿能招業力牽

此頌上三業能招引、滿二果，牽引八識受生死苦也。引者，謂此識能引諸識造業。滿者，謂此識能引前五，滿八識異熟果報。故云一業引一果，多業能圓滿也。能招業力牽者，如與善位十一相應，則爲善業牽之而往人天，與根隨染位相應，則爲惡業牽之而往三途。如影隨形，故曰牽。然其引業乃能造之思，要是第六意識所起。若其滿業，能造之思，從五識起，然五無執，不能造業，雖造滿業，亦非自能，但由意引，方能造作。故五亦具善惡二性，七八二識皆不能造，無記性故。有漏章竟。

發起初心歡喜地　俱生猶自現纏眠

此頌六識轉妙觀察智，初下品轉也。以第六識順生死流，具有分别俱生我法二執，若逆流還源，亦仗此識作我法二空觀。今轉識成智，從觀行位入生空觀，至七信位，方破分别我執，從八信起，作法空觀，曆三賢位，至初地初心，方斷分別法執。故云分別二障極喜無。頌言歡喜，即初地也。發起者，初轉智也。以第六識三品轉智，初地下品轉八地，中品轉等覺，上品轉初心者，以一地中有三種心，謂入、住、出，初入地時名初心耳。分別二執已破，俱生二執方現，故云現纏眠。纏即現行，眠即種子。以登地時俱生種現未純伏滅，故云猶自現纏眠耳。

遠行地後純無漏　觀察圓明照大千

此頌第六識中品上品轉智義也。遠行即第七地，後字即八九十地至等覺位也。謂登八地中品，轉智猶未最極，直至等覺後心方爲最上品轉，故曰圓明。以究竟位中諸漏永盡，無漏隨增，性淨圓明，到此地位，六識方得純淨無漏，即轉成妙觀察智，而圓明普照大千之界矣。謂如來善能觀察諸法圓融次第，復知衆生根性樂欲，以無礙辨才，説諸妙法，令其開悟，獲大安樂，皆妙觀察智之用也。

○七識頌

帶質有覆通情本　隨緣執我量爲非

此頌七識境性量也。此識於三境中唯緣真帶質境，謂以心緣心，中間相分兩頭生，以挾帶本質已相而起，名真帶質。言通情本者，揀前六識，乃以心緣色爲似帶質境也。謂此帶質又通七識能緣心，以恒起執，故即情也。又通八識見分是所緣，即本也。本者謂七識依此見分而立，故以此七識緣第八見分爲我，中間相分乃體相之相。以七識與八識見分本質交帶挾起，故名爲真。以此相分一半與所緣第八見分同一種生，一半與能緣第七見分同一種生，以八識之見分一半作前七識，即有覆性，一半乃内八識見分體，即無覆性。今七識恒起徧計，執第八見分爲自内我，故曰依彼轉緣彼，故四性之中唯有覆無記。若無覆無記，則屬第八識。以非善不善無可記録，故名無記。謂此識雖無善惡，而恒與四惑相應，蓋覆真性，故名有覆無記。

隨緣執我量爲非者，此句乃揀量也。若言帶質境，則屬比量所緣。今因與四惑相應，隨緣第八見分，執之爲我，本非是我，謬執爲我，故名非量。

八大偏行別境慧　貪癡我見慢相隨

此頌七識所具相應心所也。謂大隨八，偏行五，別境中之慧，根本惑中貪、癡、見、慢，共十八心所也。

問：此識何與八大相應耶。答：若無昏沉，應不定有無堪任性。掉舉若無，應無囂動，便是善等，非染污位。若染心中無散亂者，應非流蕩，非染污心。若無失念、不正知者，如何能起煩惱現前。若無不信、懈怠、放逸，如何論説此三心所染心相應。故染污意，決定皆與八大隨煩惱相應而生。

問：此識何與五偏行相應耶。答：此五法徧一切識與諸心等，故七識應具也。

問：何與別境中之慧相應耶。答：慧與我見爲體性故，故亦宜有。

問：何與根惑中之貪、癡、見、慢四煩惱相應耶。答：一、我貪者，謂此識一向貪愛第八見分，執之以爲我，則躭染愛著不暫舍故。二、我癡者，即無明，謂此識不了第八之體本無實我，妄計爲實，迷無我理，故名我癡。三、我見者，謂不了第八本非是彼之我，而起我見，妄認爲我故。四、我慢者，由執爲我，遂令驕倨自大，貢高飛舉故。

問：根本六中，開見成十，此識何獨具四耶。答：以有我見故，余諸見不生。

問：何故此識不與疑、瞋二煩惱相應耶。答：由我見故，審詳明決，疑無容起，故不與疑相應。由我愛故，深生躭著，瞋不得生，故不與瞋相應。

問：何故不與別境四法相應耶。答：謂欲是希望未遂合事，此識恒與第八和合，緣以爲境，更無希望，故不與欲相應。解者，於事尚在未定，起決定解，印證持守，此識決定恒執第八爲自内我，更無異念，不煩印持，故不與勝解相應。念唯記憶過去所習事業，此識恒緣第八現境，不煩記憶，故不與念相應。定唯一意專注境，此識任運，剎那念念別緣，不專不一，故不與定相應也。

問：何故此識不與善十一心所相應耶。答：善是淨故，此識染污，故不與善相應。

問：何故不與十小隨相應耶。答：以忿等十法行相粗動，此識審細，故不與相應。又無慚、無愧，唯是不善，此識唯無記，故亦不與相應。

問：何故不與四不定相應耶。答：惡作是追悔過去所作事業，此識恒緣第八，無有疑悔，故不與惡作相應。睡眠是藉外緣，辛苦勤勞，身不自在，心睡昧劣，有時暫現，此識一類内執第八爲我，不假外緣，故不與睡眠相應。尋伺者，尋謂尋求，令心匆遽於意言境粗轉爲性，伺謂伺察，令心匆遽於意言境細轉爲性，此識唯依内門而轉，一類執我，不假尋伺，故非七識所具耳。

恒審思量我相隨　有情日夜鎮昏迷

此頌七識自性行相皆是思量，故恒相隨第八見分，執之爲我。論云思量爲性相者，雙顯此識自性行相也。意以思量爲自性故，即復用彼爲行相故。由斯兼釋所立別名，以能恒審思量名末那故。未轉依位恒審思量所執我相，已轉依位亦恒審思量無我相故。恒之與審，於八識中有四句分別：八識恒而非審，謂不執我，無間斷故。六識審而非恒，謂執我，有間斷故。五識非恒非審，不執我，有間斷故。七識亦恒亦審，執我，無間斷故。不恒則與八識血脈斷矣，不審則與六識血脈斷矣。以七識無本位，故護法云：五八無法亦無人，六七二識甚均平。五八無執，六七有執，是均平義。五八一恒一非恒，六七一恒一非恒，亦是均平也。

有情日夜鎮昏迷者，鎮，常也，謂第七識恒常思量審察，一向執我，故令諸有情恒處生死之中，常於長夜昏迷而不自覺者，以七識執我之過也。

四惑八大相應起　六轉呼爲染淨依

此牒前染所與識相應，故令有情日夜昏迷，障真義智，蔽聖慧眼，其由煩惱爲害耳。轉者不定義，即三性、三量、三境易脱不定，名爲轉識。前七皆名轉識，唯第八名不轉識。第六轉識呼第七爲染淨依者，謂此識有漏，内常執我，故令第六念念成染。由此識無漏，恒思無我，故令第六念念成淨。七識爲所依，六識爲能依。依即根也，是以第六成染成淨皆由第七識，故云六轉呼爲染淨依。

有漏章竟。

極喜初心平等性　無功用行我恒摧

此頌七識下品中品轉智義也。凡一地具初中後三心，即入、住、出，故有三品。今謂末那識於初地初心即當轉平等性智，以地前六識作生空觀，到初地初心即破分別二障，故曰分別二障極喜無。而平等性智方才現前，此乃下品初轉也。以俱生二執全未破，故曰六七俱生地地除。故從二地作雙空觀，斷俱生二執起，至第七無功用行破藏識方斷俱生我執，故云我恒摧。良由第六識入生空觀，礙此七識，俱生我執不生，俱生法執猶存，故云單執末那居種位，平等性智不現前。不現前者，但未圓滿，乃中品轉也，故曰第七修道除種現。由第六識入生法二空觀故，礙此七識俱生我法二執不起，故云雙執末那歸種位，平等性智方現前。直至等覺後心，二執方才破淨，此智方得圓滿，乃上品轉也，故曰金剛道後總皆無。言居者，居住，歸者，歸藏。

問：第七轉智何由第六入雙空觀耶。

答：第七乃有覆無記，唯俱生，無分別惑，故以無分別於緣境時，唯任運轉，無力斷惑，故登地時自不能轉。由六識斷分別二障，轉二空智故，第七仗之得初下品轉也。至八地無功用道，乃破俱生我執，俱生法執猶存，故云我恒摧。此但我執摧落，乃中品轉耳。

如來現起他受用　十地菩薩所被機

此頌七識上品轉智義也。以前初地初心但下品轉，俱生我執但伏而未斷，俱生法執猶存，至七地無功用行名中品轉，但我恒摧，從八地起但伏俱生法執而猶間起，皆非最極。直至如來究竟位中，煩惱、所知二障種現俱盡，平等性智方得圓滿，名上品轉也。故此智圓時，則能現他受用微妙報身，住華藏界，爲十地菩薩説大法也。此佛説法，二乘絶分，故言十地菩薩所被機耳。故曰於如來究竟位中轉成無漏，則能現前他受用身，即能被之佛，十地菩薩乃所被之機也。報身有二，一自受用，乃自受用廣大法樂，與法身同體，唯佛與佛乃能知之。十地菩薩可見者，乃他受用耳。

○八識頌

性唯無覆五徧行

此頌八識性與心所也。此識於四性中唯是無覆無記性。

問：何以知是無覆無記耶。答：以此識是異熟性故。異熟者，異謂別異，即因果性別，熟謂成熟，此唯屬果，因果合説，名爲異熟。既是異熟，定非善染二性所攝。若此識是善染者，流轉還滅應不得成，以非善染故，能隨善染而成流轉還滅，此約異熟顯無記也。此識是善染依而非善染，此若是善，應非染依，此若是染，應非善依，由非善染，故能爲善染依，此約善染所依顯無記也。此識是所熏性，以非善染而能受善染熏，若是善染應非受熏，若不受熏則應善染因果皆成斷滅，此約所熏顯無記也。具上三義，證知第八唯是無覆無記性攝。

言無覆者，覆謂染法，有障礙義，有蓋蔽義，障礙聖道不得生起，蓋蔽真心不得清淨，此識無此二義，故名無覆。言無記者，謂善因感可愛之果，惡因感非愛之果，彼二皆有殊勝强盛之體可記可別，此識無此二義，故名無記。如鏡體光明，本非青黄，故能現青黄耳。

問：此識與幾心所相應耶。答：恒與作意、觸、受、想、思相應。《識論》云：阿賴耶識無始時來，乃至未轉，於一切位，恒與此五心所相應，以是徧行攝故。正是《楞伽經》中流注生住滅也。

問：此識何故不與別境五法相應。答：互相違故。曰：如何相違。謂別境之欲，希望所好樂事，此識任彼善惡業轉，無所好樂，故不與欲相應。勝解是印證守持決定之事，此識任運，不能印持，亦無決定，故不與勝解相應。念是明記過去曾習之事，使不忘失，此識昧劣，不能明記，故不與念相應。定能令心專注一境，無有異緣，此識任運，剎那別緣三類，故不與定相應。慧唯簡擇得非得事，此識微細昧略，不能簡擇，故不與慧相應。且別境者，別別緣境而得生故，此識唯是一類相續，故不與別境相應也。

問：此識何故不與善所相應耶。答：此識唯是異熟無記，非善性故，故不與善十一相應。問：此識何不具染所耶。答：此識非惡性故，故不與根、隨煩惱相應。

問：此識何不具四不定耶。答：惡作等四，雖通無記，非一切時常相續故，不與異熟相應。是故第八識唯具徧行五心所耳。

界地隨他業力生

此頌第八識本無生死，但隨業力而轉也。謂由前六所造善惡業力，牽引此識往來於三界九地五趣四生九中，受異熟果，爲總報主，以爲體故，以與前七色心等法爲依止故。

問：何偏爲體。答：具三義故，名真異熟。一、徧義，謂此識徧三界，簡前五識不徧無色界等。二、常相續，簡第六有間斷故。三、業招，簡第七全無業招，自是有覆，非他業故。具此三義，故能爲體。

言受異熟果者，謂由前六造善惡業，牽引第八，受善惡報，相續不斷，名異熟果。言引業者，引謂牽引，謂業有力能引第八受總報故。滿業者，滿謂滿足，謂滿別報，即前六識造善惡業，能滿第八善惡二果，以一業引一果，多業能圓滿故。第八名總報主，而前六名別報主也。然前轉識之無記性者，乃從異熟識起，名異熟生，非真異熟，有間斷故。以此第八當體雖無善惡，而被他六識造善惡之業力而牽引，於三界九地受生死者，乃前六識之過也，故前六識頌云引滿能招業力牽者，此也。

二乘不了因迷執　由此能興論主諍

此頌第八深密義。言二乘者，簡非大乘。謂小乘不知者，以世尊一向未曾顯說故，二乘人不信有此識。所以不說者，以此識甚深微細，非思量所知，非二乘智慧所覺，在菩薩地盡亦不能盡知，唯佛與佛乃能究盡，故不說耳。故云：陀那微細識，習氣成暴流，真非真恐迷，我常不開演。陀那，此云執持。此識之體深隱精微，故曰微細識。習氣，即所持種子。謂識中無始微細生滅念念受熏，以此習種能發現行，引生諸趣，於根身器界流轉無停，故如暴流。真非真恐迷，言我若說爲真，其奈帶持種子妄習不除，衆生將迷妄爲真，未免瀑流漂轉。我若説爲非真，其奈體即真如，離此無真，衆生將棄真爲妄，未免向外馳求。由此真與非真，二俱難言，是故非時非機故，我常不開演，以不令衆生墮彼二種之迷故也。以世尊尋常但爲小根説六識，建立染淨根本，故二乘一向未聞，以淺智難知故不了耳。又云我於凡愚不開演，恐彼分別執爲我。故曰因迷執，以小乘不信有此識故。大乘論師引三經四頌四教十理，證有此識，故云由此能興論主諍。引證之義，《識論》廣明，文繁不引。

浩浩三藏不可窮　淵深七浪境爲風

此頌八識體性淵微，隨緣生識之義也。浩浩者，廣大無涯之貌。謂如來藏性海由不思議熏變而爲業海，故此識體廣大無涯。以具三藏義故，名爲藏識。三藏者：一、能藏，即是能持義。猶如庫藏，能藏一切寶貝等物，謂無量劫來所作一切善惡種子，唯此識能藏。此約持種邊説。二、所藏，即是所依義。猶如庫藏是寶貝等所依故，此識是一切善染法所依處，故名所藏。此約受熏邊説。又能藏義者，謂根身等法唯此識能含藏故，如像在珠。故曰：欲滅一切法，總在賴耶中。欲覓一切像，總在摩尼内。次所藏義者，謂此識體即以色心等爲所藏處，以色心等是此識之相見二分，故如珠在像内，故曰欲覓賴耶識只在色心中，欲覓摩尼珠只在青黄内。所謂能藏自體於諸法中，又能藏諸法於自體内也。三、執藏，即堅守不舍義。猶如金銀等藏爲人堅守，此識爲染污末那堅執爲自内我，故名執藏。以有此三義故，令積劫因果不失不壞，故云不可窮。此識本是湛淵之心，爲四緣等境風鼓動故，生起七識波浪，造種種業。故經云，藏識海常住，境界風所動，洪波鼓冥壑，無有斷絶時。故云淵深七浪境爲風也。

受熏持種根身器　去後來先作主公

此頌八識之力用也。言此識既能受熏，復能執持種子根身器界。以是無記性，故能受善染熏，以其體廣大，故能持種，又能持根身器界，令一期不散壞，爲所緣境，以此故能爲三界總報主也。故往來六道，死時後去，投胎先來，爲衆生之命根，故云作主公。依經論而辨此識舍出之處，《瑜伽》云：善業從下冷，惡業從上冷，二皆至於心，一處同時捨。《雜寶藏經》云：頂聖眼生天，人心餓鬼腹，旁生膝蓋離，地獄腳板出。然經論異者，經明六趣差別，論明善惡兩途，其義一也。有漏章竟。

不動地前才舍藏　金剛道後異熟空
大圓無垢同時發　普照十方塵刹中

此頌八識次第捨名，乃至究竟轉智之義也。此第八識具三種名：一、阿賴耶識。二、異熟識。三、庵摩羅識。

一名阿賴耶識，此云無没。以真如隨生死而不失不壞，故云無没。又云藏識，以具三藏義故。謂此識因七識念念執爲我故，從無始來長劫相續沉淪生死。別教菩薩從初發心修行，曆過三賢登地以去，至第七地破俱生我執，煩惱永斷，不受彼熏，七識不執我，三藏之名從此才捨，顯過最重，故云不動地前才捨藏也。

二名異熟識，謂八地以後尚有微細俱生法執，及有漏善種，尚引後果。亦從無始至等覺位，名異熟識，亦具三義：一、變異而熟，因種變異，果方熟故。二、異時而熟，因滅果生，定異時故。三、異類而熟，以善惡因，至果方熟故。具此三義，名異熟識。至金剛道後等覺後心，證解脱道，異熟方空，一念頓斷最初生相無明，爲入妙覺，因亡果喪，此異熟識方斷，故云金剛道後異熟空也。

三名庵摩羅，此云白淨無垢識。謂如來

藏清淨真心，雖在生死，本來無染，返流還淨，從證佛果，盡未來際，名無垢識。本如來藏，以有鑒機照用，無思而應，故亦名識。此識與大圓鏡智，同時發起，相續執持無漏種故，故云大圓無垢同時發。到此境智相應法身顯現，圓明普照十方塵刹，故云普照十方塵刹中也。良由始以一念不覺之無明，迷此一心，遂將真如理體變而爲妄相，本有智光變而爲妄見。今返妄歸真，則泯見相而歸一心，理智一如，方極一心之源，此唯識之極則，乃如來之極果也。

八識規矩頌纂終

校勘記

〔一〕「眼」，底本作「聖」，據《八識規矩補註》（《大正藏》本）改。

題百法明門八識規矩纂釋後

余不敏，天黜其形，自信有尊形者存，故夙抱超然之志。在齠齔，即聞我大師法雷起蟄，時則躍然歸依，結想有年。往癸丑歲，從先人宦游於衡，適禮大師於靈湖，即蒙攝受。時見虚中益公，其精敏機警，知爲法器，然未識所志向。及丁巳夏，大師歸老匡廬之五乳峰下，余以二親見背，乃決志依歸，求出世業。於辛酉春，始判然入山，大師憐之，從入室。後得聞法要，朝夕與公商確奥義，洞徹言外，余躍然喜也，不唯與之忘形，抑忘心矣，食息靡間。一日，見公案頭《百法規矩纂釋》，展卷，同劉孝廉仲安氏閲之。一讀三歎，曰：公之精義入神之如此也。心雖不閑於宗案，習聞此論雖老師宿學亦苦於難入，蓋以論釋論，文簡義幽，且斷章不備，況舊無解，故多面牆。近則本論釋有數家，又未參合，於此猶然，故吾此末學所以泣岐也。今公詳論文於名相之下，取古今諸疏，會通一貫，且得親聞大師之心印而折衷之，故文如析薪，義若觀火，不勞旁搜曲討，而洞達法相之源，不異三車執筆也。意別數載，何公超悟之蚤，而入法之精如此，詎非拔靈根於虛壤者，未易易也。顧予與公，大有夙契，愧不能贊其萬一，聊述此以紀法緣之始末云。

天啓二年歲在壬戌之秋七月既望，秣陵遺民方遠題于五乳峰下之溪上閣。

百法規矩纂釋後叙

余自降心白業，歸命佛乘，時抱出塵之志。切喜依教尋源，惟以如來法海汪洋，義天廣博，於奢摩他路未能下手。每開卷，未嘗不望涯而歎也。及詢諸尊宿，咸教以先明《起信》《百法》諸論，云此乃一大藏之關鍵，如欲萬里之行，始於足下，未有足下之步不移而能之萬里者，是知《百法》《規矩》乃足下之步也。故曰，明得《百法》，可入大乘之門矣。余即簡魯庵《補注》，見其文約義幽，猶然故吾，罕得其要。丙寅秋，適匡山虛公來游黄山，錫過白嶽，余與家仲兄遇於汶上，首請《楞嚴》三觀，次及《圓覺》《起信》。而師每發一言，義出常見，酧一難，理徹玄微。所謂獅兒哮吼，自與群獸别也。一日於師囊中披得此《纂》，與仲兄捧覽三復，不覺從前滯礙劃然已解。《百法》則詳而備，《規矩》則簡而明，使初學之士一見了然，無復泣岐之歎矣。持斯鑰而竟探寶藏，頓獲家珍，豈不快哉。余曰：此稀有之法，曷不公諸宇内。師謙而秘之。余堅請，得壽諸梓，以廣法施。願諸學者，因言得義，了義明心，庶不負虛師，亦不負自己。是爲敘。

旹崇禎四年歲次辛未花朝，天都弟子在新程開裕拜撰並書。

（王文江、常崢嶸整理）

○九五八

八識規矩直解（存目）[一]

明智旭解

校勘記

〔一〕此本爲《相宗八要直解》之七。《相宗八要直解》已收入《中華大藏經（漢文部分）》正編第一〇四册第一九〇七號，此處存目。

〇九五九

虛舟禪師註八識規矩頌[一]

清行省註

虛舟禪師註八識規矩頌小序

性一而已，又言相，何也？性内也，相外也。相不言外之境而言内之識，則相亦内也。外境觸之而不動、豁達爲空者，猶易託之，而内識之所留細微流注，發不及知，雖深造之後，常致嘆於習氣之難除、命根之未斷，斯言性之家不可不加察也。然而耑言相者，往往逐流末而騖焉，力徒困於筭沙，計或窮於鑽紙，曷思古人著《唯識》之論，謂是諸相者，宜有乎，宜無乎？凡所有相，皆是虛妄，則欲期無相，於相求之乎，抑於性求之乎？求之於相，緣八識而有百法；求之於性，轉八識而爲四智。世之逐相者多失之，而見性者又未嘗過相而問焉，而爲之通，則分幟而爭之，終不可止。斯重嘆矣。虛舟禪師宗嗣福嚴而仍研精教典，取唐奘師《八識規矩頌》特爲之註。註所言相，非能與人殊，而引而發之，終歸於性，使覽者知悟。施子易修、徐子敬可讀而美之，梓之以傳。噫。其有裨也夫。

康熙十一年端陽後十日，檇李王庭題。

校勘記

〔一〕底本據《嘉興藏》。

八識頌註自叙

昔慶喜婆心，欲人明「三界唯心，萬法唯識」，遂造《瑜伽師地論》以發明相宗法門，文廣義幽。後天親虞末學難窺要領，遂彙《瑜伽》之文，述三十頌，目曰《唯識三十論》。論成而後，護法諸師各出所見以解釋此論。當時累帙積軸，不勝其煩。玄奘法師同諸師約其詞理精粹者，束爲十卷，曰《成唯識》。後窺基法師又見《成唯識》十卷學者難得其宗旨，乃請奘師集此要義，將八識分爲四韻，每一韻頌以十二句，將五十一心所，各派本識會下，條理不紊，因稱「規矩」。然論雖十卷，義盡于此四十八句，明此數句，而奘師之提綱由我舉手，天親、彌勒不一網收盡耶。但明此數句者，諸家即各有悟處，不無自是門庭，其能以相歸性、以悟轉識如盧行者，知五八六七果因轉，但轉名言無實性者，幾人哉？余初讀魯庵之《補註》，後觀憨山之《通説》，未嘗不服其見高。第欲離心意識衆，絶凡聖路學，則南行之五十三安得不輸于末後彌勒之彈指耶。故得力是省力，省力是得力，解之者不欲其深而欲其淺。至于由淺而深，是悟之者之事，非解之者之事也。

西湖留錫退居虛舟省道人識。

八識規矩淺説

余觀唐奘師幼具宿根，爲法涉流沙，不憚狼狽，遇化身曼殊授以法印，及其歸逝，不可得也。不可得，説本色話瀟洒坐去，豈非生平一著作、一翻譯俱以大法示人乎？故細讀數什，不但古朴高雅，實能以頂門眼八面齊照，故能收萬法於八識，轉八識于四智，使識性朗然如洞火、如列眉，引衆生八識田中證金剛大定，其法乳不甚深乎。余故以淺説説之，不拘拘以訓字循行同於諸家鋪叙，惟令人於筆舌外可悟其旨趣，是以識悟識者之又一方便也。若存我覺我，則字字瘡尤，反爲性相立町畦矣，非奘師意，亦非予意矣。

識以八識，余謂總即一識也。但識之體則一，識之用則別，如天之月祇一，而映之水不同則異矣。故今之悟識者，欲其即用而悟體，則元是一精明，分成六和合，更無別物也。用何以異？且如眼識與身識畢竟不同，則五識截然自分。至於具足五十一心所而明了分別者，定屬六識，然不能執持也。至於堅執不移者，定屬七識，然不能持種也。至于含藏多劫者，定屬八識。此識性之自分不容混者也。體何以同？且如眼識之分別者雖屬眼，而了然分別者，已通于第六分別之意識；其分別而確據也，已通第七識之執持；其分別而不忘也，已通第八識之含藏。此識性之自合不容隔者也。學人但認用，則名相多端，苟悟體，則圓覺自性，自性非有，所以奘師於每一識處，必先叙其心所之顛倒而隨即著其悟后之無漏。迷則無此悟，悟則無此迷，而識識爲我妙用矣。

有以八識無實體，單以第六意識爲心王，譬如此爲磨盤心，前五後二爲心王之輔也。蓋以前五識應根照境，同一現量，亦無善惡；至於七識，《楞伽》云：「七識不流轉，非生死因。」若夫八識，其體空寂，無善無惡，亦總屬無記性。其惟六識，通前五識，引後二識，正爲八識之見分。故一迷而現三量，則偏行、別境橫恣胸中；一悟而空三性，則有漏因果當時寂靜。所以道：「六七因中轉，五八果上圓。」旨哉言乎。但因以該果，則就第六識一悟深入，便躋覺地。然昔人圓明了知，不假竟根，又豈必滯此六識作觀門乎？所以信六不信八，墮在二乘之偏執也。

有以第八識爲生死主。蓋以識性無根，根生則枝葉俱蕃，餘識盡屬當處出生、當處隨滅，非能受薰持種也。故諸識皆粗，而有微細流注者是八識，諸識皆後，而有最初妄見者是八識。要知八識，直是無量刼前最初一念不覺，於是攬識以成根，攬根以納塵，遂被根身器界，滋長無明。無論迷此識而爲下凡者，妄執五蘊假我；即聰明外道，亦迷此識，而卜[二]度執神我，以取分段生死之苦；且進之二乘，未破藏識；再進之七地以前之菩薩，猶未離俱生我執，以取變易生死之微苦。是皆於八識之最微細者，不能大悟一番也。故悟門中，直要悟至一念不生，則前後際斷，不墮來先去後，出房入房矣。

八識各無實性，皆互爲因緣，由衆生之妄見而成，故前五通于後之七八，七八又通于前五，如常山之蛇首尾互應，盤中之珠左右俱轉。如無前五識，畢竟無所見，倩誰明了？如無意根明了，倩誰執持？如無執持，倩誰含藏？是前通于後也。由有含藏者最初以不淨作種子，則七六五之動念發識，定歸生滅邊際，故不出三境、三量、三性，業識無邊，是後通于前也。要之，人惟一悟，則前後識性，寸寸皆金，反成相生之妙矣。

境有三境，量有三量，性有三性。三境者，性境、帶質境、獨影境。三量者，現量、比量、非量。三性者，善性、惡性、無記性。現量必定着性境，比量必定着帶質境，非量必定着獨影境。境以性者，三界唯心所現之境也。質以帶者，幻身假合妄加之境也。影以獨者，如鏡花水月之境也。言三境而一切凡聖虚實之境盡，言三量而一切見思塵沙之惑盡，言三性而一切因果苦樂之受盡。境、量、性通于根、塵、識，所以通九地、七趣、一切時也。良以最初迷本有智光，則以一念妄見者潛結而爲持煖識之種子，于是識依于息，息相吹而動者爲風，息相吹而潤者爲水，息相吹而噓者爲火，息相吹而凝者爲地，故肉爲身、氣爲命，搏取四大以成内身。蓋假借四大以爲身，實無明凝固所致之身也。所以説色雜妄想，想相爲身。

至于命根熟則透脱難，以命成識、以識成命，似麵入油、油入麵，展轉被無間識籠定，彼識未去，此識即生，縱暫時清淨，却又如急流水，流急不見，非真不起也。識既執以爲我，自然入門容易出門難，若非老病死至業報盡，豈能脱去也。縱一時脱去識性之顛倒，仍在爲中陰身，而怖畏之苦楚，倍甚爲異類身。而無知之封固愈重，即爲斷見之外道。刧盡而識還生，雖爲無想之天人，報盡而識復萌。蓋以識性有三量、三性，則自生出五偏行、五別境、六煩惱、四不定如是種種識性之迷亂，出得識之粗業，出不得識之細業也。故欲明唯識性，必須大悟一番，方欺君不得。不然不着性境，定着帶質境，不着此境，定着獨影境，出不得無境。三量、三性亦然，出不得無量、無性也。況境、量、性元是打做一團，尤令人超脱不得也。且如眼見青黄之色境，此見不假安排，非現量乎？而轉一念確認青是青、黄是黄，非比量乎？再轉一念反疑青未必青、黄未必黄，比度不着，非非量乎？現量屬無記，比、非二量屬善惡二性所攝。眼見青黄不假安排，是性境，以境與眼相忘也。轉一念而確認青黄，是帶質境，以境與眼相合也。轉一念而反疑未必青黄，是獨影境，以境與眼不真也。初見青黄，是無記性，迨緣青黄而起貪着，是善、惡二性矣。三性、三量、三境所以既通一切法，則知前五識不作解時得境目[3]相，是爲性境；緣心心所，乃帶質境；緣無體法，是獨影境。即第六明了意識，與前五識所緣五塵，率爾心中，是性境；若緣自身現行心、心所時，是帶質境；若併緣他人心、心所時，是獨影境。推而言之，不但境具三境，根亦具三境，識亦具三境。故性生于量，量生于境。若悟境空，則視三界如空華，見聞如夢幻，由此識性清淨，成法眼淨。無奈境本無生，因心有，心本無生，因境有，但心生則境生，境生則心生，心境互爲相依、互爲顛倒。故外四大世界爲我八識之疎相分，内四大自身爲我八識之親相分，同一八識所造而爲我同業所居之報土，唯一人發真歸元，十方世界方得消殞，方可以入界以瓦礫埸爲蓮華舟，可入根以血布囊爲金剛窟，可入識以胡思洞爲香積國矣。

大意迷悟同源，縛脱無二，識性一悟，無明實性即佛性也，故勿云差別。智難明只是涅槃心難曉，如前五識一悟，便是成所作智；六識一悟，便是妙觀察智；七識一悟，便是平等性智；八識一悟，便是大圓鏡智。智之差别易，祇是悟難耳。蓋不悟，定是業識茫茫，無本可據，所以不是遏捺捺得、不是覺照照得、不是禪定定得、不是見解解得、不是修證證得。悟之無人，千難萬難。唯於奘師數韻悟其言外旨趣，庶幾近之。

校勘記

〔一〕「卜」，底本作「十」，據下文改。

〔二〕「目」，疑爲「自」。

五識頌

性境現量通三性，只爲真性不明，便生許多妄性。眼耳身三二地居，誰能少得這個五識？偏行別境善十一，果然許多妄想。中二大八貪嗔癡。妄想到這極處。五識同依淨色根，本來元自清淨。九元七八好相隣，爭奈被他所擾。合三離二觀塵世，除非就向五根中看破他根的用處。愚者難分識與根。却誰曉得這個？變相觀空唯後得，若能使識不着緣擾，還只救得一半。果中猶自不詮真，佛果位中不說他到極處。圓明初發成無漏，這個纔是轉識成智。三類分身息苦輪。將五識還他妙用度生矣。

奘師五識之頌，其大意言，五識落于六根門頭而照境處，此時比、非二量猶未行，不過現量分別偶爾現起。然非悟人境界，便隨緣惑。所以纔動念，便要走入八萬塵勞網裏，偏行、別境及二十煩惱等，不俟六七八識比、非横行，而已知其現量時無數心頭起滅，阿誰能免先佛云「汝暫舉心塵勞先現」是也？此時藥以針病，如何下手？亦就五識中觀他三何以合，二何以離。且識在根中，根在識中，識畢竟向甚處起？向這裏着得一眼，分得清楚，這便是悟的消息也。若只變想觀空，猶被觀門縛定，縱有見識，亦止是後得智，不是根本智，到不得妙覺田地，只是悟一悟，使五識初發時便悟得圓明初發，豈但起過二地？吾知三類分身的道理，即今直下承當而有餘矣。

性境現量通三性

〇這個三性，政是不覺境界。善性着落在白業，惡性著落在黑業，即被因果所束，不得自在；即非善非惡，似乎凝寂，然政墮在無知迷悶中。無記之病第一可悲者，頑空、斷見、無想三報，每每無記者受之。故淨智妙圓，體自空寂，方爲究竟。若單單空寂，便是無記也。這三性雖通于現量，而現量實因于性境。何以説境是性境？良以欲觀法界性，一切唯心造故。淨明移界地于指端，月光現清水于室内，烏芻瑟摩之徧身是火，琉璃光之滿體皆風，豈非境是性境乎？但未曾向境中徹底悟破，則對境而忽生善生惡，皆被境轉，即嘿嘿對境不知境之落處。人在三界中，不知三界是甚物，未思出離，似鱉在甕中竟不知甕是何物。縱能癡癡較量，總無智慧，墮在無記性而已。若能如靈雲之覰破桃花，洞山之悟影于流水，何至被現量作主而通三性乎？

眼耳身三二地居

○這五識與五塵合，誰人能免？此欲界内有五趣雜居地，即第一地也，其中人有睡眠、有飲食、有婬欲，五識俱全也。惟色界初禪曰離生喜樂地，即二地也，其中天人常多在定中，厭此段食故，雖有鼻，實不著香，雖有舌，實不著味，是五識減鼻、舌二識也，然鼻、舌二識實在。進之而色界中還有三地，所謂三禪也。進之而無色界中還有四地，所謂四空也。以上共九地，而初地天人五識猶濁，自二地以至九地五識漸清，終未至識性無漏也。然天人作佛，如菜作虀，切勿以我輩下劣之凡愚而反輕遊戲天宫之菩薩。

徧行別境善十一

○徧行有五，以無量刧來迷成業識種子，譬如潛淵魚鼓波自涌，是爲作意；引心趣境，是名爲觸；含受不捨，是名爲受；能令前塵影子恍然面前，是名爲想；微細不斷苦心搜索，是名爲思，此乃造善造惡的這一念最爲微細處也。總從着一境處，動念作意，便觸境、受境、想境、思境無不至也。此個著境偏于八識、九地、一切時，故云偏行也。別境有五，謂於所樂境希望欲作，名曰欲；於境決定知其可作不能已也，名曰勝解；於可作境令心分明記取，名曰念；於所觀境專注一心，名曰定，與禪定之定不同也；於所作境了然不疑，名曰慧，與般若之慧不同也。總從着一念處，這一個念斷然放不過，便爲欲，爲勝解，爲念，爲定，爲慧，成識性之窠。此與境所緣者不同，故云別境。善十一者，上言偏行、別境，此乃起業之心，猶未造作，至于善十一，則竟成業矣。一曰信，二曰慚，三曰愧，四曰無貪，五曰無嗔，六曰無癡，七曰勤，八曰安，九曰不放逸，十曰行捨，十一曰不害也。五識現量似未造作，然業性純熟，即偶爾動一念處，不動在善邊，定動在惡邊。動在善，則十一之善業，凡具五識者必不能免，故併及此，令悟唯識性者知得善業分數，方不離善，却不着善，則行一善業，非行梵天之功積，直是轉普賢之悲願耳。

中二大八貪嗔癡

〇此政是作惡之業也。惡業共有二十六。根本煩惱有六，謂貪、嗔、癡、慢、疑、不正見。從根生枝者，隨煩惱。有小隨十，謂忿、恨、惱、覆、誑、諂、驕、害、嫉、慳。無慚、無愧，此二爲中隨。不信、懈怠、放逸、昏沉、棹舉、失正念、不正知、散亂，此八爲大隨。言小、中、大者，以其作一業止成一業，名小；如慚必近于愧，是一業而兼引二業也，名中；作一業而能偏諸染心，名大。是以小隨之業重而反以爲小，大隨之業小而反以爲大。蓋因根本，纔生枝葉，玆惟識所重，在念慮上看耳。今五識畧小隨而止言中二、大八者，以五識相應獨此親也。是對二十六種煩惱中，有中二、大八，併貪、嗔、癡，共一十三種。若能悟明識性，婆須之善婬、無厭足之善嗔、調達之善妬，以至三車之善貪、南泉之善殺，佛耶，魔耶，善耶，惡耶，其爲不思議之境界耶？

五識同依淨色根

○根有浮塵根，四大色也。勝義根潛于四大之中，而愚者難見也，如眼盲矣而見性在，耳塞矣而聞性在，名爲勝義根。故論本來圓明，身元空寂，所謂究竟涅槃也，智變爲識，識滯爲根，所以被無明拘礙，結色成根，而無明識體還栖托其中。下凡固不能離浮塵根，即中陰身亦有形狀，無想天終有壽命，推之無色界天人直至四空地者，仍有色質。蓋能空識業不能空識性，即形根有粗重者，有輕安者，有非有非無能變動者，然終不能出九地之界，以其帶無明之識而以識蘊根也。唯大悟大士，其報、化二身亦是淨色根，卻三身一體，面目難尋。故普眼不見普賢之身，文殊不覿迦文之面，以至普化之搖鈴騰驤何地，達磨之攜履棲泊何天，其「月穿潭底水無痕」乎？是謂五識同依淨色根也。乃愚者僅認眼如葡萄朵，耳如新卷葉，爲可笑耳。

九緣七八好相隣

○五識同依淨根而緣以染之，遂覺八識次第各有所緣，故頌云：眼識九緣生，耳識唯從八。鼻舌身三七，後三五三四。若加等無間，從頭各增一。如眼識具九緣，一空，喜空隙之空也；二明，乃日月燈也；三根，即本根也；四境，即所見者也；五作意，即徧行五中之作意也；六分別依，乃第六識也；七染淨依，乃第七識也；八根本依，即第八識也；九種子緣，謂眼識親生種子也。人祇知眼能見耳，不知所以見者由諸緣所引，而實由六七八識妄見分別之所生，故一識迷而識識盡迷，一根悟而根根齊悟，即此義也。迦葉之覷着蓮花，雪欽之刺破古栢，其緣起無生乎。「耳識唯從八」，除去明緣也。「鼻舌身三七」，俱除空、明二緣也。「後三五三四」，言後六、七、八識有五緣、三緣、四緣也。第六識具五緣，一根緣，即末那七識；二曰境緣，即十八界也；三曰作意緣，即偏行中之作意也；四曰根本緣，即第八藏識也；五曰種子緣，即本識親生種子也。七識具三緣，一曰種子緣，即本識親生種子也；二曰作意緣，偏行中之作意也；三曰根境緣，即第八藏識爲七識之根，而由此緣于五塵之境也。八識具四緣，一曰根緣，即末那識也；二曰境緣，即種子、根身、器界也；三曰作意緣，即偏行中之一也；四曰種子緣，乃第八親生種子也。「若加等無間，從頭各增一」者，言前念已滅、後念復生，是謂無間緣。九緣加這一緣，是九緣者爲十緣。餘緣例此。大意此識性似人之血脈周流于肢體，呼吸而諸脈皆轉，所以道「偏現俱該沙界，收攝在一微塵」，何忍使至寶汩没緣性間也。

合三離二觀塵世

○塵世，境也，三、二，根也，以根照境，説離、合。如鼻、舌、身，合中取境，以合方知；眼、耳二根，離根取境，以合壞根故也。一喜合，一喜離，根之應用不同耶，識之應用不同耶？畢竟以合而觀世之塵耶，畢竟以離而觀世之塵耶？合、離之間，可以會取自家屋裏事，豈可口用而不知？且那律無目而見，賢喜無耳而聽，殑伽非鼻聞香，驕梵無舌知味，空神無身覺觸，還離耶，合耶？根耶，識耶？吾深有望于智者。

愚者難分識與根

○根乃色法，即第八之相分，識乃心法，即第八之見分，此色、心不同也。又根能照境，識能緣境，此根、識之用不同也。外五塵爲八識之疎相分，內五根爲八識之親相分，故第八與五根同是無記性，所以五識有隨念分別而無計度分別，故常混淆而難辨，此根、識之性不同也。小乘愚法聲聞衹知根、識互生，不知根之與識各有種子、現行，謂根爲生識之緣則可，謂生識則不可，以識自有能生之種子故也。余謂離根則無以顯識，離識則無以托根，根、識如交蘆，各無自性，則又似分不得。因根有相，因相有見，此識起于根也；因識有根，因根有見，此根起于識也，又似不分不得。故《楞嚴》辨識性非他生、非自生、非因緣生、非無因生，畢竟向此生處悟徹根底，是謂能分識與根也。

變相觀空唯後得

○上明五識之有漏，至此轉識成智，則能變八識親分之相而使之空，亦一分後得智也。蓋以頑空則全無智，偏空則少有慧，所以昔人道：「二十空門都不着，一性如來體自同。」茲能變相，則眼不着于色，便將二十煩惱等粗惑已無，故非根本智，而有後得智，後對根本而言也。後得智中即有辨才、定力，而實有修證門頭法見未盡也。

果中猶自不詮真

○根本智依心根能親緣真如，後得智依色根有分別，佛果位中，猶隔一塵也。人衹知泰師註，以安慧師言，後得智在前五識因中既成無漏，變相緣如矣，護法師破之言，見、相二分猶自偏計性，至佛果位，自證分方能親緣真如，豈能變相緣如乎，人即死執因果之分，以爲見道不能證道也，殊不知果熟蒂懸，原以究竟處言也，悟不徹底，豈爲究竟，亦豈爲悟？悟者即將唯識性看破十分，五識現量，至于徧行、別境粗細惑業，俱由不覺所染，能一覺而使千年暗室一燈能破，則因即該果海，果即徹因源，是即果中證真也。豈真將心待悟，豈真舍悟覓證，豈真俟化佛來迎，後報易形打坐入定方能入果位、得神力耶？故證即攝于悟，真悟即真證，不必執他證位，余祇恐世無悟人也。

圓明初發成無漏

〇六七因中轉，五八果上圓。今五識起于第八識含藏種子，元無世累，所謂宿根厚也。由是寄於五根門頭，能令眼識見相時如迦葉之看破拈華，耳根聞聲時如觀音之悟破亡所，俱不着修證研摩，第向初發處，忽爾圓明，則即爲成所作智，同大圓鏡，一了百了，更無有漏處也。

三類分身息苦輪

〇化身三類，大根者現大身，中根者現中身，小根者現小身。化身攝于報身，報身攝于法身。但能自見己性，即具足一切身。試問五識見處，其爲三量、三性？其爲偏行、別境？具衆煩惱者，畢竟是個什麽？非可認爲相宗法數之所定也，非可認爲八識見分之所起也，不可認爲累刼無明之所現也。豈不聞衆生種種幻心皆生如來圓覺妙心中？向此直下悟破，則是貪嗔起而涅槃現，妄想生而佛道成，不離殼漏現無量身度生息輪矣。

六識頌

三性三量通三境，若人能了心，大地無寸土。三界輪時易可知，畢竟境從心造。相應心所五十一，都在裏許。善惡臨時別配之。各從其類。性界受三恒轉易，念念不停。根隨信等總相連，一機所轉。動身發語獨爲最，這是魁首。引滿能招業力牽。便受感報。發起初心歡喜地，能破煩惱。俱生猶自現纏眠，法執猶在。遠行地後純無漏，心花粲發。觀察圓明照大千。無法不悟。

奘師言六識，大意不過一念明了心似無力量，不能如五識之與相實耦也。然第六識具五識，一定中獨頭意識，二散位獨頭意識，三夢中獨頭意識，四明了意識，五亂意識。識又具五緣，一根緣，二境緣，三作意緣，四根本緣，五種子緣。以五識、五緣本于三量、三性、三境而無業不受，將五十一心所收括殆盡。是外五根之所見者，俱到六之意頭上，其所見者分別未止，而七之所執、八之所藏者，又向六之意頭上分別復來也，則胸中似軸轆一般轉轉不停，況相續不斷，則豈能剎那清淨乎？故由三性造三受，善受善果之報，惡受惡果之報，非善非惡平平受無記之報。是造引業、滿業，俱六爲之根也，除非無想與滅盡、睡眠與悶絶，意識偶不行，然而根終在也。必須初獲聖性，具證二空到初極喜地，而由此具淨戒至離垢地，具勝定至發光地，生妙慧至焰慧地，俗難奪至難勝地，住緣起智至現前地，離功用、越二乘至遠行地，則初地俱生我執到此盡破。是舉三量分別者反成妙觀察智，而覓三受業報了不可得，豈非行人大受用境界也？要之如何是觀察圓明，莫非觀門對治乎？是仍法執也。莫非使一念不起乎？是仍意根卜度也。作種種見解，搜索意根，是謂「船横野渡含秋碧，棹入蘆花照雪明」。

三性三量通三境

〇三性、三量易解，而三境細推之，境以性者，如功德之淨水，隨身之宫殿，非性所造乎？性境有二，一根塵、實定果色，由八識同分妄業所造；二智，由根本能緣如，亦是此境，所謂凡聖同居土也。帶質境有二。質，主也。外境質中，如茶是水爲主之類也。帶者，言此非有，從彼帶過來，見是外染者也，帶到身上渾身造作，如爲一個青蚨百千奔馳。凡身所着之境，俱名帶質。故帶質通情本，以爲有情之所粘滯者也。一似帶質，即此六識能將前塵境一一明了在方寸，是假相在前，由第六見分所起，是謂似帶質，見非真也。故云：「以心緣色似帶質，中間相分一頭生。」一頭生者，言六識體本來清淨無物，今以妄見所起相分論之，似有一個帶質境在裏頭生也。二真帶質，指七識而言也。

因七識執八識之見分爲我，便向五根門頭一一運爲出來，如貪色運出貪色境質來，對六，則非似矣。故云：「以心緣心真帶質，中間相分兩頭生。」兩頭生者，非單單兩念生也，亦非七識、八識兩頭現也。言念念着在色上，自然誠於中形於外。一頭生者猶是有頭無尾，今則有頭有尾，經傳送識無不作用殆盡矣，所以云兩頭生也。獨影境有二，一無質獨影，第六緣空花、兔角，及過、未等所變相分；二有質獨影，即第六緣五根種、現，是皆托質起其相分，然不能親嘗，不過與見分同種生，亦名獨影。此言六通三境者，五識所見者，六意識不作解時，得境自相，是爲性境；緣心心所，乃帶質境；緣無體法，是獨影境。境爲所緣，識爲能緣，各有其體。性境以不假名言造作爲體，能緣者除末那識，餘六皆用自心心所爲體。獨影境以第六見分所變假相分爲體，能緣即自心心所爲體。帶質境即變起中間假相分爲體，能緣者惟六、七二識心心所爲體。故頌云：「性境不隨心，獨影唯從見，帶質通情本。」明此三境，庶幾塵消覺淨，不但不着境，併不着質，併不着影，方是「微塵刹海唯心鏡，遍界花開白玉蓮」也。

三界輪時易可知

〇見分既不清，染成善、惡二性所感，將來定受苦、樂二報。縱迷昧無知，政出不得這三界的甕子也。定三界之因，迷妄有虚空，依空立世界，妄想凝而成國土，知覺出而生衆生。若現量既空，比、非不生，則三界心盡，是名涅槃。故知三界非能拘我也，我自造三界，其奈之何。善被善業所束不得自在，惡被惡業所制不得自在，縱至非非想處，壽盡時仍被刼瞞，何不拶碎虚空，令前後際斷，作出頭大外哉。

相應心所五十一

○心本空寂，元無處所，無如覺性不澄，從三量、三性中現出徧行五法、別境五法、善有十一法、根本煩惱六法、隨煩惱二十法、不定四法，是五十一心所也。餘識不能全具，是獨六識意根分別時，即生許多分別之念，是謂別境。其分別者，必生于九地一切境一切時中之所念，是謂徧行分別。而善也出不得十一種之善法分別，而惡也亦出不得二十六種之惡法。縱善而惡也，惡而善也，或愚迷而無知也，或惺惺而有覺也，亦出不得不定之四法。是總在三性、三量中發起，亦總在一念不覺時具涵，故見宮女之捧足便知其失通，聞釧聲之觸耳便知其破戒，因便知其該果，本便知其攝末，所以意根未悟，豈可輕易動念。先佛云：「切莫信汝意，汝意不可信。」謂此故也。

根本煩惱六者，謂貪、嗔、癡、慢、疑、不正見。此六乃二種我、法之根本，斷慧命者唯此爲甚。

不定四者，謂悔、眠、尋、伺。悔不定者，如作惡之人改悔爲善。眠則心極暗昧，此非善惡，名不定也。尋者必作善之心意言籌量，粗轉爲尋，入細爲伺，如讚菩薩初尋後伺方得妙辭也，如刁訟之人亦由尋入伺方得成算，此二法或善或惡，蓋不定也。

善惡臨時別配之

○既具業種，於心所自然逢緣便發，每見吉人，心善則語亦善，視亦善，種種俱善；惡人三種俱不善。是善惡諸法各隨人自已配合也。若是有智主人，功德天、黑暗女二俱不受。

性界受三恒轉易

○受雖有三，其實有五也，謂苦受、樂受、憂受、喜受、捨受是也。逼悅身曰苦、樂；逼悅心曰憂、喜；憂、喜、苦、樂不行時名爲捨受。今第六識中，或由黑業而恒轉於欲界招苦受，由白業恒轉于色、無色界招樂受。蓋有身苦固爲苦，即娛樂之天人終歸五衰相現，豈真爲樂也？有心憂固爲憂，即福盡之梵輔自然煩惱頓起，豈真爲喜也？況升沉速轉，芥子虚空皆我捨命處，是脱骨過須彌山猶未盡其恒轉之數也。必念起念滅不離圓寂，世出世間總是涅槃，其庶幾不爲舟行岸移也。

根隨信等總相連

○根謂根本煩惱也。隨謂隨煩惱也。信謂十一中之信也。等謂徧行、別境、不定等也。總相連者，謂身雖受報之不同，未免改形易相，而此業識在五十一心所者至今不換，或善而善法仍現，或惡而惡法仍現，所謂習慣成自然，不覺不知墮入魔網中也。

動身發語獨爲最

○論云，由外發身、語，表内心所思，譬如潛淵魚，鼓波而自湧。此識有三思，一審慮思，二决定思，三動發勝思，餘識所無，故最勝也。然此發語離舌不發，舌又不能自發，聲性究竟向甚處生也？故因識可以識性，因聲可以悟道，如空潭之月撈摝[三]方知也。

引滿能招業力牽

○引者，能牽引業也。滿者，能完滿業也。有以一業招一果者，有以一業引多果者。報有總、別二果。總者，如此界總得人身。別者，如人身貴賤不同也。夫以六識三量而現五十一心所，無論下劣凡夫被緣埋没，學人猶墮結業，菩薩尚隔蕴界，真所謂定業難逃也。除非大悟者向境緣逆順中以般若消之，則煩惱菩提、結業解脱無二般也。

發起初心歡喜地　俱生猶自現纏眠

○纏目現行，眠目種子。以六識見分與煩惱打作一團，雖到得初心歡喜地，而俱生我執、俱生法執猶伏在第六意根中，如眼珠之未離眶也。到得所知障空，俱生猶在，今人通身習氣，自稱悟道，豈非狂禪乎。

遠行地後純無漏　觀察圓明照大千

○俱生我、法二執，乃七識所執者。七識無力斷惑，亦仗六識以雙空觀破諸執也。兹以悟明見分，歷離垢、發光、燄慧、難勝、現前，至此遠行，使所証不淺，則俱生有漏永伏不起，相應心所轉爲妙觀察智，能説法利生，具大辨才，頭頭上顯，物物上明，其在此乎。今人墮在無記中，得塵勞暫息，自云意根清淨，豈知偷心未死、繫駒伏鼠，死水呆禪何足云也。

校勘記

〔一〕「攊」，《八識規矩頌注》（《卍續藏》本）作「摭」。

七識頌

帶質有覆通情本，揑恠多般。隨緣執我量爲非，聽人穿鼻。八大偏行別境慧，諸業俱生。貪癡我見慢相隨。四惑尤固。恒審思量我相隨，果自俱生我執。有情日夜鎮昏迷，安得不墮生死。四惑八大相應起，業性不停。六轉呼爲染淨依。牽連六根。極喜初心平等性，不是帶質有覆。無功用行我恒摧，不是恒審思量。如來現起他受用，傳送俱妙。十地菩薩所被機。法雲普覆。

奘師大意言，此七識名爲末那，以其思量爲性相；又名爲傳送，以其運動爲作用；又名爲執持，以其著我爲堅固；又名染淨依，以其六識爲依仗。所以境非性、影，但帶質有覆，所作所用每爲情本之癡；量非比、現，第隨緣無記，通根通識俱爲非量之計也。故煩惱有二十六法，而此識惟以現運染穢爲性，故與八大相應：不信、懈怠、放逸，與有覆相合也；無堪任性，昏沉也；多囂動，掉舉也；多流蕩，散亂也；能起煩惱現前，失念、不正知也。又與偏行之作意、觸、愛〔一〕、想、思五法相應也。又與別境中之慧相應，故以慧即我見也。以此識任運合境，無所希望，故揀欲；此識緣所定事，故揀勝解；此識恒緣現所受境，無所記憶，故揀念；此識任運刹那别緣，既不專一，故揀定。我癡、我見、我慢、我愛，名爲四惑，與此相應。忿等十隨行相粗動，此識審細，故非彼俱。中、隨二者，唯是不善，此無記，故非彼相應。善十一是淨故，此識染污，非此識俱。此識具三緣，具種子緣、作意緣、根境緣。故以帶質爲境，思量爲性，我執爲本，則有情日夜不墮昏迷乎？且以有藏識，得有末那；有末那故，爲六之轉識所依；有六之轉識故，五之現識得依之行也，是七之通根境緣，依彼轉緣彼也，所以六轉呼爲染淨依。見七雖有我執，實無我性，可以通六通五，可以隨染隨淨，惟悟之者善用之也。苟六識能悟入我、法俱除之雙空觀，是於初地初心轉成無漏者也。此時證得平等智，所作所爲無一法墮于世諦，是帶質有覆隨緣執我者俱消釋于平等智矣，則豈不能説大法利羣機哉。

帶質有覆通情本

〇帶質何以通情本也？試觀身之着色境者念念在兹，不是心爲蓋覆而通情本乎？故無論此界凡夫身爲色牽，地居二天則形交，夜摩則勾抱，兜率則執手，變化則對笑，他化則相視，皆是帶質通情本也。然此七識之著情本者，直是帶八識愛根之本質而生起者也，故蓋覆真性實已彌甚。一説因謂：「以心緣心真帶質，中間相分兩頭生。」一是七識所轉，一是八識所藴，故云兩頭生也。

隨緣執我量爲非

〇現、比二量，恒審中亦所起者也。然五根識之所引者，七識爲之任運，内六與八識之造者，七識又爲之傳送，則隨緣執我者非量爲多矣。如人叫我本名，我即應之，即我我應，非我執乎？因呼即應，非依彼轉緣應之時，口、耳、身俱動，非傳送識乎？呼彼乎？然此時不著比量計較，非非量乎？由呼而應，非我作主，豈現量乎？

八大偏行別境慧　貪癡我見慢相隨

〇慧屬別境中之慧。貪、癡，爲根本煩惱之二法。我癡、我見、我慢、我愛，名四惑，又名四煩惱。據此識祇管執持、傳送，屬非量、無記所攝，因何具足諸惑？蓋以此識具恒審思量，能爲作意，故亦能着境緣而爲偏行、別境，淨法與惡法無不俱造，不比五識各屬一根而不能俱轉，不比六識止能空空分別而不能親嘗境界也，是思惟甚細、力量甚大矣。

恒審思量我相隨　有情日夜鎮昏迷

〇前五識由現量緣境，不常，故非恒，由不執我，故非審。六識審恒，亦有間斷。唯七識恒常審察第八識之見分爲我，而相應隨從也。如靜坐時五識現境不打起，而無故靜中忽動一境緣者，此由八識所藏所現之影子也，乃第七識執之而常想，非恒審乎？即以其想者爲散亂、爲掉舉，不連累六根乎？故六反依此爲主人也。凡此皆以其我相堅固，故恒常審察即其思量，思量即其我執，我執即七識妄見之識性也。乃迷者不悟，認執我之識神以爲自性，真日用沉迷無刹那之慧根矣。

四惑八大相應起　六轉呼爲染淨依

〇夫此七識具足四惑、八大，是真染污識也。然而迷悟由人，苟一念妙悟，使藏識澄清，則七識之思量執持者俱淨而不染，併六識依此淨而不染也。是七識終無自性，任悟者一轉之矣。

極喜初心平等性　無功用行我恒摧

〇每每七識與我執俱生，執有我而與無我差別，執有法而與忘法各殊，是不平等也。今從初地發心時不假思惟，不着覺觀，祇將末那之意根一悟破我，直忘功用，盡透法執，是以空合空，以水灌水，覓偏行、別境一切心所了不可得，豈非平等智哉？

如來現起他受用　十地菩薩所被機

○我七識之所運轉既通身是平等智，則不惟利己，還能利他，能令見者、聞者俱得受用，十地菩薩根性上品者，亦受我所被之機矣。如佛現百丈身坐百葉蓮花爲初地説施度，現千丈身坐千葉蓮花爲二地説戒度是也。然縮大爲小、化多爲一，則即令一微塵皆爲寶王轉大法輪矣，是時時處處俱爲十地所被之機也。

校勘記

〔一〕「愛」，疑爲「受」。

八識頌

性唯無覆五偏行，好個記性。界地隨他業力生，又却無記。二乘不了因迷執，不悟八識。由此能興論主諍。具眼方知。浩浩三藏不可窮，流注生滅。淵深七浪境爲風，無盡因緣。受薰持種根身器，身世由他。去後來先作主翁。這是生死。不動地前纔捨藏，一悟方了。金剛道後異熟空，悟後境界。大圓無垢同時發，還他無垢。普照十方塵刹中。纔了唯識。

奘師大意言，八識之性能含藏過去未來緣謝影子，豈是蓋覆遮掩得底？且本無善惡性，又屬無記，無奈具四緣，能爲偏行作意，遂以一念之妄見者蘊而爲本識之種子，故三界九地性本非有，茲以識造境，還以境眩識，識境相因，牢不可破，皆此識業力成之耳。乃二乘不信有八識，因致大乘論主之諍。豈知論八識之體用，一爲能藏之識，以其能含藏善惡種子，二爲所藏之識，以其受現行習氣所薰，三爲執藏之識，能執七識爲我，能執四大不壞，具此三藏，以御根境之緣。是八識爲淵，七識爲浪，而境風吹浪則五六七成風浪者，淵豈得清靜乎？境風者，衆生之妄見也。若妄見不生，則浪息淵平，八識有何過也？唯境風吹浪，則淵即爲波，波波無盡。然則八識受薰持種而致受根器之界、生死去來之報，非八識誰爲之乎？

大悟之人，從初地至不動地，其有漏之習氣看破已透，從作意時便消釋俱盡，則念念入金剛之定，藏識之捨，異熟之空，由此眼中無色，識識中無色，眼、眼識俱清淨，是名無生義。由此耳、鼻、身、意一一俱轉，打作一個照前照後大圓無垢之鏡，則眼政可以見，耳政可以聞，鼻政可以嗅，舌政可以嘗，身政可以觸，意政可以分別，末那政可以任用，賴耶政可以攝受，以其爲成所作智也。見何曾是眼，聞何曾是耳，嗅何曾是鼻，嘗何曾是舌，觸何曾是身，分別何曾是意，任用何曾是末那，攝受何曾是賴耶，以其爲妙觀察智也。即見非見非不見，即聞非聞非不聞，即嗅非嗅非不嗅，即嘗非嘗非不嘗，即觸非觸非不觸，即分別非分別非不分別，即任用非任用非不任用，即攝受非攝受非不攝受，兩頭坐斷是平等智也。即三智渾淪脱化，絶無心迹，收來總一無垢圓鏡而已。是悟四智于一心，了萬法于八識者之第一義也。

性唯無覆五徧行　界地隨他業力生

○原此識性，實無善惡，不過無記無覆者而已，所以緣非帶質、獨影而染淨諸法俱不相應也。無奈能作意引心趨境，則五徧行之中無垢不藏。所以此識爲總報主、趣生體，而三界九地俱由他業力生耳。如乾土不能相握自成一聚，由水膠等和彼乾土方成，無記之法不能成器聚，由善惡業力方成界地也。

二乘不了因迷執　由此能興論主諍

○《解深密經》云：「阿陀那識甚深細，一切種子如瀑流，我與凡愚不開演，恐彼分別執爲我。」阿陁那，唐言執持，以第八能持種子不壞，亦名執持也。小乘堅執六識，不信八識爲因緣用，又不信八識爲流轉還滅作依持用耳，由此大乘論主以十證頌辨之。

十證頌曰：「持種異熟心，趣生有受識，生死緣依食，滅定心染淨。」無始時來以此識與一切法爲依止，故與現行法又爲依止，此證持種心也。又云，有善惡心累劫薰習，名爲異熟心，招善惡業感。若無此識，彼異熟心不應有故，此釋異熟心也。有情流轉五趣四生，若無此識，彼趣生體不應有故，以前五識業所感者不偏趣生，以無色界中全無此故，意識業感雖徧趣生而不恒有，唯異熟心及彼心所是政趣生也。又契經云：「有色根身是有執受。」若無此識，彼能執受不應有故，此能受心唯異熟心，轉識無如是義。此釋受也。契經云：「壽、煖、識三，更互依持，得相續住。」以轉識如聲、風等，無恒持用，惟異熟有恒持用，故立爲持壽、煖、識。此釋識也。契經云：「諸有情類命終必住散心，非無心、定。」且生死時身心惛昧，如睡無夢、極悶絶時，明了意識必不現前，六種轉識行相所緣必不可知，是散去[二]有心名生死心，別有一類微細意識行相所緣俱不可斷，應知即是第八識。又將死時，由善惡業下上身分冷觸漸起，若無此識，彼事不成，轉識不能執受身故。此證第八識心爲生死也。又説：「識緣名色，名色緣識，如是二法展轉相依，譬如束蘆俱時而轉。」彼諸轉識無力恒時執持名色，恒與名色爲緣。緣者，此第八識。此釋緣也。契經云：「一切有情皆依食住。」轉識不能執持身命，唯其[三]熟識是勝食性。此釋依食也。契經説：「住滅定者，身語心行無不皆滅，而壽煖猶在，根不變壞，識不離身。」由斯理趣，住滅定者決定有此流注八識，無想等位類此可知。此釋滅定心也。契經説：「心雜染故，有情雜染；心清淨故，有情清淨。」若無此識，染淨心不應有故，謂染淨法因心而生，依心而住也，此識心淨染也。

大意這一念不悟便爲染淨種子，種子或染或淨差別不同，而念念常不斷，即名異熟。

異熟必定趣生，落于界地所攝。即便有執受，不能離身相也。而所以致受，必定以地水火風搏成息氣之呼吸，名持壽煖因，所以有生相、死相也。當其投胎，定緣名色，如覩日光而生天、見婬火而生人，名色緣識，識緣名色，兩不離也。及其受根，决不能離食，是始終成就根緣者，俱八識爲之首尾也。所以念念不能離此藏識，即住滅定而心之在染淨者，根何能空，識何以除也？小乘悟不及此，豈能全證涅槃乎。

浩浩三藏不可窮

○執種義爲執藏，受薰義爲所藏，持種義爲能藏。頌云：「諸法於識藏，識與法亦爾，更互爲果性，亦常爲因性。」此因緣法之無窮者也。然佛法無多子，久遠難得人直下會取、直下具足。萬古碧潭摸新月，回頭還在舊樓間。

淵深七浪境爲風

○浪波元相依，境風所擊則多波生。五六七皆依八識，爲見分所迷，則染淨法從此無盡，則一識迷而識識之種子俱不淨矣，何異七浪爲境風所擊也。一説八識現種如波，境等四緣如風，若四緣之風恒擊，第八現水則常起八識現種之波矣。如第七識緣于藏識，即第七識爲境緣之風，觸動八識現行之波浪也。若以前七識之現行熏此藏識，即此現行爲境界風，觸動藏識種子生起現行之波浪也。波浪無盡，故云不可窮。若悟此八識之性，則爲華藏界帝網珠矣。

受薰持種根身器

○第八識爲總報主，能持諸法漏無漏種。所以持種能受前七識所薰，以其具四性故，一堅住性，二無記性，三可熏性，四與能熏和合。根身、器界原爲八識所變相分之境，故以心緣心，即此根、界是其所熏所持者也。若以淨眼視之，則此根不啻如唾餘。

所以道：「見聞如夢幻[三]，三界若空華。」

去後來先作主公

○人將入胎時，此第八識先來，然後前七種識次第生來。前七種識所造善惡業因，總于八識受其果報，如偈云：「頂聖眼生天，人心惡鬼腹，旁生膝蓋離，地獄脚板出。」此八識後去之象從染淨而分也。昔人云：「纔出胞胎又入胎，聖人觀此動悲哀，幻身究竟無香潔，打破畫瓶歸去來。」旨哉言乎。

不動地前纔捨藏

○藏，即阿賴耶。玆八識以清淨等覺歷煖地、頂地、忍地、世第一地、歡喜地、離垢地、燄慧地、難勝地、遠行地，歷諸地悟真如心，名不動地，則諸漏俱盡，破諸結使，現量、比量、帶質、獨影俱空，則內生之我執不行，即證第九白淨識而藏纔捨也。然必執此階級方破藏乎？奘師言前五識曰「圓明初發成無漏」，六云「發起初心歡喜地」，七云「極喜初心平等性」，八云「大圓無垢同時發」，曰初心、曰同時，是大乘人一念悟入超過等覺位之階級也，豈真許多淘汰所致乎。

金剛道後異熟空

○異熟者，是善惡所引果，故或變異而熟，或異時而熟、異類而熟，名異熟性也。如本來共是佛，我却與佛不同，是業識純熟也。業至熟，甘作衆生不甘作佛，所以八種子一段貪痴，千佛難救耳。惟自肯承當，能信本分事，純以金剛智破我破法，則煩惱一除，併忘鑽火，將淨法執者亦與之空矣。

大圓無垢同時發　普照十方塵刹中

○捨藏、空異熟，則五識與八識刹那成清淨覺，更不待第二時矣。良以現識、轉識、藏識即一而三，即三而一，故爲如意珠即念宛然，似神通藏絶無隔礙，所以有時以現而引起藏，有時以藏引起轉，有時以轉引起現與藏者，是識識各有種子而能俱現，是識識各共一種子而能互現也。余故謂體同用別，即此義也。然根即屬相分，識即屬見分，由見分而相生，由相分而見生，見相無根，同于妄想，妄想本空，原是淨覺，所以明不離暗，識不離性，亘古亘今人人具足無垢鏡也。《唯識頌》云：「現前立少物，謂是唯識性，以有所得故，非實住唯識。」不透頂説破乎？唯識不明，反認是相宗爲自性設障，豈不可深悲耶？據《識論》，眼前立不得一物，則以多知漢説心説性何？

○含血噴人也。當知識識皆有悟門，密以金針引我合笱，如所謂徧行、別境併善十一、煩惱二十六者，放眼看來，畢竟是個什麼？不得以法塵影子，便認作自己茶飯也。如以爲胸中似有一物相似，畢竟捨不得，亦須放開眼看他體段畢竟存躲在甚處。一一看破，真不值我一笑矣。故余謂，百億塵勞及微細命根，何殊網中吹氣、匣裏藏聲？乃愚者執等、妙二覺以修汰死法，束制行人，縱令有悟，不縛手縛脚耶？雖空心不空境，破執不破法，終爲醍醐毒藥，只是秉金剛劍打頭，在千佛頂上截取其頭，是與慶喜尊出冤氣矣。不然多打葛藤，定爲奘大師所唾棄耳。

校勘記

〔一〕「去」，疑衍。

〔二〕「其」，疑爲「異」。

〔三〕「夢幻」，疑爲「幻翳」。

（袁政整理）

○九六〇

八識規矩論義[一]

八識論義序

原夫聖人體用之旨者，有性相二義之門也。夫性相二門者，是真如性中，有生滅門，有不生滅門也。今生滅者，是相宗心意識也，不生滅者，是性宗空體之旨也。然則性外無相，相外無性，是故真如門中，生滅與不生滅，實無異相之法體也。既無異體，所以觸境明如。若無性相，故曰唯心無境。若無境者，自心誰生？故心境泯泯，廓然無聖。彰大象而不見其形，渾太虚而不見其相。是故在上不皦，其下不昧，大包天地，細入微塵，非色非空，非智非識。以五目不能覩其形，即四辯莫能談其狀。故繩繩不可名，寂寂不可見，迎之不見首，隨之不見後。鑽之彌堅，探之無影，微妙玄通，深不可識，希夷絶朕，究不可知。噫。只可冥之于心，契之于神，爲三藏之祖，作十地之宗。迷之者化智性而成識色，悟之者轉識色而成智性。成色識者，六道齊彰。成智性者，即幻有俱寂。又齊彰者成黎耶之心王，俱寂者捐萬象之形質。又心王起，則憎愛心所之紛紛，藏識空，破無明轉識之息息。噫。若能通唯識之真宗，達實相之無境者，則不愧於學法之人矣。然余自慚無識，未入升堂，謁究玄宗，竭思不已。實祈聖之冥加，誠叩于歷祖，聊爲論識，以示將來。

校勘記

〔一〕底本據《卍續藏》。

唐玄奘法師八識規矩母頌

清金陵西天禪寺元峯法師性起論釋

嗣法門人善漳等録

歸敬請加：

稽首慈氏佛　如尊在目前
如來已涅槃　今日無請益
故祈冥加力　命筆成此論
搜盡八識旨　言言投祖意
普利諸異生　同證唯識性
以斯淨妙善　回向於淨土
速見阿彌陀　頓捨異熟盡

△今云八識者，以一本散爲萬殊，故云唯識者，萬殊爲一本。今云唯識者，即黎耶識也，以心外而無法也。又唯者，非他人之所成也，唯我黎耶藏識之所生耳。又唯者，成也，即根塵器界及轉識并心所法者，總在藏識，獨自成耳。故問：何以自成，非他力也？答：如人墮餓鬼道，見水成膿血，或變成火。故目連救母送飯，變成火炭。天人見水是琉璃，魚成窟宅。又善財參大光明王，衆生在城中，或見此城似琉璃，或見此城中俱七寶成，或見此城中是沙土木屋，豈非是唯心業力，各人之所現也。是故自心業力强故者，見種種各異，非心外有色可見，隨自心故。何則？以各人自心業力種强，如餓鬼，共一處住，彼此不見，似同一室，成各夢故，即爲心也。此通凡情唯心。若佛果中，成大光明藏，是白淨識，名曰毗盧遮那佛也。

所云八識者，俱在心數，非心所故。云八識者，一、眼識；二、耳識；三、鼻識；四、舌識；五、身識；六、意識；七、末那識；八、阿黎耶識。今識本無異名，因用處各别，故識帶數量，謂帶數釋名。今云五識者，依根得名。依眼得名，故云眼識，乃至依身得名，故云身識，名隣近釋也。又眼不是耳，乃至耳不是身識，即相違釋也。又名依士釋，以根劣，仗識方見，故名依士釋也，如父仗子名力故。又名依主釋，識爲能依，根爲所依，故名依主釋。又名持業、有財，六七八識中釋耳。因玄祖始出「八識母頌」

共四十八句，分爲四科解釋。

○第一科，五識轉成所作智頌十二句。

○第二科，六識轉妙觀察智頌十二句。

○第三科，七識轉平等性智頌十二句。

○第四科，八識轉大圓鏡智頌十二句。

四科中先論五識章十二句云：

第一五識頌中，又分爲二。前八句凡情章，後四句聖果章。

初頌凡情：

性境現量通三性　眼耳身三二地居
偏行別境善十一　中二大八貪瞋癡
五識同依淨色根　九緣七八好相隣
合三離二觀塵世　愚者難分識與根

今論八句中初句云：

性境現量通三性

《論》曰：云何性境、現量而通三性耶？

答：所云「性境」者，不改易爲之性，所對五塵爲之境。此之以性爲境者，謂地、水、火、風，以四大而爲之性也，境也。問：云何不改易性耶？答：地以堅固爲性，水以濕爲性，火以熱爲性，風以動爲性。以四大各云性者，如火欲凉決不可得故，風欲靜者不可得故，下二義可知，故云性不可易也。又四大各徧，無欠無餘，故名四大。又能生，聲、香、味、觸，爲之四微。即能所八法，共名爲色。聲、香、味、觸，由對四大，故名四微。色言色，與四微，即爲之五塵性境，收盡内之根身，外之器界，以至明暗顯色等，方圓形色等，行住坐卧有表色等，總爲第八識親疎相分，是果報識性持也。總以五識所緣性境而成現量境故，是見、相二分種子之所生也。若未破無明迷性，是徧計性所收。若破迷性，即依他起性。相似雖有，性是無也，似依他性即圓成故。「現量」者，現謂顯現，非過、未故，又如鏡光故，量謂度量，是率爾心，如鏡照像，不留情故。現如影像，量如鏡光耳。又見、相二分，各有自種，在八識種内一齊生者，無前後際故。

云「通三性」者，一、善性；二、惡性；三、無記性。所云性者，種也。以藏識中無始已來所熏善性種子、惡性種子及無記性種子，各性種子決不能改，似若栴檀香與臭蒜，決是各性。是故觸境中，或如惡人打鳥，率爾心起，即成現量，一刹那際，落意識中，即成比量。引善性種子，即生慈念，成善現行，惡性種子，觸五塵性境成現量，落比量意識中生惡現行。起隨喜善念，惡念亦復然也。故云性境，以成現量，而又成比量，通善性、惡性、無記性各種生現行者，乃至性境中觸十善境，通現比二量，或十惡境，通現比二量。若本無善惡種子，故觸善境不生善，惡境不生惡，既無善惡現行種子，名無記種也。今七識中，善惡現行熏在藏識内，即成八識中引業種，遷至當來，必成善惡苦果樂果也，是爲當來異熟果耳，故云通三性因果，決無差也。

眼耳身三二地居

《論》曰：云何眼耳身三識，只通初禪及二禪天耶？即不通上界三禪、四禪天耶？答：下欲界五趣雜居地中，八識全俱。初禪、二禪天無欲界鼻舌二識，捨段食故，無香、味塵。今「二地」者只六識，一、眼識；二、耳識；三、身識；四、意識；五、末那識；六、即黎耶識。又初禪具六識者，由捨離欲界生，得初禪喜，又得淨妙樂故，況有覺觀二心，以常出定，説法利益諸梵天衆。二禪光音天衆，雖無覺觀，亦有喜心，名定生喜樂地，以得深定，喜樂心故，雖不常出定，以光中示説法音，故諸梵衆亦有眼耳身三識之境，故云「眼耳身三二地居」者，信矣。又問：初禪、二禪可有尋伺二心所耶？答：初禪未入定前，有尋有伺，已入定後，有伺無尋。二禪唯伺無尋，以有喜樂心，豈無伺矣。又問：三禪可有眼耳身三識耶？答：唯在定中，得受靜妙之樂，故無三識。伺心雖有，細不現故。四禪捨樂，無想念，滅意識，全無伺所心故。唯七識緣第八識成有覆無記性，有真帶境，以心緣心故，以見分成影作境故。若四空天，以滅七識見分，無真帶質故，以無内外境故，名四空天耳，唯留第八藏識及五心所故。若至非非天，即無五心所，以定入者止息心故，只有計存我種，未破無覆無明識性，是故報盡還入輪迴。若能斷我種，即捨生死，成阿羅漢者，此矣。

偏行別境善十一

《論》曰：偏行以八個識中與何識相應？又別境云何不與偏行五心所同耶？又善十一心所亦與何識相應耶？答云：五心所云偏行者，以周偏行履一切地、一切性、一切心、一切時，循環來往，無休息故，又如微波，亦如瀑流性，名現識等流性故，即觸、作意、受、想、思等五心所也，以内外皆應酬故，乃至四空天處尚相應故，常無斷也，故名偏行。即有四義，爲之偏行。所云四義者，一、偏一切地，乃至四空天處，常相應故，名偏一切地，下界則可知耳。二、偏一切性種，以善惡種子觸境時，即作意、觸、受、想、思五心所等，常相應故，無記性等，即可知耳，是故善惡無記三性盡皆應故，名偏一切性。三、偏一切心，即八個諸識心王，内外應故，如前作意、觸境等生諸善惡無記心故，名偏一切心耳。四、偏一切時，即如水瀑流，應時無休息故，名偏一切時耳。由此四義，故名偏行也。今云五心所者，謂心王爲能使，心所爲所使，如父使子不相違故，故名心所。更有餘四十六個心所，亦此義耳。問：五心所義，即今知也，但五心所各性，各業作用，其義云何？答：夫性者，其各體種性，不可改也。其業用力，各有能也。其餘心所，亦準例義均知。今一一分開，略爲論釋。

△問：云何名觸心所耶？答：所云觸者，謂有根、塵、識和合，不帶名言，得法自相，故名曰觸。又觸者，以令心心所觸境爲自性故，受、想、思等爲觸自業故，名曰觸，如眼識等觸，即耳、鼻、舌、身、識觸等，亦復然也，成五觸耳。

問：云何名作意心所耶？答：所云作意者，謂能警諸心所，如受、想、思等爲自性故，引起諸心所等爲自業故，名作意心。如共一室，以一人先惺，驚惺衆心故，所以作意最比餘力心所强故。

云何名受？答：所云受者，謂領觸等作意心起，故領納違順等境。順者是樂境，違者逆也，是苦境也。以領納違順等境爲自性故，起憎愛等心爲自業故，又不順不違等境、即不苦不樂受爲自性故，不起憎愛等心爲自業故，名爲受耳。

云何名想？答：云想者，由前領受心所之境，故于領受境上取像專繫爲自性故，復於所受境上施設名言，爲是有耶無耶、善耶惡耶、苦耶樂耶，種種名，種種言句，爲自業故，即名爲想，即尋心爲體耳。云何名思？答：所云思者，謂想心所希于境上，由未定故，故于想境上重又細察，故名思耳。以令餘心所緣境成善成惡等心所故，故以伺心所爲體耳。以上想、思、尋、伺是散位獨頭，在後文中辨也。若在八正道中，即正見、正思惟了明第一義，故通聖心，又如來三七思惟如是事。恐先説最上乘，衆生不信，反招墮落也，故名思耳。以上釋五偏行心所，各性各業力竟。

△次釋五別境，即欲、勝解、三摩地、迴、慧等，是五別境。

△問：云何各別境耶？答：與前五偏行

心所，性、業不同。如前五心所等，由觸等故有作意、受、想、思境起，是故能徧一切諸善惡無記心故，今此別境者，以各別境起，不通餘境緣故，故爲之別境耳。問：云何是五別境各有性耶、業耶？答：一一示之。云何名欲？答：欲者，謂於所緣善等境，希望爲自性故，惡境亦同。心勤依善惡等境，不改爲業。有欲者由愛即受，不欲者即捨，故非徧行，是別境攝耳。

云何名勝解耶？答：勝解者，於決定境上，印持無謬故，不改者爲自性故。或文義境中印持毫不錯謬，他人不能惑亂爲自性故，以不可引轉，轉于他境爲自業故。若猶豫者，不成勝解別境。若不猶豫，故名別境。非徧行者，隨諸心故，是別境攝。云何得名念耶？答：所云念者，於先所習之境，令心明記不忘失故，爲自性耳，定依所習之境，不捨爲自業故。若受餘境，即不成念，故非徧行，是別境攝。

云何名慧？答：所云觀境上，以簡擇決斷分明，爲自性故，以斷疑決信解爲自業故。或外道邪解，雖不錯境，著五蘊等斷、常二見者，是邪慧攝故，非正見也。既慧決擇不謬，不轉餘法，故非徧行，是別境攝。問：在何識所收？答：雖在五識頌論，此別境者，通意識中收者，亦非分外。何則？欲境可通五識，是六識中成勝解，雖或一見明了，或五識亦六識中成。何則？非有決定思者，何能印定者乎？念若無意識持，云何得成定？若無意識，云何專法一境？慧若無意，思量決擇，故慧論不成。亦通七識，成邪慧故。斯之不敢自專，請高哲者究之，無拘一定耳。次論十一個善心所也。

△問：佛有無量大善，豈可十一個心所而能成就者乎？答：在後文中辨。夫善者，美也。故老子云：「尊[二]言可以市，加[三]行

可以人[三]。」若不計其功者，則爲出世之善。合此善云通漏無漏者，淨妙果故。問：善十一法中，云何通五識耶？又云何各有自性、各有業用者耶？答：十一善者，一、信；二、慚；三、愧；四、無貪念；五、無嗔；六、無痴。問：六善心所通五識耶？答：往昔中熏過善種，故眼見、耳聞、觸生信，八三寶故。故知前所造過非，見諸聖德即生慚愧，不教而自懺故。由向昔無貪、無嗔、無痴，是故眼見、耳聞、觸境，而無貪也、嗔也、痴也。若有貪等種，故無解脱性耳。又五善心所者，決定亦同五識相應，亦通意識耳。何則？若勤精進有二，一、身不疾懈，故屬身識；二、心不疲懈，即兼意識，若身心俱不疲懈，故名精進。不放逸者亦二，一、身不放逸，如戒身口，屬身識故；二、意不放逸者，屬意識故。十、行捨者，向日行捨，觸境自捨，不教自成，故亦屬眼耳，見聞行捨，亦兼屬意。十一、不害，向日由慈心益物習成，故觸境生慈，即不害也。以上十一善心所，古云屬五識，《論》從多分中說，以余論之，亦兼意識，無定準也。問：云各自性、各自業，當何義耶？答：一一示之。

問：何謂爲信？答：夫信者，於實德深忍樂欲心淨，爲自己性，對治不信，斷疑爲業。故不信者，是障聖道之根本，信者，謂八聖道之源由。又生疑者有三，一、人天外道仙等，執著我人等四相之蘊，若聞深法即生疑謗。故佛云：破法不信故，墮于三惡道也。以不信力，而障于道也。二、小乘聲聞及二乘獨覺，不信大乘，不得入佛智海力故。三、菩薩不信，非不信也，有疑網也。如見道分，不得入修道分疑網。又修道分菩薩，不得入證道分疑網。又十地不見如來勝妙境者，即爲疑網，以要重加精進力故，始斷疑網，得八[四]法界，故云信爲道源功德母，又云信能必到如來地者，信矣。問：諸善中，云何以信爲首耶？答：前不云乎，信爲道源功德母。由信力故，而發起菩提之心。故善財至參彌勒大士，尚以信力菩提心爲主，始入普賢道場。故信者，如息塵珠，而能息盡諸塵，不障道法故，如如意珠，以隨心所求，無不得故，如利刀，一切煩惱盡穿通故。故十一善中，以信而爲首也。

二、慚。云何爲慚耶？答：云慚者，恥也。以自向前有諸過非，皆是無知而作，今已知故，即生慚也、恥也。故初地菩薩，以慚、愧二心乃爲莊嚴。故慚字是領善之首，始生善法。《論》云，「依自法力，崇重賢聖，爲自性故」，「止息惡行，爲自業故」。如一無垢比丘而犯婬戒，凡見一切持戒諸沙彌等，盡皆禮拜，云我犯淫戒，必墮地獄，求諸衆僧與我懺罪，慚也，止息惡行也。

三、愧。云何爲愧耶？答：夫言愧者，凡自己有過，見一切聖賢父母師長，俱成有愧。如人飲酒大醉，墮于瀑臭泥中，若惺之後，一切眷屬悉不能見，凡見外人者，均皆有愧，甚是羞也，故名爲愧。故《論》云，愧者，依世間善力境中，以輕拒諸惡爲自性故。如輕他惡即自己過，故生愧也。又對無愧，止息惡行，爲自業故。故人有慚愧者，可以斷惡，可以修善，可以成聖，至頓超十地，斷障證真者，皆由慚愧而得成也。故曰人無慚愧，衆惡皆成，罪之首也。況人有過，而不懺乎？是故未得見道者，即見有道之人，而生慚也、愧也。已見道者，若見修道有德之人，更生慚愧。又修道之人，若見證道之人，更加生慚、生愧，方乃證耳。十地果中，若見如來果地，不得證之，痛生慚愧，故慚愧至通聖位，況我輩在三界内，而不生慚愧者，實可痛哉。

四、無貪。云何名無貪耶？答：云無貪

者，一、外財；二、内財；三、眷屬；四、名；五、利；六、睡眠；七、淫欲；八、飲食；九、衣服；十、各塵美境；十一、心意識，已上俱屬凡情；十二、聖見，皆屬無貪中收。但有一種不捨，即不成大聖。又前十種捨外色法，後一種捨于心法。又前十種捨于外境，後二種捨于内境。若不捨者，即我愛、煩惱及俱生我法種子之所收也。若捨者，名無貪也。問：既云無貪即是捨義，何必後立行捨？答：無貪屬心，行捨屬境，由内心不貪，方能行捨，若内有貪，何能行捨者耶？《論》云，以無貪者，於有有具無著爲自性故，以對治貪著作善，欲成三界有漏果故，故云無貪，此具前義耳。

五、無嗔。云何爲無嗔耶？答：無嗔者，謂順我心必貪，逆我心者必嗔。如我愛財、愛妻、愛子眷等，若奪之者必生于嗔。若不貪者，奪去必不生嗔，故無嗔耳。如象婦被獵害，不生報念，故無嗔。逢最苦具，四緣不足忍住，是無嗔也。故《論》云，無嗔者，於苦苦具無恚爲自性故，對治嗔恚不生，反修善念精進爲自業故。或遇惡人奪我衣鉢，不生恚念，反起慈心，是無嗔耳。

六、無痴。云何無痴耶？答：云無痴者，觸境事中，決定不迷，知是虚幻之境，本來空故。以至二六時中，決不迷也，故無痴耳。《論》云，於事理明解爲自性故，對治執取迷境，反作善事爲自業事。明解者，即俗諦境決不謬故，理明事解，於真諦理亦不錯也，故立無痴名耳。

七、勤精進。云何名勤？云何名精耶、進耶？答：云勤者，晝之夜之而不息也。《論》云，於善惡品修斷事中，勇悍爲自性故，對治懈怠，滿善爲自業故。解曰：善可修，惡可斷也。勇悍者，不憚勞苦也。即是四正勤法中所收，謂已斷者令永不生起，未斷惡者加功令斷。又已修善者保而不失，未修善者決定要修。是故無勇悍心者，決不能進、能斷，故名爲勤，爲精進耳。

八、輕安。云何名輕安耶？由前無貪、嗔、痴等障，加于修道，勤而精進，故得輕而安之。所云輕者，捨粗重故。所云安者，得息心達本源故。《論》云，以遠離粗重，調暢身心堪任爲自性故，對治惛沉，轉依清淨自在爲自業故。輕安者是初步工夫，若進後步者，即行捨脱體成工，爲輕安果耳。

九、不放逸。云何名不放逸耶？答：古德云，守口如缾，守意如城。云開口動舌，無利益於人莫開，舉足動步，無益於人莫舉，舉心動念，無益於人莫動。故五地云名爲堅固者，不捨戒行故，即名爲不放逸。《論》云，以前精進無貪、無嗔、無痴等三根，所修、所斷，念念防護爲自性故，欲成滿一切世、出世間善事，爲自業故，亦精進之别名，故名不放逸。若細推之，即斷我愛之種，以至八、九、十地及如來果地，乃精進力，可不信乎？

十、行捨。云何名行捨耶？答：於内外財等，悉捨不悋，乃至眷等，亦即捨之。又則於冤、於親，悉皆度脱，不計舊過，即名曰行捨。《論》云，捨者，以精進三根，令心平等，永不生起，正直無功用行爲自性故，對治掉舉，令心寂靜住爲自業故。然捨者有三，一、捨凡情，即貪嗔痴等一切煩惱種故；二、捨聖見，如二乘執著涅槃，及七地用加行無相觀智不能脱故，今若捨之，即捨聖見種故；三、捨智相，故佛證道分中，以智相永息，故云圓滿菩提，歸無所得即名曰捨，以捨最後迷性種子，脱最後隨眠種子等故。是故捨之一字，通佛地故。

十一、不害。云何爲不害耶？答：不害者，如歌利王節節支解，尚不生嗔，永起慈念爲主。又如獵師傷象，以見染色依人，總不生嗔，而傷害之。故《論》云，於諸有情不爲損惱，以無嗔心爲自性故，能對治害心，反以悲念有情爲自業故。以如來三七日中思惟不敢説大乘者，恐傷衆生善根，故云不害。譬如蚊蟲可人，有慈種者，即手護命，指去之，故云不害。

以上十一種善法，可有次第否耶？答：有次第故。一由深信力故，以前所造之惡決生愧。由慚、愧心起故，凡見五塵物境自然不貪。已知貪愛財色名利等故而造諸罪，故捨而不貪。由不貪物境，故有人損我，劫奪我物，亦不嗔也。由不嗔者何也？以悟了前境，虛幻境空，故不痴也。由無貪、嗔、痴故，即唯求出世之道，勤加精進。由精進力故，而得身心輕安，獲法妙利。由得妙利力故，恐失聖財，身口意三業，即念念不放逸耳。由不放逸故，即念念見三界內無可愛之，故時刻行捨。以行捨故，如歌利王割截身體，不生嗔念，反起慈救之心，故不害也，即慈心耳。又前十心通三乘修，後不害一心轉成大悲，通大乘及最上乘，如來地耳。

然小乘中，由信力故，而生慚愧，永不起貪，乃至捨心，方脱生死。大乘中，先信力故，而頓破無明痴境，了境本空，故不起貪、起嗔，乃至行捨，永不傷害，以見衆生受苦，反生慈念，而拔濟之。小乘唯自利，大乘二利全具，成十一心也。又無貪即行捨具布施，以布施而度貪故。慚愧及不放逸者具戒，以持戒力，而度放逸，念念生慚愧心故。無嗔及不害者具忍，以忍辱力，而度嗔心，及不害衆生心故。勤力即具精進，度放逸心故。輕安具禪度故。以無痴者即般若度，以般若妙慧而度痴故。

又不嗔故，而反行慈念，不害故起悲也。又不嗔生喜，行捨即冤親平等，故名曰捨。

是以十一個善心所法，廣通三乘四果，及諸度萬行等法也。乃至三十七品助道之法，亦皆通也，即思之可知耳。

中二大八貪嗔痴

《論》云：此一句不依文順而解，依義順而釋，方可次第故。〇一、根本煩惱有六。〇二、隨煩惱有二十，分三：〇一、大隨有八；〇二、中隨有二；三、小隨有十，共成二十。加上六根本，爲之二十六個煩惱。是凡情心所，非聖法也。八〔五〕初地菩薩位，即斷此心所也。

今六根本煩惱，在五識文中，只云三根本，即貪嗔痴三煩惱也。又三根本，即我慢、疑、惡見三種煩惱，在七識章辯。

三根本者，一、貪；二、嗔；三、痴。所云貪者，將他人之物，率之于已，以五塵境，及財色名食睡等，俱生貪也。故《論》云，於有有具，皆生染著，以爲自性，能障無貪行捨，生苦以爲業也。如佛往昔爲王，由貪財色傷國，墮三惡道，後作野干，如幸智慧力，而生兜率院中近聖。故貪之一字，衆苦之根本也，戒之慎之。

二、嗔者，若逆之于我，即生恚怒，於已財物妻妾等眷、名利之益，被他奪去謀去，即生恚怒，爲之嗔也。《論》云，於最苦具增恚，爲自性也，能障無嗔，令心不安爲自業也。《華嚴》云，「一念嗔心起，八萬障門開」。閻羅大王爲毗沙門天王，兵力不如，動一嗔心，後世爲地獄主，治汝等人，以至每日自招三時銅鑊灌口，皆嗔心念也。痛哉，苦哉。切切誡之。

三、痴，云何痴耶？於諸前境，迷于幻境，由事理不明，以錯謬解之，故於諸境中起執取心，故爲痴也。《論》云，於諸理事迷悶，爲自性也，能障無痴淨慧，爲自業也。如提婆達多害佛，世王害父，作新王新佛，豈可得乎？故爲痴也。

以上三種煩惱，在五根中相應。何則？由五識緣五塵境，順我即貪，不順我即嗔，事理不明爲痴，於五識觸五塵境時，即引貪嗔種，預先成也。若落意識比量，更添造業。今在五識，緣現量、性境，即與貪等相應。如未滿週歲童子，雖則無知，見錢則愛，奪去即嗔，則可知與五識相應，亦與八識，我愛種子等四惑相應。何則？内有賊種，外有愛境，始相應耳。是故雖在五識論之，亦係八識種等引之，則自然理也。以七識情生，方托六識成善惡云耳。各煩惱種子，亦同此例。問：云何爲根本耶？答：由下小隨、中隨、大隨三種煩惱，皆依此六個根本而起，故爲根本煩惱。如小隨中，有忿、恨等，及諂、誑等。以忿心所及恨等，依嗔根本，諂、誑等依貪根本，無慚、無愧及八大隨等依痴等根本，餘心所例此可知，故曰根本。又此貪嗔痴等種子，徧法界性，盡未來際，害法身命，故爲三毒根耳。隨煩惱有二十個心所者，總依根本煩惱而得生起，名曰隨，以隨根本故。又分三科：一、大隨；二、中隨；三、小隨。云何大隨耶？答云：大隨者，具三義故名大，依痴疑爲根本，故名曰隨。次云何三義？一者自類起，如一不信心所起，則懈怠、放逸等類，漸引起故耳。二、具徧染性，即是不善性，及無記性故。三、徧染心，即通内外識染故。具此三種，即名曰大隨。

二、中隨，只有自類起一義。云何爲自類一義？即無慚心起，即自然無愧心同類起故，故名爲中。以隨痴根本故，即名爲中隨。三、小隨，由無三種義故，俱名爲小。以忿等隨嗔本故，慳等依貪本故，故名爲小隨耳。又小隨只與第六識及不善性相應，不與餘識相應，故名曰小。以依貪、嗔、痴三根本，故名曰隨。

中隨二者，理應在大隨後。因玄祖頌文，先論之云。一、無慚。云何名無慚者？謂自有過非，反以爲是，而又反輕諸有德人，以爲他非，故名無慚。如人逆長，反以爲能，故無慚也。《論》云，不顧恥自法爲非，反以輕拒賢善，爲他自性故，又以龍障聖道慚心，增長惡行，爲自業故，名爲無慚也。

二、無愧。云何名無愧耶？答：以作惡爲非，反以己才爲勝，訴于他人，以爲其能，故名無愧。《論》云，不顧世間有德者，崇重暴惡，以勝最强，爲自性也，又以能障聖道愧心，增長惡行，爲自業故，名爲無愧。

問：無慚與無愧二心，云何分耶？答：無慚，不懼人指背論非。無愧，反露於人，不怖面責。是慚與愧則粗細不同，故分二也。

三、大隨中有八，一、掉舉及散亂二法者，其相同今掉舉者，業、性各别。如鳥鵲心常好世境爲樂，總不懇求寂静，故障聖位，於在一切三摩地中總無交涉，故稱掉舉。《論》云，令心於境，不寂静爲性，能障行捨奢摩他止爲業。摩他者，此方云止，故名行捨，捨一切見故。

二、惛沉者，由上掉舉好動，不求寂静，神則疲困，故或聞法，或坐禪者，則惛沉心起。故《論》云，令心聖法境上無堪任性，故能障輕安毗鉢舍那觀爲業。毗鉢者，此方云觀，故名樓觀。又云，前障止，今障觀，有此二心所故，即障止觀二門，永不入道矣。實可痛哉，悲乎。

三、不信者，由前二心所，故不得入道。如云羅候羅，初出家爲沙彌，好動，聞法不解，故不信，欲還俗也。後佛方便引信，故得果耳。《論》云，於實德處，不能忍可樂欲，心濁爲性，又能障淨信，以依怠惰爲業。然不信者，障道之首，謗法之因，墮三惡道，由此而成也。

四、懈怠者，以聖法上心不繫念，于三寶中不懇修敬，于善知識處有法不聽，設聽亦不勤修，故爲懈怠。《論》云，於善惡品修斷事，懶惰爲性。能障精進，增染爲業。於修斷中，在善可修不修也，於惡可斷不斷也，是故精進之念，永不入也。即貪嗔痴染心，自然增長，故名懈怠。

五、放逸者，如馬無繩，如鳥無籠，故放而逸之。放者不收心也，逸者，野也，以任性而爲之也，故放逸是破戒之根，造業之首領。故放逸者，障精進之善也。《論》云，於染淨品中，不能防修，縱逸爲性，障不放逸善，增惡損善爲業。不能防修者，謂不能防護身口意三業過非，故不能修身口意三業持戒行，故名放逸。

六、失念者，由前懈怠、放逸故，所以失于正念，而不能入，與出世法遠之遠矣。

《論》云，於所緣境，不能明記爲性，能障正念入道，散亂所依爲業。由不能明記聖道，故心散亂矣，是名失念。

七、散亂。問：掉舉與散亂，二心何別？答：掉舉是外境奔馳。散亂者，內心不寂靜，或一時爲善念，或一時爲惡念，或信或不信，或解或不解，或修此不成，又別另再修，如童子性，心無定準，故是障道之本耳。《論》云，於諸所緣，令心流蕩爲性，能障正定，依惡慧爲業。如人走內道，又入外道，攪雜邪正之念，故名散亂耳。

八、不正知。云不正知者，如外道等，隨于斷常二見，或參禪人，得少爲足，隨無相見，撥無因果，如觀教人，落于語言文字，而成誑慧，或落種種己見，執取不捨，故名惡見。《論》云，於所觀，謬解爲性，能障正知，悔犯爲業。正知者，即八正道中之語，謂正見故，得正思惟，由正思惟故，得發語正耳，是入大道之源也。若不正見者，墮三惡道之相也。

五識同依淨色根

《論》云：「淨色根」者，簡非浮塵，即五根塵。又言依根，即淨色根，簡非依境，即五塵境。何則？以前五塵境上，無發識故。如勝義根壞時，即如眼光失等，設若有境，識亦不起，故唯淨色根，有光能發識故。又非內五根浮塵，亦非外之五塵中境，而生識故。故淨色者，是勝義根，最微細故，最淨妙故，如月之光，如華之映，印諸像故。是以光映之微，唯天人見之，非浮塵根，乃是地水火風四大種所成，淨色是細色故，難可見也。問：既五根俱有淨色之光，爲是同時發識？爲是遇境緣而生？答：遇境緣而生識也，非同時也。何則？以單根不發，獨境不生，以和合故，而生識也。如人在屋内睡著，忽聞雷聲即惺者，何也？由耳之淨色根中之光應之，若非淨色光應，何能聞聽聲耶？若無聲塵之境，即耳識亦不生也。由遇聲境緣故，方得生識者此矣。故「眼識九緣生，耳識唯從八」者，在後文中論也。問：淨色根中生滅，即見相二分，爲是淨色根中同生？爲識自生耶？答：是第八識内見分種生，相分是第八識四大種所成，淨色根光印而生相分，若不遇境緣時，識等亦不生也，即相分亦不現也。問：是前後起？則同時耶？答：是同時起，如牛二角，如鏡現像，光影同時，無前後際，故成現量。故現即屬相分，量即屬見分。又問：見相二分，與種又何差別？答：種屬藏識，若不遇境緣，即無種子功能。由遇緣，三和合故，始成見相二分彰露，即顯種子功能。此二種子者，内八識中，引業種子性力，故外現見相二分，是内種子果也。又問：既相分是淨色根生，而淨色根又是四大種成，豈非是外生，亦非藏識生也？

答：淨色根及四大相分，俱屬第八内識中相分。況此相分，亦是第八識内中引業種生，故四大種成淨色根相分。如鏡即四大種，與鏡光即淨色根不相離故，無二體也，豈非内乎？故云：「無始時來界，一切法等依。」故「界」者，因也，以無始時來，一類見相二分種子，相續不斷。「一切法等依」者，即生五識現量，一切見相二分，六識現行等法。故見種、相種，是内分中八識生滅引種之所生也。故引業種如線，見相二分、現量、現行等如幻，若心、若色、内、外等法，俱是種子性力之所串也。信矣。又問：如人中五淨色根，亦有全具，亦有不全，若全可知，若不全者，如矇人，亦有向求無眼光，亦有半路而失，耳鼻舌等，亦復然也，是缺不缺者，即云阿[六]耶？答：非無眼也，以浮塵四大肉眼根在，唯是失淨色根也。亦在往昔中過非，今生招異熟果，眼根中欠一淨色根也，故不能發眼識，只緣黑境境。如善住隨[七]惡道中，來生人間，在母胎中，即無眼也。以宿生中罵僧無眼，故招此報也。餘者例知。

九緣七八好相隣

《論》云：「眼以九緣生，耳識唯從八，鼻舌身三七，後三五三四。」言九緣生者，一、境；二、空；三、淨色根；四、明；五、六識；六、七識；七、根本識；八、作意；九、種子，而生眼識。一、境，是觀所緣緣，所緣是境，能緣是心。二、增上緣，謂空、明、根、識、作意等，是增上緣。三、種子，即因緣變。四、無間緣，是九緣中，具四緣也，而生眼識。耳識唯從八種緣者，唯除明者，即日月燈明也，故只八緣，而生耳識。鼻舌身三識，又除空也，只七緣耳。故眼耳二識「離中知」，鼻等三識「合中知」。「後三」者，即意識、七識、八識三個識。今意識有五緣，生識故，一、五塵境；二、根，即淨色根；三、根本識；四、作意；五、見分種子，除明空等。五作意者，即心所法，有警察之義。第六識是比量境，乃以帶質，方可爲境，以七識始可以爲根也。今就古説，乃所云耳。故依前是七識是三緣生，一、根本識；二、作意；三、見分種子，故斯三緣而生七識。八識即藏識，即四緣生，一、根，即淨色根；二、境，即親疎二相分境；三、分別；四、命根種子，張〔八〕名引業種子，而生藏識緣。「好相隣」者，眼耳鼻舌身等識，有似隣域，即相近釋也，餘識不相隣耳。以六識唯審，又間斷故。七識不間斷，有審恒故。八識無審有恒故。不相隣是相違釋也，亦有隣者，只少分也。

合三離二觀塵世

《論》云：「合三」者，鼻舌身三識，合中方知。如鼻識，離中亦可知也，今合者，從多分中説。「離二」者，即眼耳二識，決定以離中方知。若合者，眼決不見色，亦不生識，成現量境。耳識雖不要明，以暗中知者，亦要離中乃方知耳。「塵」者，即色聲香味觸等五塵也。「世」者，即刹那中具三世際也。今文順義不順，以順義解之。

愚者難分識與根

《論》云：「愚者」，即愚法聲聞教中云小乘，以第六識爲根爲所熏，以貪嗔痴等爲能熏力。大乘以第八藏識爲所熏，前七轉識爲能熏。以小乘中，不知大乘八識中通如來藏故，雖然八識内見分，即五識見分，是第八識見分種子所生，又不知前五識所緣性境相分，亦是第八識中淨相分種生。雖前五識緣性境，成現量見相二分，純是第八識中見相二分種子之所生也，非餘種之所生也。又淨色根光照前五塵性境者，是内外無有分別境也。又五、八二識見分，緣性境時，最初作意心起，成現量時，亦無分別。問：既有而成空相之境耳。問：爲根本智觀耶？爲是後得智觀耶？答：若大乘中，先悟根本智，頓破無明，即得二空真如。雖得二空真如，通達實相，亦不住實相見，以得無住妙見心故。雖見實相，而微細修證斷惑之旨，故重發最上大乘勇猛之念，而究竟重重路境，細而察之，由此得見道分清，修道分清，以至證道分清，是爲後智也。若後得智圓，即名究竟，成一切種、一切智智耳。若不觀空究竟，若體若用、若空若假若中一切妙觀，而何能成一切智智者哉？問：云何在五識中用？答：若頓悟根本智者，全在五識明悟本來。何以知之？如靈源[一〇]觸見桃華悟道，香巖擊竹聞聲而省之者，或拈杖痛打，頓省三關，東坡聽鼠，則聲色全消，豈非以五識中而悟之也？故變相觀空，在五識中論。所云變相者，未省之前，俱是聲色之境。已省之後，盡大地無非淨法界性，實無寸絲可掛者一念，云何是無分別耶？答：如鏡照物，不留情故。即本來智光，迷之成無明識，悟之即無分別智故。六祖云「成所作智同圓鏡」，成所作智者，即五識之所轉也。而小乘中，色與五識俱無分別，難以知也。問：淨色根對境時，既無分別，是無知耶？答：既無知者，非屬現量，亦無分別。識化成智，即色自空成性，決可知耳。智性不二，成如如性也。是無分別現量，以無境爲境故。以上凡情章已竟。

次頌聖果：

變相觀空唯後得　果中猶自不詮真
圓明初發成無漏　三類分身息苦輪

今論四句中初句云：

變相觀空唯後得　果中猶自不全[九]真

《論》云：文順義不順。論云：觀空始變相耳，今云「變相」在前，「觀空」在後，義不順也。云：所變何相耶？答：由觀空故，也。若云「溪聲本是出廣長舌，山色無非淨法身」者，尚是門外漢耳。直至心境杳無，亡言息慮，脱體忘懷，應諸萬徹，方是全體之大用耳，即爲根本智也。今欲斷惑證真者，必要後得之智，誠謂觀空知有，知有觀空。所云觀空者，窮法性體，決定以無性爲性，無體爲體故。問云：「法性本空寂，無取亦無見」，云何無取、無見而爲性乎？答：以性空者，即是本來佛也。斯乃觀真如體中，實無纖塵之可立耳。所以知有者，以雖空而不斷，若以不思議戒定慧等無漏種熏，即必成一切種智，故云觀空，知有德耳。觀有知空者，《大經》云「了達法性者，無佛無世界」，又云「如來不出世，亦無有涅槃」者，是觀有知空也。又觀空知有，由根本智中，化出真諦智而照之，于空性體中，必有妙用，故成一切智之者也。又觀有知空者，以尋常日用之中，念念修而實無可修，以智體不增故；念念斷惑而實無惑可斷者，以煩惱自性本自空故；念念證而實無可證者，以知十地妙行是真如行，決無可證也。故云「如來大仙道，微妙難可知，非念離諸念，求見不可得」者，豈有證哉。如鳥跡履空，三際俱無，但有其名，無足跡也。故無證之證者，信矣。設若空有不立，二諦不計，似若空畫，智無所寄，圓滿菩提，歸無所得，即撒手懸岩者，即無可變相，亦無觀空見耳。是知在凡位，先悟根本智，後得智，始能觀空知有，觀有知空而變成自性體也。以至圓滿菩提，皆是後得智力耳。

問：果中云何而不能全真者，何也？

答：所云「不全」者，由如來果中尚用五識，即圓成所作之智，還用生滅門中以度生也，故智相猶不能全真者也。何則？以應身妙用智相隨機應化，是從體起用，即修證權智中應。若在如來自分中，即無權智生滅分身之用。故云「報化非真佛，亦非說法者」。以平等法界，無佛無衆生耳。今云「不全真」者，是如來權智妙用之云耳。又根本智即實智，後得智是權智。何則？即根本智者，無可照也，觀也。若權智者，有可觀也，照也。雖觀，雖照，即不住于見耳。又實智無照者，直指一心故，權智有照者，成方便故。雖用方便，即不住也，故權即是實，何外于權乎？乃體用全具耳。問：實智何以無照？答：無照者，即無智也。又問：既若無智，是誰知法體本耳？答：以智即無智，故智體本自空也。智體本空，則實際亦無所得也。無所得者，是如來淨法身耳。故應照是權，無照是實，非以權外而有實智，非實智外而有權智之可用也。信矣。

圓明初發成無漏　三類分身息苦輪

《論》云：問：五識尚未語完，八識全然未解，云何而言圓明無漏之果耶？答：雖在五識論之，乃通八識無漏之果，故在五根識中，見色聞聲，豁然頓悟果中之旨。若能轉五識成智者，即是果地之言。今以次第分義，亦云果中圓明妙智之德耳。梵語涅槃，此云圓明。圓者，無欠無餘，是不增不減之性也。所云明者，即權實二智，圓滿無二智也，即後得而成實智，以應機即權，不應即實。然則在權非權，在實非實，故權實不二。自在者，二乘莫測，豈可思議乎。云初發無漏，正是無明種子永別，故成無漏。是以應化三乘、五乘，乃至無量諸乘化身，非凡情及二乘小果之所測也，故云以息無量衆生之苦輪耳。

此識即根本無明之惑也，謂本覺心源，初無動相續，通括五識現量見分不生，即八識見分決不生也。何則？以八識內見分種者，由托五識見分種，各緣五塵性境生，似現量始起。是故外緣境不生，即八識內見分決不生也。況五識見分種，即八識見分種，無二種者也。問：然者，只有五識見分種，決無八識見分種？答：八識見分種者，以八識種性内本來具足五識見分種自性，若不遇五塵來會，故五識見分種性決不生耳。似如金鐘本有聲性之德，因遇外緣手擊，始顯聲性之音耳。若不遇緣手繫，聲性決不顯也。信矣。是故八識性中本具五識見分種亦爾，由遇五塵性境來迎，即八識種性應生五識見分種性也。故八識見分種性，即五識見分種性，決無異也，是一見分種，無二性也。問：又何名五識見分，是八識見分種生耶？答：前不云乎，見分生者，是種子果也，由果故顯因耳。云何又名種耶？答：由八識見分種性，能分五識見分，各緣各境。如眼識，雖見色是九緣生者，只緣色塵，不緣聲塵餘境。又如耳識八緣所生者，只緣聲塵，不緣餘色塵境。鼻舌身等所緣各境，亦復然也。以各別所緣塵境不同之性，故喻種也。如秈糯稻種，其性各別，緣五塵見各性，似如種耳。又五塵不會，因種決不生也。若緣一會，即五、八二識見分種果相，頓即顯也，故又名因緣變。因種而變聲色等境，即因種見分成現量也。

又問：云何五識見分各種，是八識見分一種生耶？又八識種從何種生耶？答：由引業種而結成，今生現在八識五識種也，果也。問：引業種子又依何生？答：從自空性中生，亦從空性中變。譬如幻師，以呪力故，而呪成種種六根、六塵、六識、八識種相果也。此亦如是，以引業力故，引生異熟果也。故云「無心化出有心形，業性原從空性分」。此是黎耶識性，悟之者即真如性也，迷之者輪轉生死，可不信乎。問：業性種子因何而在空中生耶？又若無因云何能生業性果耶？答：由無始以來，以無明迷性種子熏在空性中，故觸境迷于聲、色幻境，起憎、起愛。即内取諸心，外取塵境，托於第六意識，造于有漏善惡二業，以七識中念念收藏在第八識中，而作當來引業種果，成黎耶識也。是爲不思識熏成黎耶果識者，爲之不思變也。是故于空中，化出種種業性果報輪迴，如水成波之幻泡者，即斯義也。是故智者了生滅門果報，即本來空性，是不生滅門也。信矣。

以上論五識轉智文竟。

△問：五識已知，未知六識之相是云何耶？答：六識者，名事識，以分别前五塵影子，落于意識思量分别見中，變成五塵境影，名分别變。以六識見分變而成境，非真有境，是法塵者，以半分屬見分心，以半分屬外塵境。雖是外塵，是六識見分之所生也。故六識爲事識，以分别五塵事故。又名意識者，以思量爲意，又意即識也，是持業釋耳。在頌中前八句後四句，即成妙觀察智，普見三乘五性之機，而説法故。問：佛果位中而云妙觀察者，豈非還同識性無二者耶？答：雖云妙觀察者，如鏡鑑機，不留情故，亦即成所作智中流出之義。以衆生分中，似有妙觀察者，如來分中，實無此智云耳。亦同成所作智，俱屬權智耳。若權智之應，即實智用也，成大圓智故。

因玄祖次頌六識章十二句云：

第二、六識頌中，又分爲二。前八句凡情章，後四句無漏章。

初頌凡情：

三性三量通三境　三界輪時易可知

相應心所五十一　善惡臨時别配之

性界受三恒轉易　根隨信等總相連

動身發語獨爲最　引滿能招業力牽

今論八句中初句云：

三性三量通三境

《論》曰：云何名三性，而又通三境耶？

答：「三境」者，初、性境，是實五塵性體爲境，是第八識親疎相分故。〇二、似帶質境，以心心所法，即第六識見分爲自體，即五塵影以爲境故也。三、真帶質境，以第七識見分執第八識内見分爲體，即七、八二識見分合生成影以爲境。相分不起名言，無籌度心，初名性境。云何名似帶質境？答：所云似帶質境，由五識及同時意識，緣前性境成現量時，一刹那落於比量意識中，如鏡照像，成影爲境，名似帶質境。雖然，似帶質境又有二義：一、有質境；二、無質境。云有質境者，如前所云之義。云無質者，如緣空華、水月，及過去、未來之境，并龜毛、兔角、非量等，名無質境。又真帶質者，亦名無質境，以無外塵影境故。三、真帶質境，亦有二義，一者、若自心緣善等十一心，或惡等二十六心，又或五偏行、五別境，及四不定心者，名真帶質境。或緣他人善惡等心，即名似帶質境也，非真帶質耳。二者、若七識在定中緣第八識内見分者，名真帶質境。所云境者，以七、八二識見分合生成境耳。故云「以心緣色似帶質，中問相分一頭生」，又云「以心緣心真帶質，中間相分兩頭生」，即可知之耳。以斯真、似二質，總名爲獨影境。何則？以前五識不用事故，唯第六、第七用事，若六識用事，無五識，亦無七、八二識伴侣，故名獨影境也。又七識見分唯緣第八識内見分時，無六識伴故，亦爲獨影境耳。問：既有八識相伴，云何名獨影？答：以是第八内見分，而轉出七識見分，即七、八二識見分是一種所生，總一見分成影，故名獨影境也。又問：若七識緣八識，在何分所收？答：是四禪定境所收攝也。今論有質、無質，名獨頭意者，何也？有四義故：一、散位；二、夢中；三、亂意；四、定中，俱名獨頭者，亦無餘識故，均在六識、七識。

若在業力種，現在八識中收，後文中辯。

問：云何名散位獨頭者？以吾人心似猿猴在室内，緣五方窻眼，即東馳要[二]奔，無暫停歇，故名散位。問：三量中通何量耶？答：三量俱通。何則？由五識緣五塵性境，成現量。刹那流八意地，方成比量。若錯緣塵境，如鐘聲甚[三]作鼓聲境者，是非量也。以凡夫遇善成善，遇惡成惡等故，名散位耳。問：以何爲體？答：以心心所爲體。

云夢中獨頭者，由數常日用中所緣善惡無記等境，自熏成種，在夢迷性中，唯第八識見分種生，是虚妄迷性，非現、比二量五塵境生，純非量境，是假名見分體也，是八識中熏習力强生也。莊子云，昔日莊周夢爲蝴蝶，直至惺來，爲是莊周？爲是蝴蝶？云此之爲物化。憨山老人云，此老未知三界唯心，萬法唯識，不知吾人有熏習種而成夢境。若日中未見蝴蝶，如何夢中而見？故佛説一切法從因緣種生，非自然生也。然夢中等境，是虚因虚果，故種子及夢境果，俱非實也。故夢造善造惡，非異熟報攝也。復次，夢中境者，或過去力强而現夢境，或夢善境助生善，或夢惡境助生惡。現在持誦此大乘經典，因深信力、精進力，于夢中必成大善等境，如法華中夢成佛道等，非三量中收。惡夢等境，亦復然也。然更有亡人討濟，如郗氏等類，此乃自他因緣業感之所成也，亦非三量中收。現量、比量之言數，皆不相違，定可信受耳。云何名亂意獨頭？答：亂意獨頭又二義，一、真亂意；二、是非亂意。真亂意者，因瘋狂及患，以青作黄，故五識不能緣塵，唯第六意識力强無主宰故。如寺中主人迷亂，混責衆人，故名亂意獨頭耳。二、非亂意，有似亂意，如現在將死未死，以善業力强，即見天宫樓閣，或遊西方聖境，非亂意也。若是現在人未死，偶見役卒摳杖，或見閻王拷而罰之，如《藥師》及《地藏經》示，是業力也。前亂意者，非量所收。後是異熟識善惡種力，非三量收也。又問：如人參禪中，見佛及西方聖境，可是善境否？答云：非也，是魔境亂意故。或過勇力眼中火出，神色不定，口内作偈，似正不正，俱屬魔境，皆爲亂意。問：云何見佛聖境名爲亂意耶？答：夫參禪者，以一切凡情、聖見俱要掃盡，不立纖塵，誠謂實際理中，纖塵不立，佛魔並遣，見法實際，尚要吃棒，況存聖境？是亂意，非量中收。若是持誦《法華》《華嚴》等經，現在中見多佛，或見彌陀及觀音、勢至，或光華祥瑞等相，由念佛力故，俱與西方果熟有分，非亂意也，是現、比二量，聖境所收，無非量者耳。何則？前參禪者，是修無生因，故要頓空目前之境，内外寸絲不掛，方是無生。或念佛、誦經、禮懺，修萬行因，是熏習種，故見聖境是熏習果，非魔境耳。若是執著我見名利，及愛種不斷者，決是魔也。外道法者，即是此耳。

問：云何名定中獨頭耶？答云：定中不繫外境，唯七、八二識爲主，名定中獨頭者。斯有二義，一者邪見，二者正見。邪見又二，一也，空外道修無想定，滅却心意識處，以至悲[三]想四如天等，若我見種不亡者，即名邪定。何故？夫一切聖人，皆證無我，方成佛道。故凡有絲毫我者，即是凡夫，頓斷我見種絶，即是聖。人況有愛乎？二者，如是人爲生死故，或爲最上大乘心故，或參禪者，古人以方便故，教人看「一念未生前」句等，用心懇切，以至山窮水盡，忽然頓省初關，未得二關、三關者，以爲自足，即將古人言句串集成篇語句，盡是比量心意識邊事，久久言句盡成非量見耳。羅漢得初關者，如云無少法得者，是羅漢偏真見果，先已斷盡我見愛種，始證羅漢位也。今之人者，我愛名利俱未去盡一毫，云何而得超佛越祖果耳？慊謗錯之大矣。久久我慢心起，是是非非，正法，爲魔伴侶，及于習教、持律，我愛不斷者，非正定也。是故參禪、習教、持律者，總要頓斷我見愛種者，方入聖道之果也。切不可得少爲足，誡之誡之。問：云何得入正見耶？答：悟後專念，習唯心旨，達色本自空寂，心境杳無，無少法見，非但超越外道，亦得頓超羅漢偏真果見。何故？以了一切法者，決定無一切法也。內外杳無，永斷疑惑。凡見一切法者，即是見心也。心尚不立，況有境乎？故經云「無智亦無得」者，始見如來淨法身也，以得離垢眼故，可不信哉。

又云，正定又二。一者，如前心修四禪、四空定等，依佛破我愛見，入九次第定，先入四禪定中，通比量見，是定中獨頭。又九次第定，滅盡心意識處，忽然頓悟偏真，無少法得而不斷滅者，即小乘中定，是生空也。

二者，如前云「心境杳無」，得唯心旨，「無少法得」者，即悟色本自空，離相即佛。肇法師云，「真空無名，真色無形」，方是大乘二空真如也，乃至如來果地，亦復然也。何則？前是七地入八地，修道分圓果耳。今如來者，證道分中之果，亦無少法可得。何則？入華藏界，離諸見故，入三際海，無刹那故。問：以何爲體？答：以無分別現量爲體。《華嚴·出現品》云，「如來境者，以無境爲境故，是如來境也」，信矣。又問：前修道未圓，通比量觀，寄名定中獨頭，見實相故。次修道分圓，智境杳無，頓證無生，人忘牛寂，觸境圓成，没大千者，是寄名現量境也？答：如來果地，入三際境無刹那者，是真現量也。至矣。以上四種獨頭論釋也。

問云：「三性三量通三境」耶？答：三境、三量，前已論過。今云「通」者，如人隔墻打鳥，偶聽鎗聲，即率爾心起，成善成惡等境。由初聽聲即性境，成現量。落於意地，即似帶質境，是比量。錯聽境者，是非量。然真帶質境不通現量，通比量、非量故。如人向日有善惡[四]種者，即觸境、現量、比量等三境，俱成善性境。若向日好殺生者，聞鎗聲，性境、現量、比量等，即成惡性境也。以上初句已竟。

三界輪時易可知

《論》曰：云欲界、色界、無色界，由善惡種子，成引業、滿業之因，故成輪迴六道苦樂之果也，故頌云「易可知」也。

相應心所五十一

《論》曰：於善惡等，共有五十一心所法者，於八個識中，各與何識相應耶？答：如五偏行心所，應八個識，故云偏一切心。又五別境心所，亦在六識。若慧心所，依外道見，通七識故。若八大隨，通七識相應。中隨及貪、嗔、痴等，與五識相應。見、疑、慢、惡見三心所，與七識相應，通外道天故。又忿等十心及四不定心，俱六識相應，共成五十一心所法也。即除去三十七心所，還有十四個心所在六識中收者，即今一一論之。今初先論十心所，有五個隨貪根本，有五個隨嗔根本耳。《論》曰：五個小隨屬貪痴者，一、諂；二、誑；三、覆；四、驕；五、慳。云何名諂？謂外實内虚，假莊聲勢，令人可敬，扇誘衆心，令人供奉，引利獲己，故名爲諂。《論》云，爲罔他故，施設異儀，以曲爲性，障正直心爲業，屬貪分中收。

云何名誑？謂外現有德，習修聖位，有似出言誠實，引人信伏，種種供養，故名爲誑。《論》云，爲求利譽，現有己德，欺詐爲性，障誠實正念爲業，屬貪分中收。云何名覆？謂以自有過，恐他人知，失於利名，故藏己失，屢不懺悔，故名爲覆。《論》云，於自作罪，不令人知，恐失名利，故隱藏己非爲性，能障不覆懺過爲業，屬貪分，兼于痴。

云何名憍？謂以自縱心，各事順我爲樂，倘有不順我意，動口罵詈，淫殺盜妄，由此而增，故名爲憍。《論》云，於自盛事，深生樂著，醉傲順己爲性，增長一切雜染等爲業，屬貪分中收，兼與痴共。

云何名慳？謂於己財，如割身肉，乃至父母師長眷等，尚不能捨，況外求耶？故名爲慳。《論》云，耽著己財，不能惠施爲性，障止行捨爲業，屬貪分中收。

云何名忿？内有財勢，或自力强，欺壓可損，小不順意，即刻面叱，如火爆流，故名爲忿。《論》云，依對現境，不順己事，憤發爲性，障慈恩不報爲業，屬嗔分中收。

云何名恨？謂他有勢，及有財力，竟不能報，或孤寡貧賤等苦，受人欺壓，懷惱已久，故名曰恨。《論》云，因他忿欺，受冤難解爲性，障不惱捨念爲業，屬嗔分中收。

云何名惱？謂以諸所求不遂，所借債率[一五]之不還，或父子兄眷等，冤會不離，故名爲惱。《論》云，觸境不饒益事，暴戾爲性，障止能忍息諍爲業，屬嗔分中收。云何名害？謂以無慈念心，顧己爲事，由爲他奪利奪名，故暗損他，傷他父子及于眷等，破他家産，或用官勢，因事損他，故名曰害。《論》曰，於諸有情，無悲愍心，損他爲性，障止不害爲業，屬嗔分中收。

云何名嫉？謂以見他獲利，名譽過勝，不來敬奉于我，故名曰嫉。《論》云，見彼有勝，失我名利，生惱爲性，障止不惱不妒爲業，屬嗔分中收，亦兼屬貪分中耳。

以上十心，俱屬貪、嗔，亦兼痴分中收。此之三根本，及十心所者，名不善性，在六識中業最爲强也。三界内，惡道因果，皆此力成，可不痛哉。

次論四不定心所者，一、尋；二、伺；

三、睡；四、悔。由或成善，或變成惡，故名不定心也。

云何名尋？云尋者，或觸五塵境中，落于意識中，尋善尋惡等未定，以想心未準，故名不定。

云何名伺？云伺者，由前尋想之境未定，復又推之，故用思力，或成善成惡，不成思心，故名不定。故書云，再思可矣，始爲定也。

云何名睡？謂以欲善，誦經、坐禪等事，倘遇神疲，故先養息，方可爲善。或遇善境懈怠，不隨衆善，即名爲惡。由善、惡二境不定，故名不定心耳。

云何名悔？於先作善事，或遇惡友謗善成悔，或先造惡，遇善友訶責成悔，故名不定心耳。

然尋、伺二心所通六識，亦兼通五識及七識，不通第八識，故言以上十四個心所，屬意識收者。論釋已竟。

善惡臨時別配之

問：善及惡心所，云何臨時而配？答：所云「配」者，由無始所熏善種惡種，以七識收藏在黎耶識中，故今生觸善境而生善現行，觸惡境而生惡現行。若生前未熏善惡種者，即今生遇善不生善，遇惡不生惡，名無記性也。故云，善惡臨境時，以各别而配之也，信矣。又復次，熏者有二義，一者舊熏種，即前論義。二者新熏種，又二義，一是新熏增長種現；二是以作當來種現。云新熏增長種現者，如人未飲酒味，而不願多飲，故種子力而未深也，以至彼人，勸之多飲，故熏習力大，每日不離飲酒心念現行，斯爲種子力大，而熏增長飲酒現行，非别種也。而飲酒現行復熏種子，故令種子增長，永世難斷。如飲酒熏習，增長種子及現行者，而一切煩惱愛財愛色等現行種子，累世增長不斷，誠可痛哉也。悲夫。若非如來大慈悲力，說此二十六個煩惱現行種子，種種輪迴痛苦，豈能知其過患也哉。如是故諸修道行人，必須要念念修戒定慧，及三十七品助道法等，及諸六波羅蜜等，始能脱苦者也。噫。若不尋常熏習戒定慧等行，成種力强，至臨命終時，將何抵哉？所以云「生死關前，半字難相救」耳。總[二六]有孝順子孫，亦不能替得者。

性界受三恒轉易

《論》曰：「性」是善、惡、無記三性。「界」是欲界、色界、無色界故。「受」是苦受、樂受，及不苦不樂受，又初來領受、去捨受，或云三受，或云五受耳。「恒轉易」者，以善種引之而往人天善道，以惡種引之而墮三塗，故云「恒轉易」也。

根隨信等總相連

《論》曰：即根本煩惱，「隨」即隨煩惱，共二十六個煩惱心所，及十一個善心所，以至五徧行、五別境、四不定等，內外「總相連」也。前五十一個心所，各配八個識相應。《論》者俱從多分中説，其各心所者，兼與內外連應。

動身發語獨爲最

《論》曰：問：云三業動者，云何以思業而爲最耶？答：動身，以心思故，而能動也。發語，以心思故，而始發也。故今云最强者，非身、口强也，是思業意識獨爲强也，最也。然思有二義，一、審應思，心未定也；二、決定思，心決定也，無改易故也。是故造善造惡，乃至出世修道證果，皆以思業而成之也。是故第六意識最爲强者，則可知矣。

引滿能招業力牽

《論》曰：前所造身業口業意業之善，未知成何果耶？答：招引業果，又招滿業果。問：云何名招引業果耶？答：由宿生所造善惡二業現行，以七識收藏第八識中，成引業種，而引至現在，招苦樂二報之果。若無善惡，即無果耳。故引業者，因通善惡，果唯無記。善惡之先發華，無記者是異熟華，以異熟果不會造業故。又云滿業果，或生前好殺生，雖在人道招引業異熟果，而短命及多病報，不順六識願。若生前好放生、修慈念者，在人道中而得長命及不病，招身强力報，以順滿第六識願也，故爲之滿業果耳，故乃餘善餘惡等。可知世間之力大者，莫過于引業種子。以牽之于天道、人道、修羅道、地獄道、餓鬼道、畜生道，或牽至往四禪、四空處天，若四禪、四空天報盡，而引業又牽至于人道。倘造惡業成引，而引種又引至三惡道中報。故八識如罪人，引業如差役，六道如各監處，是故引業差役最爲强也。何則？八識依引業種差役，而各處成就報也，是故引業最爲力勇耳。又如人修戒定慧等，或兼修無生忍因，或念佛求生淨土，斯爲淨業力强，而七識收藏在八識中，成就不思議淨業力，頓空五蘊之相，又能速至西方淨土，得證無生忍果者，亦斯引業種力也。非世間引業種，是出世修擇滅無爲力也，亦名引種耳。一章已竟。

次頌無漏：

發起初心歡喜地　俱生猶自現纏眠
遠行地後純無漏　觀察圓明照大千

今論四句中初句云：

發起初心歡喜地　俱生猶自現纏眠

《論》曰：既在凡情位中，云何而入聖位耶？答：以宿生中遇最上大乘知識，而熏成最上圓頓之旨，力强成種，今又重熏，圓頓之教，誠謂一悟即一切悟也。是故我見分別種子，一斷即一切斷也。可不信乎。是故入初地時，超凡夫地，入菩薩位，生如來家耳。亦但現行煩惱可斷，即微細俱生種子最難斷也。故云八果聖地，猶是有「現纏眠」耳。

是故初地至六地中，方斷盡潤生煩惱現行，及于凡情種子，以七地入八地中，方斷聖見種子。下偈文，可知耳。

遠行地後純無漏　觀察圓明照大千

《論》曰：「遠行」者，遠離三界，近法王寶所地也。是故前七地中，寄三乘行位。《法華經》中，三乘人同出火宅，遊過三百由旬，至八地、九地、十地，乃至佛寶所城也，乘大白牛車耳。故成無漏者，成證道分中無漏果也，是故能觀察圓明，照大千法界云耳。所觀察之智，如鏡照物，不留情故，同圓鏡智性，則可知也。前已釋耳。

此以上釋無漏四句一章止，結上前凡情及無漏，合一大章，論釋已竟。

問：六識已明，今七識妙義，是何作用耶？答：七識作用者，以緣第八藏識爲自分作用。又與八大隨及偏行、別境中慧并我痴、我慢、我見、我愛四惑相應者，下文中辯論。

問：以何名末那？答：此方云染污，又名染淨識，又名分別識。染污者，念念與八識四惑相應，故名染污識。又六識念念成有漏染，即七識念念成有漏染，六識念念成無漏淨，七識念念成無漏淨，故名爲染淨識。又念念分別有爲是幻，無爲是空，二見不脱者，即名分別識，若二見脱者，即平等性智，成大圓智故，又名傳送識，如人自力不足，内外打雜帮忙，故名傳送識。

因玄祖在七識中亦頌十二句因[一七]：

第三、七識頌中，又分爲二。前八句凡情章，後四句聖果章。

初頌凡情：

帶質有覆通情本　隨緣執我量爲非
八大偏行別境慧　貪癡我見慢相隨
恒審思量我相隨　有情日夜鎮昏迷
四惑八大相應起　六轉呼爲染淨依

今論八句中初句云：

帶質有覆通情本

《論》曰：「帶質」者，以七識見分而緣八識内見分，故帶起内外見合生成影爲境，是假名質也，純是七、八見分共種所生，非外五塵性境所生，故名帶質境，以見分心心所爲體故。云「有覆」者，有二，一、有覆性；二、無覆性。以二覆俱名無記性者，七識執第八識爲我，名有覆無記，以七識不執第八識爲我，名無覆無記。前在第四禪天，及空無邊處天，乃名有覆，若在四空頂天，名無覆無記，以滅七識種，故無帶質境也。問：既滅七識，不計我，云何非聖位耶？答：由無明熏習我種，雖不現者，以定力故，我種不現也，非破無明迷性。若破迷性，定與不定，一切幻境，皆自空也，故永不計我，始成淨妙智耳，入無生也，故此無記，無明殼也。又問：有覆云何不成善惡性耶？答：以七識不馳外緣故，不能成善成惡種，故名無記。「通情本」者，以七識念念攀緣第八見分，有情爲境，故名通八識情本也，非八識有情，而攀七識爲情也。

隨緣執我量爲非

《論》曰：云何七識執第八見分，而成非量耶？答：李長者云「情生智隔」，即七識情，迷本性智，成無明殼也。相變體殊，即五識見分原是八識見分，本不留情，由七識中即刹那生情，六識分別成似帶質，相變故，成非量境耳。何則？由目前相者，本來自空，無寸絲可得，今云有相，即成非量境也。問：前云現、比二量不錯，即無非量境也。今依現、比二量不謬之境，云何成非量耶？答：緣前境錯，是非量中又成非量。今依實際本性，云前有相，是無明迷性非量也。又問：若七識執八識見分爲非量者，而外觸境生迷，亦爲之非量，豈非内外俱成非量者乎？答：《論》云，一、圓成實性；二、依他起性；三、徧計性。圓成性是真空義，依他起性是不空義，徧計性是虛妄義。又真空者，是不生滅門也，不空義者，是生滅門，由迷生滅與不生滅義，故成徧計虛妄性也，在轉識成阿黎耶見相二分。又八識見分，即五識見分緣五塵性境相分，觸境生迷，妄計根塵器界以爲實有者，故徧計性即非量也。是因玄祖頌中云「執」之一字，即統內外八識之計，成非量境也。故吾人要知尋常日用之事，盡成非量者也，如若夢幻耳。

八大徧行別境慧

《論》曰：云何八大隨煩惱，與七識相應？又與五徧行及慧相應耶？答：由七識託六識外馳，故成掉舉。由六識迷悶間斷，七識不斷緣內，故有昏沉相應。由七識無堪任性，故有不信、懈怠、放逸、散亂、失念、不正知耳。是故大八隨者，共與七識相應，故凡夫、外道、小乘，均有此耳。故《法華》中，迦葉等云，「我時在座，身體疲懈，但念空、無相、無作」，不信大乘有佛可成，即近八大隨數，非煩惱也。又徧行相應者，由七識託六識外境，即徧行與五識相應，亦與七識、八識念念相應。若六識不緣外境，今七識無處計託，總緣八識之境，即五徧心所，念念與七識相應。問：既與八識相應，云何與七識相應耶？答：七識見分即八識見分，是同種生，故八識五徧行，即七識五心所共也。又別境慧相應者，由外道遊無想定，以至四空天處，即七識緣八識時，乃與邪慧相應耳。若破無明我見，即與正慧相應也。

貪痴我見慢相隨

《論》曰：此七識四惑，云何是八識四惑同種生耶？答：第八識中，有我痴、我慢、我見、我愛四惑相應者，由七識執故，方成四惑。何則？由徧計性執內外境實有，故名我痴，痴者，迷也。由迷性種子藏于八識中，以令七識執我成慢。由我慢故，成見。由成見故，觸境生愛。由愛故，造諸各業。是故總以我見、痴迷自性，而以七識執八識見分，與四惑念念相應者耳。今頌文中云「貪」字者，即愛字也，由平仄韻不合，故用貪字耳。此即頌七識四惑相隨八識云耳。

恒審思量我相隨

《論》曰：「恒審」者，有四科簡。一者恒而非審，如第八識無審察故。二者審而非恒，如第六識，雖有審察非恒常，遇無心位有簡斷故。三非審非恒，如前五識緣現量境，即無分別，故云非審，剎那流于意地中，故云非恒。四者今七識中，亦審亦恒，以内外俱有審察，念念恒而不斷，故云亦審亦恒。今頌云「恒審思量我相隨」，以執八識爲我，故云「相隨」。

有情日夜鎮昏迷

《論》曰：即色、無色天等有情，以日夜中念念昏迷自性，而執于我，以至如來金剛道後，方脱此苦果耳。

四惑八大相應起

《論》曰：今云迷四種者，前頌中分開四惑，今合云四惑者，由内有惑種生迷，外即觸境生迷，成見、成愛，乃至八大内外相應而起，故不單指七識與大八相應云耳。設若迷性種一脱，則内外頓空幻相，見法身耳。

六轉呼爲染淨依

《論》曰：云何以六識，作七識爲染爲淨者耶？答：由六識上記前五塵性境，起好惡、憎愛等心，或見愛善境修善，見不善性憎惡，念念要捨，以六識成淨斷惑，帶令第七識亦成淨斷惑，而熏在八識中收而藏之，以成引業種子，必至當來成無漏出世果耳。設若好惡性等境者，即不善心也，念念要造，以六識成染，增現行業，帶令第七識亦成染性，熏習八識中收而藏之，亦成引業種，引至當來受諸苦果耳。問：七識依六識成染淨者，何也？答：以七識無力所造，故總要依六識力而造成也，如母無力，要依子力而成之也。即以上論凡情八句頌已竟。

次頌聖果：

極喜初心平等性　無功用行我恒摧

如來現起他受用　十地菩薩所被機

今論四句中初句云：

極喜初心平等性

《論》曰：前五識、六識章中，總依初心爲歡喜地，今又依初心歡喜地者何也？答：玄祖之意，先各識八句頌凡情章，窮盡生滅門意，始可頓露三界唯心而成。夫唯心者，即真如門也。故前生滅門者，以知萬法唯識見也，後唯心者，無少法得也。若直示一心當下了然者，即入初地位也。以至七地入八地，乃用八種無生妙見，直入如來妙果地耳。

無功用行我恒摧

《論》曰：無功用者，是何地得耶？云何而不云「摧法」，而言「我恒摧」耶？答：夫無功用者，在七地中念念無相，觀智未亡，今至八地中頓脱無相觀智，永不生起。但智相雖脱，即無生法忍見未捨故，雖我種脱盡，法執猶存少許。若頓捨無生，入法界海，普印分身，自在無礙，即我法二執盡皆脱矣，始得法恒摧也。故此文中，只云「我恒摧」也。

如來現起他受用　十地菩薩所被機

《論》曰：云何「如來現起他受用」，而不云自受用耶？答：如來本有自受用樂，由爲十地菩薩機故，而現起他受用身也。又問：爲是現丈六金身爲他受用，乃至爲現微塵相海之身爲受用耶？答：如來非以相爲體，但是無相寂滅，法身相威儀具足，世間隨樂皆得見。是故或現大滿虛空中，或復現小百億化身，或微塵相海，或現無盡身雲，此他受用者豈可思議者乎？若自受用身者，唯一真淨法界耳。此以上釋無漏果章，以結上凡情及無漏果，一大章已竟。

△問：七識已明，未知八識幽微，即云何知之耶？答：梵語阿黎耶，此方云含藏識也，以能含藏諸法及種子故。諸法者，即根塵器界，又能含藏善惡無記現行及種子故，是有財釋耳。又名無没識，以六道輪迴中不能没故。

因玄祖在八識中又頌十二句云：

第四、八識頌中，又分爲二。前八句凡情章，後四句聖果章。

初頌凡情：

性唯無覆五徧行　界地隨他業力生
二乘不了因迷執　由此能興論主諍
浩浩三藏不可窮　淵深七浪境爲風
受熏持種根身器　去後來先作主公

今論八句中初句云：

性唯無覆五徧行

《論》曰：「性」即三性中无記性，以不与前七識中煩惱俱故，又平等中无違拒故，以因通善惡、果唯无記故，又八識内見分無分別故。故内識見分，即五識外見分故。所以五識緣性境時，成現量無分別境者，此也。

又第八識只能含藏，不能執藏。故前七識念念熏爲能熏，八識念念受熏爲所熏，故七識善惡無記三性種，而能收藏八識中作引業種子也。有、無覆性者，前已論過。云「五徧行」者，總與念念八識相應，以至四空天處。尚與五心所相應，或現或不現，如云非想非非想也，此矣。

界地隨他業力生

《論》曰：「界」即三界，「地」即九地。因八識中引業種子力，而引至于欲界中五趣雜居地，又引至四禪、四空天處。故第八識被善惡引業種子，引至于三界九地各處生者，總是種子力也。

二乘不了因迷執　由此能興論主諍

《論》曰：云何二乘不了有第八識生迷執耶？答：由聲聞等人，只知有六識爲染淨根本依。以染者，有貪嗔痴故，以淨者，有戒定慧故。三界爲苦諦之境，以貪嗔痴等爲之集諦，以戒定慧等爲之道諦，以出世涅槃無爲性爲之滅諦。以推求苦果因是何處來？由貪嗔痴等集諦而成苦果。以涅槃樂果又從何而來？因修戒定慧等道諦之因，方成涅槃出世之果耳。雖然此成染，總依六識而爲根本，故今大乘中云第八識通如來藏者，則不信也。故云「由此小乘見淺，共與大乘諍論」者也。

浩浩三藏不可窮

《論》曰：「浩浩」者，深義也。「三藏」者，謂能藏、所藏、執藏也。初、能藏者，以能持義邊論，以能持藏一切諸法現行所熏諸種子故。二、所藏者，以受熏義邊名所藏，以受前六識所造善惡現行等種，以七識收藏八識中，成引業種，以受前七轉識熏故。三、執藏者，以執持義邊，即七識執第八識内見分爲我，故成我痴乃至我愛等四惑具相應耳。故又現行如母，而生種子，故爲能熏，八識爲所熏耳。若種子生現行者，即種子爲現行母故，而現行又爲子也，互相熏習，念念增長不斷。故《大經》云「無邊引起相」。故種子者，爲之隨眠無明也，以隨順真如性中，眠伏藏識。又爲之不思議熏，成當來引果種子，果者，即爲之不思議變也。

復次，隨眠無明者有三：一、潤生無明，即我愛種，在八識中收，是初地至六地，及二乘在六地中斷盡，永不生也矣。二、法執無明，即六地進七地入八地中，及二乘同捨我法二執之障，同捨無生法障之見，入法界海，如月印萬川，分身無量，度衆生故耳。三、最後無明，以八地、九地、十地之所斷也，即業轉現也。業爲種子，轉爲見分，現爲相分，不在分段異熟果中斷也。何故？以七地、八地，即世間有漏異熟分段生死果，久已斷也。今所斷者，云八地斷現相，則永捨相分，九地斷轉相，即永捨見分，十地斷業相，即永捨無明種子。更有最後微細種子，在佛地中斷，是捨出世無漏智果相，即是出世變易生死果也，亦名異熟果。故云金剛道後，即異熟果空，乃是捨二死果也。又問：如來果中，爲是有黎耶識性異熟果耶？爲是無異熟果耶？答云：無異熟果。問：云何諸大乘經云，如來往昔修無量難行苦行，今得如來十力、四無畏等之果，豈非受異熟果也？答：豈不見經云「吾今此身，即常住法身」耳，又云「我性未曾有，我所亦空寂」，云何諸如來，而得有其身？實無異熟果，唯法身性耳，又云「圓滿菩提，歸無所得」者，此矣。

淵深七浪境爲風

《論》曰：八識淵深者，以八識任持諸心及各境，而無息也，所以爲之淵深。似如大海湛湛常靜，由被無明五塵境風，激起七識之波，成六識之浪，念念不斷善惡現行，及于種子，故輪迴三界，永不絶也。實可痛哉。是故經云：「藏識海常住，境界風所動，種種諸識浪，騰躍而出生。」又云：「譬如巨海浪，無有若干相，諸識心如是，異一不可得。」云前偈，是被無明五塵境風而轉，故有六、七二識浪起。後偈，頓破無明境風，及于現行、種子之相，故云「無有若干相，異一不可得」，唯如來淨法身耳。

受熏持種根身器

《論》曰：「受熏持種」者，由宿生受前七識善惡現行種子，而成八識引業種子，引至現在、未來而成根身，即八識中親相分，器界即八識中疎相分，以內外親疎相分，總被第八黎耶藏識種之所持也。種者，即宿生引業種也，亦是吾人現在命根種子，持令不散，或遇境緣，悶絶氣息。若引業命根種子不絶，持三日或五日以至七日等，即四大身皆不散也。故引業種有如許之力者，信矣。

去後來先作主翁

《論》曰：八識先來云何相耶？後去又云何相耶？答：先來者，由宿生引業種子，引黎耶識種來，以吸父精母血及已靈引種三和合相，而成胞胎，以七七四十九日後成六根之體。又胞胎内心、肝、脾、肺、胆，乃至毛、髮、爪、齒等，及心意識者，無不件件分清，以至老死之相，若苦若樂之果，毫不漏也，是爲來相耳。云何爲去相？以八個識先去眼耳鼻舌身，及六、七二識，黎耶識體將似木石之相，周身俱冷，唯引業種子，以至生六道各處地界，即必知也。云何知耶？《論》曰，「頂聖眼生天，人心餓鬼腹，傍生膝蓋離，地獄足板出」，是去之相也。「頂聖」者，周身俱冷，唯頂上最煖。或「生天」者，以周身俱冷，唯面門眼煖也。乃至「地獄足板出」者，即引業引至地獄道去也，周身俱冷，唯足板煖耳。問：若黎耶識異熟報身要捨者，宛同心外有法耶，非唯心耳？答：《起信論》云，有四種空鏡與虚空等，一者空鏡；二者不空鏡；三者熏習鏡；四者法出離鏡耳。云何名空鏡？一切生滅染法不相應故。云何名不空鏡？一切法等在空鏡中，不出不入，常住一性故。云何名熏習鏡？以修一切戒定慧等無量善法，而熏習成一切種智、一切智智故。云何名法出離鏡？以一切煩惱障及所知障俱斷盡故，乃至隨眠種子俱脱盡故。故今凡情中在八識中，亦具四義鏡故。一、空鏡，一切先來、後去異熟果影，與空性鏡中不相應故。何故？以一切異熟果相是虚幻影，似如空鏡影，與空鏡性體不相應故。

二、是雖有異熟相影，在不空鏡性中，不出不入故，是故來也無增，去也無減，如空鏡影，無來去故。三、熏習鏡，以後無漏章中，若非熏習無漏、不思議淨業成種，焉成如來淨妙果故。四、法出離鏡者，如八句凡情有漏章中，若不窮盡萬法唯識生滅門者，而唯心之旨亦不露也，故云法出離性鏡。是故四鏡圓成，性相雙融，唯心妙義，故心外決無一切法也。凡見一切法者，即見心耳，豈有異熟去來之相者乎？故云「作主翁」者，即善惡引種力而爲主翁者也。若有漏引果盡者，即三界無可繫縛耳。以上論八句有漏章已竟。

次頌聖中聖果章：

不動地前纔捨藏　金剛道後異熟空

大圓無垢同時發　普照十方塵刹中

今論四句中初句云：

不動地前纔捨藏　金剛道後異熟空

《論》曰：云何不動中纔捨藏，以金剛道後始得異熟果空耶？答：《論》曰，從有漏因至無漏果者，略有三位，一、我愛執藏位，即屬潤生煩惱也；二、善惡業果位，即引業以成發業種，是俱生五蘊遷變分段生死也；三、相續執持位，即引業種果也。又《論》云，若斷潤生我愛煩惱，始超四地，至入六地方圓，脱盡八識中潤生愛種，及四惑種一齊斷也。又破和合七轉識性，得三解脱門。二、善惡業果位者，斷分段生死果，如初地中先斷異生障，永不受四惡趣異生果也。二地已去，至入八地中，頓脱三界分段生死業果，捨三界内最後身業果。如云「盡此一報身，同生極樂國」者，此矣。三、相續執持位，斷引業種者，如前斷分段生死也。柰出世即淨業智力，受變易身亦不斷也，雖通法身還受智身，有似生滅智相猶未盡也，故名受變易身，是不思議淨業之所感也，非是欲界色界善業果也。今若至如來果地，即變易身智始脱盡耳。金剛道圓之後，無少法得決斷變易異熟果空也，非三界内異熟果空耳。故云「二死永亡，置三德岸」者，此矣。

大圓無垢同時發　普照十方塵刹中

《論》曰：「大圓」者，即圓成實性也。以呼之即應，即名智也。是故此智窮三世，而無刹那之際，徧十方之華藏，竟無寸絲可立，以綿綿若存，用之不勤，是圓成實性中本智也，永捨生滅相故。如鏡照影，不留情故。若應于外，即名成所作智、妙觀察智，是權智也。或應或不應，永無增減，名平等性智。周徧法界盡未來際，本同空性毫無智相，名大圓智。由照用自在，故喻鏡智，非實有智相可得也，故云「無智亦無得」者，得離垢眼，普鑑十方塵塵刹刹之中，以無盡身雲，如月印萬川者，盡未來際故，故云「同時發」也。非去來故，最寂靜故，若阿梨字種，非名言故，非智見故，非内外故，非大小故，非一多故，故在用即爲智身，在體性即爲法身。又智本是法，法本是智，非一非二，非異非同，但有言説，俱成戲論。故《普賢菩薩讚佛偈》云：「如來清淨妙法身，一切三界無倫匹，以出世間言語道，其性非有非無故。」是故刹塵心念數者，皆不能度也，方是如來淨法界身耳。

唐玄奘始祖八識規矩母頌論釋文終

校勘記

〔一〕「尊」，疑爲「美」。
〔二〕「加」，疑爲「尊」。
〔三〕「人」，疑前脱「加」字。
〔四〕「八」，疑爲「入」。
〔五〕「八」，疑爲「入」。
〔六〕「阿」，疑爲「何」。
〔七〕「隨」，疑爲「墮」。
〔八〕「張」，疑爲「即」。

〔九〕「全」，疑爲「詮」。
〔一〇〕「源」，疑爲「雲」。
〔一一〕「要」，疑爲「西」。
〔一二〕「甚」，疑爲「誤」。
〔一三〕「悲」，疑爲「非」。
〔一四〕「惡」，疑衍。
〔一五〕「率」，疑爲「索」。
〔一六〕「總」，疑爲「縱」。
〔一七〕「因」，疑爲「云」。

八識總論破迷成智性後跋

吾聞之曰，夫幻身者，即法身也。今云幻身者，即黎耶識中所持親相分也。所問曰：因何而成之也？答曰：由宿生中引業種子力故，而牽引宿生善惡種以至今生，乃成四大異熟果之幻身也。原夫幻身者，有似幻師，以呪力故，而呪成六根、六塵、六識之幻身也。若宿生引業呪息，則幻身業相脱然息矣。然則幻身雖滅者，唯性智不滅也。何則？以本來智性中，一切幻相去來不相應故。雖今現有其相，而幻相業體本自空也，何必要除其幻相而顯法身空性之體也哉？《涅槃經》云，「吾今此身，即常住法身」，故來如水月，去如幻息，來亦不增，去亦不減，同真際，等法性，内外無寸絲者，豈有幻軀之相之可得者哉。

或問之曰：若衆生自性本自常住，云何而又迷之者乎？答曰：大哉問乎。子所問者，衆生智性云何而迷之者耶？豈不聞聖人云，「三界唯心，萬法唯識」。唯心者，即真如心也。故馬鳴《起信論》云，凡所見一切法者，即是見心也。是故心外即無一切法也，以唯心故，以一切法界本來常住無遷變故。又因何而有一切法耶？答：唯識心之所見也。是故當知由本性智迷成識，由識迷于性，由性成色，由色生于染，由染成于妄，由妄成于取。又妄爲能取，色爲所取，如醉夫之迷心，以無法中而成一切法也，以無心中而成一切心也。以無法者，本性也。以無心者，本智也。又本智者，寂照也，是吾人本性不動智也。則是故衆生於現在中，不迷智性者，即識成智，即色成性，以色身者即法身也。是故觸境明如，無聲色故，凡見一切法者即唯心故，以真如心之所現故，雖見而非見故。是故五識者，法身性中智也。既自法身性中智光，如鏡之照，即應而不應也。如不應，即成圓性中智。若應之無心，即五識成作智也。又寂智者，實智也。成所作智者，即權智也。故權智應于外，實智冥于性。又權智者，即暫時而應，故名權也。實智者，應與不應，唯是一智無變易故，名實性智也。以性智不迷者，即真如心也。從本已來，離名字相，離心緣相也。《法華》云「唯此一事實，餘二則非真」也。昔日有學人問南嶽云：「如鏡鑄像，像成後如何？」師曰：「不鑑照。」即迷權、實智也。又云：「雖然不鑑照，一點也謾他不得。」即本來智也。六祖云：「七、六不生，五、八寂滅。」故《法華》云：「諸法從本來，常自寂滅相。」是以擊竹聞聲，黄鶯啼柳，皆非心外有法，唯一性智，是故不用轉黎耶識名，而成圓性之智，可不信哉。

余以少得宗門頭關之旨，盡以向外馳求，未歸心地，豈能破他人之五蘊，斷迷性之忘懷？今知性相之雙融，智性窮源之不二，是則痛懺前非，洗除咎過。是故勸諸來學，倘遇明師，視如古佛，一言得法，受用不盡，頓超曠劫，直至菩提。若得心地了明，必要看教觀心，于自分中，乃有交涉。若見道而不修者，如人有美田而不耕者，豈不自惜也夫。痛爲囑：

我以年朽勇猛力　疾危纏身論義釋
用斯勝善利當來　速見彌陀極樂佛

記室漢川敬録

元峯老人增頌五言八識意旨六十四句，分爲四科

△初分、五識意旨，中又二。初頌十二句凡情章，次頌四句聖果章。

初頌凡情：

五識通八識　内外同見分
見色聞聲處　現量緣性境
偏行五心所　同時内外應
八識四惑種　觸境生情識
是故貪嗔痴　五識共相應
乃至四空天　我種難脱盡

次頌聖果：

擊竹聞聲處　頓顯唯識性
速轉五識見　作智同圓境

△二分、六識意旨，中又二。初頌十二句凡情章，次頌四句聖果章。

初頌凡情：

現量通比量　比量成帶質
帶質有無境　轉名獨影境
我愛三毒種　使動三業行
七識三性種　熏入八識性
均成引滿業　異熟果不盡
痛哉大丈夫　輪迴苦不盡

次頌聖果：

頓破無明種　通達唯識性
妙觀察智中　鑑機終不盡

△三分、七識意旨，中又二。初頌十二句凡情章，次頌四句聖果章。

初頌凡情：

七識執八識　有覆無記性
帶質通情本　執我量爲境
情識通内外　鈎串六塵影
乃至四空天　我見種不盡
由斯定力故　纏眠種不應

是故天報盡　還入輪迴井

次頌聖果：

頓破迷性種　淨慧離生性

平等淨法界　無佛無生性

△四分、八識意旨，中又二。初頌十二句凡情章，次頌四句聖果章。

初頌凡情：

第八黎耶識　四惑種相應

阿羅漢位中　四惑始脱盡

是故經中説　三性三無性

虚妄遍計無　依他是圓成

圓成解脱義　虚空六無爲

顯揚諸法相　皆是不動力

次頌無漏：

大圓鏡智中　隨眠種脱盡

名爲無垢識　光照大千影

△總頌八識名數：

六欲具八識　初二禪六識

三禪具三識　四禪只七八

四空有黎耶　諸識將盡滅

欲界具尋伺　二禪伺未息

三禪伺將斷　四禪全無伺

欲界具三欲　飲食睡淫欲

色界俱脱盡　唯以禪爲欲

四禪有偏行　作意受想思

七識執八識　有覆無記性

四空天無覆　只有藏識性

偏行五心所　九次定已滅

阿羅漢位中　頓破和合識

唯留大圓智　普照塵刹攝

△總頌八識轉智意旨：

八識能分五識見　心所圓成現量顯

刹那流入意地中　比量境中獨影現

似真二帶總分清　有覆無覆黎耶識

若能頓破無明種　自性智光常在面

八識總頌文終

玄祖《八識頌》，在相宗《百法明門論》內，只頌七十種色及心法。若《百法論》頌云，「色法十一心法八，五十一個心所法，二十四個不相應，六個無爲成百法」。因玄奘始祖，只頌前百法中兩句，後兩句文未頌，在此總頌後補兩句，論釋三十法，合成前七十法，共計一百法也。又前二十四個不相應，合前七十法，共成九十四法，是世間法也。後一句頌六無爲成百法者，是出世法，非世間法也。今先論釋不相應法。頌云：文句同根名異住，得無生滅老無常。流不定相時勢速，次第數和不合方。

論中云：前七十種色及心法者，與實體境上均有本質色故，心故。今此二十四個，俱名不相應者，總與色心體上決不相應。《聖教序》中云「松風水月，未足比其清華」等句，如前松風等四字，有實體境故，以立四字而成四名。又云「未足」等六字者，即無實體境也，是虛詞文義。而美玄祖淨妙之德，故云未足等句，即與「松風水月」四境色體上不相應耳。是故二十四個法者，在五蘊中是屬行蘊耳，在三性三無性中屬偏計性中所收也。如云根本自性，非見聞覺知所到，故與自性文字不相應者，此矣。

△次釋六無爲法者：一、虛空無爲；二、非擇滅無爲；三、滅盡定無爲；四、擇滅無爲；五、真如無爲；六、不動滅無爲。

今初虛空無爲者，是三十二色法之首領。何則？三十二法者，是有爲法也，有生滅去來故。唯虛空體者，無生滅、去來故，故屬無爲法也，以無作、無爲名無爲也。然此虛空無爲，還屬第六識中似帶質境。若在四禪天處，捨念清淨地中，即已滅也。是故還成事無爲也，屬偏計性所收耳，非屬本性體，成凡夫法也。

二、非擇滅無爲者，以生滅去來善惡等法，及前虛空境者，不相應故。何則？非心意識之所見故。乃凡夫三乘四果，以至如來地中，根本自性而爲體也，故云非擇滅無爲法也。即三性中圓成實性，是聖體法也。又前即是虛妄義，次是真實性義。

三、滅盡定無爲者，是小乘九次第定，滅却心意識故，故屬無爲法也。三乘遊三摩地，亦可借路修，非最上乘法也。

四、擇滅無爲者，即戒、定、慧等無量出世妙行等法也。問：既有戒、定、慧等修者，非用生滅心不可，云何屬無爲法也？答：由用戒、定、慧等擇滅法故，故能擇去我見愛種，滅盡一切煩惱及于隨眠種子，始見真如無爲妙果也。所以云擇滅者，屬無爲法也。問：三性中是何性所收？答：是依他起性，即圓成故。

五、真如無爲者，收前虛空及九次第定，兼擇滅無爲生滅門，又收前非擇滅無爲屬不生滅門，以此二門不相捨離，名真如門。真如門者，以世出世間等法總唯一心者也。是故《起信論》云，凡見一切法者，即唯心耳。問：三性中是何性中收？答：是三性三無性均收者也。

六、不動無爲者，亦即五無爲總義也。今云不動義也，是即如來果地金剛性也，故云不動義也。

夫無爲法者，只一性耳，云何要立六無爲法也？答：分體用故，恐混外道見故，直示一心故，又示真如體用全具，常不動故，由此立六無爲法也。

又問：云何要立虛空無爲耶？答：以擇出虛空性，非本性故。虛空者，是吾人心意識之所見也。本性者，非心意識之所見也。本性雖則空，而不斷故，即非頑空耳。

問：云何要立非擇滅無爲耶？答：由顯凡聖皆依根本自性，與一切染法不相應故，故單屬凡聖體也。

問：云何要立滅盡定無爲耶？答：前不云乎，一切三乘借路修行，亦能斷諸我愛種故。

問：云何要立擇滅無爲耶？答：由擇滅無爲妙用之力，即能轉凡情而成聖位故。若無此擇滅者，一切聖果德位不能成故。

問：云何要立真如無爲者？答：以攝前四種無爲體用，同一如故，直示一心無二法故。

問：云何要立不動無爲耶？答：以攝前五種無爲法者，性如金剛心無動故，常住法界無變易故，故立不動名耳。然此六無爲法者，以一無爲者，即六無爲也。又虚空及滅盡無爲者，即事無礙法界也。非擇滅無爲者，是理無礙法界也。真如無爲者，即事理無礙法界也。不動無爲者，即含事事無礙法界也。

又云無爲者，由唯識故，而能知也。何則？曾聞聖典云，有六無爲道者，以往昔中熏習成種，今日聞六無爲道者，以脱然而之有也。然則無爲道，不可以知知，況可以識識？故云「道可云道，非有常道之名」耳，無非暫時云道也。今以唯識，以識于無爲道者，是吾人所緣境也。然此境者，以無境爲境，始爲實際境也。故斯境者，非大非小，非内非外，非比量境，非現量得。故聖人云，觸境忘懷者，始可以會道矣。

冥合百法論義文終

刻八識論義迴向意願附

源漳最初參學，自性魔毒，幾喪慧命，苦不可言也。到此南方，幸遇先師元峯老和尚，垂甘露味，絶後再甦。遂發大願，願我盡未來世，如衆生數，普現色身，具諸妙辨，廣讚一乘，令諸衆生不入邪見。爾來聞法、喜法、樂法、解法，不見世間有少急務，但願宏法普利羣生。時適此論，六根清淨，一性圓明，了無生智，慧燄重重。仰唯護法其首，願令佛法久住世間，與諸衆生作大饒益，字字句句，乃至一塵一墨，皆如理而遍盡沙界，徹未來一切衆生之中。字字句句皆如理，而攝一切衆生皆入其中，願諸衆生皆悟自性法門，法爾交涉，無礙此論證也。願諸捨財助一力，隨喜讚歎者，生生世世不落三塗，常會人天，聽聞正法，得大總持，開化一切，普令衆生同圓種智，遍攝爲衆生者，慈願故，正而度故，三無差別故耳。

（潘桂明、李永晟整理）

○九六一

三支比量義鈔（存目）[一]

明明昱鈔

校勘記

〔一〕此本爲《相宗八要解》之七，見本册第○九六四號《相宗八要解》，此處存目。

〇九六二

真唯識量略解（存目）〔一〕

明智旭略解

校勘記

〔一〕此本爲《相宗八要直解》之六。《相宗八要直解》已收入《中華大藏經（漢文部分）》正編第一〇四册第一九〇七號，此處存目。

〇九六三

相宗八要（存目）〔一〕

明洪恩輯

校勘記

〔一〕《相宗八要》各篇正文俱見《中華大藏經（漢文部分）》正編第一〇四册第一九〇七號《相宗八要直解》及本册第〇九六四號《相宗八要解》，馮夢禎《因明入正理論題辭》亦已見《中華大藏經（漢文部分）・續編：漢傳注疏部》第一六三册第〇八七五號《因明入正理論解》，此處存目。

○九六四

相宗八要解[一]

叙高原大師相宗八要解

明明昱著

始余晤西蜀高原大師於虎林淨慈寺，抵掌而談，大暢唯識宗旨。因閲其所解相宗八要中《因明入正理論》一二種，余甚心契，業已爲序梓行之。今《八要解》全帙刻成，復問序於余。余因憶昔白下雪浪恩公演説宗教，特從大藏中録八種示人，以爲習相宗者之階梯，是謂相宗八要。至於解義云何，蓋是書原出兩土之作，菩薩祖師淵源既遠，翻譯著述文義尤深，且若論若頌若釋，稱説種種不同，或於作者之旨不無餘藴，或於學者之衷偶有疑端，至有文詞稍碍而未圓，註疏尚畧而未備者，大師有憂之，是故欲其釋疑開悟，言不妨贅也，欲其明理了徹，意不妨約也。有《會釋》《釋記》而義無不剖，有《通關》《直疏》而辭無不暢，有《義鈔》《證義》而益發其所未發，盡證其所未證。繇是令習學相宗者，一披覽焉，不待顜探而文粲肰而義躍然。此大師嘉恵後學之意，良非淺尠。即起雪浪而示之，能不首肯乎。余又念在昔天竺國，諸菩薩諟諟造論通經，發揮唯識宗旨以破邪外。而大師以一人之筆，闡揚兩土之書，烏知非天親菩薩等化身重宣此義也哉。是爲序。

旹萬曆壬子臘八日，玉溪菩提菴聖行和南書。

校勘記

〔一〕底本據《嘉興藏》。

叙相宗八要解

夫約法而解，猶滯依通，忘言而説，斯名勝

義。雪浪恩公揭相宗於《八要》，豈其逗人以舌本耶。毋亦以貧女之寶藏，待掘斯出，力士之額珠，不指還迷。如云心宗一法爲大慈，又爲般若母，則相宗一切可廢，而天親菩薩亦幾謗佛矣。然揭直下祖位以示初機學人，畢竟説食不飽。是以古佛大生悲憫，謂一切無明皆是法縛，藉知萬法並由執生，如聲呼響答，無執遂以無法，如聲滅響亡，穆然寂然，如如自在，阿誰衆生，阿誰祖佛。則舉目便已周遮，而論釋證詮揔爲空中着翳耳。惟其不然，則實未見月，安得廢指，從未見象，恁地摩牙。息念須從念息，破執還從執破。向無基師之著釋，則《百法》如夜，不有護法之廣約，則《唯識》茫然。《緣論》六釋，譯師不厭註脚，《因明》三支，古宿亦衍詞源。要以奥義若海，大舶泛而不盡，紗旨如絲，機女抽而愈有。則高原《八解》，安知不具醍醐初味耶。近來狐禪，未討宗旨，輒絶言説，就令枯坐十年，究竟有何了當。故吞有啄穿無明之彀，欲飛三界外者，斯可與談此解矣。

三楚游士任題。

相宗八要凡例

相宗八要，緣於兩土之作，當先彼而後此也，故有列名合本名題之説，如左：

一、百法贅言。《大乘百法明門論》及《唯識三十頌》，乃天親菩薩始造，爲刱歸大乘之本旨，宜初列名。此論原文，唯一百法及二無我。窺基大師著釋，於今之學者間有所疑，故又贅言以釋之，名百法贅言。平頭下乃天親菩薩本論文，圜圈下基大師著釋，文低一字者即贅言也。别爲一本。

二、唯識約意。《唯識三十頌》自天親作後，護法等造論釋之，義有廣約，以廣演破執，約意明理。今多引論中明理之意釋頌，故名唯識約意。

三、緣論會釋。《觀所緣緣論》，陳那菩薩所造，次於天親，故次列之。繼有護法論師造釋，以解其義。今間引釋詞會合論文，互相發明，題名緣論會釋。

四、六釋通關。《六離合釋法式》，雖失造論及譯師名，亦彼土所作。因文有闕隘，故著數語通之，題名六釋通關。已上三論，皆少不成册，合爲一本。

五、緣論釋記。《觀所緣緣論釋》，乃護法菩薩造，以釋陳那菩薩論文。唐義淨法師翻譯，文詞簡古，語勢生奇。故祖陳那論文，分章於前，護法釋文，從而釋之。凡於平頭題論曰者，乃陳那論文。題釋曰及不題釋曰者，皆護法師釋論文。低一字者，即記詞也。故題緣論釋記。別爲一本。

六、因明直疏。《因明入正理論》，文約義豐，卒難理會，稍加直詞，傍疏其義，故名直疏。

七、三支義鈔。三支比量，乃奘大師所立。永明壽師於《宗鏡録》中已釋其旨。間有餘藴未發，或文從簡約，今略鈔其義，故此名焉。已上二論雖爲兩土之書，文義相關，因便合爲一本。

八、規矩證義。《八識規矩》，奘師所作，唯十二頌，祖於唯識論文。雖泰師補註，所引論文尚有闕略，今引而證之，故名規矩證義。雖奘師先於壽師，而先列彼者，以彼因便故。此別爲一本。

相宗八要凡例終

大乘百法明門論本地分中畧録名數贊言

天親菩薩造

唐三藏法師玄奘奉詔譯

慈恩寺三藏法師窺基解

明蜀輔慈沙門明昱贊言

○大者揀小爲義，乘者運載得名。名義互言。百，數也。法，謂世出世之法。故心法八，心所五十有一，色乃十一，不相應二十有四，無爲法六，故爲大乘百法也。明乃菩薩無漏之慧，以能破暗故。門以開通無壅滯爲言。論乃揀擇性相、教誡學徒之稱。本地分中者，乃《瑜伽論》五分之一。略録名數者，於六百六十法中，提綱挈領，取此百法名件數目。此論主急於爲人，而欲學者知要也。

論以所詮立題。法師釋題中義及數目名件，一一如釋。然引《瑜伽》梵語瑜伽，此云相應。即本論名也。五分之一者，《瑜伽釋》云今此論體總有五分：一、本地分，略廣分别十七地義。二、攝決擇分，略攝決擇十七地中深隱要義。三、攝釋分，略攝解釋諸經儀則。四、攝異門分，各攝經中所有諸法名義差别。五、攝事分，略攝三藏衆要事義。故云本地分者，乃瑜伽五分之一也。六百六十法者，本地分中廣明根塵識等本末全數。且如六種塵相，於一色塵有二十五種，謂青黄赤白等。於一聲塵有十二種，謂可意不可意等。於一香塵有六種，謂好香惡香等。於一味塵有十二種，謂苦酸鹹淡等。於一觸塵有二十六種，謂地水火風輕重等。於一法處所攝色有五種，謂極略極迥等。據此六種塵相，開出末數，有八十六種，餘數可知矣。故此百法名爲略録。又頌百法云：色法十一心法八，五十一箇心所法，二十四種不相應，六箇無爲成百法。

○又會《六釋》云：大乘者是能詮教，唯聲名句文四法故劣，百法乃所詮事理，通一百法故勝，將勝就劣，以劣顯勝，云大乘之百法，依士釋也。又百法是所緣，乃舉全數故勝，明是能緣之慧，即别境五中之一法耳故劣，將劣就勝，以勝顯劣，云百法之明，依主釋也。又明是能緣，即别境中慧故劣，門是所緣，通舉百法故勝，將勝就劣，以劣顯勝，云明之門，依士釋也。又門是所詮事理，乃通指百法故勝，論是能詮教，唯聲名句文故劣，將劣就勝，以勝顯劣，云門之論，依主釋也。又論爲體，乃聲名句文，門爲用，於論上有不壅滯之功能，以體就用，攝用歸體，云門即論，持業釋也。又論乃體，則取聲名句文四法，大乘爲用，此論體上有揀小、運載二義，故云大乘，以體就用，攝用歸體，云大乘即論，持業釋也。又大乘通教理行果，是所詮故勝，論是能詮唯教故劣，將劣就勝，以勝顯劣，云大乘之論，依主釋也。又大等六字是所詮故勝，論是能詮唯教故劣，將劣就勝，以勝顯劣，云大乘百法明門之論，依主釋也。亦可謂帶數、依主。又大乘等五字，通一百法，屬所詮故勝，門論二字，乃能詮故劣，將劣就勝，以勝顯劣，云大乘百法明之門論，依主釋也。亦帶數、依主釋也。又大乘是能詮教體，門論是用，此教體上有妙旨悟入之義門，決擇性相，教誡學徒，斷惡生善之功用，故名論，將體就用，攝用歸體，云大乘即門論，持業釋也。

此中依論題，作十種釋，二依士，五依主，三持業。初二釋中，既兼百法二字，亦當作帶數依士、帶數依主。凡言依士，皆以之上劣而之下勝。凡言依主，以之上勝而之下劣，或之上所而之下能。凡言持業，以即上用而即下體。今最後持業，以即上體而即下用，似不合式。前以論字爲體，大乘爲用，今以大乘爲體，論字爲用，令學者莫之所從。且《六離合釋法式》中，以藏識爲持業釋，藏是用，識是體，則體在下而用在上。又以五蘊二諦爲持業帶數，亦以五字二字爲數量之用，蘊字諦字爲體，亦是體在下而用在上。雖則體用互相上下，然於法式似不可違，惟同志者宜詳之。

○天親菩薩者，北天竺富婁沙富羅，此云丈夫國，有國師婆羅門姓矯尸迦，生三子，同名婆藪盤豆，此云天親，乃帝釋之弟毘搜紐天王之後。雖同一名，復有別號。長曰阿僧迦，此云無著，乃菩薩根性。季子別名比隣持跋婆，此云母兒。蓋比隣持此云母，跋婆云子，亦云兒。中子博學多聞，遍通墳籍，神才儁朗，戒行清白，無與儔四。兄弟皆兼别號，故法師但名婆藪盤豆，不相濫也。依《瑜伽論》，廣造諸論，以釋大乘，發揮非空非有中道之教。

《婆藪盤豆傳》云，毘搜紐天王是帝釋之弟，帝釋遣生閻浮提作王，爲降阿修羅故。修羅有妹名明妃，甚有容貌，天王見之，即取爲婦。修羅問曰，云何輒取我妹爲婦。天王報曰，我是丈夫，無婦，汝妹童女，無夫，理所當取，何致嫌責。修羅曰，汝有何能，自稱丈夫，若是丈夫，戰必得勝。天王曰，當共決之。即各執器仗，互相斫刺。天是那羅延身，刺不能入。天斫修羅頭手身分，斷即還復。從旦至暮，斫刺修羅，無有死狀。天力稍盡，轉就疲困，修羅至夜，力轉強勝。明妃恐夫不如，取欝波羅華，劈爲兩片，各擲一邊，明妃於中行去復來。天解其意，即斫修羅身爲兩片，各擲一邊，天王於中行去復來，由此失命。天居此地，顯丈夫能，因此立名丈夫國也。婆羅門者，此云淨行，設衛自居，潔白其操者，四姓之一也。嬌尸迦，元是帝釋之姓，故云帝釋之弟毘搜紐天王之後。言無著者，因解大乘空義，空無所著，故此名焉。廣造諸論者，天親菩薩始學小乘，毀大乘教，後歸大乘，廣造諸論，讚歎大乘，以雪前尤。非空非有者，唯遮境有，識簡心空，故云非空非有，顯唯識爲中道。以小乘執境有心空，大乘立唯識破之。

如世尊言，一切法無我。〇如世尊言，原爲佛説，乃論主推尊法有所自。一切法等者，總標〔二〕百法及二無我〔三〕以爲宗旨，乃一論之綱領也。若究所宗，總一代聖教，淺深爲次，分而爲八：一、我法俱有宗，此宗攝二十部五部之義，謂犢子部、法上部、賢胄部、正量部、密林山部，或亦取經部根本一分之義。二、法有我無宗，攝三部全，謂一切有部、雪山部、多聞部，更兼化地部末計一分之義。三、法無去來宗，攝七全部，謂大衆部、鷄胤部、制多山部、西山住部、北山住部、法藏部、飲光部，兼取化地部根本一分之義。四、現通假實宗，攝説假部全，末經部一分之義。此上四宗，唯爲小乘。五、俗妄真實宗，即説出世部。六、諸法但名宗，即一説部。此二通於大小乘。七、勝義俱空宗。八、應理圓實宗。後二唯大。此論旨趣，即第八宗。於深密三時，乃第三時也。言三時者，初《四阿含》言有，第二時八部般若言空，第三時即《解深密經》空有雙彰中道教也。

總標百法及二無我者：一、論之旨也。百法義如前釋。二無我者，二即我、法，我是主義，謂我無主及法無主，名二無我。淺深爲次者，自我法俱有宗至應理圓實宗皆從淺以至深，故分爲八。二十部者，按《異部宗輪論》云，佛涅槃後百有餘年，摩竭陀國俱蘇摩城，王號無憂，統攝贍部，感一白盖，化洽人神。是時佛法，大衆初破，破即分也。謂因龍象邊鄙，多聞大德，四衆共議無常、苦、空、無我、涅槃、寂静五事不同，分爲兩部，一大衆部，老小同會共集律部。二上座部。唯老宿人同會共出律部。從大衆部流出八部，合有九部：一、大衆部。二、一説部。所執與大衆部同，故云一也。三、説出世部。説諸佛世尊皆是出世。四、鷄胤部。是謂律主姓也。五、多聞部。謂律主有多聞智也。六、説假部。謂蘊處界皆非實有。七、制多山部。律主居處也。八、西山住部。亦律主居處也。九、北山住部。亦律主居處也。從上座部分爲兩部：一、説一切有部。又名一切語言，謂律主執三世有，名一切語言也。二、即上座部，轉名雪山部。即律主行處也。從説一切有部，展轉流出九部，共前根本兩部，成十一部：一、説一切有部。二、雪山部。三、犢子部。律主姓也。四、法上部。律主名也。五、賢胄部。律主名也。六、正量部。又名一切所貴，律主爲通人所重也。七、密林山部。律主居處也。八、化地部。名能射，又名不可棄。律主初生，母棄於律井，父追尋之，雖墜不夭，故云不可棄。九、法藏部。律主名也。十、飲光部。又名迦葉，律主姓也。十一、經量部。又名修妬路，律主執修妬路義也。共前九部，成二十部。一、我法俱有宗攝五部之義者，因釋一頌，我法俱有執義，不同前二部意。從犢子部流出法上等四部，由此五部執義皆同。所釋頌者，謂：已解脱更墮，墮由貪復還，獲安喜所樂，隨樂行至樂。是明我法俱有之義，前二句釋有我，後二句釋有法。二、法有我無宗攝三部者，説一切有部云諸是有者皆二所攝，一名二色。彼以名色爲法。又云無轉變諸蘊，有出世靜慮，是以諸蘊爲我，故云我無。靜慮爲法，故云法有。更兼化地部末一分者，諸部皆有本宗同義、末宗異義，有相合處，故亦取之。三、法無去來宗攝七全部者，大衆部云過去未來非實有體，餘部皆同，故亦攝之。四、現通假實宗攝説假部者，彼云諸行相待，展轉和合，假名爲苦，由福故得聖道，道不可修，道不可壞，是以苦諦爲假，道諦爲實。經部末一分，義同此部。五、俗妄真實宗即説出世部者，彼云道因聲起，苦能引道，是以苦諦爲俗妄，道諦爲真實。六、諸法但名宗即一説部者，彼云佛一切時不説名等，常在定故。然諸有情，爲説名等，歡喜踴躍，一刹那心了一切法，一刹那心相應般若知一切法，是謂諸法但有其名。七八兩宗不攝部者，唯屬大乘故。此論旨趣即第八宗者，謂此論題雖名百法，是唯識義，唯識之理即圓成實，故與應理圓實宗同。《深密》三時者，《解深密經》乃第三時説，所詮之旨，空有雙彰中道教也。

何等一切法，云何爲無我。○問有五種，謂利樂有情問、不解問、愚癡問、試驗問、輕觸問。此即利樂有情問也。

不解、愚癡，是本分問。試驗、輕觸，是慢彼問。利樂有情，方便問也。此中發問，唯利樂有情。

一切法者，略有五種。〇此總標諸法也，稱理言之，實有無量。以衆生性欲無量，是以《瑜伽》始五識身，歷至法界六百六十等法。今言五位百法，豈非要略乎，故云略有五種。自此至真如無爲，總荅初問。

始五識身，歷至法界六百六十等法者，舉十七地中首尾，以攝中間諸地。十七地者，一、五識身相應地。二、意地。三、有尋有伺地。四、無尋唯伺地。五、無尋無伺地。六、三摩呬多地。七、非三摩呬多地。八、有心地。九、無心地。十、聞所成地。十一、思所成地。十二、修所成地。十三、聲聞地。十四、獨覺地。十五、菩薩地。十六、有餘依地。十七、無餘依地。此無餘依地，唯有清淨真如，名爲法界，故云歷至法界也。以十七地中所攝諸數太廣，今取百法，故名爲略。

一者心法，二者心所有法，三者色法，四者心不相應行法，五者無爲法。〇心法者，總有六義。一、集起名心，唯屬第八，集諸種子，起現行故。二、積集名心，屬前七轉識，能熏積集諸法種故。或集起屬前七轉，現行共集熏起種故。或積集名心，屬於第八，含藏積集諸法種故。三、緣慮名心，俱能緣慮自分境故。四、或名爲識，了別義故。五、或名爲意，等無間故。六、或第八名心，第七名意，前六名識。斯皆心分也。

集起、積集，雖於第八、前七，兩轉互說，而於實義各有所長。緣於積者藏義，集者會義，故集起在現行上說，積集在種子上說。今言集起名心屬第八者，以能生起諸現行也。積集名心屬前七者，以能熏成諸法種也。又說集起屬前七者，是說現行共集爲能熏也。積集名心屬第八者，說彼含藏積集種也。或名爲意者，意有恒轉等無間意故，將八識前滅後生時，兩頭相等，中間無間，依意立名耳。餘如文釋。

○言心所有法者，具三義故。一、恒依心起。二、與心相應。三、繫屬於心。具此三義，名爲心所。要心爲依，方得起故。觸等恒與心相應故。既云與心相應，蓋心不與心自相應故，心非心所故，他性相應，非自性故。相應之義有四，謂時、依、所緣及事皆同，乃相應也。觸等看與何心生時，便屬彼心之觸等故。如次爲三義也。

此釋心所與心相應義。相應之義有四者，謂心王心所同時起、同所依根、同所緣境、同一自證分體事，故名相應。言如次爲三義者，從要心爲依下，是一者恒依心起義，觸等恒與下，是第二與心相應義，觸等看與下，是第三繫屬於心義，故云如次。

○色法者，識之所依所緣，乃五根五境質礙之色。亦名有對色，以能所造八法而成，乃十有色也。無對色即法處色也。

能所八法者，能造地水火風四法，所造色香味觸四法。能所共成，故有所依五根，所緣五境，名十有色。法處色者，意識所緣法塵，唯影無質，故云無對。

○言不相應行法者，行蘊有二。一、相應行，即心所法。二、不相應行，即始自得，終至不和合性，二十四法是也。

行蘊有二者，一、相應行，即諸心所。二、不相應行，即此得等。謂五十一心所法中，除去受想二蘊，有四十九數，共得等二十四法，則有七十三法，總名行蘊，故説行蘊有二。又名不相應者，以非能緣，不與心相應。無質礙故，不與色相應。有生滅故，不與無爲相應。

○言無爲法者，即不生不滅，無去無來，非彼非此，絶得絶失，簡異有爲，無造作故，名曰無爲也。

簡異有爲者，有爲有三：一、現所知法，謂色、心等，各別顯現，衆所知故，是有爲法。二、現受用法，謂瓶衣等，瓶可受物，衣可覆身，是有爲法。三、有作用法，謂眼耳等，眼等各有發識作用，是有爲法。無爲非上三種，故云簡異有爲。

一切最勝故，與此相應故，二所現影故，三位差別故，四所顯示故。○言初心法八種，造善造惡，五趣輪轉，乃至成佛，皆此心也。有爲法中，此最勝故，所以先言。言與此相應故者，謂此心所與其心王常相應故。望於心王，此即爲劣，先勝後劣，所以次明。所現影故者，即前色法，謂此色法不能自起，要藉前二所變現故。自證雖變，不能親緣，故置影言，簡其見分，亦自證變，則非是影。或與自證通爲本質故。或簡受所引色，非識變影。第六緣時，以彼爲質，質從影攝，前二能變，此爲所變，先能後所，故次言之。分位差別者，謂此不相應行不能自起，藉前三位差別假立，前三是實，此一爲假，所以第四明之。言所顯示者，此第五無爲之法，乃有六種。謂此無爲，體性甚深，若不約事以明，無由彰顯，故藉前四斷染成淨之所顯示。前四有爲，此即無爲，先有後無，所以最後明也。

此中總釋五位名義次序。前二位中，勝劣次序，兼第三位，能所次序，通前四位，實假次序，總此五位，有無次序。第三位中，言自證雖變，不能親緣者，簡第八識自見分緣，以第八見分緣根身等法是親緣故。亦非轉識各見分緣，以此轉識各自證分，託彼第八所變相分以爲本質，自變相分，令自見分得親緣故，是説第八自證雖變，唯見分緣，故置影言。或説八識各自證分雖變色法，唯見分緣，自證不緣，故置影言。簡其見分非是影者，見是能變，不得言影。或與自證通爲本質者，謂諸轉識各自證分託質變時，通以第八見分及所變相分爲本質故。雖前五識不起分别，無本質名，所緣親相分亦託彼變故。又言或簡受所引色非識變影者，謂受戒時，不從質起，故不名影，唯從第六分別心起，無本質故，彼所變色但從影攝，不即是影，是故簡之。餘義如文。

如是次第。○此結荅也，由上如是勝劣、能所、實假、有無，故云如是次第。此略結上文，總標五位章門。下乃備列百法名數也。

勝是心王，劣是心所。王所爲能，色法爲所。色、心實有，不相應行依實假立。前四有爲，後一無爲。故云勝劣、能所、實假、有無，如是次第。

第一心法，略有八種。○此總標，下別列。

一、眼識。二、耳識。三、鼻識。四、舌識。五、身識。六、意識。○隨根立名，具五義故，謂依、發、屬、助、如。除根發之識，餘四皆依根之識等，依主也。根發，依士也，雖六識身，皆依意轉，此隨不共意識，名依發等，故五識無相濫矣。蓋兼未自在位言之耳。或唯依意，故名意識，辨識得名，心意非例。

四皆依根之識等者，謂依根、屬根、助根、如根，皆以所依所屬等根爲主。能依等識，即爲客義，是爲能所依彰，依主釋。除根發之識者，謂不得言發根之識，唯當言根所發識。根雖能發，根得父名而劣，識是所發，識得子名而勝。眼由有識，名眼緣色，依勝得名，即勝劣依彰，依士釋也。雖六下，謂前五識亦依意爲染淨依緣，前五方生。而第六識獨名意識者，以前五各將所屬之根爲名，亦顯意識不共，故不相濫。心意非例者，謂他處言心意識三該八種識，此名意識，唯詮第六，非同他處，心詮第八，意詮第七，識詮前六，故云非例。

七、末那識。○華言意識，如藏識名，識即意故。第六意識，如眼識名，識異意故。然諸聖教，恐此濫彼，故於第七但立意名。又以簡心之與識，以積集了別劣餘識故，或欲顯此與彼意識爲近所依故，但立意名耳。

末那云意，故名意識。識即意故者，意是業用，識是其體，體持業用，持業釋也，藏識亦尔，故云如藏識名。識異意故者，意是所依根，識是能依識，能所依彰，依主釋也，眼識亦尔，故云如眼識名。又以簡心下，謂心是第八，有積集義，識是前六，有了別義，七但名意，以無積集、了別，故云劣餘識也。

八阿賴耶識。〇華言藏識，能含藏諸種故。又具三藏義故，謂能藏、所藏、執藏也。與雜染互爲緣故，有情執爲自内我故。由斯三義而得藏名，藏即識也。

與雜染互爲緣者，釋能所藏也。持種義邊，名爲能藏，是諸法與識爲緣。受熏義邊，名爲所藏，是識與諸法爲緣。有情執爲自内我者，釋執藏也，以第七識念念執爲自内我故。藏即識者，藏是業用，識是其體，體持業用，持業釋也。

第二心所有法，略有五十一種，分爲六位：一、遍行，有五。二、別境，有五。三、善，有十一。四、煩惱，有六。五、隨煩惱，有二十。六、不定，有四。〇此舉總數，以標列章門，下乃隨章列名。言徧行者，徧四一切，心得行故，謂三性、八識、九地、一切時，俱能徧故。言別境者，別別緣境而得生故。所緣之境則有四，乃所樂之境、決定境、曾習境、所觀境。各緣不同，故云別境。解現下文。言善十一者，唯善心中可得生故，此世他世俱順益故，性離愆穢，勝過惡故。言煩惱者，性是根本煩惱攝故，又能生隨惑，名爲根本。煩，擾也。惱，亂也。擾亂有情，恒處生死也。言隨煩惱者，隨他根本煩惱分位差別，等流性故，此亦見下文。言不定者，由不同前五位心所，於善染等皆不定故，非如觸等定遍心故，非如欲等定遍地故，不立定名也。

偏四一切者，謂一切三性，一切八識，一切九地，一切時，皆有觸等五所，故云俱能偏故。所緣之境有四者，於所樂境起欲，於決定境起勝解，於曾習境起念，於所觀境起定無慧，起慧無定。問：定慧既同所觀，何爲別境。荅：以定與慧不俱起故，亦是別境。隨煩惱有二：一、隨差別性，即隨根本煩惱分位差別，假立其名，非實有體。二、隨等流性，即隨根本煩惱染類流故，各別有體，故名等流。觸等定偏心者，八識皆偏故。欲等定偏地者，九地皆偏故。悔眠尋伺是不定義，故云非如等。

一、遍行五者：○此別標，下列名。

一、作意。二、觸。三、受。四、想。五、思。○言作意者，謂警覺應起心種爲性，引心令趣自境爲業。觸者，令心心所觸境爲性，受想思等所依爲業。受者，領納順違俱非境相爲性，起欲爲業，能起合離非二欲故，亦云令心等起歡慼捨相。想謂於境取像爲性，施設種種名言爲業，謂安立自境分齊故，方能隨起種種名言。思謂令心造作爲性，於善品等役心爲業，謂能取境正因等相，驅役自心，令造善等。

凡言性者爲體，業者爲用，以諸心所各有體性業用，一一別釋。應起心種者，心從種起，於應起者作意令起故。趣自境者，心各有境，不趣餘境故。令心觸境者，心心所法，由有觸心所，方能緣境故。受所依者，受等心所依觸得生故。領納順違俱非境者，謂領順境時令心歡而欲合，領違境時令心慼而欲離，領俱非境時令心捨而非二。想取像者，像從境起，言自像生，故云謂安等。正因等者，等於邪因，正因即善，邪因不善，故云驅役自心，令造善等。

二、別境五者：○此別標，下列名。

一、欲。二、勝解。三、念。四、三麼地。五、慧。○言欲者，於所樂境希望爲性，勤依爲業。勝解者，於決定境印持爲性，不可引轉爲業，謂邪正等教理證力，於所取境審決印持，由此異緣不能引轉故。若猶豫境，勝解全無。勝即是解。念者，於曾習境令心明記不忘爲性，定依爲業，謂數憶持曾所受境，令不忘失，能引定故。三麽地者，此云等持，於所觀境令心專注不散爲性，智依爲業，謂觀得失俱非境中，由定令心專注不散，依斯便有决擇智生。心專注言，顯所欲住即便能住，非唯一境，不尔見道歷觀諸諦，前後境別，應無等持也。言慧者，於所觀境揀擇爲性，斷疑爲業，謂觀得失俱非境中，由慧推求，得决定故。上言解現下文者，義在此耳。

別釋別境五所體性業用。欲與樂俱，故境爲所樂。精進勇猛，根於樂欲，故勤依爲業。勝即解者，勝是用，解是體，云勝即解，持業釋也。曾習爲過去，明記已往爲念。由數憶持，攝心從境，故能引定。心專注言下，謂不長隨一境不移，但令心定，境任往來，如緣色定，不緣餘聲，色滅聲臨，即緣聲定，不隨色轉，如鏡對像，像自往來，光不隨轉，故説專注非唯一境。言等持者，即定也。餘義如文。

三、善十一者：○此標章，下列名。

一、信。二、精進。三、慚。四、愧。五、無貪。六、無瞋。七、無癡。八、輕安。九、不放逸。十、行捨。十一、不害。○言信者，於實德能，深忍樂欲，心淨爲性，對治不信，樂善爲業，謂於諸法實事理中深信忍故，於三寶真淨德中深信樂故，於一切世出世善深信有力，能得能成，起希望故。此三種信也。言心淨爲性者，謂此性澄清，能淨心等，如水清珠，能清濁水，故云心淨爲性也。言精進者，於善惡品修斷事中勇捍爲性，對治懈怠，滿善爲業，謂善品修，惡品斷，勇表勝進，簡諸染法，捍表精純，簡淨無記。又云勇而無怯，捍而無懼。言滿善者，圓了善事，名爲滿善，故三根爲作善，此名滿善，能滿彼故。或曰：《唯識論》言，精進一法，在三根後，《百法》則信後即言，何耶。曰：《唯識》乃立依次第，此乃因依次第。盖信爲欲依，欲爲勤依，故此信後，而便言勤，勤即精進也。但勤通三性，精進唯善性攝也。立依者，謂根依精進立，捨等三所依四法立，理須合説，故三根後方説精進。

釋十一善所體性業用。信有三種，謂忍實事理、樂修淨德、欲行諸善，如次爲三。勇表勝進者，謂堅猛、有勢、有勤、有勇，不同染法之情沉。捍表精純者，謂加行、無下、無退、無足，故非無記之昏迷。言因依次第者，依信爲因而有欲，依欲爲因而有勤，故此信後即便言勤，勤即精進。問：既即精進，何不言勤。答：勤通三性，精進唯善，故不言勤。言立依次第者，謂無貪、無瞋、無癡三種，依精進一法，立爲善根。不放逸、行捨、不害三心所，依精進三根四法，假立三名，故彼論中於三根後方説精進。

○言慚者，依自法力，崇重賢善爲性，對治無慚、止息惡行爲業。自法力者，自謂自身，法謂教法。言我如是身，解如是法，敢作諸惡耶。言愧者，依世間力，輕拒暴惡爲性，對治無愧、止息惡行爲業。世人譏呵，名世間力。輕有惡者而不親，拒惡法業而不作也。言無貪者，於有有具無着爲性，對治貪着，作善爲業。言有有具者，上一有字即三有之果，有具即三有之因。言無瞋者，於苦苦具無恚爲性，對治瞋恚，作善爲業。言苦苦具者，苦謂三苦，苦具者苦因。無癡者，於諸事理明解爲性，對治愚癡，作善爲業。言輕安者，遠離麤重，調暢身心，堪任爲性，對治昏沉，轉依爲業。離重名輕，調暢身心名安。謂此伏除能障定法，令所依止轉安適故。言堪任者，有所堪可，有所任受。言轉依者，令所依身心，去麤重，得安隱故。言不放逸者，精進三根，於所斷修，防修爲性，對治放逸，成滿一切世出世善事爲業。防修者，於所斷惡，防令不起，於所修善，修令增長。言精進三根者，此不放逸即四法防修功能，非別有體。或云：信等亦有防修功能，何不依立。曰：餘六比四，勢用微劣，故不依立。偏何微劣，非善根故，非遍策故。言行捨者，精進三根，令心平等、正直、無功用住爲性，對治掉舉，靜住爲業。言行捨者，乃行蘊中捨，簡受蘊捨故。言令心平等等者，由捨，令心離昏掉時，初心平等，次心正直，後無功用。此初、中、後差別之位也。此亦即四法者，離彼四法，無別相用矣。何知無別。曰：若能令靜，即是四法，若所令靜，即心等故。或曰：既即四法，何須別立。曰：若不別立，隱此能故。言不害者，於諸有情不爲損惱，無瞋爲性，能對治害，悲愍爲業，謂即無瞋，於有情所，不爲損惱，假名不害。無瞋翻對斷物命瞋，不害但違損惱物害。無瞋與樂，不害拔苦，此二麤相差別。理實無瞋實有自體，不害依彼一分假立，爲顯慈悲二相別故，利樂有情，彼二勝故。

慚者慚心，故云依自法力。愧者愧人，故云依世間力。二法俱以止息惡行爲業者，彼二業用是通相故。無貪等三，名爲善根，以彼能生諸善法故。輕安一法，唯定地有，欲界中無。論說欲界諸心心所，猶闕輕安，名不定地。言非善根，非遍策者，謂信等六法，非是無貪瞋癡之善根，亦非精進之遍策，故不依彼立不放逸。言簡受蘊捨者，捨有二種，一者捨受，二者捨行。而云行捨者，行蘊中捨，名爲行捨。又先有行而後捨故。精進三根爲行，無功用住爲捨，功用即行，無即是捨，故以爲性。捨義雖同，蘊有差別。性又不同，捨受唯無記，行捨是善性，是故簡之。《唯識論》云，此十一法，三是假有，謂不放逸、捨及不害，義如前說。餘八是實，相用別故。謂依精進三根四法，假立行捨及不放逸，依無瞋善根假立不害，故彼論說三是假有。信精進等，各別有體，不依他立，是故彼八說爲實有。

四、煩惱六者：○此別標章，下別列名。

一、貪。二、瞋。三、慢。四、無明。五、疑。六、不正見。〇言貪者，於有有具，染着爲性，能障無貪，生苦爲業。生苦者，謂由愛力，取蘊生故。瞋者，於苦苦具，憎恚爲性，能障無瞋，不安隱性惡行所依爲業。不安者，心懷憎恚，多住苦故，所以不安。慢者，恃己於他，高舉爲性，能障不慢，生苦爲業。生苦者，謂若有慢，於德有德，心不謙下，由此死生輪轉無窮，受諸苦故。無明者，於諸理事，迷暗爲性，能障無癡，一切雜染所依爲業。雜染所依者，由無明起癡邪定，貪等煩惱隨煩惱業，能招後生雜染法故。疑者，於諸諦理猶豫爲性，能障不疑善品爲業。障善品者，以猶豫故善不生也。惡見者，於諸諦理，顛倒推度，染慧爲性，能障善見，招苦爲業。盖惡見者，多受苦故，此見有五，謂身、邊、邪、見取、戒禁取也。此六即俱生，若開惡見成十，即分別惑也。又十惑中，瞋唯不善，餘九皆通有覆不善。

釋六根本煩惱體性業用。謂由愛力取蘊生故者，蘊即是身，色受想等聚爲身故，由貪愛力，五蘊身生，執身爲我，故名取蘊。德有德者，意含無德，彼德自無，我不應慢，無德尚尔，德可慢乎。故慢有德，輪轉無窮。或謂於諸德中而有德者，不謙下彼，是慢彼義。言癡邪定者，謂蠢然專注名癡定，不順正理名邪定，皆以無明爲依，以顯正定明記爲依。言不疑善品者，餘善心所也，是六百法中不録之餘善。惡見分五者，《唯識俗詮》云煩惱如稠林，故有根本枝葉之説，而立爲根隨二位煩惱，以有根故，能生枝葉。根有六種，或開爲十，隨有二十，更約爲三。根之六者，一貪，二瞋，三癡，四慢，五疑，此名五鈍使也。第六惡見。若開此一，又有五名，一身見，二邊見，三邪見，四見取，五戒禁取，此名五利使也。前名鈍者，於所緣境頑嚚無決故，此名利者，於所緣境果決割斷故。十皆名使者，爲心王之所使，故名心所使。此六下，釋俱生分別者，互相影略。若執六唯俱生，十唯分別，義乖《唯識》，故論云，如是總別十煩惱中，六通俱生及分別起，任運思察，俱得生故。疑後三見，唯分別起，要由惡友及邪教力，自審思察方得生故。謂貪、瞋、癡、慢、身見、邊見六法，通俱生分別。彼以任運釋俱生，思察釋分別，故云俱得生故。疑及邪見二取，四法唯分別起。若以此六即俱生者，疑唯分別，餘五通二，是故相乖。若六俱生中，影略分別，於十分別中，影略俱生，此義方盡。

五、隨煩惱二十：○此別標章，下別列名。

一、忿。二、恨。三、惱。四、覆。五、誑。六、諂。七、憍。八、害。九、嫉。十、慳。十一、無慚。十二、無愧。十三、不信。十四、懈怠。十五、放逸。十六、昏沉。十七、掉舉。十八、失念。十九、不正知。二十、散亂。○言忿者，依對現前不饒益境憤發爲性，能障不忿，執仗爲業。執仗者，仗謂器仗。謂懷忿者，多發暴惡，身表業故，瞋一分攝。恨者，由忿爲先，懷惡不捨，結寃爲性，能障不恨，熱惱爲業。熱惱者，謂結恨者不能含忍，恒熱惱故。惱者，忿恨爲先，追觸暴熱，恨戾爲性，能障不惱，蛆螫爲業。言追觸等義，謂追往惡，觸現違緣，心便狠戾，多發囂暴，兇鄙麤言，蛆螫他故，此亦瞋分也。覆者，於自作罪，恐失利譽，隱藏爲性，能障不覆，悔惱爲業。言悔惱者，覆罪則後必悔惱，不安隱故。貪癡二分，若不懼當苦，覆罪者，癡一分攝。若恐失利譽，覆罪者，貪一分攝。言誑者，爲獲利譽，矯現有德，詭詐爲性，能障不誑，邪命爲業。謂矯誑者，心懷異謀，多現不實，邪命事故。此貪癡分。諂者，謂罔他故，矯設異儀，諂曲爲性，能障不諂，教誨爲業。謂諂曲者，爲罔冒他，曲順時宜，矯設方便，以取他意，或藏己失，不任師友正教誨故。亦貪癡分也。憍者，於自盛事，深生染着，醉傲爲性，能障不憍，染依爲業。言染依義者，憍醉則生長一切雜染法故，此貪分也。不憍者，即無貪也。害者，於諸有情，心無悲愍，損惱爲性，能障不害，逼惱爲業。言逼惱之義，有害者逼惱他故，瞋一分攝。若論害與瞋之别義者，害障不害，正障於悲，瞋障無瞋，正障於慈，又瞋能斷命，害但損他，此差别也。言嫉者，殉自名利，不耐他榮，妬忌爲性，能障不嫉，憂慼爲業。言憂慼義者，嫉者聞見他榮，深懷憂慼，不安隱故，亦瞋分爲體。言慳者，耽著法財，不能惠捨，秘悋爲性，能障不慳，鄙畜爲業，亦貪分也。無慚者，不顧自法，輕拒賢善爲性，能障於慚，生長惡行爲業。言不顧者，謂於自法無所顧者，輕拒賢善，不耻過惡，能障礙慚，生長惡行故。無愧者，不顧世間，崇重暴惡爲性，能障礙愧，生長惡行爲業。言不顧世間等義者，謂於世間無所顧者，崇重暴惡，不耻過非，能障於愧，生長惡行故。言不信者，於實德能不忍樂欲，心穢爲性，能障淨心，惰依爲業。言惰依者，不信之者多懈怠故。言懈怠者，於善惡品修斷事中，懶惰爲性，能障精進，增染爲業。言增染者，以懈怠者滋長染故。言放逸者，於染淨品不能防修，縱蕩爲性，障不放逸，增惡損善所依爲業。此放逸以何爲體。曰：懈怠三根，不能防修染淨等法，總名放逸。離上四法，别無體性。或曰：彼慢疑等，亦有此能，何不依立。曰：慢等方四，勢用微劣，故不依立。此之四法，偏何勝餘慢等。曰：障三善根，障遍策故，餘無此能，所以不勝。言惛沉者，令心於境無堪任爲性，能障輕安毗鉢舍那爲業。或曰：惛沉與癡何别。曰：癡於境迷暗爲相，正障無癡，而非瞢重，惛沉於境瞢重爲相，正障輕安，而非迷暗，故二不同。言掉舉者，令心於境不寂靜爲性，能障行捨奢摩他爲業。失念者，於諸所緣不能明記爲性，能障正念，散亂所依爲業。言散亂所依者，失念則心散亂故。此失念者，有云念一分攝，是煩惱相應念故。有云癡一分攝，《瑜伽》説此是癡分故。癡令念失，故名失念。有云俱一分攝，由前二文影略説故。不正知者，於所觀境謬解爲性，能障正知，毀犯爲業。毀犯業者，不正知者多毀犯故。此法或云慧一分攝，是煩惱相應慧故。或云癡一分攝，《瑜伽》説此是癡分故。令知不正，名不正知。有云俱一分攝，由前二文影略説故。散亂者，令心流蕩爲性，能障正定，惡慧所依爲業。言惡慧所依者，謂散亂者發惡慧故。或曰：散亂掉舉何別。曰：散亂令心易緣，掉舉令心易解，是所別相。前云隨其煩惱分位差別等流性故者，義現此耳。蓋忿恨等十，并失念、不正知、放逸，此十三法，乃根本家差別分位也。若無慚、無愧、掉舉、惛沉、散亂、不信、懈怠，此之七法，乃根本家等流性故。或云：此七既別有體，何名等流。曰：根本爲因，此方生故，名等流也。

《唯識論》云，此二十種，類別有三。謂忿等十，各別起故，名小隨煩惱。無慚等二，遍不善故，名中隨煩惱。掉舉等八，偏染心故，名大隨煩惱。小隨中，忿依現境，執仗以身表之。恨懷先惡，結冤而熱惱爲業。惱追忿恨之往惡，或觸現在之違緣，即以凶言轉施諫者。害者於他逼惱，心無悲愍。嫉者不耐他榮，性恒忌妬。雖皆以嗔爲性，業用有異，故分爲五。覆者，恐失利譽，貪也，藏隱自罪，癡也。誑者，爲獲利譽，亦貪。矯現有德，曰癡。諂者，曲順時宜，爲貪。不任教誨，爲癡。雖皆以貪癡爲性，而各有異，又分爲三。憍者，染着盛事，唯是貪分，性自醉傲，有可恃故。慳者，躭着財法，亦唯貪分，性自秘悋，畜不捨故。雖皆以貪爲性，而於所恃不捨有異，故分爲二。已上小隨，互取三不善根爲體，故云假立。中隨二者，翻善爲不善也，以善所中慚者慚心，愧者愧人，故無慚者不顧自法，輕拒賢善，無愧者不顧世間，崇重暴惡，以有無慚，必有無愧，乃自類俱起也。大隨中，不信、懈怠、放逸、惛沉、掉舉，此五，翻善品中信與精進及不放逸、輕安、行捨五善心所，以此唯染，彼唯淨故。失念、散亂，翻入別境念定淨分。又不正知，亦翻別境慧淨分故，以別境中具染淨故。應知此八，放逸、失念及不正知，三是假有，分位性故，餘五是實，等流性故。散亂令心易緣者，心遊於境也。掉舉令心易解者，境現於心也。又云，易解從心，易緣從境，是二別義。言差別分位者，無體假立也。等流性故者，有體同類也。

六、不定四者：○此別標，下列名。

一、睡眠。二、惡作。三、尋。四、伺。○

言睡眠者，令身不自在，昧略爲性，障觀爲業。觀即毘鉢舍那。謂睡眠位，身不自在，心極暗劣，一門轉故。昧簡在定，略別寤時，令顯睡眠非無體用，有無心位，假立此名，如餘盖纏心相應故。言惡作者，惡所作業，追悔爲性，障止爲業。止即奢摩他。此即於果，假立因名，先惡所作業，後方追悔故，悔先不作，亦惡作攝。如追悔言，我先不作如是事業，是我惡作。有義，此二各別有體，與餘心所行相別故。隨癡相說，名世俗有。言尋伺者，尋謂尋求，令心怱遽，於意言境麤轉爲性。伺謂伺察，令心怱遽，於意言境細轉爲性。二法業用，俱以安不安住身心分位所依爲業。謂意言境者，意所取境，多依名言，名意言境。或曰：尋伺二法，爲假爲實。曰：並用思之與慧，各一分爲體。若令心安即是思分，令心不安即是慧分。盖思者徐而細故，慧則急而麤故。是知令安則用思無慧，不安則用慧無思。若通照大師，釋有兼正，若正用思，則急慧隨思，能令心安，若正用慧，則徐思隨慧，亦令不安，是其並用也。

一門轉者，意識有明了暗劣二門，此無明了，故云一門。昧簡在定者，定心一境，略而不昧，以顯睡眠性闇昧故。略別寤時者，寤時廣緣，不得稱略，以顯睡眠性是忽略。

故云令顯睡眠非無體用，有無心位。假說此名者，謂有五無心之睡眠位，依此假立，非實睡眠，以彼無心，此有心故，有體用故，如餘盖纏。心相應故者，蓋有五蓋，《瑜伽頌》云蓋謂貪欲蓋，及與瞋恚蓋，惛沉睡眠蓋，掉舉惡作蓋，第五是疑蓋。纏有八纏十纏，《俱舍》云，纏八無慚愧，嫉慳并悔眠，及掉舉惛沉，或十加忿覆。言隨癡相說名世俗有者，謂此悔眠與無明俱，體非無明，名世俗有，而實各別，有自體故，豈即世俗，假無自體。尋伺二法，釋義如文。

第三色法，略有十一種：○言色者，有質礙之色，有顏色之色，所依之根唯五，所緣之境則六，即二所現影。此別標章，下別列名。

形等爲質礙，青等爲顏色。色之一字，根塵緫名，聲香味等，俱名色故。故說根境共十一種，是心心所所現影故。

一、眼。二、耳。三、鼻。四、舌。五、身。六、色。七、聲。八、香。九、味。十、觸。十一、法處所攝色。○言一眼者，照矚之義。梵云斫蒭，此翻行盡。眼能行盡諸色境故，是名行盡。翻爲眼者，體用相當，依唐言也。二耳者，能聞之義。梵云莎嚕多羅戍縷多，此翻能聞聲。數數聞此聲，至可能聞處。翻爲耳者，體用相當，依唐言也。三鼻者，能齅之義。梵云伽羅尼羯羅拏，此云能齅，齅香臭故。數數由此能齅香臭故，翻爲鼻者，體用兼之，依唐言也。四舌者，能嘗義。梵云舐若時吃縛，此云能嘗。《瑜伽論》云，能除饑渴，數發言論，表彰呼召，謂之舌也，通於勝義世俗二義。翻爲舌者，亦兼體用，依唐言也。五身者，積聚依止二義名身，謂積聚大造，諸根依止。梵云迦耶，此翻爲積聚身根，爲彼多法依止，諸根所隨，周遍積聚，故名爲身。翻爲身者，體義相當，依唐言也。體即是根，此五言根者，皆有出生增上義故。則以能造所造八法爲體，乃識所依之根也。

體用相當者，體即勝義，與浮塵根，用即照境，與對境義。故謂眼如蒲桃朶，耳如新捲葉，鼻如雙垂爪，舌如初偃月，身如腰皷鼜。此明浮塵五根體相也。眼能照矚，耳爲能聞，鼻爲能齅，舌爲能嘗，身爲積聚依止之能觸，此明勝義五根義用也。有如是體發如是用，故云體用相當，依唐言也。

○言六色者，眼所取故。有二十五種，謂青、黃、赤、白、此四實。長、短、方、圓、麤、細、高、低、此相狀假。正、不正、光、影、明、暗、煙、塵、雲、霧、迥色、表色、空一顯色。此分位假。此皆方處示現義，顔色之色也。對眼識故，質礙名色，乃色之總名耳。言七聲者，四大種所造，耳根所取義故。總有五因，攝十二種聲。五因者：一、相故，即耳根所取義。此一爲總，餘四爲別。二、損益故者，立初三種聲，云可意聲、是益。不可意聲、是損。俱相違聲。通二。三、因差別故者，攝次三種，謂因執受大種聲、語等。因不執受大種聲、樹等聲。因俱大種聲。手鼓等聲。四、說差別攝三者，有世所共成聲，謂世俗語所攝。成所引聲者，謂諸聖所說。遍計所執聲者，外道所說。五、言差別攝三者，聖言量所攝聲，即八種聖語。聖，正也。此八種語，不出見聞覺知，該於六根，以鼻舌身皆覺故。如應答於人，第一見則言見，乃至第四知則言知，若不見言不見，乃至第八不知言不知，斯聖語矣。若第一見言不見，不見言見，乃至第八不知言知，此亦八種非聖言矣。《華嚴鈔》唯十一種，以《唯識》加嚮以成十二，更俟參考。言八香者，乃鼻之所取，可齅義故。總有六種，謂好香、惡香、平等香、俱生香、和合香、變易香也。九味者，舌之所取，可嘗義故。有十二種，謂苦、酸、甘、辛、鹹、淡、可意、不可意、俱相違、俱生、和合、變異也。言十觸者，身之所取，可觸之義，故名爲觸。有二十六種，謂地、水、火、風、輕、重、澁、滑、緩、急、冷、暖、硬、輭、饑、渴、飽、力、劣、悶、癢、粘、老、病、死、瘦是也。初四乃實，餘皆依四大假立。或曰：餘既是假，身識何緣。曰：即實緣故。既即實緣，何知輕等。五俱意識分別之也。

青黄赤白四爲實者，析至極微，色不改故。長短等八，相狀假者，析至極微，無相狀故。正不正等十三種色，分位假者，以彼諸法隨方變故。總有五因者，因聲而顯，五處差別，攝十二種聲。一相故者，因聲而有耳所取相，説之爲總，故後四種皆是聲相。二損益故者，由取聲相，令人苦樂，名爲損益，若於聲相不苦不樂，名俱相違。三因差別故者，由取聲相，知執受等，謂諸有情皆第八識執受大種所造根身，故諸有情聲名執受大種。四説差別，五言差別者，由取聲相，知説差別及言差別。問：言説何異。答：直言曰言，釋義曰説，又一字一名爲言，多字多名爲説，是二別義。香味觸三，釋義如文。

○言法處所攝色者，謂過去無體之法，可緣之義，此有五種。謂極迥色，依假想觀，析所礙色至極微，故名極迥色。又云，上見虛空青黄等色，乃是顯色。若下望之，則此顯色至遠而爲難見，故名極迥色也。言極略色者，亦假想觀，析須彌俱礙之色至極微處故。又云，於色上分析長短形相麤細，以至極微故。言俱礙者，乃根色等明暗等色，乃所礙也。定果色，謂解脱定，亦魚米肉山、威儀身等。亦名定自在所生色，定即禪定，自在所生色，謂菩薩入定，所現光明，乃見一切色像境界，如入火光定，則有火光發現等。受所引色者，謂律不律儀殊勝思種，所立無表色也。又受即領受，引即引取，如受諸戒品，戒是色法，所受之戒即受所引色也。遍計所執色者，謂第六識，虛妄計度，所變根塵無實作用，故立此名。或謂餘四名色有可擬議，受之所引，何亦名色。蓋從所防發善惡之色，以立名耳。此四全一少分是假，一分乃實。

意識所緣法塵境界，名爲法處。極迥色者，色最遠故。極略色者，色最細故。定果色者，定中現故。受所引者，受戒引生善惡色故。言律不律儀者，善惡兩門法範也。律儀戒品，雖是色法，依思種立，無所顯示，名無表色。偏計執色無實用者，從分別起，不從因緣，故無實用。此四下，謂偏計執色從依他起上變起相分，名少分假，即依他起名一分實，極迥等四全是實有。若假若實，皆是意識所緣之境，名法處色。

第四心不相應行法，略有二十四種：○此乃色心分位，盖依前三法一分一位，假立得等之名。以行法有二，此簡非心所，以立其名。此總標章，下乃別列。

不相應義及行法有二，如前已釋。前三法者，謂依心王心所及色法三，分位差別，假立得等名耳。

一、得。二、命根。三、衆同分。四、異生性。五、無想定。六、滅盡定。七、無想報。八、名身。九、句身。十、文身。十一、生。十二、住。十三、老。十四、無常。十五、流轉。十六、定異。十七、相應。十八、勢速。十九、次第。二十、時。二十一、方。二十二、數。二十三、和合性。二十四、不和合性。○言得者，包獲成就，不失之義，乃色心生起，未滅壞來，此不失之相也。命根者，依業所引，第八種上，連持色心不斷功能，假立命根耳。衆同分者，類相似故，有人法之別。人同分者，如天同分、人同分。法同分者，如心同分、色同分等。三乘五性，依人法類，假立此名。異生性者，二障種上一分功能，令趣類差別不同，云異生性也。

所言得者，謂於諸法成就不失故。假立命根者，於一第八，有三義別，謂識、壽、煖三，識是見分，煖是相分，壽是種子，依識種子，立爲命根，故云假立。衆同分者，依人法立。三乘即法，五性即人。問：《唯識》名非得，此何名異生。荅：異生、非得，其義一也。論云，此類雖多，而於三界見所斷種未永害位，假立非得，於諸聖性未成就故。應知彼云非得，即此異生，以居異生時，非得聖性故。

○無想定者，想等不行，令身安和，故亦名定。或云此定，想等心聚悉皆不行。而云無想者，想滅爲首，謂此外道，厭想如病，忻求無想，以爲微妙，立此定名。滅盡定者，令不恒行心心所滅，六識。及染第七恒行心聚，皆悉滅盡，乃此定相。蓋修無想則作出離想，而滅盡乃作止息想，又無想唯凡，滅盡唯聖，乃二定之差別也。大抵於厭心種上遮礙轉識不生功能，立此二定也。言無想報者，由欲界修彼定故，感彼天果，名無想報，乃無想之報。依士釋也。名身者，能詮自性，單名也，二名已上方名名身，三名已上名多名身，乃詮別名之身。句身者，一句名句，二句名身，三句已上名多句身。單句詮差別，多句則詮別句之身。文身者，文即是字，能爲名句二所依故。如單言斫，單言芻，未有詮表，名之爲字。論不言名與多名，舉中以攝廣略也。又云，帶詮名文，如經書字，不帶詮者只名字，若字毋及等韻類是也。生者，先無今有。住者，有位暫停。老則住別前後，亦云衰變名老，又云法非凝然。言無常者，今有後無，死之異名。又諸聖教，多合生滅以爲無常。蓋生名爲有，有非恒有，不如無爲，滅名爲無，無非恒無，不如兔角，不同彼無爲兔角之常，故曰無常。今唯據死而言。

無想定者，唯滅前六不恒行之心心所法。想滅爲首，立無想名，由作出離想，故名凡定。滅盡定者，兼滅染污恒行心等，名滅盡定，但作止息想，故名聖定。欲界修定，生第四禪，名無想報。無想定劣，果報勝故，依勝立名，名依士釋。名身等者，身是聚義，故於一名，唯名自性，二名合聚，方名名身。句身亦尔。如說諸字，是名自性，不詮別名，如説諸行，二名合聚，方名名身。又如説言，諸行無常，此只名句，不詮别句，諸行無常是生滅法，二句合聚，方名句身。論不言下，謂天親不言單名之略、多名之廣，但舉中之名身，以攝前後，句身亦尒。文身及生、住、老，釋義如文。又諸下，重釋無常義。生名爲有，有非恒有者，謂因生時，纔名爲有，有非曾有，故説不如無爲寂滅，理是常有。滅名爲無，無非恒無者，謂由滅時，方名爲無，無非曾無，故説不同兔角常無。應知無爲常有，兔角常無，則顯生滅是無常義。

○流轉者，因果不斷，相續前後。定異者，善惡因果，互相差别。相應者，因果事業，和合而起。或曰：此之總名不相應行法，今名相應者何耶。蓋名不相應者，簡前相應心所而已，此相應者，乃前三法上事業和合之謂，豈相濫乎。勢速者，有爲法遊行迅疾，飛行運奔，皆此所攝。次第者，編列有叙，令不紊亂，尊卑上下，左右前後，有規矩者，皆此攝也。時者，過現未來，成住壞空，四季三際，年月日夜，六時十二，隨方制立，故名爲時。方者，色處分齊，人法所依，方制立，故名爲時。

方者，色處分齊，人法所依，或十方上下，六合四極，亦隨所制。數者，度量諸法之名，或一十百千，至不可轉也。言和合性者，謂於諸法不相乖反。不和合性者，謂於諸法相乖反故，前如相順因，此如相違因。或曰：此二十四，於前三分位，則以何法，當前何位。大略而言，命根一法，唯心分位，第八心種上連持功能故。異生性一，唯所分位，二障種上令別功能故。二無心定，無想異熟，乃王所上假，王所滅已，名無想等。餘十九種，通色及心，與心所法，三上假立。如衆同分，乃色同分、心同分、所同分。又如勢速，乃是色心心所，遷滅不停故。又如定異，色不是心，心不是所，善因惡果，定不互感等。餘做此説。

流轉定異，乃至和合相順，不和合者名爲相違，釋義如文。或曰下，爲明得等諸法，從前心王心所色法三位差別所顯，故有此問。命根唯心，依第八心種子立名，如前已釋。異生性一，唯所分位者，謂我法二障雖名煩惱所知，即是染位二十六種染心所法，由未永斷，名異生性，故説異生唯從心所分位所顯。無想等三，兼上心王及心所法，餘十九種，王所色法三位皆具，故知得等，唯王唯所，或兼王所，及兼色法，三位差別，假立其名耳。

第五無爲法者，略有六種：○此標章，下別列。

一、虛空無爲。二、擇滅無爲。三、非擇滅無爲。四、不動滅無爲。五、想受滅無爲。六、真如無爲。○言無爲者，是前四位真實之性，故云識實性也。以六位心所則識之相應，十一色法乃識之所緣，不相應行即識之分位，識是其體，是故總云識實性也，而有六種。謂之無爲者，爲，作也，以前九十四種乃生滅之法，皆有造作，故屬有爲，今此六法，寂寞冲虛，湛然常住，無所造作，故曰無爲。

此中總釋六種無爲。對前四法，有爲立故。《唯識論》云，諸無爲法，略有二種。一、依識變，假施設有。謂曾聞説虛空等名，隨分別有虛空等相，數習力故，心等生時，似虛空等無爲相現，此所現相，前後相似，無有變易，假説爲常。二、依法性，假施設有。謂空無我所顯真如，有無俱非，心言路絶，與一切法非一異等，是法真理，故名法性。離諸障染，故名虛空。由簡擇力，滅諸雜染，究竟證會，故名擇滅。不由擇力，本性清淨，或緣闕所顯，名非擇滅。苦樂受滅，故名不動。想受不行，名想受滅。此五皆依真如假立。真如亦是假施設名，遮撥爲無故説爲有，遮執爲有故説爲空。勿謂虛幻，故説爲實。理非倒妄，故名真如。

○言虛空無爲者，謂於真諦離諸障礙，猶如

虛空豁虛離礙，從喻得名。下五無爲，義倣此說。擇滅者，擇謂揀擇，滅謂斷滅，由無漏智斷諸障染所顯真理，立斯名焉。非擇滅者，一真法界本性清淨，不由擇力斷滅所顯，或有爲法緣闕不生所顯真理，以上二義，故立此名。不動者，以第四禪離前三定，出於三灾八患，無喜樂等動摇身心所顯真理，此從能顯彰名，故曰不動。想受滅者，無所有處想受不行所顯真理，立此名耳。真如者，理非妄倒，故名真如。真簡於妄，如簡於倒，徧計依他，如次應知。又曰，真如者，顯實常義，真即是如，如即無爲。上自一切法，下至此，乃明百法，以荅初何等一切法之問畢矣。此下大分，明二無我，以荅次問也。

虛空從喻。擇滅離染。非擇滅者，性淨緣闕。不動滅者，灾難不擾。想受滅者，諸想不行。此五無爲，一一如釋。言真如理非妄倒者，理即圓成實，妄即徧計性，倒即依他起，若能遠離虛妄徧計及依他起，所顯真理名爲真如，故云徧計依他，如次應知。上自下，謂前論文總有二問，一問一切法，二問二無我，至此明一切法，荅初問竟，下明二種無我，以荅次問。

言無我者，略有二種。○此標章，下別列。

一、補特伽羅無我。○梵言補特伽羅，唐言數取趣，謂諸有情數數起惑造業，即爲能取，因也。當來五趣名爲所趣。果也。雖復數數起惑造業，五趣輪轉，都無主宰，實自在用，故言無我。乃補特伽羅即無我矣。此所無即我，是爲我空也。彼凡夫等，皆執心外實有諸法，又執此法有實主宰，此説爲無，無即彼空，無別體也。

雖復下，釋無我義。補特伽羅云數取趣者，即我也。我謂主宰，主是我體，宰是我用。主有自在力，宰有割斷力，謂我爲主，由我自在宰割其事，是體用義。今説補特伽羅無我，是我無我，故云雖復數數起惑造業，五趣輪轉，而於其中都無真實主宰自在用故，故言無我。此所無之主宰即我，是爲我空。我空故，人智現前。智現前故，雖終日宰割其事，而實無我，故云補特伽羅無我。

二、法無我。〇言法者，軌持之義，謂諸法體，雖復任持，軌生物解，亦無勝性實自在用，故言法無我。法即無我，應云法無法，從能依説，故云法無我。《瑜伽》九十三云，復次，一切無我，無有差別，總名爲空，謂補特伽羅無我及法無我。補特伽羅無我者，離一切緣生行外，別有實我，不可得故。法無我者，謂一切緣生諸行，性非實我，是無常故。如是二種，略攝爲一，雙證二無我理。彼處指毘曇。説此名爲大空。又云我之執者，心得境名。又云二執者，我狹法寬。蓋人有迷人必迷法者，迷法未必迷人，故能持自體者爲法，有常一用者爲人，如二乘我執已斷，法執猶存，則其淺深寬狹可見矣。蓋我法者，不出世間及聖教二種我法，謂世間人執我法無體，隨情名世間假，聖教我法者有體，强設名之爲假，故二皆爲假，故無我法也。

謂諸下，釋法無我義。法謂軌持者，持是法體，軌是法用。任持不捨，各守自性，如水就下，火揚於上，性各決定，此是法體。軌謂軌範，可生物解，如火熟物，用水浮舟，各取其則，此是法用。《瑜伽》云，地能持，水能爛，火能燒，風能燥，如是等類，業自差別。然而無實任持軌範自在用故，名法無我。應言法無法，而言法無我者，法是所執，我是能執，若無能執，所執亦無，故法無我即是法空。又云我者是主宰義，我無主宰，是爲我空，法無主宰，是爲法空，故於我空法空皆言無我。言毘曇者，即小乘部中阿毘曇論，彼中以空空爲我空，大空爲我法俱空。言我挾[三]法寬者，我從法起，法先有故，我已滅時，法猶在故。故言迷人必迷法者，法先有故。迷法未必迷人者，我已滅故。言能持自體者，明法先有故爲體。言有常一用者，明我從法起爲用。蓋我法下，釋成二種無我。《唯識論》云，愚夫所計實我實法，都無所有，但隨妄情而施設故，説之爲假。內識所變似我似法，雖有而非實我法性，然似彼現，故説爲假。應知世間所執，從分别起，名徧計性，決定是假。聖教所説，從因緣生，是依他起，故意説假。應知假説皆是此中二無我義。

大乘百法明門論贅言終

校勘記

〔一〕「標」，底本不清，據《大乘百法明門論解》（《大正藏》本，下同）補。

〔二〕「我」，底本不清，據《大乘百法明門論解》補。

〔三〕「挾」，疑爲「狹」。

唯識三十論約意

世親菩薩造

唐三藏法師玄奘譯

西蜀沙門明昱約意

護法等菩薩約此三十頌造《成唯識論》，今略標所以。謂此三十頌中，初二十四行頌明唯識相，次一行頌明唯識性，後五行頌明唯識行位。就二十四行頌中，初一行半略辯唯識相，次二十二行半廣辯唯識相。謂外問言，若唯有識，云何世間及諸聖教説有我法。

護法等者，等於親勝、火辯、法慧、安慧、難陀、淨月、勝友、陳那、智月，十大論師。解三十頌，造《成唯識論》，故以此頌，大分三科，揭示綱目，使學者知其要耳。謂外下，發問以興論意，謂若唯有識，一切法皆無，云何世人及聖教中共説有我及有法耶。

舉頌以荅。頌曰：

由假説我法　有種種相轉
彼依識所變　此能變唯三
謂異熟思量　及了別境識

第一句，荅上問意，以明假説我法，非實有體，彼以我法實有爲問，菩薩荅以由假説三字破之。《唯識論》云，世間聖教，説有我法，但由假立，非實有性。我謂主宰，法謂軌持，主有自在力，宰有割斷力，義同我故，總説主宰爲我。軌謂軌範，可生物解，持謂任持，不捨自性，義同法故，總説軌持爲法。第二句，謂我法雖是假説，亦有相貌轉變，故云有種種相轉。《唯識論》云，彼二俱有種種相轉。我種種相，謂有情命者等，預流一來等。法種種相，謂實德業等，蘊處界等。轉謂隨緣施設有異。言我種種者，謂主宰之義，凡聖皆具，凡有知者曰情命，通指六凡。初破惑者，名預流，等該四聖。法種種者，謂軌持之義，内外皆通。實德業者，是勝論計之六句。蘊處界者，是餘乘執之三科。言隨緣施設者，施設即假立義，隨主宰緣，假立爲我，隨執持緣，假立爲法。第三句，謂彼我法皆依識所轉變。論中問云，如是諸相，若由假説，依何得成。論復荅云，彼相皆依識所轉變而假施設。論中問荅，以明我法各有種種相，皆依識所轉變，而假施設種種之名，意破彼執實有爲問也。第四句，謂彼依識所變我法，各有種種，此能變識，略之爲三。論云，識所變相雖無量種，而能變識類別唯三。謂能變識雖總八識及諸心所，格其品類，唯列三種，名三能變。第五、第六句，釋三種名。論云，一謂異熟，即第八識，多異熟性故。二謂思量，即第七識，恒審思量故。三謂了別，即前六識，了境相麤故。言異熟者，具三義故。一、變異而熟，即厭故悦新，改轉身形故。二、異時而熟，前因後果，不同時故。三、異類而熟，彼類此類，相各異故。言恒審思量者，恒謂無間，審謂執我，思量即意，以意念念思量我故。言了境者，謂前六識，緣五塵境，皆住外門，故曰相麤。以前二類各屬一識，今第三類通攝六識。論中云，類別唯三。

雖已略説能變三名，而未廣辯能變三相。且初能變，其相云何。

謂能變識，名雖已列，義相未分，必得次第廣明，方了三種義別，故有此問。且初下，問初能變相。

初阿賴耶識　異熟一切種
不可知執受　處了常與觸
作意受想思　相應唯捨受
是無覆無記　觸等亦如是
恒轉如暴流　阿羅漢位捨

答上問意，以明初能變識，名及行相，相應心所，三受四性，已轉未轉，相及義也。前二句，謂第八識有三種名。一名阿賴耶，此云藏，以具三藏爲自相故。論云，初能變識，大小乘教名阿賴耶，此識具有能藏、所藏、執藏義故，此與雜染互爲緣故，有情執爲自内我故。此即顯示初能變識所有自相，攝持因果爲自相故。論言此與雜染互爲緣故者，釋能所藏也，持種義邊名能藏，受熏義邊名所藏。又言有情執爲自内我故者，釋執藏義，以第七識念念執爲我故。二名異熟，以能招業成果相故。論云，此是能引諸界趣生善不善業異熟果故，説名異熟，此即顯示初能變識所有果相。三名一切種，受熏持種爲因相故。論云，此能執持諸法種子令不失故，名一切種，此即顯示初能變識所有因相。頌言不可知執受處了者，謂此識緣境，行相微隱，於執受及處俱難了知。論云，了謂了別，即是行相，識以了別爲行相故。處謂處所，即器世間，是諸有情所依處故。執受有二，謂諸種子及有根身。諸種子者，謂諸相名分別習氣。有根身若〔二〕，謂諸色根及根依處。此二皆是識所執受，攝爲自體，同安危故。設有問曰，《唯識論》云又五識種無執受攝，此説種子根身俱有執受，二義何通。荅曰，種子根身具執受者，有差別故。緣於執有攝持二義，攝爲自體，持令不失，第八於種子唯取持義，不取攝義，以非現行，非自體故。受有領覺二義，領以爲境，令生覺受，第八於種子唯取領義，不取覺義，以非現行，無能覺故。是故彼論據無攝覺二義名無執受，此中據有持領二義名有執受，原不相違。又第八識，望於根身，四義皆具，望於種子，止具持領二義，望於器界，唯有領以爲境一義，無餘三義。不可知者，謂此行相極微細故，難可了知。或此所緣内執受境亦微細故，外器世間量難測故，名不可知。言相名分別習氣者，相即所緣相分，名即能緣見分，能所分別，熏成業種故習氣名，即種子義。言諸色根及根依處者，根是勝義根，即能見聞者是，依處是浮塵根，即眼耳等形是。以第八識所緣之境，唯種子根身器界三法，微細難測，名不可知。頌言常與觸作意受想思相應者，於六位心所中，唯此偏行位故。論云，阿賴耶識，無始時來，乃至未轉，於一切位，恒與此五心所相應，以是偏行心所攝故。謂此藏識，從無始來，至第八地，名未轉依。前七地中及三賢六道，名一切位。於諸位中，恒與此五心所相應。以五心所，是偏行義，故與藏識偏一切位。論云，觸謂三和，分別變異，令心心所觸境爲性，受想思等所依爲業。謂觸心所，依根境識三法和合變異而生，復令心心所法觸境，是觸體性。受想思等，依觸所生，是觸業用。論云，作意謂能警心爲性，於所緣境引心爲業。謂心未起，警心令起，是作意體。心既起已，引令趣境，是彼業用。論云，受謂領納順違俱非境相爲性，起愛爲業。謂領順境名樂受，領違境時名苦受，領俱非境名捨受，是受體性。受爲欲依，欲即是愛，故説起愛爲受業用。論云，想謂於境取像爲性，施設種種名言爲業。謂由想力，於境取像，是想體性。安立名言，是想業用。論云，思謂令心造作爲性，於善品等役心爲業。謂造作是思惟籌度，爲思體性。役心心所，爲思業用。論云，此觸等五，與異熟識，行相雖異，而時依同，所緣事等，故名相應。言行相異者，識以了境爲行相，觸以令心觸境爲行相，作意警心爲行相，受以領境爲行相，想以取像爲行相，思以造作爲行相，是故有異。而時依同，所緣事等者，謂由事等、處等、時等、所依等，故名相應。頌言相應唯捨受者，無苦樂故。頌以相應二字，上下借用。論云，此識行相，極不明了，不能分別違順境相，微細一類，相續而轉，是故唯與捨受相應。謂捨受具五相，與第八識行相皆同，故宜相應。一、不明了，無慧念故。二、不分別，緣中境故。三者微細，相不顯故。四者一類，無易脱故。五、相續轉，無間斷故。頌言是無覆無記者，於四性中，唯一性故。論云，此識唯是無覆無記異熟性攝。覆是染法，障聖道故。又能蔽心，令不淨故。此非染法，故名無覆。無記，謂善惡有愛非愛果，及殊勝自體可記別故，此非善惡，故名無記。謂此第八持無漏種，故不障道，真如所依，又不蔽心，説名無覆。愛是善果，非愛是惡果，二俱强盛，可記別故。此識無彼，説名無記。頌言觸等亦如是者，心王心所俱同性故。論云，謂如阿賴耶，唯是無覆無記性攝，觸作意受想思亦尔。諸相應法，必同性故。頌言恒轉如暴流者，體非斷常，喻暴流故。論云，恒言遮斷，轉表非常，猶如暴流，因果法尔。頌言阿羅漢位捨者，唯捨初名故。異熟及種，最後捨故。論云，謂諸聖者斷煩惱障究竟盡時，名阿羅漢，尔時此識煩惱麤重永遠離故，説之爲捨。言諸聖者，初入預流，煩惱未盡，不名羅漢，至都盡位，方得此名。阿羅漢者，此云無生，煩惱不生，名阿羅漢。麤重即種子，此識含藏雜染種子究竟盡故，説之爲捨。如是已説初能變相，第二能變其相云何。

頌曰：

次第二能變　是識名末那
依彼轉緣彼　思量爲性相
四煩惱常俱　謂我癡我見
并我慢我愛　及餘觸等俱
有覆無記攝　隨所生所繫
阿羅漢滅定　出世道無有

問答以明第七依緣體用，相應心所，性及界地，捨位義相也。前二句頌釋第七識之名。末那，此云意，以恒審思量，故名爲意。論曰，次初異熟能變識後，應辯思量能變識相，是識聖教別名末那，恒審思量勝餘識故。謂初能變識後，理應進辯第二能變識相。謂第七識聖教別名末那者，以有恒審思量業用，勝餘七種識故。第八恒而非審，第六審而非恒，前五非恒非審，以有間斷無分別故，唯此第七亦恒亦審，故勝餘識。頌言依彼轉者，頌所依根，以第七識依第八識方得生故。論曰，依彼轉者，顯此所依，彼謂即前初能變識，聖説此識依藏識故。頌言緣彼者，釋所緣境，以第七識恒緣第八，執爲我故。論曰，彼謂即前此所依識，聖説此識緣藏識故。頌言思量爲性相者，謂第七自性及了境行相，皆思量爲自性故，即復用彼爲行相故。由斯兼釋所立別名。能審思量名末那故，以一思量，釋性釋相，兼釋末那，性相末那俱思量故。謂彼自證分名自性思量，即彼見分名行相思量，末那名意，亦是思量。頌言四煩惱常俱者，謂與根本四種煩惱常俱。論曰，此中俱言，顯相應義，謂從無始，至未轉依，此意任運恒緣藏識，與四根本煩惱相應。頌言謂我癡我見并我慢我愛者，釋四煩惱名。論曰，我癡者，謂無明，愚於我相，迷無我理，故名我癡。癡即無明，以不明了第八識體本無我故，而恒執我，謂之我癡。論曰，我見者，謂我執，於非我法，妄執爲我，故名我見。見即是執。執者，封着義、妄取義。由於非我，妄取爲我，謂之我見。論曰，我慢者，謂倨傲，恃所執我，令心高舉，故名我慢。慢即倨傲，憍倨自傲，是爲慢義。以恃我故，心自高舉，謂之我慢。論曰，我愛者，謂我貪，於所執我，深生耽着，故名我愛。愛即是貪，以貪着我恒不捨故，謂之我愛。頌言及餘觸等俱者，釋與餘十四心所相應。餘謂八大隨煩惱及別境中慧，此九心所體性業用，第三能變中方釋。觸等者，等餘作意、受、想、思。此五心所體性業用，初能變中已釋。論曰，然此意俱心所十八，謂前九法，八隨煩惱并別境慧，無餘心所，互相違故。頌言有覆無記攝者，謂四性中唯是有覆無記性故。論曰，此意相應四煩惱等，是染法故，障礙聖道，隱蔽自心，説名爲覆，非善不善，故名無記。謂四煩惱等於隨惑，俱盖覆故。非善不善者，謂非是善，非是不善，説爲無記。頌言隨所生所繫者，釋第七識所居界地，謂隨第八所生何界，即於彼界所繫。繫者不離義，以念念執彼第八爲我故。論曰，若起彼地異熟藏識現在前者，名生彼地。染污末那，緣彼執我，即繫屬彼，名彼所繫。頌言阿羅漢滅定出世道無有者，謂此三位無末那識。阿羅漢位不執我故，滅定位中伏現行故，出世道中初轉智故，由此三位皆無末那。論曰，阿羅漢者，總顯三乘無學果位，此位染意，種及現行俱永斷滅，故説無有。學位滅定，出世道中，俱暫伏滅，故説無有。

如是已説第二能變。第三能變其相云何。頌曰：

次第三能變　差別有六種
了境爲性相　善不善俱非
此心所徧行　別境善煩惱
隨煩惱不定　皆三受相應
初徧行觸等　次別境謂欲
勝解念定慧　所緣事不同
善謂信慚愧　無貪等三根
勤安不放逸　行捨及不害
煩惱謂貪瞋　癡慢疑惡見
隨煩惱謂忿　恨覆惱嫉慳
誑諂與害憍　無慚及無愧
掉舉與惛沉　不信并懈怠
放逸及失念　散亂不正知
不定謂悔眠　尋伺二各二

問答以明第三能變，了境行相，相應心所，及性受等義。前二句，謂第六識必同前五緣麤顯境，而有觸受及愛取生，能成後有，故合六種爲一能變。論曰，次中思量能變識後，應辯了境能變識相。此識差別總有六種，隨六根境種類異故。言了境爲性相者，以前六識自性了境，即能了境是彼行相。論曰，雙顯六識自性行相，識以了境爲自性故，即復用彼爲行相故。由斯兼釋所立別名，能了別境，名爲識故。言自性行相者，即自證分名自性了境，各有見分名行相了境。兼釋別名者，以心意識各別有名，第八集起名心，第七思量名意，前六了境名識，故以了境兼釋識名。頌言善不善俱非者，謂此六識，三性皆具故。論曰，此六轉識，與信等十一相應，是善性攝，與無慚等十法相應，不善性攝，俱不相應，無記性攝。頌言此心所徧行，別境善煩惱，隨煩惱不定者，謂前六識，六位心所皆具。論曰，此六轉識，總與六位心所相應，雖諸心所名義無異，而有六位種類差別，謂徧行有五，別境亦五，善有十一，煩惱有六，隨煩惱有二十，不定有四，如是六位，合五十一。一切心中定可得故，緣別別境而得生故，唯善心中可得生故，性是根本煩惱攝故，唯是煩惱等流性故，於善染等皆不定故，已上六句，釋六位名義，如次應知。頌論俱言與六位心所相應者，言總意別。此中以能變論之，故將八識分三，是爲言總。若以轉智言之，即將八識分四，故分前五、第六爲二心品，是爲意別。此言總與六位相應者，依意識言，若依前五，止具三十四心所，餘十七心所不相應故。頌言皆三受相應者，謂前六識三受皆具。論曰，此六轉識，易脱不定，故皆容與三受相應。言易脱者，是間斷轉變義。言不定者，於苦樂捨，不專一故。頌言初徧行觸等者，釋徧行位，有五心所，謂觸、作意、受、想、思。此五心所體性業用，初能變中已釋。頌言次別境謂欲，勝解念定慧，所緣事不同者，釋別境位，有五心所。論曰，云何爲欲，於所樂境，希望爲性，勤依爲業。云何勝解，於決定境，印持爲性，不可引轉爲業。云何爲念，於曾習境，令心明記不忘爲性，定依爲業。云何爲定，於所觀境，令心專注不散爲性，智依爲業。云何爲慧，於所觀境，簡擇爲性，斷疑爲業。頌言善謂信慚愧等四句，釋善位，有十一心所。論曰，唯善心俱，名善心所。云何爲信，於實德能，深忍樂欲，心淨爲性，對治不信樂善爲業。言實德能者，實是諸法實事理，德是三寶真淨德，能是世出世間善。於上三種，如次深忍、深樂、深欲，是名爲信。論曰，云何爲慚，依自法力，崇重賢善爲性，對治無慚，止息惡行爲業。云何爲愧，依世間力，輕拒暴惡爲性，對治無愧，止息惡行爲業。無貪等者，等無瞋癡，此三名根，生善勝故。三不善根，近對治故。云何無貪，於有有具，無着爲性，對治貪着，作善爲業。言有有具者，有即三有，爲果，有具爲因。於三界中，若因若果，俱不貪故。論曰，云何無瞋，於苦苦具，無恚爲性，對治瞋恚，作善爲業。苦苦具者，苦者是果，苦具是因，於苦因果，俱無瞋故。論曰，云何無癡，於諸理事明解爲性，對治愚癡，作善爲業。癡即無明，迷暗事理，謂之無明。今云無癡，是無無明，即能明解爲此體性。論曰，勤謂精進，於善惡品修斷事中，勇悍爲性，對治懈怠，滿善爲業。勇表勝進，簡諸染法，悍表精純，簡淨無記，即顯精進唯善性攝。論曰，安謂輕安，遠離麤重，調暢身心，堪任爲性，對治惛沉，轉依爲業。不放逸者，精進三根，於所修斷防修爲性，對治放逸，成滿一切世出世間善事爲業。謂精進一法及三善根，於所斷惡，防令不起，於所修善，修令增長，名不放逸，非别有體。論曰，云何行捨，精進三根，令心平等、正直、無功用住爲性，對治掉舉，靜住爲業。云何不害，於諸有情，不爲損惱，無瞋爲性，能對治害，悲愍爲業。論曰，此十一法，三是假有，謂不放逸、捨及不害，義如前説。餘八實有，相用别故。謂不放逸、行捨二法俱以精進三根爲體，不害一法以無瞋爲體，故説爲假。頌言煩惱謂貪瞋，癡慢疑惡見者，釋根本煩惱六心所名。論曰，此貪等六，性是根本煩惱攝故，得煩惱名。云何爲貪，於有有具，染着爲性，能障無貪，生苦爲業。云何爲瞋，於苦苦具，憎恚爲性，能障無瞋，不安隱性，惡行所依爲業。云何爲癡，於諸理事，迷暗爲性，能障無癡，一切雜染所依爲業。云何爲慢，恃已於他，高舉爲性，能障不慢，生苦爲業。云何爲疑，於諸諦理，猶豫爲性，能障不疑善品爲業。云何惡見，於諸諦理，顛倒推求，染慧爲性，能障善見，招苦爲業，謂惡見者多受苦故。頌言隨煩惱謂忿等八句，釋隨煩惱，有二十種，分小中大三。論曰，唯是煩惱分位差別，等流性故，名隨煩惱。此二十種，類別有三，謂：忿等十，各別起故，名小隨煩惱。無慚等二，遍不善故，名中隨煩惱。掉舉等八，遍染心故，名大隨煩惱。云何爲忿，依對現前不饒益境，憤發爲性，能障不忿，執仗爲業。云何爲恨，由忿爲先，懷惡不捨，結怨爲性，能障不恨，熱惱爲業。云何爲覆，於自作罪，恐失利譽，隱藏爲性，能障不覆，悔惱爲業。云何爲惱，忿恨爲先，追觸暴熱，狠戾爲性，能障不惱，蛆螫爲業。云何爲嫉，殉自名利，不耐他榮，妬忌爲性，能障不嫉，憂慼爲業。云何爲慳，耽着財法，不能惠捨，祕悋爲性，能障不慳，鄙畜爲業。云何爲誑，爲獲利譽，矯現有德，詭詐爲性，能障不誑，邪命爲業。云何爲諂，爲罔他故，矯設異儀，諂曲爲性，能障不諂，教誨爲業。云何爲害，於諸有情，心無悲愍，損惱爲性，能障不害，逼惱爲業。云何爲憍，於自盛事，深生染着，醉傲爲性，能障不憍，染依爲業。已上釋小隨竟。論曰，云何無慚，不顧自法，輕拒賢善爲性，能障礙慚，生長惡行爲業。云何無愧，不顧世間，崇重暴惡爲性，能障礙愧，生長惡行爲業。已上釋中隨竟。論曰，云何掉舉，令心於境，不寂靜爲性，能障行捨奢摩他爲業。云何惛沉，令心於境，無堪任爲性，能障輕安毘鉢舍那爲業。云何不信，於實德能，不忍樂欲，心穢爲性，能障淨信，惰依爲業。云何懈怠，於善惡品修斷事中，懶惰爲性，能障精進，增染爲業。云何放逸，於染淨品不能防修，縱蕩爲性，障不放逸，增惡損善所依爲業。云何失念，於諸所緣不能明記爲性，能障正念，散亂所依爲業。云何散亂，於諸所緣令心流蕩爲性，能障正定，惡慧所依爲業。云何不正知，於所觀境，謬解爲性，能障正知，毀犯爲業。如是二十隨煩惱中，小十大三，定是假有，餘皆是實。言大三者，放逸、失念、不正知也。頌言不定謂悔眠，尋伺二各二者，釋不定位中四種心所。論曰，悔眠尋伺於善染等皆不定故，非如觸等定徧心故，非如欲等定徧地故，立不定名。悔謂惡作，惡所作業，追悔爲性，障止爲業。眠謂睡眠，令身不自在，昧略爲性，障觀爲業。尋謂尋求，令心忽遽，於意言境麤轉爲性。伺謂伺察，令心忽遽，於意言境細轉爲性。此二俱以安不安身心分位所依爲業。言忽遽者，速疾義。意言境者，意所取境，多依名言故。麤轉者，散行外境，於法淺推，細轉者，略行外境，於法深推，故身心安是細轉義，身心不安是麤轉義。論曰，言二各二者，顯二種二。一謂悔眠，二謂尋伺，此二二種，種類各別，故一二言顯二二種。言此二二種者，謂此前二各有二種，以悔與眠，及尋與伺，種類各別。又復結云故一二言顯二二種，謂一是悔眠，二是尋伺，顯此二種各二種故。已上釋名，復有釋義。論曰，此各有二，謂染不染，非如善染各爲一故。爲顯不定義，說二各二言。故置此言，深爲有用。以二各二，釋名釋義，及簡唯善唯染，名深有用。已說六識心所相應。云何應知現起分位。頌曰：

依止根本識　五識隨緣現
或俱或不俱　如濤波依水
意識常現起　除生無想天
及無心二定　睡眠與悶絶

問荅以明前六轉識現起分位。此八句頌，

有三門別。初句，六識共依門，以六轉識共依第八根本識故。次三句，五識俱轉門，以前五識種類同故。後四句，意識有無門，唯除五處，常現起故。論曰，根本識者，阿陁那識，染淨諸法生根本故。依止者，謂前六轉識以根本識爲共親依。阿陀那，此云執持。言共親依者，共即六識，親即種子，依即根本，謂六轉識種子現行俱依本識。五識隨緣現者，謂前五識隨彼作意根境等緣引生。或俱或不俱者，謂外諸緣有頓漸故。若五塵等諸緣力齊，五識俱起，少有不齊，不俱起故。如濤波依水者，水喻根本識，波喻前五識，隨風物等緣，濤波多少起，五識起亦尒。意識常現起者，論曰，第六意識，自能思慮，内外門轉，不籍多緣，唯除五位，常能現起，故斷時少，現起時多，由斯不説此隨緣現。除生無想天等三句，釋意識五位不行。一無想天，二無想定，三滅盡定，四睡眠位，五悶絶位，此五位中意識不起，以第六識行相所緣俱可了知，於此五位俱不可了，無行相故。

已廣分別三能變相，爲自所變二分所依。云何應知依識所變，假説我法，非別實有，由斯一切，唯有識耶。

已廣下，結前三種能變爲自所變見相二分所依。云何下，復問我法非實，唯有識義。

頌曰：

是諸識轉變　分別所分別
由此彼皆無　故一切唯識

荅上問意，以明所變見相二分及彼所執實我實法，一切皆無，故唯有識。前二句，明能所變相，成能所取。第三句，明内外皆空。第四句，顯唯識義。論曰，是諸識者，謂前所説三能變識及彼心所，皆能變似見相二分，立轉變名。所變見分，説名分別，能取相故。所變相分，名所分別，見所取故。

由此正理，彼實我法，離識所變，皆定非有，離能所取無別相故，非有實物離二相故。是故一切有爲無爲，若實若假，皆不離識。

若唯有識，都無外緣，由何而生種種分別。

若唯下，牒大乘唯識義。由何下，是問詞，謂若唯識無境，由何而得種種心生。既無境牽心，妄心由何起。

頌曰：

由一切種識　如是如是變

以展轉力故　彼彼分別生

荅上問義，以明種種分別，皆由一切種識，如是如是轉變力生。由一切種識者，謂由識中一切種子，能生種種分別。第八本識，含藏八識及諸心所各各親種，從親種子，轉變生起諸分別心。如是如是變者，顯諸種子變生現行，即如眼識，從親種子，如是變生眼識現行，能分別色。乃至身識，從親種子，如是變生身識現行，能分別觸。五識既尔，六、七、八識皆然，故云如是如是變。以展轉力故者，謂八種識從種生時，互相爲緣，而得生故，名展轉力。彼彼分別生者，謂八種識及諸心所，俱名分別，故言彼彼。

雖有內識，而無外緣，由何有情，生死相續。

雖有下，牒大乘唯識正義。由何下，是問詞，謂無外緣，內心不起，心不起故，業自不生，世間有情由何而有生死相續。

頌曰：

由諸業習氣　二取習氣俱

前異熟既盡　復生餘異熟

荅上問意，以明生死相續，亦由識中業習種子及二取種和合力齊，能使有情成生滅相。前二句，明三種習氣。諸業者，即有支習氣也。二取習氣，即我執取及名言取，二種習氣。後二句，謂諸有情，由三習氣生死相續，何假外緣，方成生死。言諸業者，有三種，謂福、非福、不動。自體及果俱可愛樂，相殊勝故，名爲福業。自體及果俱不可愛樂，相鄙劣故，名非福業。具業多少，住一境性，不移動故，名不動業，亦名無記業，即上二界定地之業，以定能令住一境故，轉名無記。二取習氣皆屬能取，所取之法而有四種，一取相見，二取名色，三取心及心所，四取本末。本即總報，末即別報。彼上四種所取皆是我執名言二取所攝。論曰，俱謂業種、二取種俱，是親踈緣互相助義。前異熟者，謂前前生業異熟果。餘異熟者，謂後後生業異熟果。由感餘生業等種熟，前異熟果受用盡時，復別能生餘異熟果，由此生死輪轉無窮，何假外緣方得相續。

若唯有識，何故世尊處處經中說有三性。應知三性亦不離識。

若唯有識者，牒大乘唯識正義。何故下，是問詞。應知三性亦不離識者，是荅詞。三性不離識者，以顯唯識正理。

所以者何。頌曰：

由彼彼徧計　徧計種種物
此徧計所執　自性無所有
依他起自性　分別緣所生
圓成實於彼　常遠離前性
故此與依他　非異非不異
如無常等性　非不見此彼

荅上問意，以明三性本不離識，而有三名。前四句釋徧計性，初句明能計之心，次句明所記之境，第三四句明能所自性俱非實有。論曰，周徧計度故名徧計，品類衆多説名彼彼。謂能徧計虚妄分別，即由彼彼虚妄分別，徧計種種所徧計物。謂所妄執蘊處界等，若法若我自性差別，此所妄執自性差別，總名徧計所執自性。如是自性，都無所有，理教推徵，不可得故。頌言依他起自性，分別緣所生者，釋依他起性，皆從分別爲緣而生，衆緣所生心心所法及相見分，有漏無漏，皆依他起，依他衆緣而得起故。頌言圓成實於彼等四句，釋圓成實性，謂圓滿成就諸法實性，名圓成實。顯此徧常，體非虛謬。此圓成實於彼依他起上，遠離徧計虛妄及如幻依他，所顯之性，名圓成實。故此圓成實性，與依他起非異非不異。若言異者，應此圓成實之真如，非彼依他起之實性。若不異者，圓成實性應是無常。若尔，彼此俱應淨非淨境，則本後智用應無別，以圓成實是根本智所緣之淨境，依他起是後得智所緣，非淨境故。頌言如無常等性者，喻上非異非不異義。論曰，如彼無常、無我等法，無常等性，與行等法異，應彼法非無常等，不異，此應非彼共相。謂色心等行各別有體名自相，同屬無常苦空無我等名共相。二相若異，應彼行法非屬無常等。若不異者，此無常等性非諸法共相。以言共者，無常自無常，行法自行法，方顯共義。頌言非不見此彼者，此即圓

成徧計，彼即依他。謂見圓成及達徧計，然後可知依他起之如幻也。論曰，非不見此圓成實，而能見彼依他起性，未達徧計所執性空，不如實知依他起有故。無分別智證真如已，後得智中方能了達依他起性如幻事等。若有三性，如何世尊說一切法皆無自性。

若有三性者，是牒大乘不離唯識，立三自性義。如何下，是問詞，謂既有三性，如何世尊說一切法皆無自性耶。

頌曰：

即依此三性　立彼三無性
故佛密意說　一切法無性
初即相無性　次無自然性
後由遠離前　所執我法性
此諸法勝義　亦即是真如
常如其性故　即唯識實性

前四句，正荅問意。謂佛說無自性者，即依此徧計等三性，立彼三種無性，故佛世

尊密意説彼一切諸法皆無自性。言密意者，密其意許，但有言陳。中四句釋立三無性義。初即偏計所執之相畢竟非有，立初無性。次於依他無外所執自然性故，立無自然性。後圓成實遠離依他及偏計執，立勝義無性。又云，由遠離前者，是離依他。遠離偏計所執者，是離偏計。言性者，顯是圓成實。後四句釋唯識性。此諸法勝義者，此字即圓成實性，以圓成實是諸法中勝義，亦是真如。若常如圓成實，能遠離偏計依他，即唯識真實性矣。

後五行頌，明唯識行位者。論曰，如是所成唯識相性，誰於幾位，如何悟入。

如是下，結上已明三種能變及相見等。種種諸法是唯識相，諸法勝義及真如等是唯識性。誰於下，正是問詞，謂何等人，於幾位中，如何悟入唯識相性。

謂具大乘二種種性。一、本性住種性，謂無始來，依附本識，法尔所得無漏法因。二、習所成種性，謂聞法界等流法已，聞所成等。具此二性，依於五位，方能悟入。

答上第一種問，種性之性當作姓。姓者，類也。若本有體性，安住菩薩種類姓故。若本無體性，聞大乘法，熏成大乘種類姓故，故名法界等流。

何謂五位。一、資糧位，謂修大乘順解脱分，依識相性，能深信解，其相云何。頌曰：

乃至未起識　求住唯識性
於二取隨眠　猶未能伏滅

自此以下，明資糧等五位行相，總荅第二第三問也。何謂下，問荅以明資糧位中，能深信解唯識相性，非染非淨。前二句頌，釋資糧位分際，謂從初發心乃至未起加行時，名資糧位。後二句，釋此位中功行，謂此位中，雖欲求證唯識性，而無伏滅二取功能。言二取者，謂名言取、我執取，即是所知、煩惱二障。論曰，從發深固大菩提心，乃至未起順決擇識，求住唯識真勝義性，齊此皆是資糧位攝。爲趣無上正等菩提，修習種種勝資糧故。爲有情故勤求解脱，由此亦名順解脱分。言正等菩提者，究竟位中極果也。勝資糧者，六度所攝福智二事也。爲求此果，修習資糧，益自身故。爲有情故勤求解脱者，菩薩發心，不同二乘，樂獨善寂，取證涅槃，今此菩薩，依解脱果，伏斷煩惱，入我空觀，已發大心，度有情故。解脱果者，涅槃果也，煩惱解脱而證得故。

二、加行位，謂修大乘順決擇分。在加行位，能漸伏除所取能取。其相云何。頌曰：

現前立少物　謂是唯識性
以有所得故　非實住唯識

問答以明加行位行相，謂能伏除唯識相性上所取能取。前二句頌，釋此位中行相。少物者，即帶相觀心也。若謂此心是唯識性，故以後二句破之。論曰，菩薩先於初無數劫，善備福德智慧資糧，順解脱分既圓滿已，爲入見道，住唯識性，復修加行，伏除二取。謂煖、頂、忍、世第一法，此四總名順決擇分，順趣真實決擇分故。近見道故，立加行名，非前資糧無加行義。初獲慧日，道火前相，名爲煖位。明相轉增，尋思位極，名爲頂位。印前順後，忍境識空，名爲忍位。異生法中此最勝故，名世第一。

三、通達位。謂諸菩薩所住見道，在通達位，如實通達。其相云何。頌曰：

若時於所緣　智都無所得
尔時住唯識　離二取相故

問答以明通達位行相，謂通達位，如實通達唯識相性，體即真如。前二句頌，謂菩薩得真見道時，於所緣境及無分别智，俱無所得。後二句，謂菩薩得住唯識真實性者，遠離能所二取相故。論曰，若時菩薩於所緣境，無分别智都無所得，不取種種戲論相故，尔時乃名實住唯識真勝義性，即證真如。智與真如，平等平等，俱離能取所取相故。所能取相，俱是分别有所得心，戲論現故。

四、修習位。謂諸菩薩所住修道，修習位中，如實見理，數數修習。其相云何。頌曰：

無得不思議　是出世間智
捨二麤重故　便證得轉依

問荅以明修習行相，謂修習位，如前所見唯識之理，數數修習。無得不思議者，謂無所取名爲無得，及無能取名不思議。是出世間智者，以斷世間故。捨二麤重故者，以斷二障種子故。便證得轉依者，以能證得二種果故。論曰，菩薩從前見道起已，爲斷餘障，證得轉依，復數修習無分别智，此智遠離所取能取，故説無得及不思議。是出世間無分别智，斷世間故，名出世間。二取隨眠是世間本，唯此能斷，獨得出名。數修此故，捨二麤重。二障種子立麤重名，此能捨彼二麤重故，便能證得廣大轉依。依謂所依，即依他起，與染淨法爲所依故。染謂虚妄徧計所執。淨謂真實圎成實性。轉謂二分轉捨轉得。由數修習無分别智，斷本識中二障麤重，故能轉捨依他起上徧計所執，及能轉得依他起中圎成實性。由轉煩惱，得大涅槃。轉所知障，證無上覺。

五、究竟位，謂住無上正等菩提，出障圎明，於盡未來化有情類。其相云何。頌曰：

此即無漏界　不思議善常
安樂解脱身　大牟尼名法

問荅以明究竟位行相，謂究竟位，唯識相性，出障圎明，復化有情，悟入唯識。頌初此字，即前二轉依果。無漏界及後三句頌，皆顯二果多種名故。諸漏永盡，名無漏界。心言路絶，名不思議。白法性故，復名爲善。無盡期故，名之爲常。無逼惱故，又名安樂。

煩惱斷盡，名解脱身。永離二障，名法身故。論曰，前修習位所得轉依，應知即是究竟位相。此謂此前二轉依果，即是究竟無漏界攝。諸漏永盡，非漏隨增，性淨圓明，故名無漏。界是藏義，此中含藏無邊希有大功德故。或是因義，能生五乘世出世間利樂事故。此轉依果，又不思議，超過尋思言議道故。此又是善，白法性故。此又是常，無盡期故。此又安樂，無逼惱故。二乘所得二轉依果，唯永遠離煩惱障縛，無殊勝法，故但名解脱身。大覺世尊成就無上寂默法，故名大牟尼。此牟尼尊所得二果，永離二障，亦名法身，無量無邊力無畏等大功德法所莊嚴故。

唯識三十論約意終

校勘記

〔一〕「若」，《成唯識論》（《大正藏》本）作「者」。

觀所緣緣論會釋

陳那菩薩造

唐三藏法師玄奘譯

明蜀沙門明昱會釋

觀者察義，所緣者有境義，緣者能引生識義，謂觀察所緣之境，亦能引生於識，方是所緣緣也。故論中云，帶彼相起，及從彼生。《釋論》云，凡是境者，理須生其似自相識，隨境之識，彼是能生，彼是所緣。故知所緣緣者唯一色等法，具足有境、引生二義。而餘乘別執極微者，縱許引生，闕有境義。別執和合者，縱許有境，又無引生。故論主令彼觀察二義斯備，方可立宗。

諸有欲令眼等五識以外色作所緣緣者，或執極微，許有實體，能生識故，或執和合，以識生時帶彼相故。

餘乘所執，心境兩分，謂離識外別有色等五塵，與眼等識作所緣緣，非意識故，以彼意識唯緣假故。《釋論》謂，餘乘意云，縱許意識緣實事境有其片分，亦能將識相似之相離無其境，於眼等識境不相離，是知彼執外色等法唯與五識作所緣緣。或執下，彼許極微體無轉變，是實有義，體既實有，則能生識，故執極微作所緣緣。《釋論》云，或許極微，雖復極微唯共聚已而見生滅，然而實體一一皆緣，不緣總聚，猶如色等。設自諸根悉皆現前，境不雜亂，彼根功能各決定故，而於實事斷割有能，一一極微成所緣境，彼因性故，彼眼等識之因性故，是彼生起親友分義。然而有說，其所緣境是識生因，在諸緣故，引此以證極微爲所緣緣也。或執和合者，彼許極微合聚爲相而有所緣，所緣實有，必能生識，故識生時，帶彼相起，是執和合爲所緣緣也。《釋論》云，或復於彼爲總聚者，彼諸論者執衆極微所有合聚爲此所緣，相識生故。由於總聚而生其智，是故定知彼爲所緣。如有說云，若識有彼相，彼是此之境，亦引此以證和合爲所緣緣也。

二俱非理。所以者何。

極微於五識　設緣非所緣
彼相識無故　猶如眼根等

論主總破前執極微和合爲前五識所緣緣者，俱非理也。所以者何者，徵釋非理之義。極微下，立比量破之。極微是前陳有法，於五識設緣非所緣爲宗，彼相識無故爲因，猶如眼根等爲喻。謂彼所執極微之體無轉變故許是實有，於五識上，設若許有生識之緣，非是所緣之境，以極微相，眼等識上無故，猶如眼等五根於眼等五識上無有所緣義故。以眼不自見，耳不自聞，鼻不自齅，舌不自嘗，身不自觸，是謂五識上無五根之相。以喻五識上無極微相狀者，由彼極微至極微細名色邊際，於眼等識，力不能對，故於極微說有生識緣，而無所緣境也。

所緣緣者，謂能緣識，帶彼相起，及有實體，令能緣識託彼而生。色等極微，設有實體，能生五識，容有緣義，然非所緣，如眼根等於眼等識無彼相故。如是極微，於眼等識無所緣義。

將釋頌詞，先明所緣緣正義。謂能緣識帶彼相起者，釋有所緣境也。及有實體令能緣識託彼而生者，釋有生識緣也。以能緣見分及所緣相分，同依自證分生，不前不後，同時起故。應知識不自生，生必帶相爲所緣境，相不自起，起必引識作能緣心。由此一法，有二功能，一能引識，一作所緣，故名所緣而又名緣也。色等下，正釋頌詞。色等極微至然非所緣者，釋前二句所立之宗。如眼根等至無彼相故者，釋後二句因喻之義。如是極微至無所緣義者，結顯緣義容有，必無所緣境也。

和合於五識　設所緣非緣

彼體實無故　猶如第二月

論主立量，破第二執義。和合是前陳有法，於五識設所緣非緣爲宗，彼體實無故爲因，猶如第二月爲喻。謂彼所執和合之法，合聚爲相，形顯現故說爲有境，於五識上設若許有所緣之境，非是生識之緣，以彼和合體無實故。如第二月者，以是捏目錯亂現故，以喻和合元非實有。衆微合聚，有假相生，故說設許所緣，而非緣義。

色等和合於眼識等有彼相故，設作所緣，然無緣義，如眼錯亂，見第二月，彼無實體，不能生故。如是和合於眼等識，無有緣義。

釋上頌意，謂執色等諸和合相，於眼識等，設許有彼和合相現，有是所緣，然而和合其體非實，無有緣義。如於眼中錯亂，見有第二月相，彼非實有，以喻和合，亦非實有，不能生識，故無緣義。

故外二事，於所緣緣，互闕一支，俱不應理。

　結成前執二義非理。外二事者，即前所執極微和合離識別有，故云外事。於所緣緣互闕一支者，謂於極微闕所緣境，於彼和合闕生識緣。故外二事，俱不應理。《釋論》云，離識之外，執有二種極微總聚，此皆闕其一分義故。自體相現及能生性具斯二分，方是所緣。於極微處，即闕初支。（即前自體相現。）於第二邊，便亡第二。（即前及能生性。）若如是者，如向所論二種過失，重更收攝，令使無差。《論釋記》云，此乃警其勿犯耳。

有執色等各有多相，於中一分是現量境，故諸極微相資，各有一和集相，此相實有，各能發生似己相識，故與五識作所緣緣。

　由前論主於極微處許能生識，於和合處許作所緣，故餘乘轉計云，前許極微有生識緣，又許和合爲所緣境，今推極微體中具和集義，故諸極微有和合相，即將極微能引生識，體具和集即作所緣，二義斯備，其必無失。今言有執色等者，等於聲香味觸五塵也。各有多相者，謂色有青黄等相，聲有清濁等相，香有好惡等相，味有甜苦等相，觸有冷煖等相。於中一分是現量境者，謂於五塵極微體中各具一分和集，是現量境。故諸下，謂由極微體具和集，故諸極微彼此相資，於五塵中各有一分和集相現。此相實有，各能發生似己相識者，是説極微體具和集，能與五識作所緣緣。

此亦非理，所以者何。

和集如堅等　設於眼等識
是緣非所緣　許極微相故

　論主復立比量，破彼轉計。和集是前陳有法，設於眼等識是緣非所緣爲宗，許極微相故爲因，如堅等爲喻。謂彼所執極微體具和集相者，猶如堅濕煖動等相，非眼所見，無所緣義。故立宗云，設於眼等識上，許是生識之緣，無所緣性，以許極微體具和集，元是極微一體相故。

如堅等相雖是實有，於眼等識容有緣義，而非所緣，眼等識上無彼相故。色等極微諸和集相，理亦應尒，彼俱執爲極微相故。

釋上頌意。堅濕煖動，四大性也。地水火風，四大相也。堅等能造，地等方現，故知堅等性之相狀是實有體，於眼等識，容有緣義，而非所緣。眼等識上無彼堅等相狀性故者，以堅濕等唯住性位，不同地等相貌顯現。色等下，以法合喻，謂諸極微體具和集，許是實有，容有緣義，而非所緣，眼等識上無極微體具和集相故，故云亦尒。由執和集不離極微，故復責云彼俱執爲極微相故。

執眼等識能緣極微諸和集相，復有別生。

由前轉計極微體具和集之相爲所緣緣，論主以如堅等喻破之，謂彼所執俱是極微相狀性故，無所緣義。故復轉計和集之相即是極微，相顯現故，有是所緣，體是極微，復能生識。今言執眼等識能緣極微諸和集相者，謂諸五塵和集之相，皆是極微合聚爲體，體能生識，故緣彼極微和集差別之相。復能引生差別識者，識生似境故，故云復有別生。

瓶甌等覺相　彼執應無別
非形別故別　形別非實故

論主説頌，破前執意。初句牒彼執意，彼謂瓶甌等形有別，所生覺相亦有差別。第二句總破，謂所緣瓶甌雖有差別，能緣覺相應無有別，以前唯許極微能生識故。後二句釋成，謂瓶甌之形既非實有，不能引生能緣覺相，故云非形別故覺相亦別，以彼形別非實有故。

瓶甌等物大小等者，能成極微多少同故，緣彼覺相應無差別。若謂彼形物相別故覺相別者，理亦不然，瓨等別形唯在瓶等假法上有，非極微故。

釋上頌意。瓶甌等者等物之多，大小等者等形之別，此釋所緣有差別也。能成極微多少同故者，多能成大，少能成小，極微本同，此釋生識緣無差別。緣彼覺相應無差別者，彼執和集爲境，極微生識，極微既同，所生覺相應無差別。若謂下，牒彼執意以釋第三句。爲破詞，故云理亦不然。瓨等下，釋第四句，成上第三句義。瓨字音缸，長頸瓶也，譯師以瓨瓶二字互用。

彼不應執極微亦有差別形相。所以者何。

極微量等故　形別唯在假
析彼至極微　彼覺定捨故

恐彼轉計極微亦有差別形相，故先抑云彼不應等。所以者何，徵釋極微無別之義。頌中初句，謂能成極微隨有多少，其量皆等，無差別故。次句破彼，形別唯假，不能生識。後二句釋成次句，謂析彼形至於極微，緣彼別形，所生覺相決定捨故。

非瓶甌等能成極微有形量別，捨微圓相，故知別形在假非實。又形別物析至極微，彼覺定捨。非青等物析至極微，彼覺可捨。由此形別唯世俗有，非如青等亦在實物。是故五識所緣緣體非外色等，其理極成。

釋上頌意。謂非瓶甌有形量別，即捨能成極微圓滿之相，以彼極微無轉變故，故知別形在假非實者，釋次句。又形別物，析至極微，彼覺定捨者，釋後二句。非青等物析至極微，彼覺可捨者，例顯。謂形猶可析，色不可分，猶可析故應知是假，不可分故亦在實物。是故下，結顯內色爲所緣緣，其理極成。

彼所緣緣，豈全不有。非全不有。若尔云何。

內色如外現　爲識所緣緣
許彼相在識　及能生識故

前破外執之非，此明內色爲正。故復問

云，彼前五識所緣法豈全不有。荅云，非全不有。若尓云何者，牒徵非全不有之義。頌中依內色立宗，顯示大乘所緣緣義，內色爲前陳有法，爲識所緣爲宗，許彼相在識及能生識故爲因，如外現爲喻。頌中前二句，謂內相分爲彼所執心外有法而顯現，故與前五識作所緣緣。《釋論》云，此中內聲，爲顯不離於識而有所緣。由諸世俗共許於境在外而住，應云如外，此不離識，應知色無內外。執者自外，以對外故，復有內名。若不執外，內亦不名，內外俱泯，成唯識義。後二句，如次釋成所緣緣義。許彼相在識者，有所緣也。及能生識故者，有緣義也。

外境雖無，而有內色似外境現，爲所緣緣。許眼等識，帶彼相起，及從彼生，具二義故。

外境雖無者，牒前已破極微和合理非有也。而有內色似外境現，爲所緣緣者，釋頌中前二句。許眼等識，帶彼相起，及從彼生者，釋後二句。帶彼相起，釋所緣，及從彼生，釋緣義，故云具二義故。

此內境相既不離識，如何俱起能作識緣。

餘乘問，內境相分，既不離識，與識俱起，如何俱起能作識緣。何則，要前引後方有緣義。

決定相隨故　俱時亦作緣
或前爲後緣　引彼功能故

論主荅，謂境與識決定相隨，雖俱時起，亦能作緣，引生於識，若不引生，不名俱起，及相隨義。後二句，就問中前後義荅。謂或能引前識功能，即爲引生後識緣故。如眼緣色，色中功能引識同起，識即緣色，前眼識滅，後識生時，亦是能引前識功能，即能引生後識緣境，故說前爲後緣，引彼識起，是功能故。

境相與識定相隨故，雖俱時起，亦作識緣。

因明者說，若此與彼，有無相隨，雖俱時生，而亦得有因果相故。或前識相，爲後識緣，引本識中生似自果功能令起，不違理故。

境相下，釋頌中前二句。因明下，引證。謂彼説言，若此相分與彼見分有無相隨，雖俱時生，而亦得有相分爲因、見分爲果的義。言有無相隨者，有即相見二分住現行時，無即相見二分居種子時，住現行時彼彼有用，種子位中彼彼用無。此説相分見分，若現若種，決定相隨，是不離義。或前下，釋後二句。本識即第八識。似自果者，謂眼根引生眼識，乃至身根引生身識，名爲自果。是以眼等爲因，生識爲果。意謂引本識中生似自果者，乃是五根功能令起，不違理故。

若五識生，唯緣內色，如何亦説眼等爲緣。

餘乘問，謂若五識唯緣內色即得生起，如何餘處亦説眼等五根爲緣方得生識。

識上色功能　名五根應理

功能與境色　無始互爲因

論主答，前二句以明根境俱屬色故，故言色時，根境俱彰。謂本識上有相分色，五識所緣，名五塵境，色中功能，引生五識，名爲五根，應當正理。後二句，明互爲因。謂五根功能與五境色，從無始來，更互爲因，功能爲因，引生境色，境色爲因，引起功能，是更互爲因的義。

以能發識，比知有根，此但功能，非外所造。故本識上五色功能，名眼等根，亦不違理，功能發識，理無別故。在識在餘，雖不可説，而外諸法理非有故，定應許此在識非餘。此根功能，與前境色，從無始際，展轉爲因。謂此功能，至成熟位，生現識上五內境色，此內境色復能引起異熟識上五根功能。根境二色，與識一異，或非一異，隨樂應説。如是諸識，唯內境相爲所緣緣，理善成立。

以能發識比知有根者，謂根非現量，唯比量可知。此但功能，非外所造者，謂根與境，不同處故。發識功能，名爲内處，即是五根。所緣之境，名爲外處，即是五塵。以外所造，名爲塵義。故本下，正釋前二句。功能發識理無别故者，謂發識功能名勝義根，但取發識，即名爲根，更無别義。在識在餘，雖不可説者，謂色不離識，名爲在識，心外有法，名爲在餘。不論内色外色，唯取發識，名勝義根，故云雖不可説。然而心外執有極微和合諸法，以理推之，既非實有，定應許此發識之色在識非餘。此根下，釋後二句。謂此下，釋成展轉爲因的義。成熟位者，即此果報已熟位也。謂由五根功能，於果報位，生起現識體上五内境色，名相分色。由内境色，復能引起當來異熟果上五根功能，名勝義根。前云外所造，今云内境色者，前分根境，故説外造，此不離識，故名内境。《釋論》云，此中内聲，言不離識，本無其外，望誰爲内。故知内外之名，隨情假立。根境下，顯示唯識義，謂根境識三，即相見分同自證分，故名爲一。色心各别，復名爲異。同體用别，名爲非一。用别體同，又名非異。諦了唯識，隨樂應説，苟非諦了，逐觸成邪。如是下，結顯内色爲所緣緣，理善成立，意破餘乘妄執心外極微和合爲所緣緣，俱非理也。

觀所緣緣論會釋終

六離合釋法式通關

失造論及譯人名

蜀沙門明昱通關

夫欲解釋名句文身所詮之義，必用六種離合方盡其旨，苟闕其一，義未盡焉。言法式者，文中各引一法以爲格式，推而廣之，經律論藏備悉其猷矣。於中語勢間有闕隘，恐初學尚疑，因而解釋以通之，故云通關。

西方釋名有其六種，一、依主，二、持業，三、有財，四、相違，五、帶數，六、隣近。以此六種有離合故，一一具二，若單一字名，即非六釋，以不得成離合相故。

西方即西域。自五印土及餘諸國，皆以此法解釋文義。若名句中有能有所，即以能所彰明其義，名能所依彰依主釋。若義體上能持業用，即名體持業用持業釋。若於自義取他爲名，即名將他顯己有財釋。財者資生義，以他資我，故名有財。若義互違，不相隨順，即名兩別兼舉相違釋。若義挾帶數量多少，即名體挾數量帶數釋。若於彼此義相隣近，即名居近隣强隣近釋。以此六種各有離合，故於六種一一具二，成離合相。若單一字一名，即非六釋之式，以單一字不成離合相故。

初依主者，謂所依爲主。如説眼識，識依眼起，即眼之識，故名眼識。舉眼之主，以表於識。亦名依士釋，此即分取他名，如名色識。如子取父名，名爲依主，父取子名即名依士，所依劣故。言離合相者，離謂眼者是根，識者了別，合謂此二合名眼識。餘五離合，準此應知。

所依爲主者，主是不動義，以顯能依客義，有動即有去來及有生滅。如説下，舉例明依主的義。識依眼起者，眼根常住，識自起滅，識不自名，由眼得名。舉眼之主，以表於識，名爲眼識，故名依主。亦名依士者，即前眼識又名依士。前名依主，釋眼識名，此名依士，釋眼識義。識由眼得名，名爲眼家識，故名依主。眼由識得名，名眼識緣色，故名依士。士即子義，根能發識，根得父名，識即爲子，識能了別色，名眼識緣色，依士釋也。分取他名者，識取眼名依主，眼取識名依士，皆名分取。如名色識者，依境名色識，喻上依根名眼識。如子下，喻依主、依士兩名。所依劣故者，謂識勝根劣，根得識義，故名眼識，能了別色，是謂能依識勝，所依根劣。言離合下，釋六種皆有離合，故云餘五離合準此應知。

言持業者，如説藏識，識者是體，藏是業用，用能顯體，體能持業，藏即識故，名爲藏識，故名持業。亦名同依釋，藏取含藏用，識取了別用，此二同一所依，故云同依也。

藏識即第八識，有含藏用，名爲藏識。識是體者，識能發業故。藏是業用者，業從識起故。因業顯體，由體持業，業即是體，名持業釋。亦名同依者，藏識二義，同一所依，藏是能藏，以含藏爲用，識是見分，以了別爲用，含藏了別皆依識體，同自證分體，故名同依。

言有財者，謂從所有以得其名。一如佛陁，此云覺者，即有覺之者名爲覺者，此即分取他名。二如俱舍，非對法藏，對法藏者是本論名，爲依根本對法藏造，故此亦名爲對法藏論。此全取他名，亦名有財釋。

財者資益義，以他資我，名爲有財。他是我所有，故云謂從所有以得其名。一如佛陀，此云覺者下，舉例釋有財之名。覺字名他，者字名自，自他共名，名爲分取。俱舍，此云對法藏，依對法藏論造論，亦名對法藏論，此即全取他名，亦名有財釋。

言相違者，如説眼及耳等，各別所詮，皆自爲主，不相隨順，故曰相違。爲耳及眼二言，非前二釋，義通帶數、有財。

眼及耳等者，等於鼻舌身意。眼詮緣色，乃至意詮緣法，故云各別所詮。各爲所依，發生各識，互不相借，故云皆自爲主，既自爲主，無隨順義，故曰相違。爲耳下，簡此相違釋，不同餘釋有互通義。耳及眼者，南北藏皆錯爲有及與，今從義改正，即前眼耳二言，舉此二言爲相違釋，不同前説依主、持業通餘二釋，依主釋通帶數、有財，持業亦通帶數釋故。

言帶數者，以數顯義，通於三釋。如五蘊二諦等，五即是蘊，二即是諦，此用自爲名，即持業帶數。如眼等六識取自他爲名，即依主帶數。如説五逆爲五無間，無間是果，即因談果，此全取他名，即有財帶數。

謂於名句挾帶數量名爲帶數，或唯用自，通持業，或唯用他，通有財，或自他兼，通依主，故云通餘三釋。五蘊二諦等者，等餘三身四智乃至九定十禪，皆名帶數。蘊有五數，五即是蘊，諦有二數，二即是諦，此皆用自爲名，故各名爲持業，於五於二名爲帶數。又眼等六識皆以識爲自，眼等爲他，自他共名，名爲依主，以有六種，復名帶數。又如有人呵罵造五逆罪者名五無間種，全取果名以表五逆，此唯用他，名爲有財，因果各有五種，復名帶數。

言隣近者，從近爲名。如四念住以慧爲體，以慧近念，故名念住，既是隣近，不同自爲名，無持業義，通餘二釋。一、依主隣近，如有人近長安住，有人問言爲何處住，荅云長安住，此人非長安，以近長安，故云長安住，以分取他名，復是依主隣近。二、有財隣近，如問何處人，荅云長安，以全取他處以標人名，即是有財，以近長安，復名隣近。

相隣就近，藉彼爲名，故名隣近。四念住者，謂別想念，觀身不淨，觀受是苦，觀心無常，觀法無我，皆以決擇慧觀，而云念者，定由念起，慧因定生，念慧相隣，故名念住。喻隣近義，凡言隣近，必有自他，故不同前用自爲名，無持業釋，唯通依主、有財二釋。一依主下，釋依主隣近。言長安住者，長安爲他，住者爲自，自他共名，故言分取。二有財下，釋有財隣近。言長安者，唯用他名，故云全取。

頌曰：

用自及用他　自他用俱非

通二通三種　如是六種釋

總頌六離合釋名及義也。今復作頌解釋

頌意：持業唯用自，有財唯用他。依主自他用，相違用俱非。隣近通二釋，謂依主有財。帶數加持業，故名通三種。如是六種釋，願共一切知。

六離合釋法式通關終

觀所緣緣論釋記[一]

觀所緣緣論釋記序

《觀所緣緣論釋》者，護法菩薩釋陳那菩薩《觀所緣緣論》也。陳那菩薩深窮緣性，洞徹見源，標真殄謬，明心外無境。經部師等以外色極微和合爲所緣緣，斥其互闕一支，俱不應理。菩薩申義，內色如外現爲識所緣緣，許彼相在識及能生識故。古大乘師略於挾帶，則本智緣真如時爲所緣緣，似有失，而小乘正量部不許變帶，則眼識緣色時所緣緣義不成。菩薩理善成立，二支斯備，如是了達，方知心外無境，凡所見法，是見心也。然文約義豐，所含淵賾，故護法菩薩發其餘蘊，盡抉玄奧，造釋以弘其致，揚正理之光耀，溢義海之波瀾，令毒智歛而邪焰熄矣。復緣所譯之文奇嶮，讀者難通，大光明山高原上人義學精覈，久研斯典，妙析奇致，爲之筆記，譬之尋河得源，而支流委曲皆曉了，伐樹斬根，而衆條紛糾皆相隨，千秋滯義，一旦通朗，學者所快睹，深有毗於法門云。由上人而見護法，由護法而見陳那，如見鏡中面目也。

病居士王野造。

觀所緣緣論釋記題詞

所緣緣者，乃四緣中第三緣也。此緣一法有

二功能，一能生識，一作所緣。所緣名境，生識名緣，故名所緣而又名緣也。夫以三界唯心，本無相質之境，五明起世，斯興内外之名。所以陳那憫異執之沈淪，審文約義而造論，護法發隱微之奥旨，分條析理而作釋。造論者，立比量爲綱宗，伏邪倒之疑意，伸明内色，揭示幽途。寶思風飛，雅合瀉瓶之敏，邪津浪息，憑施卷舌之能。致使異部宗徒，咸得歛躬欽服，大乘閟義，自兹爛彩舒光。作釋者，觀三支之玄府，推五分之重關。瞻天瞰海，悲學者莫測其高深，曠漢沓源，憫來際靡知其涯涘。由是菩薩神機昭晰，詞論精研。指點端倪，毒智歛時增慧焰，甄明利害，愛河竭處沐恩波。雖則至道昭明，飛光昱日，原以梵本西來，承旨宣譯，文詞巧拙，出自譯師。余昔觀此釋，目若面墻，口不能句，蓋爲詞源精約，義海淵宏，雖不離於几案，卒莫措其隻語也。幸仗菩薩大悲願力，亦乃昱等宿福所逢，忽以微生，親承梵響，踴躍歡喜，如聞授記，遂探《瑜伽》《顯揚》等論，《深密》《佛地》等經，凡遇意相貫者，記之於筆，以便披覽，目爲觀所緣緣論釋記。

萬曆己酉清明前一日，西蜀輔慈沙門明昱書于金陵雨花精舍。

分科

論之綱宗，科乃提挈，始知脉絡相貫，義勢開合，而唯心之旨，了然心目矣。古德科經，必有三分。《觀所緣緣論》唯得存一，前無叙起之由，後無流通之義。會於《釋論》，則有二焉，以前一頌特明造論之由，故科爲序分。正宗分中，依《釋論》立科，總分爲二：一、破外執，以外色爲所緣緣。二、明自宗，立内色爲所緣緣。此科之大略耳，餘細分後。

釋論通科分二
二正宗分分二
序分 著言
二明自宗分二
破外執分二
二別破分二
總標分二
二別推分四
總論分三
三結外執相違 誠如
二論所緣外境 言外
論能緣內識分二

二雙支全破 著如
縱許生因 何以
釋內境 釋曰
二變差別 此中
牒標中二執別破分四
二舉二種轉計別破分二
推論主縱許 緣其
二推外執極微 或許
三推外執和合 或復
四結彼許相應 此二

總推立量 釋曰
二別破極微分二
三別破和合分四
四總結二執 釋曰
推外轉計 釋曰
二明內正義 若尒
三縱許所緣 能非
四雙支全破 復緣
二執和合體即是極微分三
執極微體中具和合分二

二論能緣差別分三
一牒本論略釋　釋曰
二論内外意許　眼等
三論意識別緣　若尒
一論等字所攝　此中

觀所緣緣論釋記

陳那菩薩造論　唐三藏法師玄奘譯
護法菩薩造釋　唐三藏法師義淨譯
明蜀沙門明昱録記

《觀所緣緣論釋》者，乃觀察所緣之境，

二展轉引喻難破勝劣之情　若如
一牒彼執詞推明轉計之意　釋曰
三通釋前義結破異見非理　上來
二展轉引喻難破極微無別　然諸
一牒彼執詞推明泛然妄計　釋曰

必具發識之緣而論之。論不足以盡其詳，復益之以釋。釋者，解釋義。論者，分辨義。緣者，親友義。所緣者，有境義。觀者，察義，以智照境義。謂凡小不達唯心之旨，妄執心外別有實境，即是極微，或極微所成名爲和合，各別執爲所緣緣義。故論主造論，令彼觀察根境唯心，不墮邪見稠林耳。《唯識論》云，所緣緣者，謂若有法，是帶已相，心或相應。釋云，謂若有法者，必是有體本質法名緣。是帶已相者，即相分名所緣。相質合説，名所緣緣。帶字屬心，已屬本質。相即相分。謂能緣心，緣所緣境時，帶起本質家已之相分故。帶有二義。一、變帶，即八箇識有疎所緣緣本質是，爲託此有體境爲本質，變似質之相起，名爲變帶。二、挾帶，即一切親所緣緣實相分是，爲此相分不離能緣之心，其能緣心，親挾此相分而緣，名爲挾帶。已相亦有二義。一、相狀相，即變帶似質之已相，以相分似本質已體，故名疎所緣緣也。二、體相相，即挾帶所緣相分之已相，以相分不離能緣之體，故名親所緣緣也。心或相應者，此辨所緣緣之果也，以所緣爲緣是因，生得心心所是果。心即八識心王，相應即五十一心所。有起不起，故復言或。已上解觀所緣緣四字竟。第五論字，《唯識開蒙》云，教誡學徒，決擇性相，激揚宗極，藻義攸歸，垂範後昆，名之爲論。第六釋字，釋者解也，疏通解釋，捨疑成解，散濁留清，廢詮服義，名之爲釋。第七記字，有三義，謂記憶、記別、記録。此名記者，録集成編，以備遺忘，故非記別，但取記憶記録爲記耳。釋題竟。

○下文科分，第一序分。

若言能令毒智人　爲令其慧極明了
及爲消除於罪惡　稽首敬已觀其義

法不孤起，仗境方生。爲衆生被毒智所蒙，不達境空心有之旨，則菩薩大悲始運，令彼觀心自悟耳。所言毒智人者，慧不明了人也。以慧不明，取心外境，戕害法身，傷殘慧命，故名毒智。於三毒中，癡毒乃全，貪毒一分，以取外境屬貪分故。何非瞋分。曰：既與貪俱，於境愛染，不憎彼故，故無有瞋。何害法身及傷慧命。曰：彼執外色爲生識之緣，又執爲所緣之境，心境妄計，煩惱從生，生煩惱故，覆真實義，障聖慧眼，豈非法身慧命乎。故知無明毒智爲害不淺。

欲令斯輩智慧極明而消除罪惡者，必以唯識正理觀察，故稽首三尊，而觀其義。

○一序分竟，下二正宗分。於本論文，唯約七科，餘科俱依《釋論》分頭。凡題論曰二字，皆本論文。題釋曰及不題釋曰者，俱《釋論》文。今正宗一分，初分爲二，一破彼執，二明自宗。一又分二，一總標，二別破。一又分二，一總論，二別推。一又分三，一論能緣内識，二論所緣外境，三結彼執相違。一又分二，一牒本論略釋。

論曰，諸有欲令眼等五識以外色作所緣緣者，或執極微，許有實體，能生識故，或執和合，以識生時帶彼相故。

釋曰，諸許眼等識者，於所棄事及所收事，或捨或取，是觀察果故，所捨事體及顛倒因是所顯示。

諸許眼等識者，即本論中諸有欲令眼等五識一句，今護法師牒而釋之，謂諸餘乘執眼等五識以外色作所緣緣。外色者，即彼所計極微和合二種。極微無體，觀色析成，將一須彌析爲七分，内取一分，又爲七分，展轉析至極微，故護法師以極微爲所棄事。須彌既可析爲極微，極微亦可合爲須彌，故護法師以和合爲所收事。或捨或取者，謂他宗或取極微而捨和合，或取和合而捨極微。取執事成，是彼觀察之智果。所捨事體，是他宗不取之事。及顛倒因，是他宗執取之事，以此而爲顯示。顛倒因者，責彼非因計爲因故。

○一牒本論略釋竟。下二論能緣差別，分三，一論等字所攝。

此中等言，謂攝他許依其色根五種之識，由他於彼一向執爲緣實事故。意識不然，非一向故，許世俗有緣車等故。縱許意識緣實事境，有其片分，亦能將識相似之相離無其境，於眼等識境不相離，得成就已，方爲成立，是故於此不致殷勤。

此推他宗執根識不同意識所緣。此中等言，是本論中眼等識之等字。護法師釋云，此中等言，謂攝他許依其色根五種之識。何則。由他於彼一向執爲緣實事故。此句乃護法師斥他宗一向執眼等五識緣極微和合爲真實之事。意識不然，非一向故者，此謂意識不同五識，意非一向緣其實事。許世俗有緣車等故者，釋成眼等五識一向緣實事境，自許車等是世俗有，以車等爲實事故。問曰，意識有時亦能緣實事境，何言意識不然。答曰，縱許意識緣實事境，有其片分，亦能將識相似之相離無其境，此謂意識緣境一刹那頃，即離境而緣相似之相，即意識於境上變起似質之影相。離無其境者，即是離其實境，而獨緣影。於眼等識境不相離者，謂眼等識緣境不離，則所緣之境皆是實有，故知意識不然，非一向故。得成就已至不致殷勤者，他宗自謂確然應理，方可立宗，理既彰明，殷勤於意識，亦何益焉。

又復於慣修果智所了色，誠非呾迦所行境故，及如所見而安立故。今此但觀聞思生得智之境也。如斯意識所緣之境全成非有，此於自聚不能緣故，復緣過未非實事故，猶若無爲。爲此等言，攝五識身。

他宗重訂意識不能緣五識之境，但緣過未不實之事。言果智所了色者，即假想觀中極微色也。呾迦者，指意識，言此色正爲意識所緣，他宗反謂誠非意識所行境故。及如所見安立者，是意識緣本質色安立名言，即彼妄執假想觀中分析極微，正是意識安立名言，外宗亦謂非意識所行，此皆昧於色心不二之旨，妄執心外有色爲實事境。今此但觀聞思生得智之境者，智即第六意識，境即聞思之境，謂此意識從聞所説境上生，即觀此境爲所緣。意謂但觀聞思境，生得意識智。又言但觀者，爲顯意識唯緣此境故。如斯意識所緣之境全成非有者，是推意識於上假想名言，俱不能緣。此於自聚不能緣故者，自乃極微，聚名和合，此又謂意識不能緣極微和合爲境，復緣過未非實事故。猶若無爲者，是許意識緣假，不能緣實。故下結云，爲此等言，攝五識身。

○一論等字所攝竟。下二論意識別緣。

若尔，根識引生所有意識，斯乃如何。此非共其根識同時，或復無間皆滅色等爲所緣故。或緣現在，此非根識曾所領故，斯乃意識自能親緣外境體性，此則遂成無聾盲等，復違比量，知有別根，此遮增色是所欲故。然於意識，不復存懷。

此破他宗不許意識與五識同時緣五塵爲境，故護法師問曰，若尔，根識引生所有意識，斯乃如何。若尔之言，指上章中意，謂汝若不許意識與根識同時緣境，即今現見引生根識緣境，意識方知長短方圓，斯乃如何不許。故難云，此非共其根識同時。復難云，設許意識非共根識緣境，或復無間皆滅，色等爲所緣故。言無間者，謂意識必與五識無間而生。汝不許與五識同緣，則意識必滅五塵而後緣。再難云，若過未之事則可，或緣現在境，此非根識曾所領故，既不用根識所領而意識能緣者，斯乃意識自能親緣外境體性。若意識親緣外境，而不同五識緣者，此則遂成無聾盲等。聾盲之言，謂耳不識聲等曰聾，眼不知青等曰盲，使其聾盲者在意識，亦不離根識。何則。謂五識依浮塵根時，即對色等五塵，已有意識同時，則能分別色之青黃，聲之高下。若浮塵根壞時，縱有意識，於聲不能知清濁，於色不能知長短，是故謂之聾盲。汝既許意識自能親緣外境體性，必不用五根，根若壞時，自有意識能緣聲色，又何聾盲之有耶。若如是者，不但無聾盲，復違比量。何得違耶。釋云，知有別根，此遮增色是所欲故，是故相違。知有別根者，謂意識知五塵時，別有能生之根，故不同於五根緣五塵境，既不同緣五塵爲境，則增色自何而生。增色者，謂五塵各有自相本質，五識緣時，取境清明，唯是現量，得境自相，意識緣時，則從本質色上起長短方圓之相，對自相說，名爲增色。既不與五同緣，自相尚無，何有增色。言比量者，如見其地，比知是堅，見其水，比知有濕，見其火，比知是煖，見其風，比知有動，此比量之理，必託增色推明，增色既遮，比量之理必違矣。又則比量爲意識之必然，安得以意識無比量耶。然於意識不復存懷者，此句結前，意在起後。

〇二論意識別緣竟。下三論內外意許。

眼等諸識，色爲依緣而方有故。無表但是不作性故，自許是無，本意如此。

此論外宗許與不許之意。外宗許極微之體自然，性是不作，而有堅常之德。眼等諸識，必以極微色爲所依緣，諸識方生。不許無表色者，謂無表但是不作性，而無堅常之德，不能生識故。護法師釋云，自許是無，本意如此，以無表色實不能生識故。

此於所緣將爲現量，是所取性故，深履邪途故，爲此正意遮所緣性，因便方遮斯所依性。同時之根，功能之色，將設許之。

此護法師斥他宗之非，復推論主所立比量及言陳之意。極微爲所緣，將爲現量者，是彼執取一偏之性，而深履邪途也。論中立量，正意但遮所緣，則所依之性亦遮矣。何則。所緣緣者，唯是一法，要能生識，必作所緣，彼所緣之性既遮，所依之性何有。同時之根，功能之色，將設許之者，色及功能是生緣義。立量之初，必以言陳縱許耳。

〇三論內外意許竟。通上一論能緣內識竟。下二論所緣外境。

言外境者，彼執離斯而有別境，此顯其倒。

顯彼執有異事可取，故言境也。如何當說。或言總聚。由非總聚，實事應理。

言外境者，此護法師牒論中一句之義釋之。論中言以外色作所緣緣者，色即境也。故釋云，彼執離斯而有別境，謂離識外別有色境爲生識因，此自顯顛倒。復釋云，顯彼執有異事可取，故言境也。上云外境，未曾的指何事爲境，故問云如何爲境而當説之。答曰，或云總聚。然諸餘乘有計和合爲所緣緣，若是破其和合之非，即轉計極微真實之事，故云由非總聚，實事應理。觀夫極微和合，乃本質色邊假想光景耳，安得爲五識現量境耶，如斯妄計，非倒而何。

〇二論所緣外境竟。下三結外執相違。

誠如來難，彼自前後道理相違，余復何失。

總結前意，謂誠然如上來所難之義，是知外計之情既僻，前後道理相違，唯識之旨自明，縱奪抑揚何愧。

〇三結彼執相違竟。通上一總論竟。下二別推，分四。一推論主縱許。

緣其實事及緣總聚是所許故，將欲叙其別過，爲此且放斯愆。

此牒論中二執之意。實事即極微，總聚即和合，此二是外宗自所執取，故論主以言陳縱許。設有問曰，何不直以心外有法爲破，而又以比量共許。答曰將欲等，謂論主將以比量顯其別過，故此不論心外有法之愆。

〇一推論主縱許竟。下二推彼執極微。

或許極微，雖復極微唯共聚已而見生滅，然而實體一一皆緣，不緣總聚，猶如色等。設自諸根悉皆現前，境不雜亂，彼根功能各決定故，而於實事斷割有能，一一極微成所緣境，彼因性故，彼眼等識之因性故，是彼生起親友分義。然而有説其所緣境是識生因，在諸緣故。

述成他宗計極微爲所緣緣意。或許極微一句，即本論云，或執極微，許有實體，能生識故。下推他意云雖復極微唯共聚已而見生滅者，彼謂極微本不生滅，其生滅者在共聚而有也。然而實體一一皆緣，不緣總聚者，是計極微爲所緣，不用和合爲所緣。又以喻明，猶如色等，指五塵也。設自諸根現前，境不亂者，指五根對五塵而不雜亂。故云彼根功能各決定故，是謂見不超色，聽不出聲。上明喻體，下乃合法。而於實事斷割有能者，謂極微真實之事，能爲眼等諸識作所緣境。斷割者，是五塵各别之狀，故云一一極微成所緣境。既作所緣，復計生識，故云彼因性故，彼眼等識之因性故，是彼生起親友分義。親友者，助緣之義，謂極微能爲生識因緣，故云尔也。復引證云，然而有説其所緣境是識生因，在諸緣故。此引大乘所緣緣義，而證極微爲所緣緣之理。

○二推外執極微竟。下三推彼執和合。

或復於彼爲總聚者，彼諸論者執衆極微所有合聚爲此所緣，相識生故。由於總聚而生其智，是故定知彼爲所緣。如有説云，若識有彼相，彼是此之境。

述成他宗以和合爲所緣緣意。或復於彼爲總聚者，即本論云，或執和合，以識生時帶彼相故。推彼意云，彼諸論者執衆極微所有合聚爲此所緣，相識生故。此句計所緣之境，爲生識之因，謂和合爲境，又能生識。相識生故者，是相似和合相狀之識，而得生起。由於總聚而生其智者，智即識也，智本不生，由緣境而生，故云是故定知彼爲所緣。復引證云，如有説云，若識有彼相，彼是此之境。此亦引大乘所緣緣義，以證和合爲所緣緣之理。

○三推彼執和合竟。下四結彼許相應。

此二論者，咸言彼相應斯理故。

總結二計自許相應。

○四結彼許相應竟。通上一總標竟。下

二別破，分二。一牒標中二執別破，二舉二種轉計別破。一又分四，一總推立量。

論曰，二俱非理。所以者何。

極微於五識　設緣非所緣
彼相識無故　猶如眼根等

所緣緣者，謂能緣識帶彼相起，及有實體令能緣識託彼而生。色等極微，設有實體，能生五識，容有緣義，然非所緣，如眼根等，於眼等識無彼相故。如是極微，於眼等識，無所緣義。

釋曰，若不言因，此因無喻，猶如因等，成因等性。極微總相是所緣性而成立之。又若自許不於識外緣其實事，應有有法自相違過。

此護法師推論主立量之意。若不言因，此因無喻者，因即比量，有宗因喻三支。三支無過，是爲能立。今以三支爲因者，爲因明中云，比量者，謂藉衆相而觀於義，相有三種，即三支也。如前已説，由彼爲因，於所比義有正智生，即智名果。故以此因，總三支爲因，非三支中宗因喻之一因也。若欲破彼不極成事，而不立量爲因者，則無有喻，故云此因無喻。此三支中喻也。何以獨言喻耶。謂喻者，是比量中立破之洪綱，驅邪之明訓。故論云，同品無處不成立者之宗，異品有處反成敵者相違宗義。此中若無有喻，而欲成之，猶如因等成因等性。此宗因之因也。何則。因明之法，立宗之後，必以因成，故以因爲能成立法。宗因既立，當引喻合，故以喻爲同品。三支並出，有過必知。今欲破彼和合極微，而不立量者，是謂極微成極微，和合成和合，猶如因成因，喻成喻，又何過失之顯也。彼過未顯，自失先招。故云極微總相是所緣性而成立之，又若自許不於識外緣其實事，應有有法自相違過。有法者，是先陳，極成色法爲宗依，謂之有法，故因明以有法爲前陳。自相違者，謂自教不許緣識外事，若以外色作所緣者，是與自教相違。

所以奘師立量云，真故極成，色是有法，定不離眼識宗。眼識者，意許自證分。同喻如眼識，此即眼識見分，彼立極成色是相分色。相分原從自證分現，既云識現，豈得離識，如水現波，波豈離於水也。又同喻如眼識者，眼識亦是自證分現，亦不相離，眼識不離自證分，相分亦不離自證分，是眼識不離相分，相分與眼識爲所緣緣。若是極微和合爲有法，於五識作所緣緣爲宗，極微和合是心外法，法在心外，安得與五識爲緣，而不相違耶。此乃論主將立量時，以比量之法自謹耳。

然法稱不許，斯乃於他亦皆共許，即以爲喻。若但如所說，應於所立義而屬當之。

此總釋二比量中宗也。法稱不許者，大乘宗法不許外色爲五識所緣緣。斯乃於他亦皆共許者，即論中立量云，極微於五識，設緣非所緣，和合於五識，設所緣非緣。頌言設緣及設所緣者，是共許宗義。即以爲喻者，謂既立比量之後，即將外色爲異品喻。異品者，非有同品之義，名爲異品。且如極微，雖許有生識緣，而無所緣境，既無所緣境，生識之緣亦無矣。又如和合雖許所緣，而不能生識，若不生識，亦非所緣。彼之外色，既不生識，又無所緣，豈非異喻耶。若但如所說，應於所立義而屬當之者，謂如言陳所說，得立量之後，應於意許所立義而屬當之。屬者會也，應會意許相分爲當。

前量意云論本二因，但是明因，所以不即是因，以無共成之喻，爲此須出彼相應因。

此推論中所立二比量。前量意云論本二因者，即極微和合二量爲二因，非三支中宗因之因。何則。外宗以極微和合爲因，觀察生智爲果，故以二法爲二因。但是明因者，但以極微和合喻明真因，即內色如外現之義。所以不即是因者，護法師不許爲真因。何則。以無共成之喻。共成者，須一法有二功能，要是能生，又是所緣，方爲真因。爲此須出彼相應因者，出者顯也，彼字指他宗，相應者他宗以極微爲相應因。爲此明他共許，故須顯出彼之極微爲生識因。

○一總推立量竟。下二別破極微，分二。一縱許生因。

何以如此。

問上共許極微爲因之意。

次復顯己所論之理是無謬妄，明他共許，置第五聲。設許爲因，猶如共許諸非有事，非有性故，非因極微，而且縱許諸極微體是其因性，但說不合是所緣性。

此護法師詳明比量中縱許之意，以答上問。言顯己所論之理是無謬者，謂顯唯識之理極成耳。明他共許，置第五聲者，因明法中，若他不許，量則不成，是故內有縱詞，外亦共許。第五聲者，是因明中第五分，即異品也。此論先縱後奪，故置第五聲。設許爲因者，釋上縱許爲因之意。故又喻云，猶如共許諸非有事。非有者，亦是異品。因明以同品爲有，以異品爲非有，非有同品義，名曰非有。故下釋云，非有性故，非因極微，而且縱許諸極微體是其因性，但說不合是所緣性。

由非彼相，極微相故，此云根識，極塵非境。

此釋因也。由非彼相者，是本論比量中彼相識無故之因。所以釋云，極微相故。又從而釋之，此云根識，極塵非境，是不許極微爲五識所緣。

如根者言，猶如於根，縱實是識親依之因，無根相故，非彼之境，極微亦尔。

此釋喻也。如根者言，是本論比量中猶如眼根等之喻，護法師牒而釋之。猶如於根，是以極微如眼根，眼根縱實是識親依之因，而眼識不能見眼根相，故非彼境。合云極微亦尔，極微縱許爲生識之緣，而眼識不能見極微之狀，故非所緣。

諸無其相，彼非斯境者，何謂也。

問上極微非境之由，何所謂也。

爲此說其名境者等。言自性者，謂自共相。了者定也。如何此復名爲了耶。如彼相生故。此言意者，同彼相貌而識生起，由隨彼體故，此則說名了彼境也。而實離識無別所了，可與其識爲因性耶。

先答所緣緣正理，復顯極微之非。爲此說其名境者等，等字亦攝緣字，謂所緣之境即是能生之緣。故釋云，言自性者，謂自共相，了者定也。意謂境之自相，必有二種功能，是爲共相。如何此復名爲了耶，問上了境意。答云如彼相生故。此句牒本論中所緣緣正義。論云，謂能緣識，帶彼相起，及有實體，令能緣識，託彼而生。護法師釋云，此言意者，同彼相貌而識生起，是境有生識之功能名緣。由隨彼體故者，識隨境生，而不離境，名所緣。此則說名了彼境者，答上問意，論正意已。復破云，而實離識，無別所了，可與其識爲因性耶。此將雙破所緣緣之張本，謂極微既與識相離，離識則不能了，此破所緣之境。極微離識，則不相及，安得以識緣彼而得生耶，是破生識之緣。前云，爲此正意，遮所緣性，因便方遮斯所依性，文雖未出，意現於此。

然而但有前境相狀，於其自已猶如鏡像而安布之，共許名斯爲了其境。然非極微一一自體，識隨彼狀，由此極微而爲境體。

此護法師設喻，難了境義。文有兩節，然而下，先縱，然非下，破。然而但有前境相狀者，謂汝計極微，但得一相可狀於前，於其自已猶如鏡像而安布之。鏡像者，極微如鏡，所生之識如鏡中現像。若如是者，我則共許名斯爲了其境。既縱已，復破云，然非極微一一自體，識隨彼狀，由此極微而爲境體，意謂極微之體不能顯現，安得以極微爲境體，使識隨彼體而現耶。

縱有因性，由非因義，所緣如根，雖是因性，不爲所緣。

即本論云，色等極微，設有實體，能生五識，容有緣義，然非所緣。此因性雖破，猶兼縱許，所緣之境必不許者，意在雙支全破耳。

若由因性，許作所緣，根亦同斯，應成彼也。斯言前説彼相應理故，因有不成過，然而意顯非唯因性，即是其根所緣之相。若如所説因，將爲能立者，則彼因性故，爲所緣性耶，於根亦有成不定過。

即本論云，如眼根等，於眼等識，無彼相故，如是極微，於眼等識，無所緣義。此護法師乘他宗之計，而以同喻難之。他宗轉計云，汝大乘中言所緣緣者，此是能生，定作所緣，汝既許極微爲能生因，安得不爲所緣。論主云，若有因性，許作所緣，根亦同斯，應成彼也。自釋云，斯言前説彼相應理故，因有不成過，意謂前所轉計，爲相應斯理，如取同品之根難之，則因性必有不成所緣之過。復自釋云，然而意顯極微之體非唯因性，亦可得作所緣之相，縱也。即是其根亦有所緣相，難也。若如所説因，將爲能立者，則彼因性故，爲所緣性耶，於根亦有成不定過，破也。意謂若如汝説，許作因性，必有所緣而成立者，汝之極微但爲因性，安得有所緣性耶。若由因性，必有所緣性者，於根亦有不定過。何則。眼根於眼識決定不見，若許眼根作所緣者，眼根則有非定不見之過矣。

○一縱許生因竟。下二雙支全破。

問極微之相。原論量中有設許爲緣，今若如是者，由非彼相，其義何也。

觀《釋論》中，縱有因性，由非因義，其義

何也。

爲明成立自己之宗由非，但述他宗過故已義便成。此言爲彰非即能生自識相故，境非極微，猶如眼等。若其是彼因性之言，將爲論主前立他宗，明他共許，此時意在遮他，顯已能破義成，置斯言矣。

爲明成立自己之宗由非者，此句總答上問意。下釋非他之所以，但述他宗不成之過，自己所立之義便爲極成。此由非之言，爲彰明極微非即能生自識相故，此非其緣也。境非極微，猶如眼等，非所緣也。問曰，此中雙非兩相，前量何許次支。答曰，若其是彼因性之言，將爲論主前立他宗，明他共許，此時意在遮他，顯已能破義成，置斯言矣。斯言即意許雙支全破之言。

此釋論主明他共許之意，謂宗中原許有宗許定彼，不定他宗，恐其不許。定於彼，論主不縱許而定之，恐其他宗不許耳。

向者與他出不定成即是能破，何假自宗更申比量。

此問論主所立比量，謂向者論中言二俱非理，已出不定過成，即是能破，何假自宗中更申比量耶。

凡言不定，未必決定不成，恐致疑惑，是故更須立量。或可由斯非彼相者，於諸極微非定了性，如相識生，是謂決了。既彼非故，明知決了。此亦無由，應可說非決了性故，唯出此因，不是所緣。

此答上問，意謂凡言陳不定，未必決定不成，若不決定，必致疑惑，是故論主更須成立比量決之。或可由斯所立比量，非彼極微相者，令彼於諸極微，知非定有所了境性，如相識生。是謂決了者，謂以極微爲決定所了之境，方說極微生識。所以前章云，同彼相貌而識生起，由隨彼體故，此則說名了彼境也。既彼非故，明知決了者，謂彼極微既不能生識，明知決了義不在極微之色，故不能爲所緣境。此亦無由，應可説非決了性故者，謂若不重申比量，則無有因由，破彼極微，非決了性。唯出此因，不是所緣者，謂立量之法，必有共許，量乃得成，故此量中唯許爲因，而不許是所緣，是言陳共許爲生因。

如根極微，有餘復作諸識差別，顯其成立眼識，不能了極微色，無彼相故，如餘根識。如是餘識翻此，應言如根之言，誠爲乘也。其喻別須義准而出。又復縱是因性之言，爲無用矣。彼雖因用，非所緣性，此亦如是，實爲有用，然非聲等所有極微可是餘根之識生因。

此引唯識宗中別喻，并破極微之非。此文破法兩重，先破所緣，後破因性。本論量中如根之喻，雖破所緣境，不破生識因。今引餘師諸識之喻，則因境雙破。何則。極微之色，唯攝眼門，餘根識喻，不同初界，界既不同，何生因之有。先破所緣云，如根極微，有餘復作諸識差別，此牒眼根之喻，并破不能爲所緣義。釋云，顯其成立眼識，不能了極微色，無彼相故，如餘根識。意謂餘根之識，或緣聲香味觸，安得以色相極微爲所緣境。問曰，眼識之門，唯緣色相，極微既以色相爲名，又何眼識不緣耶。答曰，色相之門，原有多種，謂有質、無質、極略、極迥，今極微色，是極略色，若是極略，便爲意識所緣，故於眼識門中以如根之喻爲破。如是餘識翻此者，謂餘識不同眼識，眼識容有緣色之説，而餘識必不能緣色相境。應言如根之言，誠爲乘也者，謂如眼根，眼識不見，乘此應知餘識不能緣色相者又明矣。結云，其喻雖有根識兩別，於所喻之義理，准同而出。次破因性云，又復縱是因性之言，爲無用矣。此舉前縱許之因，今以餘識喻合，則因性之言無用。此下又以縱奪之詞結破。縱云，彼雖因用，非所緣性，此亦如是，實爲有用。謂彼極微，雖有因用，但非所緣，若此餘識亦以極微爲生因，方許極微實有能生五識之用。奪云，然非聲香味觸邊所有極微色相，可是餘根之識生因，既不能生識，又不作所緣，是知雙支全破，要在餘識之喻耳。

〇二雙支全破竟。通上二別破極微竟。

下三別破和合，分四。一推彼轉計。

論曰：

和合於五識　設所緣非緣
彼體實無故　猶如第二月

色等和合，於眼識等，有彼相故，設作所緣，然無緣義。如眼錯亂，見第二月，彼無實體，不能生故。如是和合於眼等識，無有緣義。

釋曰，有說於識自體無聚現故，非是所緣，如根衆微，由境相狀安布於識，是彼相性。此非有故，理即說其無有聚現，如是且述鉢羅摩怒不是所緣。彼之能立不相應故，及非境性量善成故。

此舉他宗轉計和合爲所緣緣義。有說於識自體無聚現故，非是所緣者，謂有諸餘乘已知於識自體無有極微聚現相故，非爲五識所緣。如根衆微，由境相狀安布於識，是彼相性者，因前量以如根之喻已破衆微，故自服云，若此極微爲境，而有相狀安布於識，方是彼識所緣相性。此非有故者，服善之心如此，故云理即說其無有聚現相故。如是且述鉢羅摩怒不是所緣者，鉢羅摩怒此云極微，言且述極微不是所緣，意以合和爲所緣耳。故護法師云，彼之能立不相應故，及非境性量善成故，意謂他宗前以所立比量爲極成，今以極微不是所緣，是能立不相應，而非境性之量反善成矣。

若尔，總聚是境，然由所說諸有能立，若望謨阿宗，皆有不成性，理實如此。

護法師推他宗轉計和合，兼明大乘唯識宗無外色作所緣緣之意。若尔總聚是境者，推他宗自不將極微爲所緣緣，必以和合爲所緣緣。破云，然由所説諸有能立極微和合二法，若望謨阿宗旨，皆有不成所緣緣性，其唯識理，實是如此。謨阿者，梵音之訛，正云摩訶，廣大義。今云謨阿宗，即大乘宗。

然而總聚實有彼相，有是所緣，無因性故。由彼相識不能生，其總聚相識，總聚不生。彼既不生此識，如何令此緣彼所緣之相，不相應故，非所緣義。由此前云彼相應理，斯乃不成。

釋成謨阿宗中不許和合作所緣緣義。先縱云，然而總聚實有彼相，有是所緣之境。破云無因性故，謂總聚法無有生識因性。釋云由彼相識不能生，此句乘上無因性一句，連接下文，以破所緣緣義。其總聚相識，總聚不生者，牒上不生之意，破無生識之緣。彼既不生此識，如何令此緣彼所緣之相。此二句，破無所緣之境，意謂彼總聚相既不能生此識，如何令此不生之識緣彼所緣之相，故云不相應故，非所緣義。結云，由此前云彼相應理，斯乃不成。

○一推他轉計竟。下二明内正義。

若尔，何謂所緣之相。

此問所緣之境以何爲相。問意謂，若如汝謨阿宗中，極微和合皆非所緣，其所緣境以何爲相。

凡是境者，理須生其似自相識，隨境之識，彼是能生，彼是所緣。有説凡爲境者，理必須是心，及心生起之因也。此既生已，隨境領受而與言論，於時名此爲所緣境。若義具斯二種相者，此乃方合名爲所緣，是能生性，所緣之境。引阿笈摩，此即便是説生緣性。由是生因，彼識生緣，共許是其所緣之境，自體相現。此中無益，故不言之。

此以正意答所緣緣之境。謂凡是五識之

境，理當生似五塵之五識，以眼根對色時，生似色塵之識，隨色立名，名爲色識，如是乃至觸識亦尔，故名隨境之識。彼是能生，彼是所緣者，謂即一法有二功能，既爲生識因，必作所緣境。此之正意，不唯大乘宗中自許，小乘部中亦共許之。引小乘部中證云有説凡爲境者，理必須是心，及心生起之因也，此明不以外色作所緣緣義。此既生已，隨境領受，而與言論，於時名此爲所緣境者，釋上一法，具能生所緣二種功能。故結云，若義具斯二種相者，此乃方合名爲所緣。彼經自釋二相云，是能生性，所緣之境。此下，護法師自釋引證之意。云引阿笈摩，此即便是説生緣性。阿笈摩者，是小乘大衆部中經名。生緣者，生是能生因，緣爲所緣境，謂識從此生，緣此爲境。故下釋云，由是生因，彼識生緣，共許是其所緣之境，自體相現。此三句，釋彼部中共許有此二相，方作所緣。此中無益，故不言之者，此中是先引正義，猶未詳明論中縱許之意，故不盡言耳。

〇二明内正義竟。下三縱許所緣。

能非總聚是能生者，非實事故，由其總聚不是實事，此於有聚一異二性，不可説故。又復無有不實之事能有生起果用功能，猶如二月，如第二月不能生識。

此牒論中比量之意論之。即本論云，和合於五識，設所緣非緣，彼體實無故，猶如第二月。能非總聚是能生者，非實事故，謂他宗計和合爲生識之因，論中以比量破其非實，故曰能非。由其總聚至不可説故者，釋上非實事，謂總聚法一異二性不可得，即如極微合爲總聚，二性不可得。若名總聚，除極微外，無别總聚。若名極微，既合聚已，焉得又名極微。是知二性不可得。又復無有不實之事至如二月者，謂不實之法不能生果，喻如二月，故云如第二月不能生識，以第二月不是實有，喻和合之境不實，故不能生識。第二月相若尔，何因有斯相現。

此問二月是假，同於總聚。總聚之法，極微所成，方知是假，二月假相，何因而有。

根損害故。若時眼根，由翳等害，損其明德，遂即從斯損害根處，見二月生，非實境故。

此答明二月生因，乃虚妄非實。即本論云，如眼錯亂，見第二月，彼無實體，不能生故。

由此二月，縱有彼相，然非斯境。如第二月，縱令此識有彼相狀，由不生故，不名斯境。

合喻以明縱許之意，先明喻體，後以喻合法。由此二月，縱有彼相，然非斯境者，是明二月之體虚妄，非五識所緣。如第二月至不名斯境者，以喻合。和合之法，體非實故，既不可名生識之因，安得又爲所緣之境。此由非實事，有性等總聚，不是識之生因，非實性故。

牒釋他宗轉計之意，破非生因。謂由前非其極微實事，即轉計有性等總聚，此不實事，縱有不是生識之因，且縱許爲所緣之境，故本論云，如是和合，於眼等識，無有緣義。如第二月，由斯方立非因性故，不是所緣，還如二月。

將破能生所緣之執，故合一喻以通妨。

又復將此第二月喻於彼相因，應知説其不定之過，復由識義理成就故，過是相違。

此明言陳意許之意，謂此月喻，於總相處但顯不定生識之過，容有可緣境相，此言陳也。若由唯識義理成就，彼所緣之情亦遣矣，故云過是相違。意許之宗，如斯而已。

○三縱許所緣竟。下四雙支全破。

復緣眼識，不緣青等聚集極微，爲由彼體非生性故。如餘根識，此喻共許，故不別言。第二月喻，非實事故，應知此是於非因性而成立之，如所説之，縱有相性，然非彼境，斯言復是非彼因義。

此總破外色，必不能爲所緣緣義。復緣眼識至非生性故者，此兩句，明非因不得爲所緣。上緣字，因也由也。下緣字，是識緣境義。問：復由眼識，不緣青黄赤白總聚極微者，何也。答云，爲由彼青黄赤白總聚極微體，非是能生眼識性故。如餘根識至不別言者，謂耳等識不能緣色相者人所共知，是謂共許。此喻眼識非青等所生而不緣青等者，如餘識不緣色相爲境，亦非色相所生。第二月喻至於非因性而成立之者，以喻外色非實，但以不能生識而立之，此單縱也。如所説之至非彼因義者，結牒上文，雙奪之意，謂如上不能生識之所説，縱有和合相，然非彼識境，斯言即上如所説之，縱有相性，然非彼境之言。故云復是非彼因義，不得爲所緣耳。

若言無有第二月者，如何現見有二相生。

前以月喻總聚是假，不能生識，故問月何因生，知其是假。今以月喻總聚是假，非五識境，故問既許非境，如何現見。

謂從内布功能差別，均其次已，似相之識而便轉生。猶如夢時見有境起，由此令似，妄作斯解，於其月處，乘更覩餘。

答明二月之相非眼識所緣，乃意識虚妄分別相現。謂從内布功能差別者，由眼根損害，有差別故。均其次已者，是先損根，後現月。似相之識而便轉生者，謂相似二月相貌之識，轉變生起第二月相，豈謂實有耶。猶如夢時見有境起者，喻意識所見二月之境。由此令似，妄作斯解者，謂相似月之意識，妄分別有二月相生。於其月處，乘更覩餘者，謂乘月喻，即知所餘和合之境亦是意識所緣，何定執爲眼識之境耶。

諸有説云，而於眼識雙現之時，此二次第難印定故，將作同時，於斯二種相貌之後，意識便云我見月之第二月也。或復有云，於共許月，數有錯亂，由根損故。

此引二師之言，以證第二月相是意識所緣。諸有説云至將作同時者，謂眼見二月，真假難分，將作同時，亦難印定此非眼識所取之境明矣。於斯二種至第二月者，此引意識虚妄計度，以明月相非五識境。或復有云至由根損故者，謂共許第二月數有錯亂。數者頻頻有無義。皆由根損故耳，此又引亂意識，以證第二月相實非五識所緣。

若望不許外境之宗，如斯衆見，但是妄執。

此引正宗，總破心外有法，但是妄執，都無實義。

由非眼識所緣，無間引生意識，能於一時雙緣二相，作如斯解，見二月耶。又於聲等緣彼之識，不知其次，應有二聲等見，同時起耶。好眼之人，意識次第，尚多難解，何况依於色根之識，測其差別，便成多有二相等見一旃達羅。若時離識許實有者，斯乃何勞妄增二月，而言於數有其錯亂。

此設難比例而結破之。由非眼識至見二月耶者，意謂由我破汝眼識不能緣二月相，莫得汝將意識見二月相，就作如斯解，爲眼見二月耶。例難云，又於聲等緣彼之識，本不知有二聲次第時，應有二聲等見同時起耶。又比例云，好眼之人，捏目生月，意識於此月處，真妄次第，尚多難解，何况依於色根之識，於其月處，測其真妄，前後差別，便成多有二相等見一旃達羅。旃達羅者，此云月。意謂眼識不能於一月上有二相等見。而言二相等見一月者，皆西域倒語。結前意云，若於雙現二月相時，即許離識是實有者，斯乃何勞前引二師，妄增其説，彼言第二月及數有錯亂，俱非實義故，何執爲實有。

○四雙支全破竟。通上三別破和合竟。

下四總結二執。

論曰，故外二事，於所緣緣，互闕一支，俱

不應理。

釋曰，離識之外，執有二種極微總聚，此皆闕其一分義故。又如所説，能立能斥，道理力故，以之爲境，成不相應，闕一分故。自體相現，及能生性，具斯二分，方是所緣。於極微處，即闕初支，於第二邊，便亡第二。若如是者，如向所論二種過失，重更收攝，令使無差。

總結前二種過。自體相現者是初支，及能生性者爲第二，故云於極微處即闕初支，是極微無自體相現，闕所緣也。於第二邊，便亡第二，是和合無能生之性，闕生因也。復結云，若如是者，如向所論二種過失，重更收攝，令使無差，此乃警其勿犯耳。

〇四總結二執竟。通上一舉標中二執別破竟。下二舉二種轉計別破，分二。一執極微體中具和合，分二。一牒彼執詞，推明轉計之意。

論曰，有執色等各有多相，於中一分是現量境，故諸極微相資各有一和集相，此相實有，各能發生似己相識，故與五識作所緣緣。此亦非理，所以者何。

和集如堅等　設於眼等識

是緣非所緣　許極微相故

如堅等相雖是實有，於眼等識，容有緣義，而非所緣，眼等識上無彼相故。色等極微諸和集相，理亦應尔，彼俱執爲極微相故。

釋曰，有説集相者，於諸極微處各有集相，即此集塵而有相現，隨其所有多少極微，此皆實有。在極微處有總聚相，生自相識，實有性故，應是所緣，斯乃雙支皆是有故。

此牒他宗轉計之意，謂前論主於極微邊許有能生因，於和合邊許有所緣境。若以二法單爲所緣緣者，則有各闕一支之過，今合二法爲所緣緣，雙支皆有故。他意謂衆微合聚而有和合相現者，是極微體上具有和集德相，所以合聚時方有相現。故本論云，於中一分是現量境，此指極微體上本具和集之相，爲現量境。故轉計云，於諸極微處各有集相，謂諸極微體上各各具有總聚相故。即此集塵而有相現者，許有所緣境。隨其所有多少極微，此皆實有者，許有能生因。故結云，在極微處有總聚相，生自相識，實有性故，應是所緣，斯乃雙支皆是有故。

此即於前所有成立，求進無由，爲聚集相即是極微，爲不尔耶。

此護法師，推外宗轉計之情，自以爲然矣。

由諸境義有衆多相，即此諸微許有微狀，亦有集相。如何得令二相共居一事，爲應理乎。

此明他宗將實有之境以例極微和合之相轉計，論主牒計破之。先牒計，由外諸境有衆多相，汝即將此諸微，許有極微狀，亦有和集相。次破云，如何得令二相共居一事，兩存其相，爲理乎。

有衆多相，凡諸有色合聚之物，皆以地等四大爲性，彼皆自性有勝功能。青美等相，隨事隨根，而爲了別，即此於其衆多相處，極微之處，有總集相，即將此相爲眼等識所行境故，是現量性。

牒釋上意。有衆多相者，牒上由諸境義有衆多相一句而釋之。釋云，凡諸有色合聚之物者，即色香味觸四塵也。皆以地等四大爲性者，謂外四塵之法，皆以地水火風四大爲性。彼皆自性有勝功能者，亦指四大功能。青美等相者，即四大所變青黄赤白美惡等相。隨事隨根而爲了別者，是隨根塵相對而緣，即眼見色，耳聞於聲等。此下推比例之情。即此於其衆多相處，極微之處有總集相者，謂彼見此衆多相，知是四大爲性，彼就妄計極微體上具有總集之相。即將此相爲眼等識所行境故，是現量性者，謂真實極微體上既具和集之相，此相亦是實有，實有之法是現量性，即將此相爲眼等識所緣緣。

○一牒彼執詞，推明轉計之意竟。下二展轉引喻，難破勝劣之情。

若如是者，於諸微處，識有聚相，何不言之塵有聚相，何不言識有聚相耶。所以復云，然於微處有總聚相，即以此言爲其方便，亦顯識有極微總相。若尔，一一極微有此相者，何故復云總集相也。

此翻覆推徵，就計難破。若如是者，謂他宗若執極微自體具總聚相，而爲眼等識所行境。難云，於諸微處生眼等識，亦應有總聚相，何不言之。復難云，塵有聚相，何不言識有聚相耶。謂塵之聚相既可言，則識之聚相亦可見矣。復徵他意，所以復云，然於微處有總聚相，即以此言爲其方便，亦顯識有極微總相，謂以方便，顯根識有極微總相，得作所緣緣義。下就他計破云，若尔，一一極微有此相者，何故復云總集相也。謂一一極微有此自相，何故於極微體上復云總集相，既以極微爲相，則總集相不可得，若以總集爲相，則極微相又不可得，此二相不可並存耳。

色聚衆多，極微分別，是論所許，此即是其總聚性故，不是實有，如前已陳，何勞重述有別意趣。縱令實事別別體殊，然此相狀但於集處更相藉故，而可了知，説觀集相，更無餘矣。

此言他宗轉計濫同第二計義。色聚衆多者，即和合相。極微分別者，即極微體分各別。是論所許者，謂此二種原是論中縱許之法。此即是其總聚性故至何勞重述有別意趣者，謂不實之法，前已陳過，不勞重述別趣。縱令實事至更無餘矣者，謂極微之體縱具集相，然欲觀者，必得和集一處，更互相藉，而可了知。説觀集相，無過於此矣。若謂一法體上兩存其相，豈非妄計乎。

又復設使諸有極微合聚爲性，然而一事有其

勝劣，隨事觀之，且如蒼色是其地界。如是等説，誠爲應理。縱許如是，如極赤物，初生起時，多事皆强，遂無容矣。依容有處，作此譸議。

此推他宗轉計，設喻以破之。又復設使諸有極微合聚爲性者，是舉外宗以極微體上具合聚性。然而一事有其勝劣，隨事觀之者，彼以勝劣爲然，遮前眼識不見極微及具和集之過。故引喻云且如蒼色是其地界，此出喻體，謂且將地界觀之，但見蒼蒼之色，則知地界彼以蒼色爲勝，地界爲劣矣。如是等説，誠爲應理者，結彼勝劣等言，自謂義理切當。縱許如是者，是護法師且許如此。下設喻破云，如極赤物，初生起時，此舉喻體。多事皆强，遂無容矣者，容字義受也隱也，謂赤物初生時，其餘多事皆强，遂無隱其初生赤物。依容有處，作此譸議者，譸，誑也，謂有一處赤物生時，而能含受容隱，使其不見，許汝作此勝劣之言譸議。謂此他宗以極微爲劣，以和合爲勝，以勝隱劣，不必求見極微。故護法師以赤物喻極微雖劣，而多事皆强勝，特不能隱，此破他宗既執兩存其相，又不可以勝劣爲救耳。

若尔如何説諸極微非根所見，又復如何唯有如知能見極微。

此他宗反引大乘中二義爲問。若尔如何説諸極微非根所見，謂若以赤物之喻求見極微，汝大乘中何言諸極微體非眼根之識所見。又復如何唯有如知能見極微者，謂汝大乘中又言唯有意識觀察極微，如知能見者，是意識分別妄見耳。

由其塵相非是識義，非是依根識之境界，故曰非根。非根之義，獨是如知之所觀察。復如何理，現見極微。塵形不覩，如堅性等，如堅潤等，於彼青等，縱有其事，非是眼等識之境界，根之功能各決定故。塵亦如是，無違共許，豈非顯微，無其堅性，由別體故。此對宗法，許其十處，但是大種，斯言無過，然此已陳。

答上問意，復引喻以明之。由其塵相非是識義者，謂極微之相不是根識體上變帶之義。非是依根識之境界者，謂既非變帶之法，豈是根識境界。故曰非根者，結答非根之問。非根之義，獨是如知之所觀察者，答上如知能見極微之問。復如何理，現見極微者，此破他宗前執極微爲所緣，極微既是觀察想相之法，有何道理現見極微。上答二問，下引喻明。塵形不覩，如堅性等者，此牒本論中不許所緣之意。論中頌云，和集如堅等，設於眼等識，是緣非所緣，許極微相故。和集如堅等者，謂他宗計極微體上具有和集之相，論主以如堅等破之。堅等，即堅濕煖動四性，乃四大之種子，亦非眼等識所見。故論主縱云，設於眼等識，是緣非所緣，許極微相故。謂縱許他宗執極微體具和集相，此相即是極微，既是極微，原只許爲生識緣，不得作所緣境。故云，許極微相故，如堅潤等，於彼青等，縱有其事，非眼等識之境界。此護法師明性相二色俱非眼等所緣，謂堅等變爲青等色時，不唯堅等自性非眼等識所緣，縱是青美等有形色相，亦非眼等識之境界。根之功能各决定故者，謂青等之色，容許眼緣，而非耳鼻可取者，根之功能不忒耳。塵亦如是，無違共許，豈非顯微者，塵即極微，亦如堅性，非眼所取，他宗以勝劣之理推之，謂極微不可眼見，此共許之意，豈不顯極微非眼所見乎。無其堅性，由別體故者，謂眼識上無堅性，與眼識上無極微有別，極微但是妄情所計，不同堅性種子實有。此對宗法，許其十處，但是大種者，謂此唯識宗中，原許堅潤等性爲能變，根塵十處爲所變，能變即是種子，所變即是相分，以種子相分唯心所現，故云斯言無過者，不同他宗妄計心外有法之過。此根塵法，從因緣生，元不離識，故言無過。然此已陳者，謂此能所變性，於上有衆多相章中，已陳其詞矣。

〇二展轉引喻，難破勝劣之情竟。通上一執極微體中具和合竟。下二執和合體即是極微，分三。一牒彼執詞，推明泛然妄計。

論曰，執眼等識能緣極微諸和集相，復有別生。

瓶甌等覺相　彼執應無別
非形別故別　形別非實故

瓶甌等物大小等者，能成極微多少同故，緣彼覺相，應無差別。若謂彼形物相別故，覺相別者，理亦不然。瓨等別形，惟在瓶等假法上有，非極微故。彼不應執極微亦有差別形相。所以者何。

極微量等故　形別惟在假
析彼至極微　彼覺定捨故

非瓶甌等能成極微有形量別，捨微圎相，故知別形在假非實。又形別物，析至極微，彼覺定捨，非青等物，析至極微，彼覺可捨。由此，形別惟世俗有，非如青等亦在實物。是故五識所緣緣體非外色等，其理極成。

釋曰，汝瓨甌等覺者，汝如是證者，於瓨及甌便成根覺相似而觀，於其自境識不差故，復由根覺隨現有境而相生故，識境不別。

此牒他宗第二轉計。前以二事單計，論主立二比量次第破，後即轉計真實極微體具和集之相，雙顯二法皆有，故論中復以和集如堅等之偈破之。今又轉計和集之體即是極微，即本論云執眼等識能緣極微諸和集相，復有別生。故論中又以瓶甌等覺相之偈破之。此中云汝瓨甌等覺者，此舉所執事體。下推所計情狀。汝如是證者，於瓨及甌，便成根覺相似而觀，謂汝以此事證成，根識雖依極微引生相似瓨甌，即以瓨甌爲境觀之。於其自境識不差故者，謂各自境與所生識決不差別。復由根覺隨現有境而相生故，識境不別者，謂不獨於瓨甌邊得生根識，隨所有境，則似境之根識亦生，根識既生，亦與境相不別。

如何得知，由匪於其瓨甌等處衆微有別而此言說。

此設問答，以明妄計。如何得知者，問上泛然妄計之意。答云，由匪於其瓨甌等處衆微有別而此言說，謂彼不於瓨甌處審其衆微之體有別無別，而泛然虛妄言說。

○一牒彼執詞，推明泛然妄計竟。下二展轉引喻，難破極微無別。

然諸極微以總聚相而爲其境，固非於彼瓨等自體了別之時，於衆多聚體有片別。彼之實事相貌之外，無別積聚體可得故，緣彼根識便成相狀無有差殊，由此方成於塵自體是所緣性，復非於彼無別相處，覆審之緣，異解性故。

此順所計而難破之。然諸極微以總聚相而爲其境，固非於彼瓨等自體了別之時，於衆多聚體有片別者，此兩句，順彼執情，謂他宗執極微生識以總聚相爲境，其總聚與了別識無片分有別，固然如此。既順已，復難云，彼之實事至是所緣性者，謂極微實事之外無別積聚瓨甌體故，緣彼根識便似極微相狀而生，由此方成於極微自體，是所緣性。今推極微之體不顯，瓨甌之相無實，安得對瓨甌假相審觀極微自體爲生緣耶。所以破云，復非於彼無別相處，覆審之緣。無別相處，謂極微無有差別形相。覆審之緣，謂極微之體被瓨甌盖覆。若欲求見極微，必是詳審卜度爲緣，故責云異解性故。

如緣青等，若相殊故所言殊者，相謂形狀布置有殊，於其瓨甌胭腹底等殊異狀故，由境有別，覺乃遂殊，誠爲應理，無如是事。非於根識所觀境處，極微有殊，然此總聚是三佛栗底。而此總聚非根識境，此已斥破。復非非境有別，而令識相有殊，可爲應理。

此推他宗轉計，復破識相有殊。如緣青等，是引喻。若相殊故至覺乃遂殊，是轉計。所言殊者下三句，是釋相殊，謂所緣境相，安布有別。瓨，音缸，長頸瓶也。胭，瓶頸也。腹，瓶腹也。底，瓶足也。瓶雖是一，而胭等各別。故他宗轉計云，由境有別，覺乃遂殊耳。誠爲應理者，牒執意。無如是事者，是破詞。非於根識所觀境處，極微有殊者，顯極微無別。然此下，破總聚是假。三佛栗底，即三摩鉢底，此云假，謂此總聚是假有法。而此總聚非根識境，此已斥破者，謂此假有法，非是根識境，前第二月喻已破其非矣。復非非境有別，而令識相有殊，可爲應理者，此三句，破極微無別，不能生差別之識。非境有別者，即無別境也。謂極微境無別，何得以無別境而令所生識，有其差別耶。故本論云，瓨等別形，唯在瓶等假法上有，非極微故。

復如何知諸極微處別狀非有。此是外人問上破意。極微形相無別異故。此總答問意。下託物例顯。凡諸事物，有支分者，必有別狀，於方處轉。

方處轉，即方位布列。此託外有支分之物必有別狀，例顯極微一體無別狀故。

然諸極微，體無方分，至窮極處，斯即何曾得有形別。於瓨甌等縱令事別，而極微性曾無有殊，斯乃一體，無增減故，是故定知於總聚處非實物有。凡有方隅布列形狀，皆非根識所行之境。

例顯極微無方分義。然諸極微至斯即何曾得有形別者，謂極微之體無別相故。故本論云，彼不應執極微亦有差別形相。於瓨甌等至無增減故者，謂所對瓨甌雖別，而極微亦何曾有增減差別之相。是故定知於總聚處非實物有者，釋成總聚雖有形別而非實物，不能爲根識境。故下結云，凡有方隅等。

○二展轉引喻難破極微無別竟。下三通釋前義，結[三]破異見非理。

上來如此衆多詰責，意欲顯其有別相故。

　　由他宗欲顯極微有別，故上來有衆多詰責之詞。

瓨甌等覺非以別事爲所緣境，猶若蘇佉毒佉情矣。

　　此牒前執瓨甌等義責之。瓨甌等覺非以別事爲所緣境，別事即瓨甌，謂所對瓨甌而生瓨甌相似之識，不以瓨甌別事爲境。意許極微爲境，生差別識，故責云猶若蘇佉毒佉情矣。蘇佉，此云樂。毒佉，此云苦。謂苦樂本空，皆衆生情想顛倒妄計。極微和合本不生識，而他宗計以生識者，亦顛倒妄計之情矣。

然而極微是不別境，即是彰其非彼境性。

　　此中雖言極微不別，意在破彼瓨甌非境。

若相殊故方言殊者，此言意顯向云非以不別之事而爲境者，是立已成。彼意説言極微爲境，其實無殊，然爲形相別故別也。

　　牒本論中若謂彼形物相別故覺相別者之意，推他宗轉計。若相殊故方言殊者，謂由瓨甌形別，覺相亦殊。護法師推他意云，此言意顯向云非以不別之事而爲境者，是立已成，謂前和合章中不以不別極微爲境，是以和合爲境，而論主縱許有所緣性，故曰是立已成。彼意説言下，護法師推彼轉計，如文。

極微無殊，我亦共許，是立已成，由諸極微量無別故。此顯殊事是其別境，答非已成或可。

　　牒上無殊之意，明轉計殊事爲境。極微無殊，我亦共許者，是論中原許極微爲生因，故云是立已成，由諸極微量無別故。此顯殊事是其別境者，牒他宗自許極微不別，轉計瓨甌別境。答非已成或可者，是護法師評彼執意，以前量所立極微有已成、非已成二義，許有因性是已成，不許所緣是非已成，今顯殊事爲境，以答極微非已成之所緣，或可。

此明諸根之識，於瓨甌等無有極微相狀性故，非是所緣，猶如餘識。餘識謂意，或餘根識，但緣青時，無黄相故。於諸極微，雖體衆多，無差別故，而諸根識差别相故，斯乃共成非塵狀性。

結前三節所論，復引喻决之。此明諸根之識至非是所緣者，謂極微之體既無別狀，縱有瓨甌等別，俱非根識所緣。猶如餘識，餘識謂意，或餘根識，但緣青時，無黄相故，此四句牒喻中識境各决定義。但緣青時，無黄相者，謂且如眼識緣青色時，其青不能爲黄色，此境之决定也。即青色爲眼識所取，於耳等識必不能緣，此識亦决定矣。於諸極微，雖體衆多，無差别故，而諸根識差别相故者，謂極微無别，不能供諸識所取，識性各别故耳。斯乃共成非塵狀性者，以此節之意，亦共成極微非有差别相狀。

頌於極微差别之言，同前問答。若其總聚，許覆相已，形非實境，理方可成，如斯勝理，是應成立。若言離極微如是等，如離彼者，彼覺便無故，猶如軍等，此言瓨等是非實義。由非實事，此顯餘宗，諸非不實皆非捨彼相違事也。如於聲等，青覺非有，此形相别，是覆相有，以其瓨等爲境性故。

牒本論中頌詞解釋。頌云，極微量等故，形别惟在假，析彼至極微，彼覺定捨故。同前問答者，前章云，復如何知諸極微處别狀非有，問也。極微形相無别異故，答也。若其總聚，許覆相已，形非實境，理方可成，此釋前二句頌，謂若彼知極微量等，相無差别，乃總聚之形盖覆，而總聚之形是假非實，此正理也。故云，如斯正理，是應成立。若言離極微如是等，如離彼者，彼覺便無故，猶如軍等，此釋後二句頌。離即析也。謂若形别，所生覺相亦差别者，析彼形相至極微時，所生覺相决定無有。故自釋云，此言瓨等是非實義。由非實事至皆非捨彼相違事者，總結他宗，非實事非不實事，皆有相違之過。

非實事者，即瓨等。非不實事，即極微。謂由瓨等有相違過，即顯極微亦有相違過，以瓨等不實，不得爲所緣緣，則極微雖實，亦不得爲所緣緣耳。如於聲等，青覺非有者，喻上相違義。聲等即色外四塵，青覺唯約眼識，以聲等四塵望於眼識，是相違義，喻彼所執極微總聚，望於根識，亦是相違。此形相別，是覆相有，以其瓨等爲境性故者，釋成相違不生識義，謂此瓨甌之形雖別，是覆極微實相而有，實相既覆，何得引生差別之識。識不生者，汝以假有瓨等別形爲境性，故不能生。

雖引衆多異見道理，而竟不能顯其極微實事之體有其差別。

結破異見，如文可知。

○三通釋前義，結破異見非理竟。通上一破彼執竟。下二明自宗，分二。一釋內境。

論曰，彼所緣緣，豈全不有。非全不有。若尔云何。

內色如外現　爲識所緣緣

許彼相在識　及能生識故

外境雖無，而有內色似外境，現爲所緣緣，許眼等識帶彼相起，及從彼生，具二義故。此內境相，既不離識，如何俱起，能作識緣。

決定相隨故　俱時亦作緣

或前爲後緣　引彼功能故

境相與識，定相隨故。雖俱時起，亦作識緣。因明者說，若此與彼，有無相隨，雖俱時生，而亦得有因果相故。或前識相，爲後識緣，引本識中，生似自果功能令起，不違理故，若五識生，惟緣內色，如何亦說眼等爲緣。

識上色功能　名五根應理

功能與境色　無始互爲因

以能發識，比知有根，此但功能，非外所造。故本識上五色功能名眼等根，亦不違理，功能發識，理無別故。在識在餘，雖不可說，而外諸法，理非有故，定應許此，在識非餘。此根功能，與前境色，從無始際，展轉爲因。謂此功能至成熟位，生現識上五内境色，此内境色復能引起異熟識上五根功能。根境二色，與識一異，或非一異，隨樂應説。如是諸識，唯内境相，爲所緣緣，理善成立。

釋曰，據内境體，謂立自宗所緣之事。若也總撥無所緣境，便有違世自許宗過，四種緣性，於經説故。

據内境體，即陳那菩薩所立相分色。謂立自宗所緣之事者，乃護法菩薩之釋詞。若也總撥無所緣境，便有違世自許宗過者，謂唯言唯識是總撥無所緣，所以自宗立萬法唯識者，不無萬法，彰萬法唯心所現耳。世人共知五識緣五塵境，自宗亦許有四緣生八識之説。若總撥無所緣境，是二過之所不免，故云四種緣性，於經説故。四種，謂親因緣、所緣緣、增上緣、等無間緣。緣義，詳於《唯識論》中，茲不繁引。

此中内聲，爲顯不離於識而有所緣。言境體者，是所取分，是識變爲境相之義。

此釋内境二字，以彼執外，故有内名。而言内者，顯不離識，有所緣義。内境之體，即相分色，以從本識變爲境相，所取義成。

然在識外，別分而住，將以爲境，違世之過，如前尚在。

此明内境亦與世相違。然在識他[三]下，謂外宗計極微和合是心外之法，故云然在識外，別分而住。將以爲境下，謂今將内色爲境，而世人不許有内境，即與世相違。如前不立所緣，便有違世之過，故云尚在。

由諸世俗共許於境在外而住，應云如外，此不離識。其所取分，如外而現，云我見境，生其慢想，實此爲因，如於眼識現其髮等。

此釋如外現義。由諸世俗至此不離識者，謂世人共許境在外住，論主云内境如外境顯現，其内境實不離識，故云如外者，爲遮違世之過，實不即外。其所取分，謂由相分色上有所緣功能，故名所取。如外而現者，彼執心外實有色境，故言內色如外色現。云我見境，生其慢想者，釋如外現義，謂前五識，帶淨色根，依浮塵根，對五塵時，必有第六意識同起緣境，安立名言，云我見境，或生慢想，此皆意識計度分別，非五識義。實此爲因者，謂雖內色作所緣境，而亦實是生識之因。如於眼識現其髮等者，以喻內色如外現義，謂目勞者則見毛輪現於燈上，雖似外現於燈，而實目勞而有，以喻色雖似外，實不離於能變之心。

外境雖無，謂實無其在外之境，非了性故。以理究尋，不可了其自體定在於外。縱令許彼實有外相，然非識緣，非彼相性，故非極微相現。如似外相顯現之時，此即是其所緣緣也，彼相相應故。

本論中云，外境雖無，而有內色，似外境現，爲所緣緣。今護法師牒此三句意釋之。外境雖無，此是牒論文一句。釋云，謂實無其在外之境，非了性故。了性者，是明了其境爲了性，謂若實無外境，以何爲所緣，而名了其境。以理究尋，不可了其自體定在於外者，謂以唯識之理推究，則不可以外色爲境，是許內色作所緣緣。縱令許彼實有外相，然非識緣，非彼相性，故非極微相現者，牒彼餘乘前計極微，原是妄心分別，實無相狀當情。所以破云，縱令汝許極微實有外相顯現，然非五識所緣，以彼極微非是引生五識相性，故非極微相現得作前五識境。已上釋外境雖無，此下結顯相分色，如似外相顯現之時，此即是其所緣緣也，彼相相應故。此中結詞，即本論云而有內色似外境現，爲所緣緣之義。

由若與相理相應故者，此即是此。如因性等，由與自相理相應故。復顯所緣差別體相，如云識有彼相故等，明不假藉外事爲境，如情所計，境相隨生。

牒釋上章彼相相應故一句，以明所緣緣義。由若與相理相應故者，是牒上句。此即是此者，謂相分色有二功能，此是能生，此是所緣，故曰此即是此。如因性下，釋上此即是此之意，如因性等，等於所緣，此句總標。由與自相理相應故，謂由所生識，與相分理，相似生故，方是生因。復顯所緣差別體相者，謂五識生，即將相分爲五塵境，故云復顯差別體相。如云識有彼相故等，是引若識有彼相，彼是此之境之義，而證之。明不假藉外事爲境者，結成内色，不依外事。如情所計，境相隨生，此以喻明，謂情識計度，則有獨影境相隨識轉生，喻相分色與識同起，故不假藉外色爲境。又情所計，若離於識，非外有故，此之境相，元不離識，由此名爲内境相也。

釋喻以明内境相分。又情所計，若離於識，非外有故者，謂喻中若離能計之識，則隨生之境，非外有故，亦是境不離識。此之境相，元不離識，由此名爲内境相者，謂法中相分境，與識元不相離，故此名焉。

○一釋内境竟，下二辨差別。

此中内聲，言不離識，本無其外，望誰爲内，及從此生，有此方生。或可從此，由第六五義有別故。由非離境，得有其識，是故有此，方乃識生，不言第五，二法合故。明其所緣道理合故，顯能立也。此即但以共相之境爲其能立。

釋成内聲，復顯法喻有差別義。此中内聲至及從此生者，謂他宗所執心外有法，是故論主顯不離識，説有内名，外法若無，内亦不立，故云本無其外，望誰爲内，及從此内而生識耶。有此方生下，正明差別。本論云，帶彼相起，及從彼生，是明所緣緣也。帶彼相起，明有所緣。及從彼生，明生識緣。

今以此字换彼彼字，故云有此方生。謂此相分，定先有故，方乃識生，見分雖亦定有，但識生時，相分引故。或可從此者，謂前喻中情計境生，是從此相染識而生，故云從此。言或可者，以從字義有相從、從生之别。若是相分與識同起，是相從義。若獨影境，唯依相分染識變現，即從相分而得生起，是從生義。由第六五義有别故者，謂前五相分實有種生，名實性境，第六相分染外相生，名獨影境，故有差别。先釋前五正意。云由非離境，得有其識者，謂不離相分境，而得識所緣。是故有此，方乃識生者，謂有此相分境，方乃引生識。不言第五者，即前第五聲，意謂不以異品作言陳意許。二法合故者，謂一相分上已有能生所緣二義，故不待立比量而自知矣。明其所緣道理合故，顯能立者，釋上二法合故之意。此即但以共相之境爲其能立者，謂許能生所緣共相，必是内境，方可成立。

若差别者，其佉若南，不緣外事，於其夢位以爲顯示。如説二種爲一能立，識有彼相，復是識生，緣此二用，方成一量。

釋前差别意。若差别者，牒前差别名。梵語佉若南，此云識藴，即意識。不緣外事，於其夢位以爲顯示者，謂夢中緣境不是外事，亦可顯示爲内境相。如説二種爲一能立者，謂如説言，若識有彼相及彼是此之境，彼説一相分上有二功能，名爲二種。識有彼相，復是識生者，謂夢中識有夢境相，其夢境相復是識生。緣此二用，方成一量者，緣，由也，謂由有此二種用故，方成内境一比量義。

且復縱許有其内相，但觀外境妄有相故言無他相。如情計境生，其領受境之相狀列在於内，將爲應理，如何是彼一分得作同生之緣。其所取分，離識無故。斯之一分，復還生識，便成自體相違之過。復還是彼一分性故，如能取分，斯乃便成匪能生性。但由外相染識而生，此即相分與識同起。非二同時有因果性，如牛兩角。又匪於其不異之事同在一時，以同伴聲而合説之。亦非於識別説有境。

此破差别所有之内相不同相分内相義。且復縱許有其内相者，謂且許有夢中境相。但觀外境妄有相故言無他相者，謂曾觀外境於夢心變現，故言無他。如情計境生者，復以喻明。其領受境之相狀列在於内，將爲應理者，謂外境染識所生，將爲實有相分之理。如何是彼一分得作同生之緣者，謂若將夢境許有能生所緣二用，唯得一分所緣境，如何又爲生識緣。其所取分，離識無故者，此破無所緣義，謂夢位境唯是夢中意識所變，若離意識，則所取境相自無矣。斯之一分復還生識，便成自體相違之過者，謂夢中境相，元是識所變起，何得反生能變之識耶。若不能生識，還是一分所緣境，故云復還是彼一分性故。如能取分，斯乃便成匪能生性者，此破識不能生義，謂以夢中境相爲所緣緣者，境從識生，安得以境先有，反生能取之識耶。但由外相染識而生者，此言夢境不實如此。此即相分與識同起者，結前差别意。前謂及從此生，是本論中帶彼相起，此夢境相正喻相分與識同起，但以夢境不能引生於識爲過，故下連起三難。一難云，非二同時有因果性，如牛兩角。謂此夢境，非如見相二事同時，有引生識爲因，所生之識爲果，如牛兩角，各皆實有。二難云，又匪於其不異之事同在一時，以同伴聲而合説之。謂夢境相又不似其相分，與識原是不異之事，同在一時，以同伴不離之聲而合説之。三難云，亦非於識别説有境。謂夢境相依識妄見，亦非内色，與能緣識，各别實有。

斯乃如何名同伴性。問上見相同時之意。理實如是，然由相狀差別力故，猜卜爲異而表宣之。由有見分相分之殊，遂將此識而有差別。

答上問意，以明唯識之理本同，然由業力而顯差別。理實如是者，答同伴之問。問意謂大乘既立唯識爲宗，何言同伴。若言同者，是有其二法矣。故此答云，理本無二，實唯識尔。然由相狀差別力故者，謂藏識體上現起同伴二分，故云差別。猜卜爲異而表宣之者，謂識生二法，元未有名，惟聖者推詳卜度，爲見相異而表宣之。由有見分相分之殊，遂將此識而有差別者，謂藏識之體，元一真如，由現見相之殊，即顯藏識出生差別。雖有二分差別，元從一識體生，識體離染，即是真如，故曰三界唯心，萬法唯識。

若如是者，緣性亦應但是所執，非分別事，有自性體，斯乃應成非真緣性，此罔相違。

此外難也，謂若實是唯識理，但由猜卜立見相名者，即汝大乘所立相分但是分別妄執，豈分別妄執之事得有自性體耶。既無自性，則汝相分非真緣性，自既非真，前破極微總聚爲相違者，是所罔矣。

由其緣義於餘所執差別之境亦共許之，如等無間滅同分之識爲斷割時，此識亦以四種多緣而爲緣也。

此答必有真緣性義。由其緣義於餘所執差別之境亦共許之者，謂由內有生識緣義，故於外執極微之境，亦共許之。極微不能生識，而况且共許，豈內相分真能生識而自無緣義乎。如等無間滅同分之識爲斷割時者，謂等無間緣不引生意識與五識同時。斷割者，是分離不共之意，謂此五識縱無意識同時，自亦有四種多緣，安得獨無所緣緣也。

觀所緣緣論釋記終

觀所緣緣論釋記問答釋疑

問：何緣造此《所緣緣論》。答：爲明內外

色故。何名外色。曰：他宗以極微和合爲五識境，及世人見根身器界，皆執境在心外，故名外色。何以得知。曰：《釋論》云，由諸世俗共許於境在外而住，所以得知。問：極微和合，從心變現，皆不離心，何名心外。答：彼執境在心外，各別實有，故名心外。本論云，諸有欲令眼等五識以外色作所緣緣者，或執極微，許有實體，能生識故，或執和合，以識生時帶彼相故，是執外義。問：何名内色。曰：即前五識緣現量境，及第六識不作解時，名爲内色。問：彼之外色以極微和合及根身器界爲體，汝立内色，以何爲體。答：即彼世人所見根身器界爲體。世人見山，即起堅持想相，安立山名。見水即起流動想相，安立水名。此皆意識妄計器界爲心外有，根身亦然。若前五識緣山河等，決定不起山河等想，雖有物對，不起對想，明證衆境，不起證想，取境清明，無清明想，諸想不起，心境不分，故名内色。《釋論》云，此中内聲，爲顯不離於識而有所緣。又云，此中内聲，言不離識，本無其外，望誰爲内，故知色無内外，由能緣識有差別故，立内外名。謂前五識緣山河等，現量證時，不執爲外，即山河等名爲内色。若第六識緣山河時，從彼變起山河等相，執爲外有，即山河等名爲外色。問：何名觀所緣緣。曰：觀是見分，即能緣之心，所緣是相分，即所緣之境。緣是相分中發識功能，名勝義根。本論云，識上色功能，名五根應理，功能與境色，無始互爲因。應知五勝義根，偏一切法，不同浮塵局一形體。既名勝義，體即真如，故説真如徧一切法，此即大乘萬法唯識。問：既名萬法，何曰唯識。答：謂緣境時，無分別想，心境一如，即一切法本自寂滅，豈非當體唯心乎。

問：《觀所緣緣論》近講解者都無比量之説，今《釋論》中多言比量，何也。曰：西域釋義，原有二種。若解經論，用六離合釋。若破外執，用三支比量。今造本論，爲破外執，故本論中立二比量。護法釋之，初量云，極微前陳有法。於五識，設緣非所緣，宗也。彼相識無故，因也。猶如眼根等。喻也。次量云，和合前陳有法。於五識，設所緣非緣，宗也。彼體實無故，因也。猶如第二月。喻也。問：本論云，若此與彼有無相隨，彼説何義。曰：此即五識，彼即五根，有是現行，無是種子，謂識與根俱有種現，而不相離，是唯識義。

校勘記

〔一〕此標題底本無，據文例補。

〔二〕「結」，底本不清，據《觀所緣緣論釋記》（《卍續藏》本）補。

〔三〕「他」，疑爲「外」。

因明入正理論直疏〔一〕

因明入正理論直疏叙

夫三相立因，徹諸法之本因，五聲定理，入諸法之正理。故三支無過，宗藉能所以肇因，多理極成，喻假異同而生果。若能立俱真，能破俱僞，雖秦儀之辯，莫能斥其非，盧駱之文，莫能飾其過。繇是毀呰魔外，鉄鍱以是而偃伏，導引天人，金輪以是而依崇。所謂言生智了，正顯邪摧，自悟悟他，靡越于此。故於曲女城中，立唯識量，十有八日，列國群賢，無敢譸議，詎非因明證真之力歟。原其兹論，自奘師始譯，永明繼陳，漸爾鮮聞，邈焉垂絶。高原大師遠續餘光，志興厥旨，慨其義趣隱微，初學臨文難曉，以質直詞，疏通蹊逕，令諸覽者眼底無全牛矣。余企慕斯文，慶逢法席，愧無所諳，爲師鼓吹，冀諸同志，無泯斯因。

萬曆歲次壬子端陽前二日，武林後學大善和南書於南屏山中。

因明入正理論直疏

商羯羅主菩薩造

三藏法師玄奘譯

西蜀沙門明昱疏

將釋此論，科文分四，一釋題目，二釋論主，三釋譯師，四釋論文。且初釋題目。

因者，格諸法之比量。明者，照諸法之正智。非正智無以照諸法本因，非比量無以格諸法自相，是以據比量正智，能入諸法正理也。故論主以極成有法，極成能別爲宗，偏是宗法爲因，顯因同品爲喻，豈非因明入正理乎。蓋因者是比量義，而有三支。以三支比量爲因名因，言生智了爲果名明，趣得本名入，簡別偏邪名正，諸法自相名理，賔主較言名論，故云因明入正理論。斯乃觀察義中秘鍵關鑰，權衡智畔妙轉靈樞，詮量之指歸，叙折邪之軌式。苟於一法因明入一法正理，萬法因明入萬法正理，正理既得，正智昭然，如是則能徹窮諸法源頭，事事無礙，豈易言哉。但患見諦不親，立量不真耳。或謂斯典無宜於此方，愚未能知也。

〇一釋題目竟。下二釋論主。

商羯羅主菩薩造

梵語商羯羅，此云天。主者，唐言也。譯師存梵兼唐爲名，故云天主。菩薩者，梵語從略，若具足應云菩提薩埵。菩提云覺，薩埵云情，以論主自既覺已，復覺有情，故以菩提薩埵稱之，今從略，唯名菩薩。造者爲也，雖義祖先覺，文從自製，故云造也。

○二釋論主竟。下三釋譯師。

三藏法師玄奘譯

三藏者，經律論也。經以貫理，律以嚴戒，論較是非，簡别邪正。法師俱善，故以三藏稱之。既善三藏，爲人所師，復以法師爲名耳。

○三釋譯師竟，下四釋論文，分三。一、總標。二、通釋。三、結顯。且初總標。

能立與能破　及似唯悟他
現量與比量　及似唯自悟

此頌一論之綱宗，揭示八門二益之梗槩，欲令學者知其要也。能立者，三支無過。能破者，正顯其非。似能立者，三十三種過隨之。似能破者，不定不成等謬斥。現量者，謂離名言所有分别。比量者，謂藉衆相而觀於義。似現量者，於義異轉。似比量者，不能正解。唯悟他者，以前四門俱是顯示益他之義，故云悟他。唯自悟者，以後四門俱是自證自解境界，故云自悟，是以八門二益，總該一論之旨矣。

如是總攝諸論要義。

結成頌中所詮，該諸論之要義也。

○一、總標竟。下二通釋，分八。一、能立門。二、似能立門。三、現量門。四、比量門。五、似現量門。六、似比量門。七、能破門。八、似能破門。一又分三。一、總標能立。二、别釋三支。三、結成立義。且初總標能立。

此中宗等多言，名爲能立，由宗因喻多言，開示諸有問者未了義故。

謂此能立門中所詮宗因喻之多言無過，名爲能立。問：何用三支方爲能立。答：由宗因喻多言，方能開示諸有問者未了義故。謂諸問者不了諸法本因，於常無常等宗猶豫不決，論主立三支比量，使知因爲宗法，喻爲明訓，於無常等宗，了然自決矣。又宗因喻，各有多理，名爲多言。宗中多言有九：一、現量不相違。二、比量不相違。三、自教不相違。四、世間不相違。五、自語不相違。六、能別宗體極成。七、所別宗依極成。八、能所俱極成。九、無相符極成。因中多言有三：一、能成。二、決定。三、不相違。能成有四：一、兩俱能成，立敵共許故。二、隨一能成，敵者亦許故。三、決定能成，無猶豫故。四、所依能成，有有法故。決定有六：一、決定非共，因於異品無故。二、決定非不共，因於同品有故。三、決定非同品一分轉，異品徧轉。四、決定非異品一分轉，唯許同品宜徧轉。五、決定非俱品一分轉。六、決定非相違。不相違有四：一、因不相違法自相。二、因不相違法差別。三、因不相違有法自相。四、因不相違有法差別。喻中多言有二：一、同喻。二、異喻。一同喻有五：一、同喻能成因。二、同喻能成宗。三、宗因俱能成。四、三支配合辭。五、辭不顛倒合。二異喻有五：一、異喻能遣宗。二、異喻能遣因。三、宗因俱能遣。四、三支配離辭。五、辭不顛倒離。應知多言背理爲過，則三十三過名似能立。反過爲理，亦三十三理名真能立。故龍樹云，即此多言，説名能立，及似能立，隨其所應，爲開悟他，説此能立，及似能立。

○一總標能立竟，下二別釋三支，分三。一、釋宗。二、釋因。三、釋喻。且初釋宗。

此中宗者，謂極成有法，極成能別，差別性故，隨自樂爲，所成立性，是名爲宗，如有成立聲是無常。

法不孤起，仗境方生。凡所立宗，須前陳一法爲宗依，法中無過，故云極成有法。推尋此法，是真是妄，常無常等，立爲宗旨。以能辯別此法無謬，故云極成能別。後陳宗體既爲能別，則前陳宗依爲所別也。又宗者，本也，導也，崇也，立宗爲本，則導引衆義崇之，故立無常爲宗，因喻亦宜無常，立常爲宗，因喻亦宜爲常，是立宗無過，故云極成能別也。差別性故隨自樂爲者，謂前陳有法中有差別義，隨自意樂取一義爲宗。如以玉爲前陳有法成立宗依論，玉之質爲堅，玉之色爲白，是爲差別性，於差別中，立堅立白，隨自樂爲也。所成立性是名爲宗者，釋成宗體也。所成立者，即宗之名，對後因説，名所成立，以宗爲所成，由因爲能成。謂雖立宗，其理未確，必舉因成，宗義方定，故以因爲能成立，宗爲所成立也。復舉例云，如立聲爲前陳有法，是無常爲宗，聲有生滅，理必無常，是爲極成。

〇一釋宗竟。下二釋因。

因有三相，何等爲三。謂偏是宗法性，同品定有性，異品偏無性。云何名爲同品異品。謂所立法均等義品，説名同品，如立無常，瓶等無常，是名同品。異品者，謂於是處，無其所立。若有是常，見非所作，如虛空等。此中所作性，或勤勇無間所發性。偏是宗法，於同品定有性，異品偏無性，是無常等因。

因是宗之法性，故以宗法爲因。品是一切義名，都以三支名品。定有偏無，俱顯因性。因有三相者，謂俱品、同品、異品也。言偏是宗法性者，是顯俱品義，以同品之因，唯偏同品之宗，異品之因，唯偏異品之宗，名偏是宗法，故龍樹以偏是宗法爲俱品。同品定有性，異品偏無性者，謂同品之因定有，於異品中偏無，以同品之因不轉異品，是爲無過。云何下，雙徵。謂所下，別釋。言所立法者，即是所成立之宗，謂宗與因其義均平，是同品義。如立下，舉例，謂立無常爲宗，瓶等爲喻，以瓶等是無常義故，是名同品者，結成所立之宗，同於瓶等喻也。異品下，別釋異品。謂於是處無其所立者，謂異品因處無同品所立之宗。若有是常者，謂異品處若有所立，定是常法，故立異品三支云，是常爲宗，見非所作爲因，如虛空等喻。以常宗異無常，非所作性異於所作，虛空等喻異於瓶等，故名異品。此中下，結成因義。言所作性者，謂有爲法是所作性，殷勤勇猛無間所發，亦是所作義故。徧是宗法者，謂上所作性，於無常宗爲同品，於常宗爲異品，故名徧是宗法。於同品定有性，異品徧無性者，意謂無常爲宗，則所作性同有異無。若常爲宗，則所作性同無異有。同品有故，徧於同品。異品有故，徧於異品。故論云無常等者，等於常宗。結顯此因徧無常宗之同品，亦徧常宗之異品，故云徧是宗法。

〇二釋因竟。下三釋喻。

喻有二種，一者同法，二者異法。同法者，若於是處，顯因同品，決定有性。謂若所作，見彼無常，譬如瓶等。異法者，若於是處，說所立無，因徧非有。謂若是常，見非所作，如虛空等。此中常言，表非無常。非所作言，表無所作。如有非有，說名非有。

一同法者，法即宗因。宗依名有法，宗體但名法，因名宗法，故宗因俱名法。以喻必同同品宗因，故名同法。二異法者，謂異品喻雖同異品之宗因，必不同於同品之法，故名異法。同法者下，釋成同喻之義。若於是處者，即同法喻處也。顯因同品者，顯能成立之因，同於喻也。決定有性者，謂同法喻中決定有同品之因性。謂若下，舉例。以所作性故之因，見彼無常之宗，譬如瓶等爲喻。異法者下，釋成異喻。是處者，即異喻之處。說所立無者，謂無同品所立之宗。因徧非有者，謂同品之因，於異品中徧非有故。復立異品云，謂若是常爲宗，見非所作爲因，如虛空等爲喻。此中下，釋成異品異於同品之義。謂此異品中常宗之言，表非同品無常之宗，非所作言，表無同品所作之因。如有下，舉例，釋成同品異品義。謂如有有，必有非有，言有即同品，非有即異品，以異品中非有同品之義，故説異品名爲非有。故下論云，對彼有論，有即同品，對非有論，即對異品。

〇三釋喻竟。通上二別釋三支竟。下三結成立義。

已説宗因等如是多言，開悟他時，説名能立。如説聲無常者是立宗言，所作性故者是宗法言。若是所作，見彼無常，如瓶等者，是隨同品言。若是其常，見非所作，如虚空者，是遠離言。惟此三分，説名能立。

已説下，謂前已立三支無過，開曉於人，故名能立。如説下，釋成所立三支名義。原於立宗，必先有法爲宗依，故舉聲爲前陳。推聲之體無常，非實有性，故立後陳無常爲宗，是爲立宗言也。聲有所作，理必無常，無常之宗，法於所作，故云所作性故者是宗法言，爲因也。若是所作下，舉合詞明同品。因明之法，合必先能後所，離則先所後能，故云若是所作者，是先舉能成立之因，見彼無常者，次合所成立之宗，然後合喻故如瓶等。是隨同品言者，結成合詞。若是其常下，舉離詞明異品。離則先所後能，故先舉所成立之常宗，次陳能成立之非所作因，然後舉喻如虚空等。謂是遠離言者，結成離詞。復總結云，唯此宗因喻之三分無過，説名能立。

〇三結成立義竟。通上一釋能立門竟。下二釋似能立門分四。一、釋似宗。二、釋似因。三、釋似喻。四、結前科。一、釋似宗，分二。一、總標帶過。

雖樂成立，由與現量等相違，故名似立宗。謂現量相違，比量相違，自教相違，世間相違，自語相違，能別不極成，所別不極成，俱不極成，相符極成。

雖樂下，總標似宗。謂現量下，明九種帶過。

○一總標帶過竟。下二別釋九種。

此中現量相違者，如説聲非所聞。

一、釋現量相違過。謂現量者取境清明，不帶名言數量，猶如鏡面，現諸影像，非無其像，去則無留。今立者，既説聲塵爲有法，又立非所聞爲宗，如説鏡像非鏡面現，豈不相違。

比量相違者，如説瓶等是常。

二、釋比量相違過。言比量者，《理門論》説，爲顯所比，故説宗言。應知立宗，於所比義，能觀察故，名爲比量。今立者以瓶等爲有法，定常爲宗，然常非所作，瓶等不成，瓶等所作，常義非有。龍樹云，所作非常故，常非所作故。較之比量相違，明如指掌。

自教相違者，如勝論師立聲爲常。

三、釋自教相違過。外道所計，不出四句，謂有句、無句、俱句、不俱句，勝論計異，即是無句。今以聲爲宗依，定常爲宗體，則常非無句，亦非異句，故與自教無句異句俱相違也。

世間相違者，如説懷兔非月有故。又如説言，人頂骨淨，衆生分故，猶如螺貝。

四、釋世間相違過。諸世間人，説兔望月，踏影成胎，今説懷兔非月有故，故與世間所説相違。又如下，復立比量，顯與世相違。量云，人頂骨爲宗依，立淨爲宗體，衆生分故爲因，猶如螺貝爲喻。世人謂餘屍骸頂骨皆爲不淨，以從青瘀膀脹爛壞至白骨等，皆不淨故，今立淨爲宗，豈不相違。如他國中，以人頂骨爲嗰喇碗，及爲數珠，是此類故。

自語相違者，如言我母是其石女。

五、釋自語相違過。爲我母者，必能生

育，方有我身。若言我母是其石女，石女不育，我從何生，是爲自語相違之過。能別不極成者，如佛弟子，對數論師，立聲滅壞。

六、釋能別宗體帶過。能別者，謂能辯別宗依之義，立爲宗體，故説宗體名爲能別。不極成者，以立宗體，敵者不許，名帶過故。原佛弟子立聲滅壞是無常義，其理極成。但對數論師立，便不極成，以數論師執一執有爲宗，俱是常義，不許滅壞。今以聲爲所別有法，滅壞爲能別宗體，彼既不許，是不極成。以因明之法，立敵共許，方成宗體，苟非其制，便爲帶過。所別不極成者，如數論師，對佛弟子，説我是思。

七、釋所別宗依帶過。言所別者，是前陳宗依。以帶過故，名不極成。數論師以神我爲宗依，立思爲宗體，雖則不違自教，對佛弟子，便不極成，以佛説法，一切無我，故佛弟子不許有我，則所別我爲不極成。俱不極成者，如勝論師，對佛弟子，立我以爲和合因緣。

八、釋能所二俱帶過。所言俱不極成者，是能別所別二俱帶過，爲俱不成。據佛弟子無我爲宗，則於所別我上不成。以勝論師執異爲宗，無和合義，又執無句，即無因緣，故於能別和合因緣亦不極成。今詳能別所別俱不極成者，唯在宗依宗體上説，以宗中云，此中宗者，謂極成有法，極成能別。應知立宗，必得彼此共許，無諸過難，名爲極成。若不共許，是無圓滿極成就義。相符極成者，如説聲是所聞。

九、釋相符極成之過。言相符者，於聲有法，立所聞爲宗，則諸世間及與聖教皆同此義，故名相符。問：若謂相符，於理極成，何名爲過。荅：因明之法，立敵共諍，是爲宗體，今既相符，無共諍義，亦是帶過。

如是多言，是遣諸法自相門故，不容成故，立無果故，名似立宗過。

結前九種帶過。所言遣者，是遠離義。言自相者，是法性義。如瓶衣等無常爲自相，虛空等義常爲自相。若以瓶衣爲常，虛空等義又爲無常，是謂遣諸法自相門，故不容成，立亦無果，以不生智，是無果義，故名似立宗過。

〇二別釋九種竟。通上一釋似宗竟。下二釋似因，分二。一結前總標。

已說似宗，當說似因。不成不定，及與相違，是名似因。

結前已說似宗，起後當說似因。不成不定及相違者，總標三科，名似立因。下文別釋。

〇一結前總標竟。下二別釋似因，分三。一、釋不成。二、釋不定。三、釋相違。且初釋不成。

不成有四：一、兩俱不成。二、隨一不成。三、猶豫不成。四、所依不成。

總分不成有四種過。下文一一別釋。

如成立聲爲無常等，若言是眼所見性故，兩俱不成。

一、釋兩俱不成過。立聲爲無常等者，謂以聲爲宗依，或立無常及常爲宗體，若言眼所見性故爲因，聲非眼家所見，彼此共知，是故立者敵者俱不許聲爲眼所見，名俱不成。又據龍樹云，若有彼此不同許者，定非宗法，如有成立聲是無常，眼所見性故。彼謂聲是耳聞，云眼所見，立敵兩家俱不聽許，是故說爲兩俱不成。

所作性故，對聲顯論，隨一不成。

二、釋隨一不成過。謂將所作性故之因，對彼聲顯外道論無常義，彼不許聲是所作性，是爲隨一不成之過。龍樹云，又若敵論不同許者，如對顯論，所作性故。彼以顯字爲敵者之名，敵者不許聲爲所作，是故説爲隨一不成。問：此中彼此不許，與宗中彼此不許何別。荅：宗中不許，通於宗依宗體，説爲不極成過。以立宗時，必具極成有法，極成能別，名爲能立。若彼不許，是不極成。此中不許，唯在宗法性上説不成過。宗法性者是生起因，名能成立，彼若不許，是不能成。雖則許與不許彼此皆同，而於極成了因及能成生因有差別故。龍樹云，此中乃言宗者，唯取有法，或有宗聲唯詮於法。宗也。此中宗法因也。唯取立論及敵論者決定同許。何以故。今此唯依證了因故。因證宗也。但由智力了所説義，宗也。非如生因，由能起用。因也。彼中難云，若尔，既取智爲了因，是言便失能成立義。彼復荅云，此亦不然，令彼憶念本極成故。極成有法，極成能別。是故此中唯取彼此俱定許義，即爲善説。

於霧等性起疑惑時，爲成大種，和合火有，而有所説，猶豫不成。

三、釋猶豫不成過。霧等性者，等於煙性。霧爲水大之種，煙爲和合火有，謂若於霧於煙猶豫不決，不能定知諸法本因，是似因過。以霧等性，是宗法性，名之爲因，於因不決，故名猶豫不成因之過也。

虛空實有，德所依故，對無空論，所依不成。

四、釋所依不成過。勝論所宗六句義中，實句有九，空居第五，德句義有二十四種，謂色香味觸等俱以空爲所依，故立虛空爲有法，實有爲宗，德所依故爲因，對無空論，有不成過。以有外道，謂色與空，質礙是有，空性是無，不見虛空有往來故，彼不許有。則德所依空性不成，亦是因中之過也。

○一釋不成竟。下二釋不定。

不定有六：一、共。二、不共。三、同品一分轉，異品徧轉。四、異品一分轉，同品徧轉。

五、俱品一分轉。六、相違決定。

總標不定有六種過，下文一一別釋。

此中共者，如言聲常，所量性故，常無常品皆共此因，是故不定。爲如瓶等所量性故，聲是無常。爲如空等所量性故，聲是其常。

一、釋共中因不定過。如言聲是有法，定常爲宗，所量性故爲因。此中標定所立宗因，復出過云，常無常品皆共此因，是故不定。以所量性故之因，於常宗喻及無常宗喻皆是共故。爲如下，釋成不定義。爲如瓶等所量性故，喻聲有法，宗是無常，以彼瓶有大小淺深皆所量故。爲如空等所量性故，喻聲有法，宗是其常，以彼虛空遠近方圓俱可量故。是爲所量性故之因寛，於常無常品中共有爲過。

言不共者，如説聲常，所聞性故，常無常品皆離此因，常無常外餘非有故，是猶豫因，此所聞性，其猶何等。

二、釋不共因不定過。聲是有法，定常爲宗，所聞性故爲因。此中標定宗因，復顯不定過云，常無常品皆離此因，謂所聞性於常宗喻及無常喻皆遠離故。何則。爲如瓶等非所聞性，喻聲有法，宗是無常。爲如空等非所聞性，喻聲有法，宗是其常。以瓶與空皆眼見故，非所聞性，是故相離。常無常外餘非有故，是猶豫因者，明不定義。此所聞性，其猶何等者，是明不共義。

同品一分轉，異品徧轉者，如説聲，非勤勇無間所發宗，無常性故。此中非勤勇無間所發宗，以電空等爲其同品，此無常性，於電等有，於空等無。非勤勇無間所發宗，以瓶等爲異品，於彼徧有，此因以電以瓶爲同法故，亦是不定。爲如瓶等無常性故，彼是勤勇無間所發。爲如電等無常性故，彼非勤勇無間所發。

三、釋同品一分轉異品徧轉過。如説下，標定宗因，非勤勇無間所發爲宗，無常性故爲因。此中下，牒宗引喻。此無常下，明因於喻一分不轉爲過，以電無常，於因得轉，空性是常，因非有故。非勤勇下，復牒同宗，引異品喻。於彼徧有者，顯因與瓶，皆是無常，是徧轉義。此因下，顯不定過，謂電瓶二喻，同是無常法故。爲如下，釋成因喻分轉徧轉，明不定義。謂瓶等之喻無常，是勤勇無間所發，合無常性故之因，能成異品之宗，是勤勇無間所發。爲如電等之喻無常，非勤勇無間所發，合無常性故之因，能成同品之宗，非勤勇無間所發。則知無常性故因寬，於同品異品爲不定過，以於異品不當轉處，而反徧轉，同品盡當轉處，唯得一分，豈非過耶。

異品一分轉，同品徧轉者，如立宗言，聲是勤勇無間所發，無常性故。勤勇無間所發宗，以瓶等爲同品，其無常性，於此徧有，以電空等爲異品，於彼一分電等是有，空等是無，是故如前，亦爲不定。

四、釋異品一分轉同品徧轉過。異品下，牒科標舉。如立下，標定宗因，以是勤勇無間所發爲宗，無常性故爲因。勤勇無間下，牒宗引喻。其無常性，於此徧有者，顯因同品，是徧轉義。以電空等下，引異品喻，顯不定過。謂無常性故之因，會於電等是無常性，故說是有，會於空等是常性，故說彼是無，是故如前，以電以瓶爲同法故，亦爲不定，以不當於異品一分電上轉故。

俱品一分轉者，如說聲常，無質礙故。此中常宗，以虛空極微等爲同品，無質礙性，於虛空等有，於極微等無，以瓶樂等爲異品，於樂等有，於瓶等無，是故此因，以樂以空爲同法故，亦名不定。

五、釋俱品一分轉過。言俱品者，謂因於同品異品各有一分轉。如說聲常無質礙故者，標定宗因，以常爲宗，無質礙爲因。此中下，牒宗引喻，以立常宗，虚空性常，極微亦常，宜爲同品。無質礙下，釋成同品一分轉義。謂無質礙故之因，空無質礙，故説爲有，極微質礙，説之爲無。以瓶樂等爲異品者，瓶等無常，苦樂亦非常，宜於同品所立常宗，爲異品喻。於樂等有，於瓶等無者，釋成異品一分轉義。謂無質礙故之因，樂無質礙，故説爲有，瓶有質礙，説之爲無。是故下，結成不定。

相違決定者，如立宗言，聲是無常，所作性故，譬如瓶等。有立聲常，所聞性故，譬如聲性。此二皆是猶豫因故，俱名不定。

六、釋相違決定過。言相違決定者，即決定相違也。語出譯師，詞倒意順，故《宗鏡》釋云，夫決定相違不定過，立敵共諍一有法，因喻各異，皆具三相，偏是宗法性，同品定有性，異品徧無性，但互不生其正智，兩家猶豫，不能定成一宗，名決定相違不定過。如立下，標定三支。有立下，復立三支。此二下，顯不定過。言相違者，常與無常是相違義。既二相違，互爲同異，常宗爲同，無常爲異，無常爲同，常宗爲異。言決定者，以立二宗，各具三支，皆具三相，是爲決定。謂同品之因徧於同品，異品之因徧於異品，爲徧是宗法性。同品之因不轉異品，是於同品定有性。異品之因不轉同品，是於異品徧無性。雖則兩宗並出，然於一有法上不能決定，説之爲過。

〇二釋不定竟。下三釋相違。

相違有四，謂法自相相違因，法差別相違因，有法自相相違因，有法差別相違因等。

總標相違有四種過。下文一一別釋。

此中法自相相違因者，如説聲常，所作性故，或勤勇無間所發性故。此因唯於異品中有，是故相違。

一、釋法自相相違因過。言法自相者，

謂諸法各有自相，即是所立宗體。言相違者，謂因與宗相違，如説勤勇無間所發性故，豈成非所作之常宗。如説下，標定宗因，以常爲宗，所作性故，或勤勇無間所發性故爲因。此因下，牒因顯過，謂宗是常，性非所作，則所作性故之因，唯於異品無常中有，是故相違，以諸無常所作性故。

法差別相違因者，如説眼等必爲他用，積聚性故，如卧具等。此因如能成立眼等必爲他用，如是亦能成立所立法差別，相違積聚他用，諸卧具等爲積聚他所受用故。

二、釋法差別相違因過。言法差別相違因者，是諸法中有差別義，因不能成，説爲相違。如説下，標定三支，謂眼等五根爲有法，必爲他用爲宗，積聚性故爲因，如卧具等爲喻。以眼等根不自用故，必眼等識以爲根用，故立宗言必爲他用。又眼等根元爲地水火風色香味觸八法所成，是積聚義，故以積聚性故爲因。以卧具等衆緣所成，亦必爲他用，故説爲喻。此因下，牒因成宗。如是下，顯法差別相違因過。余觀諸家解此章意，俱引《金七十論》爲證，彼此語勢含胡，發明未透，令學者視此不爽。今以三分之理明之，其意似暢，試更言之。法差別者，爲眼等根作前陳有法。推根之義有差別故，所立之法亦有差別。根是相分，爲眼等識之所依，識是見分，爲眼等根之所發，相見各異，故説眼自積聚，必爲他識所用，即立宗云必爲他用。又相見分爲自證分之用，其自證分爲相見分之體，體持業用，用不爲他，復立宗云必不爲他用，故以眼等根名有法，自相必爲他用，必不爲他用，名法之差別。今之積聚性故因，會於如卧具等喻，但成必爲他用宗，不得成必不爲他用宗，是因與差別宗相違。故論中云此因如能成立眼等必爲他用者，縱許成立宗中一分義。如是亦能成立所立法差別者，顯宗中亦有差別一分義，於因亦當能成立。但以必不爲他用宗，會積聚之因，他用之宗，俱相違故，故云相違積聚他用。又云諸卧具等爲積聚他所受用故者，釋成因喻俱爲他用，故於宗中差別一分，必不爲他用相違。

有法自相相違因者，如説有性，非實非德非業，有一實故，有德業故，如同異性，此因如能成遮實等，如是亦能成遮有性，俱決定故。

三、釋有法自相相違因過。有法自相者，即前陳宗依之自相。言相違者，因不能成有法自相，故説相違。原於勝論師計六句義，第四句爲大有句，實德業三，同一有故，離實德業外，別有一法爲體。由此大有有實等故，今言有性，即彼大有句義。如説下，標定三支，以大有性爲前陳宗依。由此有性離實德業別有實體，故説非實非德非業爲宗。又此有性元爲實德業三同一有故，故説有一實故有德業故爲因。又此有性有實德業爲同，非實德業爲異，故説如同異性爲喻。此因下，牒因成宗，顯相違過。謂有一實等因，成非實等宗，豈不互相遮止，故云遮實等之非實等宗。如是下，顯因展轉與有法自相相違。謂有一實等因，既遮非實等宗，則有法中亦有非實等義，豈不亦遮，故云如是亦能成遮有性中之非實等。俱決定故者，謂宗及有法，與因相違，俱決定故。

有法差別相違因者，如即此因，即於前宗有法差別作有緣性，亦能成立與此相違作非有緣性，如遮實等，俱決定故。

四、釋有法差別相違因過。言有法差別者，謂前陳宗依有差別義。言相違者，因不能成差別義故。如即下，牒因成有法。即此因者，即前有一實等因。即於前宗有法差別者，即前大有性中非實德業有實德業之差別。作有緣性者，以有一實等因，成有實等有性，謂之有緣。亦能下，釋成相違義，謂有一實等因，既能成立有法中有實等一分，亦能成立與此有實等相違非實等一分。以有一實等因，成非實等之有法，是作非有緣性，既非有緣，則有一實等因，不能成有法中非實等，亦不能成有法中有實等，故云如遮實等，俱決定故。謂前章宗及有法俱遮，則此有法中差別二義亦尔。

○三釋相違竟。通上二釋似因竟。下三釋似喻，分二。一結前總標。

已説似因，當説似喻。似同法喻，有其五種：一、能立法不成。二、所立法不成。三、俱不成。四、無合。五、倒合。似異法喻亦有五種：一、所立不遣。二、能立不遣。三、俱不遣。四、不離。五、倒離。

結前已説似因，起後當説似喻。似同法喻，似異法喻，各有五過，名爲似喻，下文別釋。

○一結前總標竟。下二別釋同異，分二。一同喻五種。

能立法不成者，如説聲常，無質礙故，諸無質礙，見彼是常，猶如極微。然彼極微，所成立法常性是有，能成立法無質礙無，以諸極微質礙性故。

一、釋似同法喻中能立不成過。因是能成立法，喻於因上不轉，故曰不成。如説下，標定宗因，以常爲宗，無質礙故爲因。諸無下，牒因及宗，引喻合成。然彼下，牒喻顯過。謂極微性常，於所成立宗常性是有，極微質礙，於能成立因無質礙無，故云以諸極微，質礙性故。

所立法不成者，謂説如覺，然一切覺，能成立法無質礙有，所成立法常住性無，以一切覺皆無常故。

二、釋似同法喻中所立不成過。宗是所成立法，喻於宗上不轉，故曰不成。謂説如覺者，引喻合前宗因，謂以常爲宗，無質礙爲因，如覺爲喻。然一切下，牒喻顯過。一切覺者，即有分別生滅心也，覺性無礙，於能成立因無質礙有，覺性無常，於所成立宗常性是無，故云以一切覺皆無常故。

俱不成者，復有二種，有及非有，若言如瓶，有俱不成，若説如空，對非有論，無俱不成。

三、釋似同法喻中能所俱不成過。謂喻於宗因上俱不能轉，名俱不成。復有二種，有及非有者，分開同品異品兩章，以有名同品，非有名異品。即前能立門中云如有非有，説名非有，文出於此。若言如瓶者，引喻合前同品宗因。有俱不成者，顯過，謂瓶體無常，會前同品常宗不成。瓶有質礙，會前無質礙因不成。有即同品，故云有俱不成，以瓶等之喻於同品宗因俱不成故。若説如空，對非有論者，引喻合異品宗因，以前同品常宗，異品應無常宗，同品之因是無質礙，異品之因爲有質礙。説如空者，空性是常，不成異品無常之宗，空性無礙，不成異品有礙之因。非有即無，無即異品，故云無俱不成，以如空之喻於異品宗因俱不成故。

無合者，謂於是處無有配合，但於瓶等雙現能立所立二法，如言於瓶見所作性及無常性。

四、釋似同法喻中無有合詞過。謂於下，標定具三支義。如言下，明無合詞顯過。謂立量之法，雖有三支，必具合離二詞以爲同異之式，合必先因後宗，離則先宗後因。以因爲能成立法，故先之。宗是所成立法，故次之。喻爲宗因之明訓，故又次之。今同品中雖具瓶等爲喻，所作性故爲因，及無常性爲宗，而無合詞之式，是爲有過。

倒合者，謂應説言諸所作者皆是無常，而倒説言諸無常者皆是所作。

五、釋似同法喻中倒置合詞過。謂應下，正顯合詞。而倒下，顯倒合之過。

如是名似同法喻品。

結成似同法喻中五種過。

○一同喻五種竟。下二異喻五種。

似異法中所立不遣者，且如有言，諸無常者，見彼質礙，譬如極微。由於極微，所成立法常性不遣，彼立極微是常性故，能成立法無質礙無。

一、釋似異法喻中所立不遣過。遣者，是遠離義。謂異品喻必遠離於同品宗因，是爲異喻體，今既不遣，説之爲過。且如下，標定離詞，離則先宗後因，故以無常宗先之，質礙因次之，極微喻又次之。由於下，牒喻顯過，謂極微性常，於前同品所成立法常宗不遣，故云彼立極微是常性故。極微質礙能遣同品無質礙因，故云無質礙無，無即遣義。

能立不遣者，謂説如業，但遣所立，不遣能立，彼説諸業無質礙故。

二、釋似異法喻中能立不遣過。謂説如業者，引喻會同品宗因顯過。業性無常，於前同品所立常宗有遠離義，故云但遣所立。業性無礙，於同品中無質礙因相順，故云不遣能立。

俱不遣者，對彼有論，説如虚空，由彼[三]虚空，不遣常性、無質礙性，以説虚空是常性故，無質礙故。

三、釋似異法喻中能所俱不遣過。俱不遣者，謂異品喻與同品中宗因相順，名俱不遣。對彼有論，説如虚空者，有即同品，對前同品宗因，引喻配合。由彼下，顯過。謂空性是常，不遣同品常性之宗，空性無礙，不遣同品無礙之因，故云以説虚空是常性故，無質礙故。

不離者，謂説如瓶，見無常性，有質礙性。

四、釋似異法喻中無離詞過。立量之法，合成同品必有離詞顯異品式。今者但有異品三支之名，闕於離詞，不合軌式，説之爲過。

倒離者，謂如説言，諸質礙者，皆是無常。

五、釋似異法喻中倒置離詞過。因明之法，離則先宗後因，今以因先宗後，是爲倒置，説之爲過。

○二異喻五種竟。通上三釋似喻竟。下四結前科。

如是等似宗因喻言，非正能立。

通結前來似宗似因似喻之言，共成三十三過，故云非正能立。

○四結前科竟。通上二釋似能立門竟。下三釋現量門。

復次，爲自開悟，當知唯有現比二量。此中現量謂無分別，若有正智，於色等義，離名種等所有分別，現現別轉，故名現量。

復次下，雙標二量者，以現比量俱是自證自解境界，故云爲自開悟。此中現量謂無分別者，標定現量是不起分別義。若有下，釋成。謂正智起時，於色聲香味觸邊，不起名言種子所有分別，而能於五塵上現現別轉，故名現量。名言種者，是習所成。明記不忘，念念熏習，成種子義。如孩孺時，眼見於色，人言爲色，積習於心，耳聞於聲，人言爲聲，積習於心，日積月累，熏成種子，後於聲色門中，從種發起聲色名言，謂之名種。今説離名種等所有分別，而又言現現別轉者，是於聲色門中無分別義，如鏡現像，歷歷分明，是於五塵現現別轉，鏡無留礙，是離名種所有分別。

○三釋現量門竟。下四釋比量門。

言比量者，謂藉衆相而觀於義。相有三種，如前已説。由彼爲因，於所比義，有正智生，了知有火，或無常等，是名比量。於二量中即智名果，是證相故。如有作用而顯現故，亦名爲量。

言比量者，牒科標舉。謂藉衆相而觀於義者，釋比量二字，衆相釋比，觀義釋量。相有下，釋成衆相。言三種者，即宗因喻。如前已説者，能立門中已説三支。問：此中三相，與因中何異。荅：因中三相，唯屬於因。與宗爲因，名能成立。此中三相，總攝三支，與智爲因，名爲比量，是故不同。由彼下，釋比量。謂由無過三支爲因，比之生智爲果，故云於所比義，有正智生。正智既生，了知有火，或無常等，是比量義。於二量中即智名果者，謂現比量皆以生智爲果。比量以三支爲因，生有分別正智爲果，能證所比義故，現量以色等爲因，生無分別正智爲果，能證色等自相，故云是證相故。如有作用而顯現故，亦名爲量者，別明世效等量。謂遷流作用顯現世量，塵點作用顯現數量，質礙作用顯現色量，頑虛作用顯現空量，屈曲作用顯現形量，光明作用顯現影量，如是等量，皆以作用而顯現故。

○四釋比量門竟。下五釋似現量門。

有分別智，於義異轉，名似現量。謂諸有智，了瓶衣等，分別而生，由彼於義不以自相爲境界故，名似現量。

智有分別，於諸法中不證自相，隨起名言，名爲異轉。由不了知無常等義，又非比量，但於見聞隨起名言種子所有分別，名似現量。故釋云，謂諸有智，了瓶衣等，分別而生。何以故。由彼於義不以自相爲境界故。

○五釋似現量門竟。下六釋似比量門。

若似因智爲先，所起諸似義智，名似比量。似因多種，如先已說。用彼爲因，於似所比，諸有智生，不能正解，名似比量。

似因智者，因是比量，謂似比量所生之智，名似因智。爲先所起諸似義智名似比量者，即前帶過三支，於諸義中似有所知，不能正了無常等義，但名相似比量。似因多種下，釋成。謂前已説三十三過，名爲多種。即是多言用彼多過爲因，於所比義，雖有智生，不能正解，故説名似。

○六釋似比量門竟。下七釋能破門。

復次，若顯示能立過失，說名能破。謂初能立缺減過性，立宗過性，不成因性，不定因性，相違因性，及喻過性，顯示此言，開曉問者，故名能破。

能立門中，若有過失，正能顯示，是能破義。謂初下，釋成，顯過。初能立者，即是前陳宗依，依彼有法，宗可立故。若得圓滿成就，謂之有法極成，稍有缺減，說之爲過。立宗過者，即前九種。因不成者，即前四種。因不定者，即前六種。因相違者，即前四種。喻有過者，即前十種。若能顯示三十三種過言，開曉問者，故名能破。

○七釋能破門竟。下八釋似能破門。

若不實顯能立過言，名似能破。謂：於圓滿能立，顯示缺減性言。於無過宗，有過宗言。於成就因，不成因言。於決定因，不定因言。於不相違因，相違因言。於無過喻，有過喻言。如是言說，名似能破，以不能顯他宗過失，彼無過故，且止斯事。

似能破門，容有二義。若能立門自帶有過，敵者不能正顯其非，是似能破，以不能顯他宗過故。若能立門本無有過，罔冒於他，亦非真破，以彼無過，且止斯事。餘義如文，詞不繁贅。

○八釋似能破門竟。通上二通釋竟。下三結顯。

已宣少句義　爲始立方隅
其間理非理　妙辯在餘處

謂已宣演微少句義，爲始立一隅，擴充之則六合皆然。苟得其旨，於聲色門，不唯了知常無常義，亦有親證實相者在。其間理者，即前無過三支。言非理者，即前三十三過。餘處妙辯，皆是此中理非理義，故以少句立方隅也。

○三結顯竟。

因明入正理論直疏終

因明入正理論後序

因明入正理論者，蓋乃抗辯標宗，摧邪顯正之閫閾也。因談照實，明彰顯理，入言趣本，正以離邪。論者，較言旨歸，審明要會也。昔應符衞樹，兹義備焉，登庸鹿林，斯風扇矣。六師稽顙而卷舌，十僊請命以知歸。悲夫，靈曜寢光，邪津鼓浪，同惡孔熾，寔繁有徒。所以世親弘盛烈於前，陳那纂遺芳於後，揚真殄謬，夷難解紛。至矣神功，備詳餘論。粤有天主菩薩，亞聖挺生，博綜研詳，聿修前緒，撰略精秘，逗適時機。啓以八門，通其二益，芟夷五分，取定三支。其義簡而彰，其文約而顯。西方時彦，鑽仰彌深，自非履此通規，未足預其高論。大唐皇帝，乘時啓聖，闡金鏡而運金輪，納録嗣明，振玉鼓而調玉燭。洞敷玄化，載緝彝章，爇慧炬而鑒昏城，艤智舟而濟苦海。我三藏法師玄奘，神悟爽拔，峻節冠群，行四勤如不及，瞻三宗而好問。漢地先達，各擅專門，寓目必察其微，納心並殫其妙。嗟乎，聖迹緜遠，像教陵夷，未嘗不臨訛文以喟然，撫疑義而太息，望葱山而高視，期鷲峰而遠游。既而冒險乘危，詢師訪道，行達北印土迦濕彌羅國。屬大論師僧伽耶舍，稽疑八藏，考決五乘。論師以大義磐根，嘉其素蓄，唯因明妙術，誨其未喻。梵音覯止，冰釋于懷。後於中印土摩竭陀國，遇尸羅跋陀羅菩薩，更廣其例，觸類而長，優而柔之。於是徧謁遺靈，備訊餘烈，雖遇鍱腹，縱辯無前，風偃邪徒，抑兼兹論。旋弘周化，景福會昌。粤以貞觀二十一年秋八月六日，於弘福寺承詔譯訖。弘福寺沙門明濬筆受證文，弘福寺沙門玄謨證梵語，大德寺沙門玄應正字，大總持寺沙門衞洪、實際寺沙門明琰、羅漢寺沙門慧貴、寶昌寺沙門法祥、弘福寺沙門文備、廓州法講寺沙門道源、蒲州棲巖寺沙門神泰，詳證大義。銀青光禄大夫行左庶子高陽縣開國男臣許敬宗奉詔監譯。三藏法師以虚己應物，闢此幽關，義海淼其無源，詞鋒峻而難仰，異方秀傑，同稟親承，筆記玄章，並行於世。余不敏，妄忝吹噓，受旨證文，偶兹佳會，敢録時事，貽諸後昆，勝範鴻因，無泯來際。

因明入正理論後序終

校勘記

〔一〕此標題底本無，據文例補。

〔二〕「彼」，底本不清，據《因明入正理論》（《大正藏》本）補。

三支比量義鈔

唐三藏法師玄奘立
永明寺主延壽造
西蜀沙門明昱鈔

真唯識量者，此量即大唐三藏於中印土曲女城，戒日王與設十八日無遮大會，廣召五天竺國解法義沙門婆羅門等，并及小乘外道，而爲對敵，立一比量，書在金牌，經十八日，無有一人敢破斥者。

按本傳云，大師名振五天，有東印土鳩摩羅王三遣書，達戒賢法師，欲迎供奉。初云，弟子願見支那大德，乞師遣臨，慰我欽思。次云，必願垂顧，勿復致違。二書不報，三發書云，弟子凡夫，喜怒無恒，因聞外國僧名，身心歡喜，堅求一面。若再不來，弟子分是惡人，恐與夙染。又當整理象軍，踏那爛陀寺，使碎如塵。此言如日，師好試看。戒賢法師得書，謂奘師曰，彼王善心素薄，況境内佛法未甚流行，自聞仁名，故深發意，若違不去，或有魔事，是宜隨順，勿憚小勞。奘師如命，辭師與使俱往。及與王會，一見甚喜，延入内宫，供養月除。戒日王知，發使語鳩摩羅王，急送支那僧來。王曰，我頭可得，法師不可得也。戒日王怒，更遣責曰，頭可得者，即付使來。鳩摩羅王深懼言失，即命象軍二萬乘，水軍三萬載，共師同發，泝殑伽河，以赴王所。王出境迎師，深生慶慰，躬陳珍膳，作樂散花。復請云，聞師作《制惡見論》，何在。奘師即出所立比量與王。王觀，歡喜讚歎不已，然後遍示百寮，及諸淨行。尋謂師曰，此立甚正，弟子及諸師並皆信伏，但思餘國小乘外道尚守愚迷，欲於曲女城作一勝會，集諸國義學，觀法師高論，立敵同許，取信當世，師爲何如。法師然之，遂聞諸國，定日建會。奘師共王，自冬初逆殑伽河而上，至臘盡方到會所。先有五印土十八國王，并大小乘僧三千餘人，婆羅門及尼乾外道二千餘人，那爛陀寺千餘僧，普集已久。斯皆博蘊文義，富瞻辯才，思聽法音，咸來赴會。兼有侍從，象輿龍旛，雲興霧湧，雖六齊之舉袂成帷，三吳之揮汗如雨，未足方其盛也。王遣內外，施設食器等畢，別設寶牀，請奘師坐爲論主，稱揚大乘，敘作論意。仍請戒賢法師，讀示大衆，別寫一本，懸於門外。竟十八日，無人發論。王舉奘師袈裟，遍唱曰，支那法師，立大乘義，破諸異見，自十八日來，無敢論者，汝宜知之。一衆歡喜，皆稱奘師爲大乘天。

故《因明疏》云，且如大師周游西域，學滿將還，時戒日王，王五印土，爲設十八日無遮大會。令大師立義，徧諸天竺，揀選賢良，皆集會所，遣外道小乘，競生難詰，大師立量，無敢對揚者。

此引基法師所作《因明疏》以證前事也。

然大師立量，正如日光既出，螢燭奪明，致使左道亂正之徒，結舌吞聲，守文疑理之輩，絕議沉思，其在因明之力歟。

大師立唯識比量云，真故極成色是有法，定不離眼識宗，因云自許初三攝，眼所不攝故，同喻如眼識，合云諸初三攝、眼所不攝故者皆不離眼識，同喻如眼識，異喻如眼根。

真故極成四字，是寄言簡過之辭，下文自釋。色之一字，正是有法，以前陳有法，名爲宗依。定不離眼識者，是後陳宗體。以推有法之色，原爲眼識自證分所變，既從識變，本不離識，故立宗云定不離眼識。因云自許初三攝，眼所不攝故者，是能成立法名因。謂所立之宗色不離識，則宗之因，唯除眼根，是顯色不離識義。攝者，持也。謂根塵識三，各有六界，言初三攝者，且取眼家三界。眼所不攝者，謂眼根不攝，以眼識不見眼根，是許離義，唯取二界，以顯色識不離。同喻如眼識者，謂眼識見分緣色時親取色體，是不離義，喻宗中眼識自證分與所變色不離。合云下，合成宗體。合則先因次宗，然後引喻，以成比量軌式。異喻如眼根者，是因中眼所不攝之眼根，以識不見眼根，是遠離義。異於同品宗因喻中色識皆不相離，故名異喻。聲香味觸若爲有法宗依，宗體因喻，取法同前。

問：何不合自[一]許之言。答：非是正因，但是因初寄言簡過，亦非小乘不許，大乘自許，因於有法上轉，三支皆是共故。

出大乘宗自許有他方佛色，故以自許之言寄於因初，用簡有法中差別相違過，故云亦非小乘不許，大乘自許，以初三攝眼所不攝因，大小乘共許故。因於有法上轉，三支皆是共故者，謂初三攝因宗喻，皆共於定離眼[三]識色、非定離眼識色俱轉，是因有不定過故，着自許之言，簡此過耳。

初明宗因，後申問答。初文有二，初辯宗，次解因。且初宗前陳言真故極成色五簡字，色之一字正是有法，餘之四字但是防過。且初真故二字防過者，簡其世間相違過，及違教等過。

將釋比量，先自分科以明章法。且初宗

前陳言者，釋成色字爲前陳有法，餘皆防過。

且初真故下，明所簡之過有二，下文自釋。

外人問云，世間淺近，生而知之色離識有，今者大乘立色不離眼識，以不共世間共所知故，比量何不犯世間相違過。答：夫立比量，有自他共，隨其所應，各有標簡。若自比量，自許言簡。若他比量，汝執言簡。若共比量，勝義言簡。今此共比量，有所簡別，真故之言，表依勝義，即依四種勝義諦中體用顯現諦立。

此問世間相違之過，答以真故言簡。言四種勝義者，簡非四種世俗故。四世俗者：一、世間世俗，謂瓶盆軍林等。二、道理世俗，謂蘊處界等。三、證得世俗，謂預流等。四、安立世俗，謂二空理。勝義四者：一、體用顯現諦，謂蘊處等，有實體性，過初世俗，説名勝義，隨事差別，説名蘊等，各有作用，故名顯現。二、因果差別諦，謂苦集等，智斷證修，因果差別。三、依門顯實諦，謂二空理，過俗證得，故名勝義，依空能證，以顯於實，故名依門。四、廢詮談旨諦，謂一真如，體妙離言，已名勝義。今依初義者，以根塵識各有體用顯現義故。

問：不違世間非學即可尔，又如世尊於小乘阿含經亦許色離識有，學者小乘共計心外有其實境，豈不違於阿含等教、學者小乘。答：但依大乘殊勝義立，不違小乘之教，學者世間之失。

復問違教等過，亦答以真故言簡。佛説色離識有，元爲小機，彼於客塵主空得解，爲説心境兩分，未達能所相見本空，不言心境不二，今依大乘勝義，故不相違。

問：真故之言，簡世間及違教等過，極成二字，簡何過耶。答：置極成言，簡兩般不極成色。小乘二十部中，除一説部、説假部、説出世部、雞胤部等四，餘十六部皆許最後身菩薩染汙色及佛有漏色，大乘不許，是一般不極成色。大乘説他方佛色，及佛無漏色，經部雖許他方佛色，而不許是無漏，餘十九部皆不許有，并前兩般不極成色。

結前真故之言，但簡宗體上違教等過，復問極成二字，所簡何過。答：以極成言，簡兩宗不極成色，是簡宗依上違宗之失。二十部者，佛滅度後，百有餘年，佛法大衆初破，破即分也。因龍象、邊鄙、多聞、大德四衆，共議無常、苦、空、無我、涅槃寂靜五事不同，分爲兩部，一大衆部，二上座部。從大衆部，流出八部，共根本有九部：一、大衆部，二、一説部，三、説出世部，四、雞胤部，五、多聞部，六、説假部，七、制多山部，八、西山部，九、北山部。從上座部，分爲兩部，一説一切有部，二即上座部，轉名雪山部。從説一切有部，展轉流出九部，共前根本兩部，成十一部：一、説一切有部，二、雪山部，三、犢子部，四、法上部，五、賢胄部，六、正量部，七、密林山部，八、化地部，九、法藏部，十、飲光部，十一、經量部。共前九部，爲二十部。除一説等四部，餘十六部許菩薩染汙色、佛有漏色者，説一切有部云，阿羅漢猶受故業，佛與二乘解脱無異，應言菩薩猶是異生，諸結未斷，是執菩薩染汙色及佛有漏色的意。經部不許佛無漏色者，彼執多與説一切有部同。此皆小乘許者，大乘不許，而大乘許者，小乘不許，故置極成言，簡此兩般不極成色。若不言極成，但言真故色是有法，定不離眼識是宗，且言色時，許之不許盡包有法之中。在前小乘許者，大乘不許，今若立爲唯識，便犯一分自所別不極成，亦犯一分違教之失。又大乘許者，小乘不許，今立爲有法，即犯他一分所別不極成。及至舉初三攝、眼所不攝因，便犯自他隨一一分所依不成，前陳無極成色爲所依故。今具簡此四般，故置極成言。

結成極成二字所簡之外，餘一切色圓滿

成就，是謂極成。大小乘宗各不許者，是帶所別不極成過，故云若不言極成，但言真故色等，則前許與不許帶過之色，盡包有法色中，將何簡別。在前下，明犯二種過，以自大乘不許之色，立爲唯識，是犯自不許一分所別不極成過，亦犯一分違自教失。又大乘下，謂小乘不許之色，立爲唯識，則犯他不許一分所別不極成過。及至下，謂舉因合成宗體時，總收自他不許之色，便犯自他隨一一分所依不極成之過。以無極成色爲所依，則四過理不可免，今置極成兩言，簡此四般過也。

問：極成二字，簡其兩宗不極成色，未審三藏立何色爲唯識。答：除二宗不極成色外，取立敵共許餘一切色，總爲唯識故。《因明疏》云，立二所餘共許諸色，爲唯識故。

結前已簡，復問何色立爲唯識。答云，除二不極成外，餘一切色，皆共許立故。因明下，引證立所除色爲唯識義。已上宗前陳言竟。

宗後陳言，定不離眼識是極成能別。問：何不犯能別不極成過，且小乘誰許色不離於眼識。答：今此是有法宗依，但他宗中有不離義便得。以小乘許眼識緣色，親取其體，有不離義，兼許眼識當體亦不離眼識，故無能別不極成過。

牒比量中所成立之宗體，顯是極成能別，復申問答，以明立宗之意。謂小乘不許色不離識，則所立不離眼識之宗是不極成。答意謂小乘説色離眼識者，色是比量有法宗依，未合宗體，無所簡別。小乘唯於本質色推故説離識，大乘意許是相分色，故定不離。但他下，明小乘宗有不離義，便得將言就意立宗。兼許下，謂小乘許眼識本有爲體，緣色爲用，以緣色時不離其體，縱不緣色，亦不離用。彼既兩許不離，故定不離眼識之宗，無有能別不極成過。

問：既許眼識取所緣色有不相離義，後合成宗體應有相扶過耶。答：無相扶失。今大乘但取境不離心，外無實境，若前陳後陳和合爲宗了，立者即許，敵者不許，立敵共諍，名爲宗體。此中但諍言陳，未推意許。辯宗竟。

問意謂小乘宗有不離義，大乘立定不離眼識宗，是爲相扶之過。答意謂大乘爲明唯識之旨，故説心外無境，若將前陳後陳和合，立敵共諍，是爲宗體，以彼唯在本質色上推明，故云但諍言陳，未明大乘意許相分色，故云未推意許。

次辯因者，有二，初明正因，次辯寄言簡過。且初正因，言初三攝者，十八界中三六界皆取初之一界也，即眼根界、眼識界、色境界，是十八界中初三界也。

將釋此因，亦先分科以明，次第詳辯。且初下，釋前半因。三六界者，根塵識三，各有六法。六各分疆，故名爲界。即眼耳鼻舌身意六根，色聲香味觸法六塵，識隨根塵亦有六名。皆取初之一界者，於根取眼根界，於塵取色塵界，於識取眼識界，故云是十八界中初三界也。

問：設不言初三攝，但言眼所不攝，復有何過。答：有二過，一不定過，二違自教過。且不定過者，若立量云，真故極成色，定不離眼識，因云眼所不攝，喻如眼識，即眼所不攝因濶，向異喻後五三上轉，皆是眼所不攝。故被外人出不定過云，爲如眼識眼所不攝，眼識不離眼識，證極成色不離眼識耶。爲如後五三亦是眼所不攝，後五三定離眼識，却證汝極成色定離眼識耶。問：今大乘言後五三亦不離眼識得不。答：設大乘許後五三亦不離眼識，免犯不定，便違自宗。大乘宗説後五三定離眼識故，故置初三攝半因，遮後五三非初三攝故。

因有後半初半，和合成就，圓滿無過，苟闕其一，衆過生焉，故論主問答以辯其詳。

設不言下，問答顯過。且不定下，標定三支。即眼下，出半因之過。被外人下，牒定同品。爲如眼識者，是同喻眼識。眼所不攝者，根識各别故。眼識不離眼識者，謂同喻眼識不離後陳眼識。證極成色不離眼識者，以同喻眼識，證成前陳有法之色，亦不離後陳眼識。爲如後五三下，申相違量，顯因有不定過。後五三者，即耳鼻舌身意，各有根塵識之三。亦是眼所不攝者，謂後五三界，不同初三界，故亦不攝。後五三定離眼識者，謂後五三與初三界中眼識決定相離。却證汝極成色定離眼識者，以異喻後五三定離眼識，證成極成色亦定離眼識，是因於同品異品共轉，爲不定過。問今大乘下，意謂既立萬法唯識，決不以後五三爲離識有。故答云，設許不離，免犯不定，便違自宗，以大乘宗説後五三定離眼識故。

問：但言初三攝，不言眼所不攝，復有何過。答：亦犯二過，一不定過，二法自相決定相違過。且不定者，若立量云，真故極成色，定不離眼識，因云初三攝，喻如眼識，即初三攝因潤，向異喻眼根上轉。出不定云，爲如眼識初三攝，眼識不離眼識，證極成色不離眼識耶。爲如眼根亦初三攝，眼根非定不離眼識，證汝極成色非定不離眼識耶。問：何不言定離，而言非定不離。答：大乘眼根望於眼識，非定即離。且非離者，根因識果，以同時故，即是非離也。又色心各别，名非即故，今但言非定不離。二犯法自相決定相違過者，言法自相者即宗後陳法之自相，言決定相違者即因違於宗也。外人申相違量云，真故極成色是有法，非不離眼識宗，因云初三攝故，喻如眼根。即外人將前量異喻爲同喻，將同喻爲異喻。

謂前唯用後半因已犯二過，今若唯用前半因，其過者何。故答云，亦犯二過。且不定下，標定三支。即初三下，明因有不定過。爲如眼識下，牒定同品，謂同喻眼識是初三攝中眼識，同喻眼識不離後陳眼識，則證極成色亦不離後陳眼識。爲如眼根下，申相違量，顯因有不定過，謂異喻眼根亦是初三攝中所攝，根識各別，非定不離，故云眼根非定不離後陳眼識，則證極成色非定不離後陳眼識，以初三攝因，同品異品俱轉，是不定過。問何不言定離下，辯相違量中非定不離義。原大乘眼根望於眼識，有二義差別，謂非定即、非定離，因果同時是非離義，色心各別是非即義，故於即離但言非定者，二義相闕。二犯法自相下，釋第二種過。外人申相違量者，以前所立之宗爲定不離眼識，今以非定不離眼識爲宗，是相違義。前量以眼根爲異喻，今以眼根爲同喻，亦是相違。異喻既轉爲同喻，則同喻亦得爲異喻，雖則宗喻俱有同異相違，此中唯顯初三攝因濶，與後陳法之自相決定相違也。

問：得成法自相相違耶。答：非真能破。夫法自相相違之量，須立者同無異有，敵者同有異無，方成法自相相違，今立敵兩家，同喻有，異喻有，故非真法自相相違過。問：既非法自相相違，作決定相違不定過得不。答：亦非。夫決定相違不定過，立敵共諍一有法，因喻各異，皆具三相，徧是宗法性，同品定有性，異品徧無性，但互不生其正智，兩家猶豫，不能定成一宗，名決定相違不定過。今真故極成色雖是共諍一有法，因且是共，又各闕第三相，故非決定相違不定過。問：既無此過，何以《因明疏》云犯法自相相違決定過。答：但是疏主縱筆之勢，是前共不定過中分出，是似法自相相違決定過，非真有故。有此所因，故置初三攝眼所不攝，更互簡諸不定及相違等過。

原似比量，總三十三過，因具十四，此過於彼，名同義異，故論主發問以辯真僞。

夫法自相下，釋因明四相違中第一種過。言同無異有者，謂立者同品無因，異品有因。

同有異無者，謂敵者同品有因，異品無因。今立敵下，釋成此過非真。同喻有、異喻有者，謂同喻異喻共以初三攝爲因。問既非下，轉徵別過。夫決定下，釋因明六不定中第六種過。今真故下，顯此過非真。言各闕第三相者，謂闕異品徧無性，以根識二法各爲同品，無異品體，故云各闕第三。問既無此過下，釋因明疏主之過悞。以遵先輩故，但言縱筆之勢。言共不定分出者，是從因明不定六中第一種過分出，以非真過，故云相似。有此所因者，謂有唯將初半後半爲因，致有如是四過，故置圓滿成就之因，更互簡之。

次明寄言簡過者，問：因初自許之言何用。

答：緣三藏量中犯有法差別相違過。因明之法，量若有過，許著言遮，今三藏量既有此過，故置自許言遮。問：何得有此過耶。答：謂三藏量有法中，言雖不帶，意許諳含。緣大乘宗有兩般色，有離眼識本質色，有不離眼識相分色，若離眼識色，小乘即許，若不離眼識色，小乘不許。

已辯正因，當辯寄言簡過，故論主牒科發問，以明著言遮過之意。有法差別相違過者，即因明四相違中第四種過，以有法有差別二義，則因與彼相違。問何得有此過下，釋成有法差別義。言諳含者，諳，知也，即意許義，謂意中自許，不發於言，謂之諳含。本質色者，即諸根身及於器界，謂眼意緣時，託彼爲質，變影爲相，以彼本有，說名本質，故說本質離於眼識。相分色者，即託前本質，變影爲相，眼識緣色時，於自證體上，雖變相緣，以是現量，親得境體，不起分別。故於本質唯得相分，名親所緣。以變相故，隔越本質，名踈所緣。又相分色，與能緣識，同一體生，故說相分不離眼識。小乘志在本質，故不許色不離眼識，殊不知即本質亦從無始以來一切衆生共相所變，豈離心有。今三藏量云真故極成色是有法，若望言陳自相，是立敵共許色，及舉初三攝、眼所不攝因，亦但成立共許色不離於眼識。若望三藏意中所許，但立相分色不離眼識，將初三攝、眼所不攝因，成立有法上意之差別相分色，定不離眼識。故《因明疏》云，謂真故極成色是有法自相，定不離眼識色是法自相，定離眼識色、非定離眼識色是有法差別，立者意許是不離眼識色。

論主推明三藏量中言陳意許之義。謂若望言陳自相，唯是立敵共許本質色爲前陳，及至舉因合成宗體，亦是成立共許本質色不離眼識，是爲立敵共許一有法以成宗體。若望三藏意許，但將此因成立有法上意許差別一分相分色定不離眼識。故《因明疏》下，引證前陳有法有差別義。

問：外人出三藏量有法相違過時，自許之言，如何遮得。答：待外人申違量時，將自許二字出外人量不定過，外量既自帶過，更有何理能顯得三藏量中有法差別相違過耶。

問答以明互相帶過，不得成真能破義。

問：小乘申違量行相如何。答：小乘云，乍觀立者言陳自相，三支無過，及推所立，元是諳合。若於有法上意之差別，將因喻成立有法上意許相分色不離眼識者，即眼識不得爲同喻，且如眼識，無不離色，以一切色皆離眼識故。既離眼識，不得爲同喻，便成異喻，即初三等因却向異喻眼識上轉。故論云，同品無處，不成立者之宗，異品有處，反成敵者相違宗義。

此中問答，明小乘將申相違量時，推尋前量帶過有無，然後可成能破。謂乍觀言陳，三支無過，及推所成立之宗，知含有過。若將因喻成立相分色不離眼識，即不得以眼識爲同喻。且如眼識無不離色者，眼耳二識，離中取境，色與眼識，決定相離，離則不得爲同喻，反成異喻，即前量因却向異喻眼識上轉。故論云下，引證差別相違義，以初三等因，既向異喻中轉，則同品處無，是爲差别相違。

即小乘不改立者之因，申相違量云，真故極成色是有法，非不離眼識宗，因云初三攝、眼所不攝故，同喻如眼識，合云諸初三攝、眼所不攝故者皆非不離眼識，同喻如眼識。言非者無也。小乘云無不離眼識色，即遮三藏意許相分色是無也。

小乘相違量中，不改前因及前同喻，但以非不離眼識之宗，與前宗相違，則因喻隨之，是爲因中不定相違過也。真故下，正申相違量。言非下，釋成與前量相違，名有法差别相違因。

所以三藏預著自許之言句，取他方佛色，却與外人量作不定過。出過云，爲如眼識是初三攝、眼所不攝，眼識非不離眼識色，證汝極成色非不離眼識色耶。爲如我自許他方佛色，亦是初三攝、眼所不攝，他方佛色是不離眼識色，却證汝極成色是不離眼識耶。外人相違量，既犯共中他不定過，明知非真能破也。三藏量却成真能立也。

此將自許之言，相違小乘量中有不定過，他方佛色原是大乘自許，既屬大乘，亦是不離眼識色，即將初三等因成立他方佛色不離眼識，與彼初三等因成立眼識非不離眼識色，是相違義，亦是因明六不定中第一種過。爲如眼識下，牒小乘相違量。爲如我自許下，大乘自立與彼相違量，彼自帶過，則能破非真，彼既非真，三藏量却成真能立也。

問：因中若不言自許，空將他方佛色與外人相違量作不定過，有何不可。答：若空將他方佛色，不言自許者，即他小乘不許，犯一分他隨一過，他不許此一分他方佛色在初三攝、眼所不攝因中故。故《因明疏》云，若不言自許，即不得以他方佛色而爲不定，此言便有隨一過故。問：何不待外人申違量後著自許言，何要預前著耶。答：臨時恐難，所以先防。

此中問答以明自許之言著與不著之意。

若不著自許之言於因初，即不得以他方佛色，與小乘相違，以彼不許他方佛色在因中，即犯四不成中第二種過。由彼不許，是謂隨一不成之過。故《因明疏》云下，引證，不言自許，必有隨一過故。問何不待外人下，徵明先防爲要。

次申問答者，一問：真故二字已簡違教過，何故前陳宗依上若不著極成言，又有違宗之失。答：真故二字但簡宗體上違教過，不簡宗依上違宗，若極成二字，即簡宗依上違宗等過也。

由前寄言所簡之過，於宗體宗依混淆，恐學者難辯，故論主重申問答詳明。真故二字但簡宗體上違教過者，前量立色定不離眼識以爲宗體，而世間淺近，生而知之色離識有，《阿含經》中亦許色離識有，是違世間及違教過。色離識有，關於宗體。色不離識，今以真故勝義簡之，故云但簡宗體上違教等過。極成二字即簡宗依上違宗等過者，前陳有法，色爲宗依，所言色者，總包菩薩染汙色及佛有漏色。他方佛色，佛無漏色，小乘不許，即犯他一分所别不極成。大乘不許，即犯自一分所别不極成。總收兩宗，即犯自他隨一一分所依不極成。已上四色，關於真故之色，今以極成二字簡之，故云即簡宗依上違宗等過。

問：後陳眼識與同喻眼識何别。答言：後陳眼識雖同，意許各别，後陳眼識意許是自證分，同喻眼識意許是見分，即見不離自證分故，如同宗中相分不離自證分也。問：若尔，何不立量云，相分是有法，定不離自證分是宗，因云初三攝、眼所不攝故，同喻如見分。答：小乘不許有四分故，恐犯隨一等過，故但言眼識。

由前量中宗體同喻俱名眼識，恐學者不知名同義異，故有此問。謂八種識各有四分：各有所緣境，名爲相分。各有能緣心，名爲見分。見分各有現量果體，名自證分。

自證分各有現量果體，名證自證分。後陳眼識名自證分者，以是眼家果體，相見二分從體變現而能了別，故自證分名爲眼識。同喻眼識名見分者，以是眼家能緣之心，能了境故，亦名眼識。今據見相二分俱不離彼自證分體，故依相分爲有法，兼取自證分立宗，即以見分爲喻。若尔下，徵明小乘不許四分，不得以四分之名立宗，故於後陳同喻俱言眼識。

問：此量言陳立得何色耶。答：若但望言陳，即相質二色皆成不得。若將意就言，即立得相分色也。又解，若小乘未徵問前，即將言就意立，若大乘答後，即將意就言立也。問：既分相分本質兩種色，便是不極成故，前陳何言極成色耶，相分非共許故。答：若望言陳有法自相立敵共許色，故著極成。若相分色，是大乘意許，何闕言陳自相，寧有不極成乎。諸鈔皆云不得分開者，非也。若尔，小乘執佛有漏色，大乘佛無漏色等，在於前陳若不分開，應名極成色耶。彼既不尔，此云何然。

此中問答明前量中所立宗依之色，言相質二色皆成不得者，謂於言陳色時，色之一字，於眼識上非不遠離，故不得成定不離眼識之宗，是明共諍言陳時。若將意就言立相分色者，謂將意許相分之色，就於言陳本質色立，此明已立意許時。又解下，重明言陳意許，未徵問前，立者將言就意，似立言陳，大乘答後，敵者知意就言，却成意許。既分相分下，問色有二種，便是有法不極成，何言前陳爲極成色，相分非共許故者，謂犯隨一不極成過。若望下，答明言陳自相，當著極成，以簡兩宗不許之色。若是大乘自許相分，不涉言陳，自極成矣。諸鈔皆云不得分開者，謂《因明鈔》中不許分開本質相分，此非理也。若尔者，牒上不分之意，謂若不分，即如小乘執佛色有漏，大乘明佛色無漏，一等在有法中，若亦不分，豈總收爲極成色耶。彼之極成與不極成，既不許不分，此相質二色云何然也。

問：今談宗顯性，云何廣引三支比量之文。

答：諸佛説法，尚依俗諦，況三支比量，理貫五明，以破立爲宗，言生智了爲體，摧凡小之異執，定佛法之綱宗。所以教無智而不圓，木非繩而靡直，比之可以生誠信，伏邪倒之疑心，量之可以定真詮，杜狂愚之妄説。故得正法之輪永轉，唯識之旨廣行，則事有顯理之功，言有定邦之力。如慈恩大師云，因明論者，元唯佛説，文廣義散，備在衆經。故《地持論》云，菩薩求法，當於何求，當於一切五明處求。求因明者，爲破邪論，安立正道。

永明大師，深窮性相，精覈禪宗，觀諸時彦，各崇其尚，立宗以統之，故此問云。談宗顯性，乃《宗鏡》之旨，比量之文，乃《宗鏡録》中所引餘論。答中，謂世尊説法皆談宗顯性，尚依俗諦而演，比量之理，貫攝五明，則真俗兼具，豈非談宗顯性乎。五明者，内明、因明、聲明、醫方明、工巧明。以破立下，釋因明之體用。所以下，喻因明之力用。比之下，以法合喻。故得下，顯因明之效驗。如慈恩下，皆證前義。

劫初足目，創標真似，爰暨世親，再陳軌式。雖紀綱已列，而幽致未分，故使賓主對揚，猶疑立破之則。有陳那菩薩，是稱命世，賢劫千佛之一佛也。匿跡巖藪，棲巒等持，觀述作之利害，審文義之繁約。於時巖谷振吼，雲霞變彩，山神捧菩薩足，高數百尺，唱言：佛説因明，玄妙難究，如來滅後，大義淪絶。今幸福智攸邈，深達聖旨，因明論道，願請重弘。菩薩乃放神光，照燭機感。時彼南印土按達羅國王，見放光明，疑入金剛喻定，請證無學果。菩薩曰：入定觀察，將釋深經，心明大覺，非願小果。王言：無學果者，諸聖攸仰，請尊速證。菩薩撫之，欲遂王請。

妙吉祥菩薩因彈指，警曰：何捨大心，方興小志。爲廣利益者，當轉慈氏所説《瑜伽》。匡正頹綱，可製因明，重成規矩。陳那敬受指誨，奉以周旋，於是覃思研精，乃作《因明正理門論》。

足目者，始標真似兩門之論師也。龍樹云，如是過類，足目所説，多分説爲似能破性。世親軌式，亦不出真似兩門，義散諸論，未集成編。陳那下，述菩薩造論之由。至於山神捧足唱言，國王疑定請證，文殊彈指誡警，證之此論，功非小果。

正理者，諸法本真之體義。門者，權衡照解之所由。又《瑜伽論》云，云何名因明處，爲於觀察義中諸所有事，所建立法名觀察義，能隨順法名諸所有事，諸所有事即是因明爲因，照明觀察義故。且如外道執聲爲常，若不以量比破之，何由破執。如外道立量云，聲是有法，定常爲宗，因云所作性故，同喻如虚空，所以虚空非所作性，則因上不轉，引喻不齊，立聲爲常不成。若佛法中，聲是無常。立量云，聲是有法，定無常爲宗，因云所作性故，同喻如瓶盆，異喻如虚空等。是知若無此量，曷能顯正摧邪，所以實際理地，不受一塵，佛事門中，不捨一法。若欲學諸佛方便，須具菩薩偏行，一一洞明，方成大化。

正理者下，釋正理門三字。又瑜伽下，引論釋因明二字。所建立法名觀察義者，爲所成立之宗。能隨順法名諸所有事者，爲前陳有法。即是因明爲因照明觀察義故者，正釋因明二字。因明爲因者，以三支爲因，能生照明觀察諸義之智爲果。智即明義，故名因明。且如下，舉例，明外宗執常帶過。若佛下，顯大乘立量爲真能破。實際理地，常寂光也，廓然無象，故不受一塵。佛事門中，利生道也，萬行斯備，故不捨一法。菩薩偏行，即是五明。洞達五明，行方周徧。

三支比量義鈔終

校勘記

〔一〕「自」，底本不清，據《三支比量義鈔》（《卍續藏》本）補。

〔二〕「眠」，疑爲「眼」。

八識規矩補註證義〔一〕

八識規矩補註證義序

覺皇應跡，盡物解以施仁，慧日輪暉，逐情幽而通朗。對執斷者言有，誨封常者談空，開萬彙使凝至真，離二邊足顯中道。所以三乘普演，二諦等該，理事融通，語默成化。逮虹光寢息，人天眼目失明，聲教相傳，凡聖身心有待。時移世易，性相犂然，文殊彌勒異其宗，龍樹天親輔其治，勿謂分河飲水，宜思吼石成泥。雖則雲月本同，不免溪山各別。由是天親宗相，撮《瑜伽》百卷爲嗢陀藍，護法愍迷，造《成唯識論》解三十頌，發邃理之希徽，闡慈尊之奥典。十師精貫，百卷洞該，類聚羣分，各遵其本。玄奘大師，糅兹十釋，譯成十卷，遂使文同義異，若一師之製焉。雖則精約，記憶猶艱，造《八識頌》以統其緒，分四章以括其猷。舊有註釋，筆授多舛。魯山泰法師，補緝成編，刻行於世。不慧久研斯典，實非造極，但知此註，多引《唯識論》文，而所引者，亦有未盡義處，復盡取之，釋義倫次，亦取論文證之，故云八識規矩補註證義。

萬曆己酉端陽日，西蜀輔慈沙門明昱造於秣陵木末亭左。

八識規矩補註證義

唐三藏法師玄奘造頌

明魯山法師普泰補註

明西蜀沙門明昱證義

謂此八識，行相心所，緣性量境，界地

諸法，各有定數，故曰規矩。八識者，一眼識，二耳識，三鼻識，四舌識，五身識，六意識，七末那識，八阿賴耶識。前六從依得名，第七相應立號，第八功能受稱。從依得名者，依是根義，謂前六識依根立名，具五義故。一者，依義。依眼之識，故名眼識。依眼處所，識得生故。又由有眼，識得有故。所以者何。由有眼根，眼識定生，不盲瞑者，乃至闇中亦能見故。不由有色，眼識定生，以盲瞑者不能見故。二者，發義。眼所發識，故名眼識。由眼變異，識亦變異，色雖無變，識有變故。迦末羅病，損壞眼根，於青等色，見黄等故。三者，屬義。屬眼之識，故名眼識。由識種子，隨逐於根，而得生故。非色種子，識種亦隨。四者，助義。助眼之識，故名眼識。於彼眼根，作損益故。所以者何。由根合識，有所領受，令根損益，非境界故。五者，如義。如眼之識，故名眼識。俱有情數之所攝故。非彼色法，定是無情。根五義勝，説依根等。眼識既然，餘識亦尔。

○相應立號者，第七由與四惑相應，號曰末那。具足應云訖利瑟叱耶末那，此翻染污意。謂與我癡及見慢愛四惑常俱，故名染污。恒審思量，名之爲意。復能了別，亦名爲識。問：此名何異第六意識。曰：此持業釋，如藏識名，識即意故。謂此第七，是持業釋，以識體上親持恒審思量業故。如藏識者，第八識體親持三種含藏義故，亦名體持業用持業釋，故此識體即是意故。彼依主釋，如眼識等，識異意故。謂彼第六，名依主釋，意根爲主，意識所依，如眼爲主，眼識所依，俱名能所依彰依主釋，故彼識體異於意故。然諸聖教，恐此濫彼，故於第七唯立意名。又標意名，爲簡心識，積集了別，劣餘識故。積集名心，了別名識，意唯思量，無彼二義，故但名意。或欲顯此與彼意識爲近所依，故但名意。

○功能受稱者，謂第八具三藏功能，名

阿賴耶。真諦就名，翻無没識，取不失之名。奘師就義，翻爲藏識，取含藏之義。持種義邊，名爲能藏。受熏義邊，名爲所藏。七執爲我，名爲執藏。由三義故，得藏識名。

〇規矩者，規乃正圓之器，矩乃正方之器。《字統》云，丈夫識量，必合規矩，所以規從夫，矩從矢，矢言正也。謂此四十八句頌，楷定八識，各具境量性界等之所不同，而督純無雜，故此名焉。八識爲所依，規矩爲能依，所依是主義，能依是客義，故云八識之規矩，能所依彰依主釋也。補註、證義，現於序末，兹不重釋。

性境現量通三性，

頌前五識，於三境中唯緣性境，三量唯現量，而三性俱通也。境則有三，謂性境、獨影境、帶質境。頌言性境，性是實義，即實根塵。地水火風，色香味觸，能所八法，皆是有體，實相分故。謂此性境，有實種生，有實體用。現在實法，於二變中，因緣變故，不同獨影并帶質境從分别變。於五位唯識中，即所緣唯識也。量亦有三，謂現量、比量、非量。頌言現量，現有三義，一謂現在，簡非過未。二謂顯現，簡非種子。三謂現有，簡無體法。量謂量度，是楷定義。謂心於境，度量楷定法之自相，不錯謬故。今言現量，不度量也。《圓覺經》云，譬如眼光，曉了前境，其光圓滿，得無憎愛，可證現量不分别義。以前五識，於緣境時，離映障等，顯了分明，得境自性，故唯現量。若現屬境，量屬心，依士釋也。雖心由境生，而境劣心勝，由心勝故，方顯境名，由量勝故，乃知現義，故云勝劣依彰依士釋。如父生子，子名勝故，彰顯父名，是爲依士。或俱屬心，持業釋也，謂於心量上，親持顯現業用，故云體持業用持業釋。或現屬根，量屬心，依主釋也，謂前五識，依根得名，所依之根，爲緣發識，故有主義，能依心量，生滅改轉，名爲客義，故云能所依彰依主釋也。所言現量，以何爲體。曰：無分別智，爲現量體。何無分別。曰：正解心王心所緣境，離名種類，名無分別，故以此智爲現量體。《因明正理門論》説有四種現量：一、前五種識，二、同時意識，三、諸心心所自證分體，四、一切定心。以此四種皆實證境而無分別，名爲現量。故前五識於三量中唯是現量。頌言三性，謂善性、不善性、無記性。此前五識，善、惡、無記三性俱通。何則。以五識性非恒一故，遇善境時識性即善，不善境時識亦不善，於無記時識即無記，故前五識三性俱通。

眼耳身三二地居。

頌前五識所居界地。眼耳身三，三界九地，唯在二界二地中居。謂欲界五趣雜居地，色界離生喜樂地，以有飲食、睡眠、淫欲，故名欲界。天趣、人趣、畜生、餓鬼、地獄同處，故名雜居。色界諸天，雖有未滅心心所法有漏禪定，意在滅心，唯存色質，故名色界。得到初禪，雖未入定，已離欲界雜生諸苦，喜得上界靜地之樂，故名離生喜樂。上之三禪，何無眼等。曰：以上三禪，既無尋伺，識不起故。謂於初禪，未入定時，名有尋伺，故有眼等三識，已入定時，無尋唯伺，闕一不生。二禪以上，無尋無伺，雙闕不起。問：五識不與尋伺相應，何無尋伺，三識不起。曰：尋伺雖不與五相應，而與第六意識相應，第六又與前五爲緣，名分別依。意分別時，必有尋伺。若無尋伺，意無分別。若無分別，前五不起，以闕一緣，識不起故。此句頌中，影略鼻舌二識界地，唯在欲界五趣雜居地，上界地中何無鼻舌。答：鼻舌二識，以香味觸三塵爲境，即段食體，段食既爲禪天所厭，香味觸塵上界俱無，識亦不起。

偏行別境善十一，中二大八貪瞋癡。

頌前五識相應心所。《唯識論》云，恒依心起，與心相應，繫屬於心，故名心所。如屬我物，立我所名，心於所緣，唯取總相，心所於彼，亦取別相，助成心事，得心所名。雖諸心所，名義無異，而有六位種類差別。謂徧行有五，別境亦五，善有十一，煩惱有六，隨煩惱有二十，不定有四，合五十一。何名徧行。曰：徧謂普周，行即心所，故説徧行，一切心中俱可得故。何名別境。曰：緣別別境而得生故。何名善位。曰：唯善心中可得生故。何名煩惱。曰：性是根本煩惱攝故。何隨煩惱。曰：煩惱等流分位攝故。何名不定。曰：於善染等皆不定故。此前五識，於六位中，唯闕不定。五十一中唯三十四，餘十七所互相違故。

徧行五中：一、作意，謂能警心爲性，於所緣境引心爲業。此之一法，有二功能，心未起時，警心令起，心既起已，引令趣境，故名作意。何唯引心。曰：雖則亦能引起心所，心是主故，但説引心。二、觸，令心心所觸境爲性，受想思等所依爲業。言思等者，《五蘊論》云，行蘊有七十三法，皆以觸爲所依，故言思等。思於行蘊爲主勝故，舉此攝餘。三、受，謂能領納順違俱非境相爲性，起愛爲業，能起合離非二欲故。四、想，謂能於境取像爲性，施設種種名言爲業。要安立境分齊相故，方能隨起種種名言。五、思，謂能令心造作爲性，於善品等役心爲業，以能取境正因等相，駈役自心，令造善等。已上五所名徧行者，徧四一切，心得行故。謂一切性，即善等三性。一切地，即凡聖諸地。一切時，即長短時。一切俱，即八種識。此皆徧故，立徧行名。

別境五中：一、欲者，於所樂境希望爲性，勤依爲業。又所樂境復有三義。有義，所樂謂可欣境，於可厭事不起欲故。有義，所樂謂所求境，於可欣厭，求合離故。於中庸境，一向無欲。有義，所樂謂所欲觀，若不欲觀，即全無欲。據此三義，欲非偏行。二、勝解，於決定境印持爲性，不可引轉爲業。故猶豫境，勝解全無，亦非偏行。三、念者，於曾習境，令心明記不忘爲性，定依爲業。謂數憶持曾所受境，令不忘失，能引定故。於曾未受體類境中，全不起念，設曾所受，不能明記，念亦不生，故非偏行。四、定者，於所觀境，令心專注不散爲性，智依爲業。謂觀得失俱非境中，令心專注不散，依斯便有決擇智生。若不專注，便無定起，故非偏行。五、慧者，於所觀境，簡擇爲性，斷疑爲業。於非觀境，愚昧心中無簡擇故，非偏行攝。

善十一者，《三十頌》云，善謂信慚愧，無貪等三根，勤安不放逸，行捨及不害。一、信者，於實德能深忍樂欲，心淨爲性，對治不信，樂善爲業。然信差別，略有三種。一信實有，謂於諸法實事理中，深信忍故。二信有德，謂於三寶真淨德中，深信樂故。三信有能，謂於一切世出世善，深信有力，能得能成，起希望故。由斯對治不信之心，愛樂證修世出世善。問：忍謂勝解，此即信因。樂欲謂欲，即是信果。確成此信，自性是何。答：豈不適言，心淨爲性，此性澄清，能淨心等，以心勝故，立心淨名，如水清珠，能清濁水。二、慚者，依自法力，崇重賢善爲性，對治無慚，止息惡行爲業。自即自身，法謂教法，言我如是身，解如是法，敢作諸惡也。三、愧者，依世間力，輕拒暴惡爲性，對治無愧，止息惡行爲業。世人譏訶，名世間力。言輕拒者，輕有惡者而不親，拒惡法業而不作。無貪等者，等於瞋癡。此三名根，生善勝故。三不善根，近對治故。四、無貪者，於有有具無著爲性，對治貪著，作善爲業。有謂三有是果，有具是因，三界因果俱不著故。五、無瞋者，於苦苦具無恚爲性，對治瞋恚，作善爲業。苦即苦果，苦具是因，於苦因果俱不瞋故。六、無癡者，於諸事理明解爲性，對治愚癡，作善爲業。七、勤精進，於善惡品修斷事中勇捍爲性，對治懈怠，滿善爲業。勇表勝進，簡諸染法，捍表精純，簡淨無記，即顯精進唯善性攝。八、輕安者，遠離麤重，調暢身心，堪任爲性，對治惛沈，轉依爲業。謂此伏除能障定法，令所依止轉安適故。又曰離重名輕，調暢名安，有所堪可，有所任受，令所依身心去麤重，得安隱故。九、不放逸，精進三根，於所修斷防修爲性，對治放逸，成滿一切世出世間善事爲業。謂即四法，於斷修事，皆能防修，名不放逸，非別有體，無異相故。十、行捨者，精進三根，令心平等、正直、無功用住爲性，對治掉舉，靜住爲業，此名行捨。於五蘊中捨行蘊故，故名靜住。令心等義由捨，令心離沈掉時，初心平等，次心正直，後無功用。此之一法，亦即四法，蓋能令靜即是四法，所令靜即心平等等義。十一、不害，於諸有情不爲損惱，無瞋爲性，能對治害，悲愍有情爲業。謂即無瞋，於有情所不爲損惱，假名不害。無瞋翻對斷物命瞋，不害正違損惱物害，無瞋與樂，不害拔苦，是謂此二麤相差別，理實無瞋實有自體，不害依彼一分假立，爲顯慈悲二相別故，利樂有情，彼二勝故。

根隨染惑二十六種，於前五識，止具十三。謂根本惑六中前三，以慢疑見唯分別起，非現量故。隨惑二十中之後十，前十小隨，强思分別，非任運故。隨惑二十，分小中大，由自類俱起，偏染二性，偏諸染心，於此三義，皆具名大，具一名中，俱無名小。言二性者，謂不善性及有覆性。掉舉等八，於上三義皆具名大。無慚無愧，自類俱起，具一名中。忿等十法，各別起故，闕自類俱起，唯是不善，闕徧染二性，既闕有覆，不徧一切染心，三義俱無，故名小隨，唯與第六意識相應，此不釋義。中隨二中：一、無慚者，不顧自法，輕拒賢善爲性，能障礙慚，生長惡行爲業。二、無愧者，不顧世間，崇重暴惡爲性，能障礙愧，生長惡行爲業。大隨八中：一、掉舉者，令心於境不寂靜爲性，能障行捨奢摩他爲業。二、惛沉者，令心於境無堪任爲性，能障輕安毗鉢舍那爲業。三、不信者，於實德能不忍樂欲，心穢爲性，能障淨信，惰依爲業，謂不信者多懈怠故。四、懈怠者，於善惡品修斷事中懶惰爲性，能障精進，增染爲業，謂懈怠者滋長染故。五、放逸者，於染淨品不能防修，縱蕩爲性，障不放逸，增惡損善所依爲業。謂由懈怠及貪瞋癡，不能防修染淨品法，總名放逸，非別有體。六、失念者，於諸所緣不能明記爲性，能障正念，散亂所依爲業。蓋失念者心散亂故。有義，失念，念一分攝，說是煩惱相應念故。有義，失念，癡一分攝，《瑜伽》說此是癡分故，癡令念失，故名失念。有義，失念，俱一分攝，由前二文影略說故。論復說此徧染心故，而無別體。七、散亂者，於諸所緣，令心流蕩爲性，能障正定，惡慧所依爲業，謂散亂者發惡慧故。八、不正知，於所觀境謬解爲性，能障正知，悔犯爲業，謂不正知多悔犯故。有義說爲慧一分攝，有義說爲癡一分攝，有義說爲俱一分攝，故不正知非別有體。放逸、失念及不正知，三是假有，餘五是實。

〇貪瞋癡者，即根本煩惱六中之三也。一、貪者，於有有具，染著爲性，能障無貪，生苦爲業，謂由愛力取蘊生故。〇二、瞋者，於苦苦具，增恚爲性，能障無瞋，不安隱性惡行所依爲業。謂瞋必令身心熱惱，起諸惡業，不善性故。〇三、癡者，於諸理事，迷闇爲性，能障無癡，一切雜染所依爲業。謂由無明，起疑邪見、貪等煩惱隨煩惱業，能招後生雜染法故。

〇問：五識何無慢等。答：《唯識論》云，由稱量等，起慢等故。《俗詮》曰，稱量等於猶豫推求，慢等疑見，謂慢由稱量起，疑由猶豫起，見由推求起。故慢等三俱分別起，非五識俱。何無忿等。曰：《唯識論》云，小十麤猛，五識中無。何無不定。曰：《唯識論》云，悔眠唯與第六識俱，非五法故。又說尋伺以名身等義爲所緣，非五識身，以名身等義爲境故。

五識同依淨色根，

頌前五識依根發起及得名之義。言淨色者，簡非浮塵。又言依根，簡非依境。境但所緣，無發識用，如根壞時，設若有境，識亦不起，唯根能發，故曰依根。非浮塵者，以彼虛假，有損壞故，故名爲浮。又無見聞覺知用故，名之爲塵。故《楞嚴》云，眼如蒲桃朶，耳如新卷葉，鼻如雙垂爪，舌如初偃月，身如腰鼓顙是也。依淨色者，亦名勝義。謂於眼等一分淨色，如淨醍醐，有此性故，眼等識生，無即不生，照境發識，以成根用，故名勝義。不同浮塵，虛假損壞，此無損壞，故亦名勝。不同浮塵，無見聞等，此能覺知，故亦名勝，如眼能見色，耳能聞聲，鼻能嗅香，舌能嘗味，身能覺觸是也。《觀所緣緣論》云，識上色功能，名五根應理，功能與境色，無始互爲因。論自釋云，以能發識，比知有根，此但功能，非外所造。又云，此根功能與前境色，從無始際，展轉爲因，謂此功能至成熟位，生現識上五內境色，此內境色復能引起異熟識上五根功能，根境二色與識，一異或非一異，隨樂應說，故知根塵雖俱名色，而有有知、無知二義別故。以本無明，原有二種，一者有知，二者無知。若以有知無明爲緣，則能發生八識心王，六位心所。若以無知無明爲緣，則能發生山河大地、器界等法。若以有知無知二種無明共爲緣故，則能發生内之根身，雖則名色，而亦有知，故淨色根能知能見。此前五識，隨根立名，具五義故：一、依根之識，依根處所，得有識故。二、根所發識，由根能發，識方生故。三、屬根之識，由識種子，隨逐根故。四、助根之識，由識有無，根損益故。五、如根之識，俱有情數之所攝故。一三四五，皆依主釋。唯第二義，又爲一例，名依士釋。士即子義，根能發識，雖得父名，以唯照境故劣，識雖名子，識能了境故勝，依勝立名，名依士釋。

九緣七八好相隣。

頌前五識從緣生義。九緣者：一、空緣，謂根境間空隙之空。二、明緣，謂日月燈三種光明。三、根緣，即是諸識所依之根。四、境緣，即是諸識所緣之境。五、作意緣，即徧行五中之一。六、分別依，即第六識。七、染淨依，即第七識。八、根本依，即第八識。九、種子緣，即是諸識各親種子。此中九緣，於四緣中三緣所攝。九中種子，即四緣中第一因緣。九中境緣，即四緣中第三所緣。九中餘七，即四緣中第四增上。

此頌前五，若兼後三，亦有頌云，眼識九緣生，耳識唯從八，鼻舌身三七，後三五三四，若加等無間，從頭各增一。諸識從緣，唯眼全具。耳闇亦聞，除明唯八。鼻舌身三，合中取境，暗亦能知，故除空明。頌言後三，即六七八識。五三四者，如次爲緣，生後三識。故第六識，唯五緣生，一根、二境、三作意、四根本、五種子。空明之外，又除分別，即自體故，不言染淨，即根緣故。又第七識唯三緣者，一根本依，二作意緣，三種子緣。不言根境者，頌言依彼轉緣彼，即根本故。又第八識，四緣生者，一根，二境，三作意，四種子。不言根本，即自體故。不言染淨，即根緣故。無分別者，不緣見故。頌言等無間者，即四緣中第二緣也。各識自體，前滅爲緣，引生後識，氣勢相等，故名爲等。中無障隔，故名無間。若加此緣，眼即十緣，乃至第八皆具五緣，故云從頭各增其一。

合三離二觀塵世，

頌前五識帶相緣境有離合義。何知離合。曰：識從緣生，因緣顯識，以從緣義，知有離合。謂九緣中，空明二緣，是顯根境二相離義。眼耳二識，既具空緣，是離中知，若無空緣，境逼附根，不唯無知，而且損根，如麤色入眼，即壞其目，大聲附耳，即使人聾，是以壞根不壞根別。鼻舌身三，不具空緣，是合中知。若具空緣，根境遠離，香味觸塵俱不知故。若無空緣，香臭入鼻，酸鹹上舌，寒熱著身，根境交合，識得知故。是以知處不知處異。頌言觀者，即是見分。言塵世者，即是相分，名五塵境。

愚者難分識與根。

頌根與識易爲淆濫難分別義。頌言愚者，謂聲聞人，獨斷煩惱，不斷所知，故名爲愚。何謂難分。曰：由根與識，生必同境，五識於境，任運現緣，不起分別，是現量性，五根於境，亦任運轉，隨因境勢，亦無分別，故説難分。既實難分，根識何別。曰：五根於境，如鏡對相，雖有物對，略無作意樂欲念起，故無分別。五識於境，如鏡現像，雖似像現，亦有作意樂欲念起，而無計度名言種類，名無分別，是二別義。舊注云，聲聞不知根之與識各有種子現行，以爲根識互生，根之種現但能導識之種現，謂根爲生識之緣則可，謂生識則不可，以識自有能生種故。泰師云，注言根識種現各别，恐初學尚疑，試更言之。盖根乃色法，即第八之相分，識乃心法，即第八識之見分，此色心不同也。根雖屬色，以是第八親相分故，獨具八之執受二義。執有攝持二義，以是第八，攝爲自體，持令不散。受亦有領覺二義，領以爲境，令生覺受。非外六塵無情之物可比，故與第八同無記性。五識心法，三性皆具，此根識之性不同也。根能照境，識能緣境，此根識之用不同也。大抵根識俱無分别，故常混淆，非析義精者，不能盡知，故曰難分。問：識以分别爲義，五識何無分别耶。曰：但無計度，名無分别，豈無隨念分别乎。所言難分者，乃論主謂愚者之不能分耳。故世尊爲愚心者開心説藴，爲愚色者開色説處，爲俱愚者俱開説界，豈根識之實難分耶。若尔，何謂難分。曰：始自《華嚴》，至於《楞嚴》，演此三科，不知幾百千過，而阿難尚以心知眼見爲言，佛以門能見否詰之，以此觀之，則根識之難分可知矣。有漏章竟。

變相觀空唯後得，果中猶自不詮真。

　頌前五轉智必不能親緣真如義。謂安慧言，前五因中既成無漏，變相緣如，以見相二分是徧計性，自證分是依他起性，至佛果位，自證分親緣真如，以無相見徧計性故。《唯識論》云，有義，三界心及心所，由無始來虚妄熏習，雖各體一，而似二生，謂見相分，即能所取，如是二分，情有理無，此相説爲徧計所執。二所依體，實託緣生，此性非無，名依他起，爲彼執故。論主以此二句頌破之。變謂變帶，相謂己相，即能緣心變帶起本質家已之相狀之相而緣，名踈所緣緣也。觀自(三)能緣見分，空目所緣真如。彼執前五因中帶相緣如，故曰觀空。唯後得者，簡非根本，既非本智，不親緣如。果中，佛果位中也。詮，具也。意謂前五轉智，不唯因中不緣真如，縱在佛果位中，亦不具親緣真如之義，以後得智必依色根變相緣故。若根本智，親挾真如爲所緣體，念念相應，不待變緣，乃名親所緣緣。故八種識，前五依色根，唯得後得智，後三依心根，方有根本智，亦有後得智。

圓明初發成無漏，三類分身息苦輪。

此頌前五因窮得果，則相應心品即轉成成所作智，現三類身，止息衆生苦輪也。圓明，即大圓鏡智，謂佛果位。第八轉成白淨識已，相應心品即成大圓鏡智。欻然現前，故云初發。爾時，前五亦能轉智，故云成無漏也。問：前五轉智，何云第八圓明初發耶？答：以前五根是第八親相分，能變第八有漏，所變五根亦有漏故。根能發識，根既有漏，識亦有漏，故待第八大圓鏡智現前，則五根五識俱成無漏，而相應心品亦轉成成所作智矣。三類分身者，《觀佛三昧海經》云，佛化身有三類：一、大化身。謂如來爲應十地已前諸菩薩等，演説妙法，令其修進，向於佛果，故化現千丈大身也。二、小化身。謂如來爲應二乘凡夫，説於四諦等法，令其捨妄歸真，而得開悟，故化丈六小身也。三、隨類不定。謂如來誓願弘深，慈悲普覆，隨諸種類，有感即應，或現大身，滿虚空中，或現小身，丈六八尺等。問：既曰轉識成智，何言相應心品耶？答：《唯識論》云，智雖非識，而依識轉，識爲主故，説識轉得。又有漏位，智劣識强，無漏位中，智强識劣，爲勸有情，依智捨識，故説轉八識而得此四智。前五識竟。

三性三量通三境，

頌第六識能所緣中性量境也。境唯所緣，量唯能緣。於三性中，能所俱通，以緣善等境時，則能緣之心即屬善等性故。頌以通字貫於上下，故知意識三性三量三境俱通。三性者，善則順益義，順於正理，益於自他。不善則違損義，違於正理，損於自他。無記者，於善惡品不記別故。此以順益違損之義，解三性也。《唯識論》云，能於此世他世順益，故名爲善。善性，易世不能改也。人天樂果，雖於此世能爲順益，非於他世，故不名善。果隨業轉，業有盡故。能爲此世他世違損，故名不善。惡性，易世不能改也。惡趣苦果，雖於此世能爲違損，非於他世，故非不善。果隨業轉，業有盡故。於善不善益損義中，不可記別，故名無記。舊云二世者，即此世他世也。此爲現在，他即去來，故云又約三世解三性也。三量者：一、現量，現謂顯現，明證衆境，不帶名言，無籌度心，親得法體，故名現量。二、比量，比謂比類，以比度故方知是有，如遠見烟，知彼有火，隔墻見角，知彼有牛，名爲比量。三、非量，謂心心所於緣境時錯謬分別，不稱境知，名爲非量。問：此唯一識，何通三量。答：以第六識，有五種別：一、定中獨頭意識，緣定中境，境有理事，總屬現量。二、散位獨頭意識，緣構畫境，受所引色及徧計所起諸法處色，通比非二量。三、夢中獨頭意識，緣夢中境，唯是非量。四、明了意識，與前五識同緣五塵，三量俱通。五、亂意識，亦名散意識，所緣之境於五根中狂亂而起，如患熱病，青見爲黄，此皆意識徧計起故，唯是非量。然則三量以何爲體。曰：無分別智及離名言種類正解心王心所，爲現量體。有分別智及安立名言正解心王心所，爲比量體。邪謬分別心心所法，爲非量體。言三境者：一、性境，即實根塵及定果色，自有實種生，乃前五第八所緣。第六緣諸實色，不帶名言，無籌度心，亦名性境。及根本智緣真如時，亦是此境。二、獨影境，有二。一無質獨影，即第六識緣空花兔角及過未等所變相分，其相分與第六同種生，無空花等質。二有質獨影，即第六緣五根種現，託彼爲質，變起影相，所變相分亦與見分同種生故。三、帶質境，有二。一真帶質，以心緣心，中間相分從兩頭生，連帶生起，名真帶質。二似帶質，以心緣色，中間相分唯從見分一頭生起，變帶生起，名似帶質。境爲所緣，識爲能緣，各有其體。性境以實根塵及真如境爲體，彼能緣者，唯除末那，餘七王所及根本智爲體。獨影以第六識見分所變假相分爲體，能緣即自王所爲體。帶質即變起中間假相分爲體，能緣唯是六七二識心心所爲體。此頌第六通三境者，五俱意識不作解時，得境自相，是爲性境，緣心心所，名帶質境，緣無體法，是獨影境，此約有漏位言。若無漏位，八識通緣三境，以能轉智，緣假實故。頌曰：性境不隨心，獨影唯從見，帶質通情本，性種等隨應。頌中性境，唯從相分實種生起，故不隨心。所言獨影，自心變現，故唯從見。帶質，兩頭爍起，故通情本。情是能緣心，本是所緣心。以託所緣爲本質故，故有本名。性種等者，等於界繫、三科、異熟。隨應者，隨於性種等中應於三境。性是三性，性境於中應無記性，獨影帶質應善惡性。種是種子，通見相分，性境於中隨相分種，獨影帶質隨見分種。界繫是三界，性境於中唯應欲界實五塵境及無色界相分種子，獨影應欲色變現境，帶質應三界能所緣心共變境。三科是蘊處界，性境於五蘊中唯應色蘊，獨影帶質應餘四蘊。性境於十二處中唯應内五根處外五塵處，獨影唯應法塵處，帶質唯應意根處。性境於十八界中唯應内外十根塵界，獨影唯應法塵界及意識界，帶質唯應七心界。異熟通色心二法，性境唯應異熟色，獨影帶質唯應異熟心。大約性境唯色，帶質唯心，獨影兼二，以心緣色，變起影故。問：何故第六通緣三境。曰：前云第六有五種別，除亂意識，夢中意識唯緣獨影，餘三皆緣三境。明了意識，與五同緣實五塵時，率爾心中名爲性境，若以後念緣五塵上方圓長短，即有質獨影，亦名似帶質。散位獨頭意識亦通三境。以初刹那緣五塵時，亦是性境。若緣自身五根及緣他人心心所，是獨影境，亦名似帶質。若緣自身現行心心所時，是帶質境。定中意識，亦通三境。於前七地有漏定位，引起五識同緣五塵，即是性境。通緣三世有質無質法故，是獨影境。能緣自身心心所法，是帶質境。

三界輪時易可知。

以第六識造種種業，輪轉三界，行相顯勝，故曰易可知也。

相應心所五十一，

相應有五義：一、時，謂王所同時起。二、依，謂王所同一所依根。三、緣，即王所同一所緣境。四、行，謂王所三量行相俱同。五、事，即王所各有自證分體事。心所有三義：一、恒依心起，要心爲依，方得起故。二、與心相應，觸等恒與心相應故。三、繫屬於心，觸等看與何心生時，便屬彼心之觸等故。五十一者，此第六識，六位心所，俱相應故。

其偏行、別境、善位，并根惑三，隨惑中大共十，解見前五章中。唯根惑慢疑惡見三，并小隨十，不定位四，共十七法，此方解釋。云何爲慢。恃己於他，高舉爲性，能障不慢，生苦爲業。謂有慢者，於德有德，心不謙下，由此生死輪轉無窮，受諸苦故。云何爲疑。於諸諦理，猶豫爲性，能障不疑善品爲業，謂猶豫者善不生故。云何惡見。於諸諦理，顛倒推求，染慧爲性，能障善見，招苦爲業，謂惡見者多受苦故。此見行相，差別有五，雖同染慧爲性，以業用別故，開爲五種：一、薩迦耶見，謂於五取蘊，執我我所，一切見趣所依爲業。二、邊執見，謂即於彼隨執斷常，障處中行出離爲業。三、邪見，謂謗因果作用實事爲業。四、見取，謂於諸見及所依蘊，執爲最勝，能得清淨，一切鬭諍所依爲業。五、戒禁取，謂於隨順諸見戒禁及所依蘊，執爲最勝，能得清淨，無利勤苦所依爲業。

上釋根本三竟，下釋小隨之十。云何爲忿。依對現前不饒益境，憤發爲性，能障不忿，執仗爲業，謂懷忿者多發暴惡身表業故。此即瞋恚一分爲體，離瞋無別忿相用故。云何爲恨。由忿爲先，懷惡不捨，結怨爲性，能障不恨，熱惱爲業，謂結恨者不能含忍，恒熱惱故。此亦瞋恚一分爲體，離瞋無別恨相用故。云何爲覆。於自作罪，恐失利譽，隱藏爲性，能障不覆，悔惱爲業，謂覆罪者後必悔惱，不安隱故。此即貪癡二分爲體。云何爲惱。忿恨爲先，追觸暴熱，狠戾爲性，能障不惱，蛆螫爲業，謂追往惡，觸現違緣，心便狠戾，多發囂暴凶鄙麤言，蛆螫他故。此亦瞋恚一分爲體，離瞋無別惱相用故。云何爲嫉。殉自名利，不耐他榮，妬忌爲性，能障不嫉，憂慼爲業，謂嫉妬者，聞見他榮，深懷憂慼，不安隱故。此亦瞋恚一分爲體，離瞋無別嫉相用故。云何爲慳。耽着財法，不能惠捨，祕悋爲性，能障不慳，鄙畜爲業，謂慳悋者，心多鄙澀，畜積財法，不能捨故。此即貪愛一分爲體，離貪無別慳相用故。云何爲誑。爲獲利譽，矯現有德，詭詐爲性，能障不誑，邪命爲業，謂矯誑者，心懷異謀，多現不實，邪命事故。此貪癡一分爲體，離二無別誑相用故。云何爲諂。爲罔他故，矯設異儀，諂曲爲性，能障不諂教誨爲業，謂諂曲者，爲罔冒他，曲順時宜，矯設方便，爲取他意，或藏己失，不任師友正教誨故。此亦貪癡一分爲體，離二無別諂相用故。云何爲害。於諸有情，心無悲愍，損惱爲性，能障不害，逼惱爲業，謂有害者，逼惱他故。此亦瞋恚一分爲體，離瞋無別害相用故。瞋害別相，准善應知。云何爲憍。於自盛事，深生染着，醉傲爲性，能障不憍，染依爲業，謂憍醉者生長一切雜染法故。此亦貪愛一分爲體，離貪無別憍相用故。

上釋小隨竟，下釋不定。論曰，悔眠尋伺，於善染等皆不定故，非如觸等定遍心故，非如欲等定遍地故，立不定名。悔謂惡作，惡所作業，追悔爲性，障止爲業。此即於果，假立因名，先惡所作業，後方追悔故。悔先不作，亦惡作攝，如追悔言我先不作如是事業，是我惡作。眠謂睡眠，令身不自在，昧略爲性，障觀爲業。謂睡眠位，身不自在，心極闇劣，一門轉故。昧簡在定，略別寤時，令顯睡眠，非無體用。尋謂尋求，令心怱遽，於意言境麤轉爲性。伺謂伺察，令心怱遽，於意言境細轉爲性。此二俱以安不安住身心分位所依爲業，並用思慧一分爲體，於意言境不深推度，及深推度，義類別故。若離思慧，尋伺二種體類差別不可得故。何名意言境。曰：意所取境，多依名言，故名意言境。悔眠尋伺，何假何實。曰：悔眠是實，尋伺是假。何得爲假。曰：並用思慧一分爲體，若令心安，即是思分，令心不安，即是慧分。何以故。思者徐而細故，慧者急而麤故。若如是者，令安則用思無慧，不安用慧無思，何云並用。曰：通照大師釋，有兼有正，若正用思，急慧隨思，能令心安，若正用慧，徐思隨慧，令心不安。若如是説，不違並用。

善惡臨時別配之。

頌第六識與五十一心所，隨時逐境，遇善則善心所與之相應，遇不善則不善心所與之相應，邪正犂然，不相混濫，故曰別配之。

性界受三恒轉易，根隨信等總相連。

頌第六識於性界受三種類中恒常轉變改易，則諸心所隨之，故曰相連。性即善等三性，界即欲等三界，受即苦等三受。《唯識論》云，此六轉識，易脱不定，故皆容與三受相應，皆領順、違、非二相故。領順境相，適悦身心，説名樂受。領違境相，逼迫身心，説名苦受。領中容境，於身於心，非逼非悦，名不苦不樂受。或名五受，以苦分憂，樂分喜故。故論復云，三中苦樂各分二者，逼悦身心相各異故，由無分別、有分別故，尤重輕微有差別故。不苦不樂不分二者，非逼非悦，相無異故，無分別故，平等轉故。即此五受，於八種識，有分有全。七八二識，唯是捨受，任運緣境，無餘四受。前五轉識，唯苦、樂、捨三受相應。《唯識論》云，如是三受，或各分二。五識相應，説名身受。意識相應，説名心受。前五章中，闕三受義，故此明焉。第六意識，二師説異。一言無苦，唯四受俱。一言有苦，通五受故。論中廣辨，意識必與五受相應。頌言根者，即根本惑，隨即隨惑，信即善位十一數中一法，等者等餘十法，及徧行、別境、不定諸所。謂此染淨諸心所法，相連意識，於性界受三，恒常轉易耳。

動身發語獨爲最，

頌第六識行相最勝，以具三種思故。一、審慮思，謂籌量時無造作故。二、決定思，意既決定，有所作故。三、動發思，動謂動身，發謂發語。動身之思，名爲身業。發語之思，名爲語業。思即是業。故動發思爲身語業，則前二思是意業故。

引滿能招業力牽。

頌上三業能招引滿二果。能招第八，引異熟果，名爲引業。能招前六，滿異熟果，名爲滿業。謂之牽者，如與善位十一相應，則爲善業牽而之人天。與根隨位染所相應，則爲惡業牽而之三途。或一生行惡，臨終善心猛盛，即爲强業牽而生善處。或此世雖行善，先世惡業熟故，即爲熟業牽而生惡處。如影隨形，故曰牽也。以業力勝，能牽引故，名爲引業。圓總果故，名爲滿業，如畫師資，作模填彩。《俱舍論》云，一業引一果，多業能圓滿。復有四句，一業引一果，一業引多果，多業引一果，多業引多果。皆以始起爲引，究竟爲滿。然其引業能造之思，要是第六意識所起。若其滿業能造之思，從五識起。然五無執，不能造業，雖造滿業，亦非自能，但由意引，方能造故，以五亦具善惡性故。七八二識皆不能造，無記性故。若論八識招業成果，唯是第八，無記性故，前六一分，亦無記故。若非業招，唯是第七，有覆性故，前六亦一分，善不善性故。有漏章竟。

發起初心歡喜地，俱生猶自現纏眠。

頌第六識下品轉智義。以我法執各有二種，一者俱生，二者分別。俱生我法，從無始來，虚妄熏習内因力故，恒與身俱，不待邪教及邪分別，任運而轉，故名俱生。此復二種。一常相續，在第七識，緣第八識，起自心相，執實我法。二有間斷，在第六識，緣識所變蘊處界相，或總或别，起自心相，執實我法。此二俱生，細故難斷，後十地中，數數修習勝二空觀，方能除滅。分別我法，亦由現在外緣力故，非與身俱，要待邪教及邪分別，然後方起，故名分別，唯在第六意識中有。此亦二種。一緣邪教所説蘊處界相，起自心相，分別計度，執實我法。二緣邪教所説自性等相，起自心相，分別計度，執實我法。此二我法，麤故易斷，入初地時，觀一切法二空真如，即能除滅。頌言歡喜，即初地故。何名發起。曰：初轉智故，以第六識三品轉智，初地下品轉，八地中品轉，等覺上品轉。以真見道唯斷分別我法二執，名下品轉。何名初心。曰：以一地中有三種心，謂入、住、出，初入地時名初心耳。纏即現行，眠即種子，以登地時，俱生種現未純伏滅，故云猶自現纏眠耳。

遠行地後純無漏，觀察圓明照大千。

頌第六識中品上品轉智義。遠行地，第七地也。後字，即後三地至等覺也。謂登八地，中品轉智，猶未最極，直至等覺，最上品轉，故曰圓明。問：斷分別惑，初證二空，居然下品，斷俱生惑，應唯上品，何有中品。曰：俱生我法，二障別故，登初地時，俱生我執雖曰頓伏，俱生法執於十地中漸伏漸斷，未純無漏，而煩惱障亦間有漏，故前七地諸菩薩等，於度生時，亦故意起我執煩惱，名有功用。得登八地，藏識既捨，我執永伏，名無功用，法執猶存，唯中品轉。《唯識論》云，妙觀察智相應心品，生空觀品，二乘見位亦得初起。此後展轉至無學位，或至菩薩解行地終，即下品轉。或至上位，若非有漏，即中品轉。或無心時，皆容現起。結顯因中轉義，故名皆容。法空觀品，菩薩見位，方得初起，即下品轉。此後展轉乃至上位，若非有漏，即中品轉。生空智果，或無心時，皆容現起。結顯因中轉義，故云皆容。何名上品轉耶。曰：究竟位中，諸漏永盡，非漏隨增，性淨圓明，名上品轉。第六識章竟。

帶質有覆通情本，隨緣執我量爲非。

頌第七識，於三境中唯帶質境，於四性中有覆無記，於三量中唯非量耳。言帶質境者，以心緣心故，中間相分從兩頭生，連帶生起。通情本者，釋帶質境。第七見分是能緣心，恒起執故，故名爲情。第八見分是所緣境，爲本質故，故名爲本。中間相分，從兩頭生，故名爲通。能緣之心，變起相分，似本質故，名爲帶質。此意相應四煩惱等，是染法故，障礙聖道，隱蔽真心，故名有覆。非善不善，故名無記。何名何義，名曰煩惱。曰：一者我癡，謂即無明，愚於我相，迷無我故。二者我見，謂即我執，於非我法，妄執我故。三者我慢，謂即倨傲，恃所執我，心高舉故。四者我愛，謂即我貪，於所執我，深耽著故。以具四惑，隨緣第八見分當情執之爲我。第八見分爲本質故，本非是我，妄執爲我，不稱本質。中間相分，兩頭變起，本非是我，妄執爲我，不稱相分。兩不稱境，故名非量。

八大徧行別境慧，貪癡我見慢相隨。

頌第七識相應心所，唯大隨八，徧行五，別境五中之慧，根本惑中貪癡見慢，共十八所也。問：《唯識論》云，有義，此意心所唯九，前四後五，合爲九故，何與八大及慧俱耶。曰：若無昏沈，應不定有無堪任性。

掉舉若無，應無囂動。便如善等非染污位，若染心中無散亂者，應非流蕩，非染污心。若無失念、不正知者，如何能起煩惱現前。若無不信、懈怠、放逸，如何論說此三心所染心相應，故染污心決定皆與八隨煩惱相應而生。慧與我見爲體性故，故亦宜有。問：根本六中開見成十，此何唯四。曰：有我見故，餘見不生。由見審决，疑無容起。愛着我故，瞋不得生。故此識俱煩惱唯四。何緣此識無餘心所。謂欲，希望未遂合事，此識任運，緣遂合境，無所希望，故無有欲。勝解，印持曾未定境，此識無始恒緣定事，經所印持，故無勝解。念，唯記憶曾所習事，此識恒緣現所受境，無所記憶，故無有念。定，唯繫心專注一境，此識任運，刹那別緣，既不專一，故無有定。善是淨故，非此識俱。又忿等十，行相麤動，此識審細，故非彼俱。無慚無媿，唯是不善，此無記故，非彼相應。

惡作，追悔先所造業，此識任運，恒緣現境，非悔先業，故無惡作。睡眠，必依身心重昧，外衆緣力，有時暫起，此識無始一類内執，不假外緣，故彼非有。尋伺，俱依外門而轉，淺深推度，麤細發言，此識唯依内門而轉，一類執我，故非彼俱。

恒審思量我相隨，有情日夜鎮昏迷。

頌第七識自性、行相皆是思量，故恒相隨第八見分，執之爲我。論云，思量爲性相者，雙顯此識自性、行相。意以思量爲自性故，即復用彼爲行相故。由斯兼釋所立别名，能審思量名末那故。未轉依位，恒審思量所執我相，已轉依位，亦審思量無我相故。恒之與審，於八識中四句分别：一、恒而非審，謂第八識，彼不執我，無間斷故。二、審而非恒，謂第六識，以彼執我，有間斷故。三、亦恒亦審，即第七識，此能執我，無間斷故。四、非恒非審，謂前五識，彼不執我，有間斷故。故護法云，五八無法亦無人，六七二識甚均平。五八無執，六七有執，是均平義。五八一恒一非恒，六七一恒一非恒，亦是均平也。有情日夜鎮昏迷者，鎮，安也，謂第七識恒執我故，則令有情恒處長夜，安於昏迷而不自覺。

四惑八大相應起，六轉呼爲染淨依。

牒前染所與識相應，故令有情日夜昏迷，障真義智，蔽聖慧眼，其由煩惱爲害耳。六轉呼爲染淨依者，轉謂轉易，有轉變故同，故前七識通名轉識。依謂所依，即是根義，亦是緣義，故第六識染淨位中必以第七爲所依根。若前五識染淨位中，依意轉故。《顯揚論》云，末那恒與四惑相應。或翻相應恃舉爲行，成平等行，應知此意，通染不染，故頌中言染淨依也。有漏章竟。

極喜初心平等性，無功用行我恒摧。

頌第七識下品中品轉智義。謂末那識，

初地初心，轉成無漏相應心品，亦轉無漏平等性智，由第六入雙空觀故。問：第七轉智，何由第六入雙空觀。曰：第七唯俱生，無分別惑故。以無分別，於緣境時，唯任運轉，無力斷惑，故登地時，自不能轉，由第六識入生空觀，礙此第七，我執不生，法執猶存。故有頌云，單執末那居種位，平等性智不現前。由第六入生法二空觀故，礙此第七我法二執不起。故有頌云，雙執末那歸種位，平等性智方現前。居者居住，歸者歸藏。雖礙我執，居住種位，法執猶在，故智不前。二種歸藏，現行永伏，智得轉也。此即第七無力斷惑，由第六識斷分別惑，轉二空智，第七仗之，得下品轉。復有頌云，分別二障極喜無，六七俱生地地除，第七修道除種現，金剛道後總皆無。修道即第八地，以八地中無功用行方爲真修實斷，故我恒摧，法執猶間，以有種故，故唯中品轉也。

如來現起他受用，十地菩薩所被機。

頌第七識上品轉智義。以前初地，下品轉智，我法二執俱間起故。無功用行，名中品轉，但我恒摧，法猶間故，皆非最極。直至如來究竟位中，煩惱、所知，種現俱盡，平等性智方得圓滿，名上品轉。所被之機，機者會也，啐啄同時，名爲機會。他受用身，謂諸如來，由平等智，示現微妙淨功德身，居純淨土，爲住十地諸菩薩衆，現大神通，轉正法輪，決衆疑網，令彼受用大乘法樂。他受用身即能被之佛，十地菩薩乃所被之機也。第七識章竟。

性唯無覆五徧行，

頌第八識，於四性中唯是無覆無記性故。以其不與煩惱俱故，名爲無覆。性是平等無違拒故，名爲無記。《唯識論》云，阿賴耶識無始時來，乃至未轉，於一切位，恒與此五心所相應，謂觸、作意、受、想與思，俱是偏行心所攝故。論云，如何此識，非別境等心所相應。曰：互相違故。謂欲，希望所樂事轉，此識任業，無所希望。勝解，印持決定事轉，此識瞢昧，無所印持。念，唯明記曾習事轉，此識昧劣，不能明記。定，能令心專注一境，此識任運，刹那別緣。慧，唯簡擇得等事轉，此識微劣，不能簡擇。故此不與別境相應。此識唯是異熟性故，善染汙等亦不相應。惡作等四，無記性者，有間斷故，定非異熟。

界地隨他業力生，

頌第八識，隨諸善惡業力，引於三界九地五趣之中，受真異熟，爲總報主，以與前七色心等法爲依止故，以彼能爲趣生體故。何偏爲體。曰：具四義故，一謂實有，二恒，三偏，四謂無雜，故能爲體。八識之中，唯第八識，全業招果，自唯無記，招他業故。前六一分，亦無記故。唯第七識，全非業招，自是有覆，非他業故。前六一分，善惡業故。無記之法，如彼乾土不能相握自成一聚，故須直用善惡業力，如水膠等，和彼乾土無記之法，令成器聚。若善惡法，如木石等，自成器聚，不假他力，故非業招。

二乘不了因迷執，由此能興論主諍。

頌言二乘，簡非大乘。謂第八識，行相微隱，淺智難知，故曰不了。不信有此第八識體曰迷，唯以第六受熏持種曰執。《唯識論》云，云何應知此第八識離眼等識有別自體，問也。聖教正理爲定量故，答也。是故論主廣引三經四頌，四教十理，證有此識。云何聖教。若《阿毘達摩經》《解深密經》并《楞伽經》，此大乘三。若大衆部《阿笈摩經》，上座部《分別論》，化地部、説一切有部《增益經》，此小乘四教。云何正理。《十證頌》曰，持種異熟心，趣生有受識，生死緣依食，滅定心染淨。此頌具含十理：一、持種心。二、異熟心。三、趣生體。四、有執受。五、壽煖識。六、生死時。七、緣起依。八、識食體。九、滅定心。十、染淨心。

先引聖教。若《大乘阿毘達摩經》云，無始時來界，一切法等依，由此有諸趣，及涅槃證得。頌第八識，自性微隱，故以作用而顯示之。頌中初半顯第八識爲因緣用，後半顯與流轉還滅作依持用。界是因義，即種子識，無始時來，展轉相續，親生諸法，故名爲因。依是緣義，即執持識，無始時來，與一切法等爲依止，故名爲緣。謂能執持諸種子故，與現行法爲所依止。由此有諸趣者，由有此識執持一切順流轉法，令諸有情流轉生死，雖惑業法皆是流轉，而趣是果，勝故偏説。或諸趣言，通能所趣，諸趣資具，亦得趣名。諸惑業生，皆依此識，是與流轉作依持用。及涅槃證得者，由有此識，執持一切順還滅法，令修行者證得涅槃。此中但説能證得道，涅槃不依此識有故。或説所證，是修行者正所求故。或此雙説，俱是還滅品類攝故。今此頌中，諸所説義，離第八識，皆不得有。即彼經中，復説頌云，由攝藏諸法，一切種子識，故名阿賴耶，勝者我開示。由此本識具諸種子，故能攝藏諸雜染法，依斯建立阿賴耶名。已入見道諸菩薩衆，得真現觀，名爲勝者，彼能證解阿賴耶識，故我世尊正爲開示。《解深密經》云，阿陀那識甚深細，一切種子如瀑流，我於凡愚不開演，恐彼分别執爲我。梵語阿陀那，此云執持，以能執持諸法種子，及能執受色根依處，亦能執取結生相續，結生即投胎時。故説此識名阿陀那。無性有情不能窮底，故曰甚深。趣寂種性不能通達，故曰甚細。是一切法真實種子，緣擊便生。轉識波浪，恒無間斷，猶如瀑流。凡即無性，愚即趣寂。恐彼於此起分别執，墮諸惡趣，障生聖道，故我世尊，不爲開演。唯第八識，有如是義。《入楞伽經》亦作是説，如海遇風緣，起種種波浪，現前作用轉，無有間斷時。此頌喻也。藏識海亦然，境界風所擊，恒起諸識浪，現前作用轉。此頌法也。眼等諸識，無如大海恒相續轉，起諸識浪，故知別有第八識性。已上所引大乘四頌，總證第八識名持種心義。

○又大衆部《阿笈摩經》，密意説此名根本識，是眼等識所依止故，譬如樹根是莖等本，非眼等識有如是義。上座部經分別論者，俱密説此名有分識，有謂三有，分是因義，唯此恒偏，爲三有因。化地部中，密説此名窮生死蘊，離第八識，無別蘊法，窮生死際，無間斷時。説一切有部《增一經》中，亦密説此名阿賴耶，謂愛阿賴耶、樂阿賴耶、欣阿賴耶、喜阿賴耶，謂阿賴耶是貪總別三世境故，立此四名。由是彼説阿賴耶名，定顯此中第八識故。上引小乘四教，宛然有此第八識體，何以堅執唯前六耶。

○已引聖教，當顯正理。謂契經説，雜染清淨諸法種子之所集起，故名爲心。若無此識，彼持種心不應有故。謂諸轉識，在滅定等，有間斷故。根境作意，善等類別，易脱起故。如電光等，不堅住故，非可熏習，不能持種，非染淨種所集起心。此識一類，恒無間斷，如苣藤等，堅住可熏，當彼契經所説心義。此證第八名心，以合《十證頌》中第一持種心義。

○又契經説，有異熟心，善惡業感，若無此識，彼異熟心不應有故。眼等轉識有間斷故，異熟不應斷已更續，定應許有真異熟心，酧牽引業，偏而無斷。彼異熟心，即第八識，以合《十證頌》中第二異熟心義。通上以釋初句持種異熟心竟。

○又契經説，有情流轉五趣四生，若無此識，彼趣生體不應有故。謂要實有、恒、偏、無雜，具此四義，方可立爲正實趣生。非異熟法，趣生雜亂，住此起餘趣生法故。諸異熟色及五識中業所感者，不徧趣生，無色界中全無彼故。諸生得善及意識中業所感者，雖徧趣生，起無雜亂，而不恒有。不相應行，無實自體。皆不可立正實趣生。唯異熟心及彼心所，實、恒、徧、無雜，是正實趣生。此即第八心及心所，以合《十證頌》中第三界趣生義。

○又契經説，有色根身是有執受，若無此識，彼能執受不應有故。謂五色根及彼依處，唯現在世是有執受，彼定由有能執受心，唯異熟心先業所引，眼等轉識無如是義。彼執受心，即第八識，以合《十證頌》中第四有執受義。

○又契經説，壽煖識三，更互依持，得相續住，若無此識，能持壽煖令久住識不應有故。謂諸轉識有間有轉，如風聲等，無恒持用，不可立爲持壽煖識。唯異熟識，無間無轉，猶如壽煖，有恒持用，故可立爲持壽煖識。即第八識，以合《十證頌》中第五壽煖識義。通上以釋次句趣生有受識竟。

○又契經説，諸有情類，受生命終，必住散心，非無心定，顯此有心故。若無此識，生死時心，不應有故。謂生死時，身心惛昧，如睡無夢，極悶絶時，明了轉識必不現起。又此位中，六種轉識行相、所緣不可知故。如無心位，必不現行，六種轉識行相、所緣，有必可知，如餘時故。真異熟識極微細故，行相、所緣俱不可了，是引業果，一期相續，恒無轉變，是散有心，名生死心，即第八識，以合《十證頌》中第六生死心義。

○又契經説，識緣名色，名色緣識，如是二法，展轉相依，譬如蘆束，俱時而轉。若無此識，彼識自體不應有故。眼等轉識，攝在名中，此識若無，説誰爲識。又諸轉識，有間有轉，無力恒時執持名色，寧説恒與名色爲緣。故彼識言，顯第八識，以合《十證頌》中第七緣起依義。

○又契經説，一切有情皆依食住。若無此識，彼識食體，不應有故。謂契經説，食有四種，一者段食，二者觸食，三意思食，四者識食。此四能持有情身命，令不壞斷，故名爲食。諸有執無第八識者，依何等義，經作是言，一切有情皆依食住。故識食體，即第八識，以合《十證頌》中第八識食體義。已上釋第三句生死緣依食竟。

○又契經説，住滅定者，身語心行，無不皆滅，而壽不滅，亦不離煖，根無變壞，識不離身。若無此識，住滅定者不離身識不應有故。謂眼等識，行相麁動，於所緣境，起必勞慮，厭患彼故，暫求止息，漸次伏除，至都盡位，依此位立住滅定者。故此定中，彼識皆滅。若不許有微細一類恒徧執持壽煖識在，依何而説識不離身。若全無識，應如瓦礫，非有情數，豈得説爲住滅定者。眼等轉識，於滅定位，非不離身。故契經言不離身者，彼識即是此第八識，入滅定時不爲止息此極寂靜執持識故。無想等位，類此應知。故彼定心，即第八識，以合《十證頌》中第九滅定心義。

○又契經説，心雜染故，有情雜染，心清淨故，有情清淨。若無此識，彼染淨心不應有故。謂染淨法以心爲本，因心而生，依心住故，心受彼熏，持彼種故。彼染淨心，即第八識，以合《十證頌》中第十染淨心義。通上釋第四句滅定心染淨竟。證有此識，理趣無邊，不但十義而已，詳《唯識論》第三第四，《宗鏡》四十七，文繁不引。

浩浩三藏不可窮，淵深七浪境爲風。

頌第八識體性淵微，隨緣生識之義。浩浩者，深廣義。三藏者，能所執也，持種義邊名爲能藏，受熏義邊名爲所藏，七執爲我名爲執藏。如契經説，諸法於識藏，識於法亦尔，更互爲果性，亦常爲因性。此頌意言，阿賴耶識與諸轉識，於一切時，展轉相生，互爲因果。《攝大乘》説，阿賴耶識與雜染法，互爲因緣，如炷與焰，展轉生燒，又如束蘆，互相依住。唯依此二，建立因緣，所餘因緣，不可得故。頌言淵深者，顯不可窮義。以水喻於第八本識，故有淵深不窮之相。以浪喻於前七轉識，故有生滅不盡之波。以風喻於境等四緣，故有擊發助生之狀。所以喻中多風至多波生，少風至少浪起，法中多緣多識生，少緣少識起，如《楞伽》云，如海遇風緣等。

受熏持種根身器，

頌第八識既能受熏，復能執持種子根身及緣器界之義。《唯識論》云，依何等義，立熏習名，問也。所熏能熏，各具四義，令種生長，故名熏習，答也。何等名爲所熏四義。一、堅住性，若法始終一類相續，能持習氣，乃是所熏。此遮轉識及聲風等，性不堅住，故非所熏。○二、無記性，若法平等，無所違逆，能容習氣，乃是所熏。此遮善染，勢力强盛，無所容納，故非所熏。由此如來第八淨識，唯帶舊種，非新受熏。○三、可熏性，若法自在，性非堅密，能容習氣，乃是所熏。此遮心所及無爲法，依他、堅密，故非所熏。○四、與能熏共和合性，若與能熏同時同處，不即不離，乃是所熏。此遮他身、刹那前後，無和合義，故非所熏。唯異熟識，具此四義，可是所熏，非心所等。

○何等名爲能熏四義，一、有生滅，若法非常，能有作用，生長習氣，乃是能熏。此遮無爲，前後不變，無生長用，故非能熏。○二、有勝用，若有生滅，勢力增盛，能引習氣，乃是能熏。此遮異熟心心所等，勢力羸劣，故非能熏。○三、有增減，若有勝用，可增可減，攝植習氣，乃是能熏。此遮佛果，圓滿善法，無增無減，故非能熏。彼若能熏，便非圓滿，前後佛果應有勝劣。○四、與所熏和合而轉，若與所熏同時同處，不即不離，乃是能熏。此遮他身、刹那前後，無和合義，故非能熏。○唯七轉識及彼心所，有勝勢用而增減者，具此四義，可是能熏。

如是能熏與所熏識，俱生俱滅，熏習義成，令所熏中種子生長，如熏苣藤，故名熏習。問：能熏前七，王所俱能，所熏第八，何非心所。答：所熏唯王，心所非義。所若受熏，大過失生，不應齊責。問：前七能熏第八四分，何熏何分。曰：前五轉識唯熏第八相分種子，第七唯熏見分種子，唯第六識能熏第八相見分種。問：能熏前七，各有四分，何分能熏。曰：見相二分，能熏成種，以此二分有作用故。問：相分是色，何能熏種。曰：但是見分與相分力，相即能熏，如梟附塊，能成卵殼。頌言持種根身器者，持乃執受，有四義故。一、攝爲自體，同無記故。二、持令不散，令不壞故。三、領以爲境，親相分故。四、令生覺受，同安危故。種子根身，四義皆具。器界唯有領以爲境一義，非有情故，無餘三義。

去後來先作主公。

頌第八識，先來後去，成生死義。所以言去來者，非謂識體有去有來。何則。未生之前，已有識體，故曰來先。既死之後，識體尚存，故曰去後。以來之先、去之後而究之，則知識體常存，豈有去來乎。依憑經論，略辨此識捨出之處。《瑜伽論》云，善業從下冷，惡業從上冷，二皆至於心，一處同時捨。《雜寶藏經》云，頂聖眼生天，人心餓鬼腹，旁生膝蓋離，地獄脚板出。然經論異者，經明六趣差別，論明善惡兩途，其義一也。有漏章竟。

不動地前纔捨藏，金剛道後異熟空，大圓無垢同時發，普照十方塵刹中。

頌第八識，次第捨名，乃至究竟轉智之義。謂第八識，有三種名。《三十頌》云，初阿賴耶識，異熟一切種。此即三種名，一名阿賴耶，二名異熟識，三名一切種。又謂此識，從有漏因至無漏果，略爲三位：一、我愛執藏位，謂從無始至不動地邊，名阿賴耶識，此云藏識，具三義故。以能持種故曰能藏，以能受熏故曰所藏，第七念念執爲我故曰執藏，具此三義，名阿賴耶。得登八地，煩惱永伏，不受彼熏，七不執我，三藏之名從此捨故，故云不動地前纔捨藏也。○二、善惡業果位，亦從無始至等覺位，名異熟識，亦具三義。一、變異而熟，因種變異，果方熟故。二、異時而熟，因滅果生，定異時故。三、異類而熟，因通善惡，果無記故。具此三義，名異熟識。從斷惑來，名金剛道，二障惑種，由此斷故。金剛道後，即解脱道，餘有漏果，及劣無漏，俱棄捨故。《唯識論》云，有義，所餘有漏法種及劣無漏，金剛喻定現在前時，皆已棄捨，與二障種俱時捨故。有義，爾時猶未捨彼，與無間道不相違故，菩薩應無生死法故，此位應無所熏識故，住無間道應名佛故，後解道應無用故。由此應知餘有漏等，解脱道起，方棄捨之，第八淨識非彼依故。故此頌云，金剛道後異熟空也。○三、相續執持位，從證佛果，盡未來際，名無垢識，此識與智同時發起，相續執持無漏種故。《唯識論》云，大圓鏡智相應心品，性相清淨，離諸雜染，純淨圓德，現種依持，能現能生身土智影，如大圓鏡現衆色相。由斯此品從初成佛，盡未來際，相續不斷，持無漏種，令不失故。故此頌云，大圓無垢同時發，普照十方塵刹中也。

八識規矩補註證義

校勘記

〔一〕此標題底本無，據文例補。

〔二〕「自」，《八識規矩補註》（《大正藏》本）作「目」。

（常峥嵘整理）